Laure Eve

Neon Knights

Die zerbrochene Krone

Autorin

Laure Eve ist Schriftstellerin und Drehbuchautorin. Sie hat sowohl britische als auch französische Wurzeln, wurde in Paris geboren und wuchs in Cornwall auf. Die bereits veröffentlichten Werke der YA-Autorin waren ein internationaler Erfolg und wurden in zehn verschiedene Sprachen übersetzt. Mit ihrer neuen Urban-Fantasy-Dilogie, ein düsteres Re-Telling der Artus-Sage, begeistert sie nun auch eine erwachsene Fantasy-Leserschaft. Mit der Dilogie »Neon Knights – Das zerschlagene Schwert« und »Neon Knights – Die zerbrochene Krone« feiert Laure Eve ihr Debüt bei Blanvalet.

Die Dilogie von Laure Eve bei Blanvalet:

Neon Knights. Das zerschlagene Schwert
Neon Knights. Die zerbrochene Krone

LAURE EVE

NEON KNIGHTS

DIE ZERBROCHENE KRONE

Roman

Deutsch von
Charlotte Lungstrass-Kapfer

blanvalet

Die Originalausgabe erschien 2023 unter dem Titel »Blackheart Ghosts«
bei Jo Fletcher Books, London.

FSC www.fsc.org MIX Papier | Fördert gute Waldnutzung FSC® C014496

Penguin Random House Verlagsgruppe FSC® N001967

1. Auflage 2024

Redaktion: Angela Kuepper
Umschlaggestaltung: © Anke Koopmann | Designomicon
Umschlagmotive: Shutterstock.com (Jakub Krechowicz; Don_Mingo;
Gilmanshin; Vitalii Gaidukov; beadrobin; eddystocker)
SH · Herstellung: fe
Satz: Uhl + Massopust, Aalen
Druck und Bindung: GGP Media GmbH, Pößneck
Printed in Germany
ISBN 978-3-7341-6327-2

www.blanvalet.de

Dieses Buch widme ich D –

Bäcker, Detektiv, Freund der Dunkelheit und rundum außergewöhnlichstes menschliches Wesen überhaupt.

*

(Du vereinst so viele beeindruckende Facetten in dir, dass du als fiktionaler Charakter vollkommen unglaubwürdig wärst – deshalb kommst du in diesem Buch nicht vor.)

TEIL I

Komm zu mir, Geliebter, und höre mich an.
Ich weiß sehr wohl, wo alles begann.
Beflecke deine Hände mit deinen Sünden von einst.

– Blumen für Kain

KAPITEL 1

Flussgebiet, Evrontown

Zwei Wochen zuvor

Stumm sehen die Häuser zu, wie der Fluss Leben hervorbringt.

Triefend nass steigt die Gestalt aus seinen tintenschwarzen Tiefen empor, kriecht keuchend über den steinigen Schlamm des Uferstreifens, den ein findiger Geschäftsmann einmal als »Strand« bezeichnet hat. Das steht sogar auf einem Schild, an dem die Gestalt nun vorbeiwankt; es eignet sich gut als Stütze, um sich mit der Kraft der Verzweiflung davon abzustoßen.

Schließlich erreicht die Gestalt das Ende der Böschung und damit den unbefestigten Weg, der in das Labyrinth der Lagerhäuser hineinführt. Zitternd geht sie weiter, Schritt für Schritt, schmutzige Pfützen hinterlassend. Ihre Stiefel geben mit jedem Schritt schmatzende Geräusche von sich. Kurze Stoppeln bedecken den Kopf, den sie gebeugt hält; das fahle Mondlicht schimmert in den darin hängenden Wassertropfen. Hinter ihr, auf der anderen Seite des Flusses, markieren die Lichter der Stadt in einem bunten Raster den Horizont.

Die Gestalt verliert das Gleichgewicht, sinkt auf ein Knie. Ihre Schultern fallen kraftlos herab, lassen vermuten, dass sie sich vielleicht nicht wieder erhebt. Als sie ein, zwei Minuten so verharrt, scheinen sich die Lagerhäuser ringsum bestätigend zuzunicken: wieder mal ein Opfer, nichts weiter.

Dann geht ein Ruck durch die Gestalt, und sie rappelt sich auf, als habe die Furcht vor der Niederlage ihr einen elektrischen Schlag verpasst. Taumelnd schleppt sie sich weiter. Ihre dunklen Fußabdrücke ziehen sich zwischen den hoch aufragenden, namenlosen Lagerhallen entlang, über einen Weg, der beinahe so breit ist wie eine Prachtstraße.

Stumm beobachten die Häuser, wie sie lautlos in der Dunkelheit verschwindet.

*

»Sie wünschen?«, fragt der Gargoyle mit ausdrucksloser Stimme.

Die Projektion schwebt knapp einen halben Meter vor der Hauswand und kommt so jedem in die Quere, der sich dem Gebäude nähern will. Einen Moment lang mustert die Gestalt den reglosen, offenen Mund des Wasserspeiers, seine großen, starren Augen. Zwar flackert die Projektion hin und wieder, ist ansonsten aber sehr stabil. Das Lichtspiel ist sogar ausgefeilt genug, um eine gewisse Ähnlichkeit mit echtem Stein zu erzeugen.

Kurios. Wer hätte gedacht, dass der Silberne Engel zu so etwas in der Lage ist?

»Ich muss Garad sprechen«, erklärt die Gestalt hastig, bevor sie von einem Hustenanfall gepackt wird.

»Hier wohnt niemand dieses Namens«, erwidert der Gargoyle.

»Ich weiß, dass du da drin bist, Garad«, beharrt die Gestalt. »Lass mich rein.«

»Ich kenne dich nicht.«

Offenbar ist hinter der Projektion irgendwo eine Kamera versteckt, die die Gesichter aller erfasst, die vor dieser Tür auftauchen.

»Bitte«, flüstert die Gestalt. »Bitte, ich kann nicht …«

Ein heftiger Schauer erfasst ihren Körper, dann bricht die Gestalt zusammen. Das geht so langsam vonstatten, dass es irgendwie unecht wirkt: Erst geben die Knie nach, dann kippt sie nach vorne, ihr Körper prallt von der Schwelle ab, dreht sich und fällt die Eingangsstufen hinab, bevor er auf dem rauen Straßenbelag landet.

Als die Gestalt schließlich wieder zu sich kommt, liegt sie auf der Seite. Sie ist in eine Decke gewickelt und köstliche Wärme streicht ihren Rücken entlang. Eine beheizte Wand. Der harte Boden wird durch weitere Decken ein wenig bequemer. Alles in allem ist der Raum spartanisch eingerichtet, beinahe kahl, aber sauber und hell beleuchtet. Hinten in der Ecke steht ein Waffenregal. Im rechten Drittel sind mehrere senkrechte Stangen angebracht, wie Verrenkungskünstler sie gerne benutzen.

Stück für Stück stemmt sich die Gestalt hoch, erst auf die Ellbogen, dann auf die Hände, bis sie aufrecht sitzt. Offensichtlich befindet sie sich im Trainingsraum des Silbernen Engels – Garad Gaheris' –, in dem gerade mal Platz für eine Person ist. Jetzt erinnert sie sich dunkel daran, hochgenommen und getragen worden zu sein, aber eher theoretisch, es ist kein körperliches Gefühl gewesen, fast so, als sei es geschehen, ohne dass ihre Haut berührt wurde. Vermutlich hat es Stunden gedauert, um vom Fluss zu Garad zu kommen, angefühlt hat es sich wie eine Ewigkeit. Ihr Körper war irgendwann vollkommen taub, sie ist dahingestapft, ohne die Beine zu spüren.

Eine Stimme reißt sie aus ihren Erinnerungen.

»Wie fühlst du dich?«

Es ist Garad. Xier sitzt wenige Schritte entfernt, das Schwert auf den Knien, die Finger locker, beinahe zärtlich, um den Griff gelegt. Der Stuhl ist exakt so positioniert, dass xier sich außer Reichweite befindet. Der Silberne Engel ist bekannt dafür, ein vorsichtiger Mensch zu sein.

Die dem Fluss Entstiegene horcht in sich hinein: Ihre Nerven kribbeln und brennen, da nun nach der betäubenden Kälte langsam etwas Leben zurückkehrt. Sie streicht mit der Hand über ihren kahl rasierten Kopf, genießt das Kitzeln der weichen Stoppeln, die Härte des Schädels.

»Etwas lebendiger«, stellt sie schließlich fest, um dann leicht verspätet hinzuzufügen: »Vielen Dank.«

»Wie nennt man dich?«

»Ghost.«

»Ghost«, wiederholt Garad skeptisch.

Sie wartet einfach ab.

»Ich kenne niemanden namens Ghost«, betont Garad schließlich.

Xiese Miene ist ausdruckslos, beinahe entspannt, während xier die halb ertrunkene Fremde mustert, die so plötzlich in xiesem geheimen Unterschlupf aufgetaucht ist. In jener Wohnung, von der eigentlich niemand wissen sollte; wer so berühmt ist wie Garad, tut gut daran, sich eine solche geheime Bleibe zuzulegen.

»Würde mich auch überraschen«, gibt Ghost zu.

»Wir sind uns nie begegnet.«

»Nein.«

Das stimmt zwar nicht ganz, aber vorerst muss das reichen. Momentan sind gewisse Unterlassungen unabdingbar.

»Warum bist du hier und wie hast du mich gefunden?«, will Garad von ihr wissen. Nach kurzem Zögern fügt xier hinzu: »Und warum bist du so nass?«

Für einen Moment huscht Ghosts Blick zu dem bereitliegenden Schwert in xiesem Schoß. Trügerisch entspannt wirken die Finger, die unzählige Gegner vernichtet haben im Laufe einer Karriere, die in der Geschichte der Caballaria nahezu einzigartig war.

»Man hat versucht, mich umzubringen«, erklärt Ghost. »Und um dir die Mühe der logischen Deduktion zu ersparen – es war eine Menge Wasser im Spiel.«

»Wie bedauerlich. Hast du denjenigen denn verärgert?«

»Ich denke, er tut so etwas eher aus Spaß an der Freude.«

Eine Einschätzung, die vor allem schockieren soll; Garads Miene nach zu schließen, hat es funktioniert.

»Was den Grund meiner Anwesenheit angeht«, fährt Ghost fort, »dazu komme ich gleich noch. Und auch zu der Frage, wie ich dich gefunden habe. Wie viele Menschen – abgesehen von mir – wissen, wo sich deine geheime Höhle befindet?«

Beredtes Schweigen.

»Einer«, sagt Garad dann.

»Ganz genau.« Ghost nickt.

»*Sie* hat es dir verraten.« Garad beugt sich vor und plötzlich schlingen sich xiese Finger deutlich fester um den Schwertgriff. »Finnavair.«

Furcht steigt in Ghost auf und sie schluckt schwer, bevor sie bestätigend nickt.

Mit einem Ruck lehnt sich Garad wieder in xiesem Stuhl zurück. »Sie ist tot«, erklärt xier tonlos.

»Ich weiß.«

Stille.

»Du hast eine gewisse Ähnlichkeit mit ihr.«

Achselzuckend stellt Ghost fest: »Das höre ich nicht zum ersten Mal.«

»Woher kanntest du sie?«

»Ich bin ihre Schwester.«

Volltreffer.

»Ich dachte immer, sie hätte keine Familie«, entgegnet Garad.

»Offiziell nicht«, nickt Ghost. »Viele waren es sowieso nicht, eigentlich nur ich.«

»Und was willst du von mir?«

»Fin hat mich geschickt.«

»Wieso?«

Abwehrend hebt Ghost die Hand. »Lass mich zuerst meine Geschichte erzählen, das erklärt alles, versprochen. Danach kannst du mit mir machen, was immer dir beliebt. Einverstanden?«

»Ich mag Geschichten nicht sonderlich.« Ja, xier packt jetzt eindeutig fester zu, die Schwertspitze scheint sich langsam in Ghosts Richtung zu bewegen.

»Ist ja komisch, und ich dachte immer, du wärst ein Ritter der Caballaria«, spottet sie. Ghost zittert leicht – ob nun Furcht, Erschöpfung, Kälte oder alle drei zusammen der Grund dafür sind, lässt sich schwer sagen. Doch ihr Ton ist entschlossen. »Es müsste inzwischen nach Mitternacht sein, und du scheinst mir nicht der Typ zu sein, der sich nächtlichen Partyfreuden hingibt, also hast du wohl keine anderweitigen Verpflichtungen mehr. Du weißt bereits, dass ich mit keinerlei bösen Überraschungen aufwarten kann, denn du hast mich sicherlich durchsucht, als du mich von deiner Türschwelle gekratzt hast. Si Finnavair ist, auch wenn sie inzwischen Marvols Tor durchschritten hat, der Grund, warum ich hier bin. Und ich habe eine Geschichte zu erzählen. Die Art von Geschichte, die diese Stadt in ihren Grundfesten erschüttern kann. Wenn man bedenkt, wie es heutzutage in London zugeht, möchtest du sie deshalb vermutlich sehr wohl hören. Also, einverstanden?«

Garad bleibt reglos wie eine Statue.

»Haben wir damit eine Übereinkunft?«, hakt Ghost drängend nach.

»Einverstanden«, sagt Garad schließlich. »Schieß los.«

Sofort verfliegt ein Teil von Ghosts Anspannung und sie wickelt sich fester in ihre Decke.

»Hast du irgendetwas Alkoholisches da?«, fragt sie.

Die Stille wird leicht bedrohlich.

Ein ergebener Seufzer löst sich aus Ghosts Brust. Die Wärme der beheizten Wand in ihrem Rücken beruhigt sie vorerst aber auch genug. Ihre Lider sinken auf Halbmast.

»Anscheinend wird es bei mir langsam zur Gewohnheit, wie ein schlechter Witz vor der Tür fremder Menschen aufzutauchen«, beginnt sie. »Denn das alles hat ganz ähnlich angefangen.«

KAPITEL 2

Shuttershill, Alaunitown

Zwei Monate zuvor

Als Leon Manus Dei Pendegast o'Launitown ihr die Tür öffnet, braucht er einen Moment, bis er begreift, was er dort vor sich sieht. Was man ihm keinesfalls verübeln kann.

»Wer bist du?«, fragt er misstrauisch.

»Guten Abend, Si«, beginnt Ghost höflich.

»Was? Si? Ich bin kein Ritter und ich kaufe nichts.«

»Aber du *warst* ein Ritter, Captain der Wache in Rhyfentown, und ich verkaufe nichts.«

Wie erhofft, hat sie sich damit seine Aufmerksamkeit gesichert.

Er mustert sie durchdringend. »Woher weißt du das?«

»Wir haben eine gemeinsame Freundin.«

»Und wen?«

»Finnavair Caballarias o'Rhyfentown.«

»Wie kommst du darauf, dass ich derart berühmte Freunde haben könnte? Außerdem hat die sich aus dem Staub gemacht, sie ist spurlos verschwunden.«

»Sie ist nicht verschwunden«, korrigiert ihn Ghost. »Sie ist tot.«

Das lässt Leon innehalten, bevor er mit einem knappen Seufzer feststellt: »So etwas hatte ich mir schon gedacht.«

Ghost hält sich bewusst zurück. Innerhalb weniger Augenblicke hat sie ihn bereits zweimal aus dem Gleichgewicht gebracht; wenn sie ihn zu sehr bedrängt, schlägt er ihr vielleicht einfach die Tür vor der Nase zu. Das trübe Licht, das hinter ihm aus dem Haus dringt, lässt auf eine ziemlich ärmliche Behausung schließen, während der Mann selbst nur schwer zu deuten ist. Seine Statur und seine kantigen, faltigen Züge verleihen ihm die Ausstrahlung eines hoffentlich gutmütigen Trolls.

Irgendwann scheint Leon wieder einzufallen, dass sie noch da ist. »Also?«, fragt er. »Was willst du von mir?«

Vorsichtig tastet sich Ghost voran. »Sie meinte, du würdest Leuten helfen, die in Schwierigkeiten stecken.«

Leon rührt sich nicht vom Fleck. »Willst wohl alte Schulden eintreiben, wie?«

»Wenn ich so durch diese Tür komme, ja.«

Geschickt verwandelt er ein unterdrücktes Schnauben in ein abfälliges Naserümpfen. »Verstehe.«

Jetzt mustert er sie genauer, registriert die weiß-grauen Zugehörigkeitssymbole an ihrem Kragenkettchen und den kleinen verschnörkelten Schlüssel, der auf ihren Handrücken tätowiert ist – Zeichen dafür, dass sie in Marvoltown geboren wurde. An ihrer Kleidung lässt sich nicht viel ablesen – sie soll ihr vor allem Bewegungsfreiheit garantieren –, aber vielleicht bemerkt er den hochwertigen Schnitt und die gute Qualität des Stoffes, wodurch sie sich auf subtile Art von ihrem Umfeld abhebt.

Endlich tritt er einen Schritt zurück und bittet sie herein.

Ghost könnte vor Erleichterung zusammenbrechen, als sie ihm durch den schmalen Flur in seine Wohnung folgt. Sie ist so schäbig wie erwartet: ein vollgestopftes Zimmer, dem jene

Kleinigkeiten fehlen, die ein Heim daraus gemacht hätten. So wirkt es mehr wie eine Notunterkunft.

Es war nicht ganz leicht, Leon aufzuspüren. Schon vor einigen Jahren hatte er Rhyfentown verlassen und war nach Alaunitown gezogen und Fin kannte seine genaue Adresse nicht. Selbst heutzutage ist es nicht ganz einfach, von einem Bezirk in einen anderen zu übersiedeln. Doch soweit Ghost das beurteilen kann, ist Leon auch ziemlich tief gesunken. Die Ritter der Wache werden zwar längst nicht so gut bezahlt wie die der Caballaria, aber auch in diesem Feld lassen sich noch ordentlich Lektris verdienen, und er war ja schließlich sogar Captain. Nun aber hockt er in einem Einzimmerapartment in einer beschissenen Ecke eines vollkommen anderen Bezirks.

»Kannst dich da hinsetzen und dich aufwärmen«, bietet er Ghost im Befehlston an und zeigt auf die gegenüberliegende Wand. Ein Großteil davon ist in einer anderen, nicht weniger deprimierenden Farbe gestrichen als der Rest, um so den beheizten Bereich zu markieren. Unter dem breiten Rechteck steht ein durchgesessener Diwan ohne Rückenlehne.

»Alles gut«, versichert Ghost.

»Du zitterst aber.«

Ghost geht noch einmal in sich. »Stimmt. Es ist kalt draußen.«

Also nimmt sie auf dem Diwan Platz, während Leon abwartend stehen bleibt.

Sie sieht sich den Mann genauer an. Eines seiner Augen fehlt, die leere Augenhöhle ist mit vernarbtem Gewebe verschlossen. Bereits in seiner Jugend hat er dieses Auge eingebüßt, bei einer der vielen Bezirksstreitigkeiten. Anscheinend weigert er sich, eine künstliche Zweithaut, eine Augenklappe oder etwas dergleichen zu tragen, was diesen Makel verbergen würde. Für ihn scheint die Verwundung vielmehr eine Art Ehrenabzeichen zu sein.

Ghost kann einfach nicht anders, sie muss in der noch viel frischeren Wunde herumstochern. »Wie lebt es sich denn so nach der Ritterschaft?«

»Kann mich kaum daran erinnern, wie es früher war«, entgegnet er knapp. Trotzdem verrät jedes Wort, wie groß sein Schmerz noch immer ist. »Alles längst vorbei und abgehakt.«

Es gibt kein härteres Dasein als das eines ehemaligen Ritters. Ghost muss es wissen, sie ist selbst einer.

»Was ist denn eigentlich mit Fin passiert?«, fragt er. »Ganz Rhyfentown war in Aufruhr, man hat überall nach ihr gesucht. Hieß es zumindest in den Medien.«

»Keine Ahnung«, behauptet Ghost. »Ich weiß nur, dass sie nicht mehr nach Hause gekommen ist.«

»Vielleicht hat sie sich einfach im Palast verkrochen, beim König. Schließlich sind sie ja ein Paar«, stellt Leon hörbar angewidert fest.

»Nein, dort ist sie nicht.« Da das wenig überzeugend klingt, fügt Ghost hinzu: »Das wüsste ich.«

»Manche glauben ja, er hätte ihr etwas angetan«, fährt Leon nachdenklich fort. »Und dass Cair Lleon alles vertuscht.«

»Warum sollte er das tun, nachdem er mit der öffentlichen Bekanntgabe ihrer Beziehung so viel aufs Spiel setzte? Nein, da muss etwas anderes passiert sein.«

Leon verschränkt die Arme vor der Brust. »Du lebst also mit ihr zusammen.«

»Lebte.«

»Geliebte?«

»Schwester.«

»Fin war eine Kriegswaise, sie hatte keine Geschwister.«

Wieder zuckt Ghost mit den Schultern. »Ich kam erst später.«

»Aber ich dachte, sie hat ihre Familie nie gekannt.«

»Hat sie auch nicht. Ich habe sie aufgespürt.«

»Hm.« Leon grunzt. »Nachdem sie reich und berühmt war, nehme ich an. Warum hat sie niemandem von dir erzählt?«

»Fünfzig Fragen und ein kehlenklaffendes Grinsen, wenn ich eine falsch beantworte?«, schießt Ghost nicht unfreundlich zurück.

»*Du* bist bei *mir* aufgetaucht«, betont Leon. »Und ich habe noch immer keine Ahnung, wer du eigentlich bist.«

»Ich bin Ghost«, erklärt sie, »mehr wirst du von mir nicht erfahren. Hilfst du mir nun oder nicht? Du hast Fin doch gesagt, sie könnte dir jederzeit jemanden schicken.«

»Das ist verdammt lange her.«

»Auch alte Schulden müssen beglichen werden.«

Das entlockt ihm ein zustimmendes Nicken. Offenbar ist die bestehende Schuld in diesem Fall nicht unerheblich.

Müde fährt sich Leon mit der Hand über das Gesicht. »Also, was willst du? Kohle? Hab keine.« Mit einer ironischen Geste deutet er auf das schäbige Zimmer.

»Nein.« Ghost zögert kurz. »Ich brauche Arbeit.«

»Arbeit?«, wiederholt Leon verblüfft. Dann beginnt er zu lachen. »Bei allen Heiligen, bei dir jagt eine Überraschung die nächste. Deswegen hast du dich also nach meinem früheren Leben erkundigt, was? Tja, ich kann dich nicht bei der Wache unterbringen. Diese Brücken habe ich alle abgebrochen.« Für einen Moment wirkt er nachdenklich. »Eigentlich eher abgefackelt.« Dann wirft er Ghost einen prüfenden Blick zu. »Und eine halbe Portion wie dich würden sie sowieso nicht nehmen. Du kannst wahrscheinlich kaum ein Schwert halten.«

»Ich meinte nicht die Wache«, widerspricht Ghost. »Ich meinte deinen jetzigen Job.«

»Und welchen Job übe ich deiner Meinung nach momentan aus, verehrte Fremde?«

Der Moment der Wahrheit ist gekommen.

»Du jagst Gottgleiche.« Vollkommen glatt kommt ihr das über die Lippen, obwohl ihr Herz ihre Stimme Lügen straft, indem es ein paar Schläge aussetzt.

Leon wirft ihr einen schiefen Blick zu. Offenbar ist das die unangenehmste Überraschung, die sie ihm bisher bereitet hat.

»Ziemlich gut informiert, unsere gute Fin, vor allem, weil ich sie seit zehn Jahren nicht mehr gesehen habe«, stellt er nach einer gefährlich langen Pause fest.

Ghost nickt. »Sie hat dich immer im Auge behalten.« Etwas sanfter fügt sie hinzu: »Du warst ihr wichtig. Fast so etwas wie ein Vater wärst du für sie gewesen, meinte sie. Wo sie doch keinen richtigen hatte.«

Leon grunzt verlegen. »Eine ziemliche Plaudertasche war sie auch.« Aber Ghost sieht ihm an, dass sie genau die richtigen Worte gewählt hat, denn sein faltiges Gesicht wirkt plötzlich etwas weniger abweisend. »Warum willst du eine Waffe Gottes werden?«, hakt er nach. »Das ist keine sonderlich kluge Wahl.«

»Ich habe einfach keine andere.«

»Klar hast du eine andere Wahl, bist doch ein hübsches Ding.«

Nun ist es Ghost, die laut auflacht. »Wenn ich dich nicht so dringend bräuchte, würde dein Gesicht jetzt Bekanntschaft mit meiner Faust machen.«

»Bei den Heiligen, das war doch bloß Spaß. Fin hatte wenigstens Humor.«

»Ich bin aber nicht Fin«, entgegnet Ghost.

»Offensichtlich nicht«, stellt Leon säuerlich fest. »Aber egal, wer du bist, und egal, was du getan hast und was dich jetzt zur Flucht zwingt, du hast trotzdem noch eine Wahl. Und ich bin wirklich keine gute Option. Teamarbeit liegt mir nicht sonderlich.«

»Vielleicht könntest du mich einfach mit deinen Auftraggebern bekannt machen, dann kann ich wenigstens …«

»So läuft das nicht. In dieser Branche geht es ziemlich dubios zu. Viele halten uns für eine Art bessere Kopfgeldjäger, andere denken noch wesentlich schlechter von uns. Und wenn etwas schiefläuft, schickt niemand ein Rettungskommando los. Die Auftraggeber leugnen, je irgendetwas mit dir zu tun gehabt zu haben, und dann bist du so richtig am Arsch. Außerdem wird der Job schlecht bezahlt, macht einen körperlich und seelisch kaputt und man ist quasi ständig allein.« Abwehrend verschränkt er die Arme vor der Brust. »Letzteres passt mir allerdings sehr gut, denn ich mag keine Menschen. Schon daran kannst du leicht erkennen, dass es nicht funktionieren würde.«

Diese Behauptung scheint eine glatte Lüge zu sein, denn auf Ghost hat er bis jetzt vor allem extrem einsam gewirkt. Aber der Rest klingt ziemlich plausibel.

Trotzdem, ihr bleibt keine Wahl. Ein anderer Weg steht ihr nicht mehr offen.

»Tja, für mich bist du ganz sicher keine Vaterfigur«, stellt sie trocken fest, »deshalb folgender Vorschlag. Wie wäre es, wenn ich dir zum Zeichen meiner Dankbarkeit einen runterhole?«

Leons verbliebenes Auge wird gefährlich schmal. Mit zwei Schritten hat er den Raum durchquert und packt sie am Arm. Kurz fragt sich Ghost, ob er sie jetzt in irgendein Hinterzimmer schleift, weil er es lieber grob mag. Dieser unverhoffte Energieschub ist eigentlich sogar bewundernswert. Aber sie begreift schnell, dass er sie Richtung Tür zerrt.

Dann war das wohl der falsche Ansatz.

Er entriegelt die Haustür und schiebt sie nach draußen.

Eindeutig der falsche Ansatz.

»Warte«, protestiert sie hastig, »es tut mir leid, ich dachte bloß …«

»Falsch gedacht. Verschwinde.«

Bei allen Heiligen, er ist wirklich stinksauer.

Schnell überlegt sich Ghost eine neue Taktik.

»Du musst nicht alles gleich so ernst nehmen, das war doch nur ein Vorschlag«, ruft sie. »Warte, das kannst du nicht machen! Du bist es Fin schuldig!«

»Einer Toten kann man nichts mehr schuldig sein.«

»Doch, kann man, das nennt sich *moldra lagha*!«

Leon schlägt ihr die Tür vor der Nase zu.

Scheiße, Scheiße, Scheiße.

»Ich werde immer wieder hier auftauchen!«, schreit sie der geschlossenen Tür entgegen.

Leons Antwort wird durch das Metall gedämpft. »Dann werde ich dich jedes Mal wieder ignorieren!«

»Ach ja? Für immer und ewig? Ich bin arbeitslos, schon vergessen? Also habe ich nichts Besseres zu tun!«

Stille.

Er ist fort. In seiner Höhle verschwunden, während sie mutterseelenallein hier draußen steht.

Dann hört sie es: Ein kurzer, genervter Seufzer dringt durch die Tür.

Ein erleichtertes Grinsen breitet sich auf ihrem Gesicht aus.

KAPITEL 3

Cair Lleon, Blackheart

Fünf Monate zuvor

Der Mediensaal von Cair Lleon, im Palast des Königs von London.

Höhlenartig wirkt dieser große Raum, hell erleuchtet, ohne nennenswerte Einrichtung. Hier kann man sich nirgendwo verstecken. Die nicht unbeträchtliche Menge von mit Filmapparaten ausgerüsteten Reportern ist zwischen hüfthohen Eisengittern eingepfercht, die den Raum in zwei Hälften teilen und sie so mehrere Meter von der Empore trennen, auf der sich der König zeigt. Sic müssten schon verdammt hoch springen können, um da rüberzukommen, sagt sich Wyll. Und bei den vielen Apparaten und Technikern kämen sie sowieso nicht durch. Er ist also weit genug von ihnen entfernt. Hier müsste er sicher sein.

Wyll sitzt auf dem Thron des Königs, flankiert von den Saith, den engsten Beratern des Herrschers, die inzwischen beinahe ebenso berühmt sind wie der König selbst. Sein heutiger Auftritt wurde von anhaltendem Applaus, Pfiffen und Rufen der Reporter begleitet. Wie Lucan ihm erklärt hat, sind einige von ihnen sehr erpicht darauf, ihre Zustimmung zu den jüngsten Ereignissen zum Ausdruck zu bringen, während andere deutlich weniger begeistert sind. Allerdings ist das bei diesem Lärm nur schwer zu unterscheiden; ab einer gewissen Lautstärke klingt alles gleich.

Manche Kommentatoren sehen in dem öffentlichen Bekenntnis des Herrschers zu seiner Beziehung mit Ritterin Finnavair »Flinke Fee« Caballarias o'Rhyfentown einen Schritt hin zu Stabilität und Festigung und die Aussicht auf Nachwuchs, der die geschwächte Blutlinie von Rhyfen stärken könnte. Andere halten es für eine gezielte Verbindung zwischen zwei einflussreichen Sippschaften. Ob das nun positiv oder negativ zu bewerten ist, sieht jeder anders, doch in einem Punkt sind sich alle einig: Es ist auf jeden Fall eine klassische Sensationsgeschichte. Der einst skandalumwitterte und letztlich zum König gekrönte Bastard hat sich eine vom Straßenkind zum gefeierten Ritter aufgestiegene Geliebte gesucht. Besser geht es aus Sicht mancher Reporter gar nicht mehr.

Der erste Punkt, auf den sich einige von ihnen später stürzen werden, ist die Tatsache, dass der König nicht ganz bei der Sache zu sein schien und für einen solch freudigen Anlass erstaunlich bedrückt wirkte. Andererseits hat sich Artorias Dracones schon immer außergewöhnlich zurückhaltend gezeigt, wenn es um sein Privatleben ging. Als Zweites fiel auf, dass die Frau, um die es ging, durch Abwesenheit glänzte.

»Unser Timing war einfach schlecht«, erklärt Wyll einem Reporter, der genau danach fragt. »Lady Finnavair musste sich im Anschluss sofort in Klausur begeben, um sich auf ihren nächsten Kampf vorzubereiten. Sie nimmt ihre Verpflichtungen gegenüber der Caballaria ebenso ernst wie ich die meinigen.«

»Konnten Sie sich vor ihrem Aufbruch denn noch angemessen … verabschieden, Sire?«, fragt der Reporter weiter, was mit lautem Gelächter quittiert wird.

»Nächste Frage«, erwidert Wyll knapp, was für weitere Lacher sorgt.

Wie gewünscht, folgt eine weitere Frage – »Wie haben Sie die Flinke Fee denn kennengelernt?« –, die ebenso wie die darauffolgenden leicht zu beantworten ist. Lucan hat ihn gründlich vorbereitet, vor allem auf die eine, entscheidende Frage, auf die sie alle warten. Gestellt wird sie von einem bekannten Reporter mit einer leicht säuerlichen Miene.

»Unser Publikum möchte natürlich vor allen Dingen eines wissen, Sire: Warum wählt der König eine Straßengöre aus Rhyfentown zu seiner offiziellen Geliebten? Welche Botschaft steckt hinter dieser Entscheidung?«

»Es war keine bewusste Entscheidung«, antwortet Wyll. »Niemand entscheidet sich dafür, sich zu verlieben. Aber meiner Meinung nach hat ihre Herkunft ihr vor allem zu großer Charakterstärke verholfen, ähnlich wie es auch bei mir der Fall war. Wer einen zu leichten Start ins Leben hat, läuft Gefahr, später in Selbstgefälligkeit zu verfallen, was – wie ich finde – oft zu großer Schwäche führt.«

Der bekannte Reporter sagt nichts mehr, aber viele seiner Kollegen kommentieren diesen Seitenhieb mit Pfiffen.

»Was hält Ihre Familie von dieser Verbindung, Sire?«, ruft ein anderer Reporter.

»Was von ihr noch übrig ist, meinen Sie?« Wylls trockener Kommentar bringt ihm weitere Lacher ein. »Nun, wer etwas gegen mein Glück einzuwenden hat, kann dafür ja nur schändliche Beweggründe haben.«

Ein geschickter Schachzug. Die nun noch folgenden wesentlich zahmeren Fragen zeigen, wie sehr man hier bemüht ist, nicht zu diesen Schändlichen gezählt zu werden. Und bereits wenige Minuten später wird die Pressekonferenz durch den charismatischen Medienberater des Königs beendet, den allseits bekannten Lucan Vastos Fenestris o'Senzatown.

*

»Du kannst sie jetzt abstellen«, weist Lucan ihn an. »Wir sind unter uns.«

Geschäftsmäßig baut er sich vor Wyll auf. Sie befinden sich in Arts Privatgemächern und hinter ihm haben sich die übrigen Saith versammelt: Brune, die klingengleichen Beinprothesen in einer gut geschnittenen schwarzen Hose verborgen; Fortigo, der dem König als persönlicher Vastos diente, seit dieser 19 Jahre zuvor das Schwert errungen hatte; Garad, der Silberne Engel und inzwischen in den Ruhestand verabschiedete Streiter des Königs. Und dann ist da noch Lillath, die Spinne des Königs. Mit wie üblich ausdrucksloser Miene lehnt sie neben Wyll an der Wand.

Beinahe widerwillig lässt Wyll die Illusion los. An den Gesichtern ringsum kann er ablesen, wie sich die Verwandlung vollzieht. Von einem Wimpernschlag auf den nächsten verschwindet der warmherzige und von allen geliebte Art, und die kalten, kantigen Züge des Hexenritters erscheinen.

»Bei allen Heiligen«, murmelt Fortigo. »Ich …« Hastig reißt er sich am Riemen und verstummt.

»Erschreckend, nicht wahr?«, stellt Lillath fröhlich fest.

Wyll ignoriert sie beide. Schon jetzt wird er von der nach solchen Illusionen üblichen Erschöpfung gepackt, außerdem lässt der Adrenalinrausch nach, der ihn durch die Pressekonferenz getragen hat. Er muss sich setzen. Unsicher wankt er auf den bequemen Sessel zu, der sich zu seinem Lieblingsplatz entwickelt hat, und lässt sich hineinfallen.

»Nun, da sind wohl Glückwünsche angebracht«, findet Brune. »Das war sehr überzeugend.«

»Im Verhalten sind ihm noch Fehler unterlaufen«, urteilt Lucan. »Das müssen wir noch stärker üben.«

Lucans Übungsstunden lassen sich im besten Fall als schmerzlich detailbesessen beschreiben. Wenn er das noch einmal über sich ergehen lassen muss, dreht Wyll wahrscheinlich einfach durch.

»Dieses Täuschungsmanöver wird nicht lange funktionieren«, prophezeit Fortigo leise. »Schon jetzt wird im Palast darüber getratscht, dass der König eine ganze Woche lang keinerlei Termine wahrgenommen hat. Gut, momentan geht man noch davon aus, dass Lady Fin der Grund dafür ist, aber wenn es so weitergeht …«

»Wir brauchen mehr Zeit«, erwidert Lucan. »Um einen besseren Plan zu entwickeln. Nur noch ein paar Tage.«

»Und was wollt ihr dann machen?«, murmelt Wyll. »Der Welt einfach so verkünden, dass der beste Herrscher des Jahrhunderts von seiner geheim gehaltenen Tochter ermordet wurde, einer Gottgleichen?«

Wie nach jeder komplexen Illusion schleicht sich ein ziehender Schmerz in seine Knochen, was seine Laune nicht gerade verbessert. Er hört selbst, wie mürrisch er klingt, aber es ist ihm egal.

»Es war kein Mord«, korrigiert ihn Lillath. »Es war *moldra lagha*.«

»Ja, prima«, spottet Lucan. »Du kannst dich gern mit den Medien auf semantische Wortgefechte einlassen, während London im Chaos versinkt.«

»Sie hat allein gearbeitet, Lux.«

»Das können wir nicht mit Sicherheit sagen.«

»Letztlich lässt sich überhaupt nichts mit Sicherheit sagen«, erwidert Lillath gelassen. »Aber die Befragungen waren äußerst umfassend.«

Wyll verkneift sich ein höhnisches Schnauben. Er würde jede Wette eingehen, dass er der Einzige hier ist, der wirklich weiß, was das Wörtchen »umfassend« bei jemandem wie Lillath bedeutet.

»Das ist keine Garantie«, meint Lucan. »Red wurde während ihrer Ausbildung zum Ritter auch mental geschult, nicht nur körperlich. Was wir übrigens seiner Großzügigkeit zu verdanken haben.« Er deutet mit dem Kopf auf Wyll.

»Komm schon, Lux …«

Wyll hebt den Kopf. »Er hat recht. Sie hat bei den Besten gelernt. Und wir können nicht garantieren, dass sie keine Helfer hatte.« Lillath will ihm widersprechen, aber er lässt sie nicht zu Wort kommen. »Auch wenn ihr selbst das vielleicht gar nicht bewusst war.«

»Wer auch immer dahintersteckt, hat es jedenfalls auf das Schwert abgesehen«, stellt Brune fest. »Und er oder sie hat offenbar kein Problem damit, jeden umzubringen, der ihm dabei im Weg steht.«

Drückende Stille breitet sich aus. Wyll kann regelrecht spüren, wie die Furcht aller Anwesenden den Raum verpestet.

»Sie war dein Geschöpf, Wyll«, meldet sich schließlich eine leise Stimme zu Wort. »Du hast sie entdeckt. Du hast sie aufgebaut, du hast sie zum Ritter gemacht. Und dann hast du sie in den Palast gebracht.«

Als drohender Schatten ragt Garad hinter ihnen auf. Wie ein Engel mit schützend ausgebreiteten Schwingen. Die Heiligen wissen, dass sie beide sich nie besonders grün waren. Nur auf Arts Bitte hin hat Garad den deutlich jüngeren Wyll unter xiese

Fittiche genommen und aus ihm den nächsten Streiter des Königs gemacht, mit jener Sorgfalt, die xiese alles beherrschende Frömmigkeit gebot. Alles im Dienste xieses obersten Herrn, der Caballaria, und xieses zweiten Herrschers, des Königs. Und alles entgegen xieser eigenen Überzeugung.

Es ist sicher hart, wenn man den Thronräuber einmal mochte. Und es ist sicher noch härter, wenn dieser Thronräuber ein Gottgleicher ist. Das alles gibt Wyll gerne zu. Aber deshalb muss er sich noch lange nicht diesen engstirnigen Mist anhören.

»Ich weiß genau, wie das aussieht, Garad«, erwidert er deshalb. »Aber ich habe ihn geliebt. Ich habe ihm gedient. Genau wie alle hier. Muss ich das etwa mit meinen Fäusten unter Beweis stellen?«

»Noch bin ich nicht zu alt dafür, *Hexenritter.*«

»Hört auf«, schaltet sich Brune ein. »Solche Streitigkeiten tragen nicht zur Lösung unserer Probleme bei. Wir sind uns ja wohl alle einig, dass Wyll Art in Mafelon das Leben gerettet hat, was es äußerst unwahrscheinlich macht, dass er sich später an seiner Ermordung beteiligt, oder?«

Garads Schweigen sagt alles. Zum Beispiel, dass Mafelon inzwischen drei Jahre zurückliegt. Und dass sich die Dinge ändern können. Sich alles irgendwann ändern muss.

»Und was ist mit Fin? Verzeihung, mit Lady Finnavair?«, fragt xier deshalb nur.

Lillath schaltet sich ein: »Sie wird immer noch vermisst. Ihre Trainer haben sie seit dem letzten Kampf nicht mehr gesehen. Ihr wisst schon, als Art …«

»… sich zum Narren gemacht hat?«, beendet Garad frostig ihren Satz. »Wie könnten wir das vergessen?«

Garad den Mönch nennt man xien auch, xies Liebesleben ist so undurchschaubar, dass viele der Meinung sind, es existiere gar nicht. Möglicherweise steckt also nur xiese allseits bekannte Abneigung gegen öffentlich zur Schau gestellte Liebe hinter diesem Kommentar, vielleicht aber auch mehr. Schon von Beginn an stand Garad der Beziehung von Art und Fin beinahe feindselig gegenüber, auch wenn xier stets versucht hatte, das zu verbergen. Hin und wieder hat Wyll sich gefragt, ob die unerschütterliche Bewunderung für xiesen ältesten Freund vielleicht auch ein wenig ins Romantische abglitt. Hat xier deswegen alle Mädchen verabscheut, die Art den Kopf verdrehten?

Achselzuckend fragt Lucan weiter: »Vielleicht ist sie einfach abgetaucht? Schließlich ist es schon ziemlich überwältigend, wenn der König von London bei deinem Kampf auftaucht und dir vor den Augen der gesamten Welt seine Liebe gesteht.«

»Was ist mit ihren Freunden?«, schlägt Garad vor. »Wissen die denn nicht, wo sie steckt?« Als anstelle einer Antwort beredtes Schweigen einsetzt, fügt xier leicht gereizt hinzu: »Bei der Liebe der Heiligen, ein paar muss sie doch zumindest haben.«

»Sie hat Freunde«, nickt Lillath. »Sie ist mit Red befreundet. Seit Red nach Blackheart gezogen ist, stehen sich die beiden ziemlich nahe.«

Diese Nachricht schlägt ein wie eine Bombe.

Unsichere Blicke werden getauscht.

»Spekulieren wir hier gerade darüber«, beginnt Lucan langsam, »dass Arts illegitime Tochter und seine gerade erst öffentlich anerkannte Geliebte sich miteinander verschworen haben könnten, um ihn zu ermorden, oder …?«

Abrupt stößt Garad sich von der Wand ab und richtet sich auf. »Das ist lächerlich. Warum vergeuden wir unsere Zeit mit albernen Spekulationen? Was bringt das? Art ist tot und wir führen hier diese Scharade auf, belügen die ganze Welt und benutzen dafür einen Gottgleichen. Das ist ekelhaft und unmoralisch.«

Ja, genau, denkt Wyll. Sag endlich, was du wirklich von mir hältst.

»Garad.« Lucans sonst so unbeschwerter Tonfall hat plötzlich etwas Bedrohliches an sich. »Wir müssen in dieser Angelegenheit zusammenhalten. Wenn auch nur einer von uns durchblicken lässt, dass etwas nicht stimmt, wird das ganze Kartenhaus in sich zusammenfallen. Das ist dir doch klar, oder?«

Garad kocht vor Wut.

»Bist du auf unserer Seite, Garad?«

Trotz der bohrenden Blicke, die noch dazu von xiesen ältesten Freunden kommen, knickt xier nicht ein. Das nötigt Wyll widerwilligen Respekt ab. Aber es ist schwer, Garad keinen Respekt entgegenzubringen, auch wenn man sich so leicht über xien lustig machen kann.

»Ich werde diese Lüge nicht mehr lange mittragen«, verkündet xier schließlich.

Und plötzlich erkennt Wyll, was xiem das alles abverlangt. Wie ein schattenhafter grauer Dämon lastet die Lüge auf xiesen Schultern, drückt xien nieder, schlägt ihre Krallen in xiesen Rücken. Für jemanden, dem die Täuschung zur zweiten Natur geworden ist, verbirgt Lucan seine Verblüffung erstaunlich schlecht.

»Nur noch ein paar Wochen«, betont er.

Garad nickt steif, dann geht xier hinaus.

Mit einem leisen Klicken fällt die Tür hinter xiem ins Schloss.

Lucan zuckt kurz zusammen.

»Lass es gut sein«, bittet ihn Brune. »Xier leidet. Lass es einfach gut sein.«

»Tja, wer von uns leidet denn bitte schön nicht, Brune?« Lucans Lächeln wirkt zerbrechlich wie Glas. »Wer von uns muss nicht irgendwie weitermachen und so tun, als wäre ihm nicht gerade das Herz aus der Brust gerissen worden? Aber man kann seine Wunden eben nur in der Freizeit lecken. Hier und jetzt müssen wir das irgendwie hinkriegen, und zwar gemeinsam. Sollte es noch jemanden geben, der das anders sieht, kann er jetzt gerne gehen.«

Niemand rührt sich.

Lucan nickt. »Gut. Also, lasst uns Pläne schmieden.«

Er wendet sich Wyll zu.

»Was ist?«, fragt der misstrauisch.

»Das Verschwinden der Flinken Fee ist beunruhigend. Falls sie da mit dringesteckt hat, hätten wir zumindest eine Spur. Wir brauchen mehr Informationen von ... der Tochter.« Nur mühsam bringt Lucan dieses Wort über die Lippen; fast scheint es, als müsse er mit der Tatsache, dass Red Arts Tochter ist, gleichzeitig eingestehen, dass auch sein über alles verehrter Art Fehler gemacht hat. »Und wenn der direkte Weg keinen Erfolg gebracht hat, müssen wir es eben mit einer List versuchen.«

»Mit einer List?«, wiederholt Wyll skeptisch. »Was erwartest du von mir? Soll ich etwa so tun, als würde ich sie nicht am liebsten in Stücke reißen?«

»Das wäre zumindest ein Anfang«, befindet Lucan. »Ich habe eine Idee.«

KAPITEL 4

Garads Wohnung, Evrontown

Zwei Wochen zuvor

»Leon hat Wort gehalten«, fährt Ghost fort. »Einige Nächte später hat er mich zu einem Job mitgenommen.« Sie denkt kurz nach. »Da hat alles anfangen.«

»Was hat angefangen?«, will Garad wissen.

»Mein Abstieg in die sieben Höllen«, antwortet Ghost mit einem humorlosen Lächeln.

*

Machine Sounds, Alaunitown

Zwei Monate zuvor

Leon ist leicht zu entdecken, auch wenn er sich zu verstecken versucht.

Er sitzt an einem Tisch ganz vorne, außen am Rand – der dunkelste Fleck im Raum, extra deshalb gewählt. In der ansonsten kalt ausgeleuchteten Bar ist er kaum mehr als ein Schatten, aber trotzdem unverkennbar: ein schäbiger, breiter Berg. Seine besten Tage hat er vielleicht hinter sich, trotzdem überlegt man es sich besser zweimal, bevor man sich mit einem Bergtroll anlegt, auch wenn er nicht mehr der Jüngste ist. Die Bühnenbeleuchtung strahlt ihn von hinten an, was ihn irgendwie brutal wirken lässt, da sein Gesicht so ganz im Schatten bleibt. Die Musik scheint sich um seine Schultern zu schlingen, während er Ghost reglos entgegenblickt.

Die Bar, in der sie ihn treffen soll, liegt tief im schäbigsten Teil von Alaunitown. Früher gab es in diesem ehemaligen Industriegebiet nur alte Fabriken und überfüllte, trostlose Wohnblöcke. Jetzt finden sich hier geräumige, bunt zusammengewürfelte Restaurants, die in alten Fabrikgebäuden untergebracht sind. In den beiden oberen Stockwerken einer einstigen Chemielagerstätte hat sich ein Künstlerkollektiv einquartiert. Und in den schmalen Straßen zwischen den Wohnblöcken stößt man auf Imbissbuden, die ausschließlich blaue Speisen anbieten oder vollkommen willkürliche Öffnungszeiten haben.

Die Bar trägt den Namen Machine Sounds, was wohl der betörenden, leicht schmierigen Musik zu verdanken ist, die sich zurzeit wie Motoröl in der Untergrundszene ausbreitet. Momentan präsentiert sich eine eher mittelprächtige Band auf der kleinen Bühne: gesanglich gar nicht schlecht – auch wenn der Text mehr aus angedeuteten Lauten als aus richtigen Worten besteht und ein beinahe greifbares Gefühl ekstatischen Elends hervorruft, allerdings mit einem beschämend schlechten Taktgeber. Die unrhythmischen, dumpfen Rassellaute machen die harte Gesangsarbeit beinahe wieder zunichte.

Leon schiebt mit dem Fuß den gegenüberliegenden Stuhl zurück, der widerstandslos unter dem Tisch hervorgleitet und mit Ghosts Schienbein kollidiert. Sie nimmt Platz und wartet, bis es etwas ruhiger wird. Schließlich beendet die Band ihre letzte Nummer und drückende Stille breitet sich in der von Apathie erfassten Bar aus.

»Vielen Dank«, sagt der Sänger trübsinnig.

Ghost beugt sich vor, bis sie vom Schein der kleinen Tischlampe erfasst wird. »Ich habe deine Nachricht bekommen, dass du mich hier treffen willst«, beginnt sie.

»Das sehe ich«, sagt Leon belustigt.

»Allerdings ist mir nicht ganz klar, wie das möglich war.«

Leon zuckt gelassen mit den Schultern. »Ach nein?«

»Immerhin sagte ich doch, dass *ich* mich bei *dir* melden würde.« Ghost schenkt ihm ein freundliches Lächeln. »Da du schließlich keine Ahnung hast, wo ich wohne.«

»Ich habe da so meine Mittel und Wege.« Leon unterstreicht diese Feststellung mit einem plumpen Zwinkern und Ghost lacht laut auf. Das lenkt ihn ausreichend ab, sodass sie sich vorbeugen und ihn an seinem Gummihalsband packen kann, das gerade weit genug ist, um eine Hand darunter zu schieben und ihn damit zu würgen.

Leon reißt die Augen auf und ringt um Luft. Dabei hofft Ghost inständig, dass ihm so schnell kein Atemzug mehr gelingt, denn das, was er ihr ins Gesicht gepustet hat, hatte keinen sehr angenehmen Duft.

»Hör zu«, fährt sie noch immer freundlich fort. »Ich mag es nicht, wenn andere wissen, wo ich wohne. Denn wenn andere wissen, wo ich wohne, fühle ich mich nicht mehr sicher. Das kannst du dir ja bestimmt vorstellen. Also, wie hast du es herausgefunden und wer weiß es noch?«

Leon reißt die breiten Hände hoch, packt damit aber nur die Tischkante, nicht sie. Entweder ist er im Alter weich geworden oder er will die Situation nicht noch weiter auf die Spitze treiben.

»Ganz ruhig«, keucht er. »Entspann dich, bei allen Heiligen noch mal! Nachdem du an dem Abend bei mir warst, bin ich dir nach Hause gefolgt, okay?«

»Na, da fühle ich mich doch gleich viel besser. Und wieso?«

»Du weißt, wo ich wohne, und jetzt weiß ich … wo du wohnst.«

Verdammt, da hat er nicht unrecht. Außerdem haben sich seine Wangen eindeutig violett verfärbt.

Ghost lässt ihn los.

Hastig weicht Leon ein Stück zurück. Dabei wirft er ihr einen beleidigten Blick zu.

Als er sie fragte, warum sie eine Waffe Gottes werden wolle, tat sie das mit dem scherzhaften Kommentar ab, dass sie eine Beschäftigung brauche, weil sie nicht der Typ sei, der einfach nur faul herumsitzt. Ihrer Meinung nach sei niemand der Typ dafür, aber manche Menschen redeten sich das erfolgreich ein und fänden dann in den meisten Fällen irgendwelche destruktiven Möglichkeiten, um die Zeit rumzubringen.

In Wahrheit aber … nein, die Wahrheit ging ihn nichts an. Fin hatte dem alten Penner vielleicht vertraut, aber Ghost ganz sicher nicht, denn Ghost konnte es sich nicht leisten, anderen zu vertrauen. Jetzt allerdings ist ihr dieser Gefühlsausbruch irgendwie peinlich. Nicht der Zorn selbst, sondern die Furcht, die dahintersteckt.

»Tut mir leid«, entschuldigt sie sich. »Du hast recht. Ich bin eine Fremde, und … fair ist fair.«

Offenbar fühlt sich Leon nun sicher genug, um seiner Wut Luft zu machen, allerdings kommt er nicht mehr dazu, da plötzlich sämtliche Lichter ausgehen und Finsternis die Bar erfüllt.

Von der Bühne dringt der Klang einer Stimme herüber, halb singend, halb sprechend in der absoluten Dunkelheit.

Alle scheinen den Atem anzuhalten, während sie versuchen, die Bedrohung zu erfassen.

Doch als die Bühnenbeleuchtung nach und nach wieder angeht, findet sich dort keine Bedrohung. Zumindest keine offensichtliche. Im Licht der Scheinwerfer steht eine Gestalt mit grell pink-gelber Perücke. Die Farbe erinnert an die dicken Zuckerschlangen, die man auf den Neonmärkten von Senzatown für ein paar Pennies gleich dutzendweise kaufen kann. Die Sängerin trägt außerdem transparente kniehohe Stiefel und schmale Stoffstreifen am Körper, die kaum als richtige Kleidungsstücke durchgehen. Sie hat beide Hände um das Mikro geschlungen und wiegt sich sanft hin und her, die Lider halb geschlossen, als wüsste sie kaum, wo sie sich befindet, als sei es nicht weiter wichtig, als wolle sie einfach nur für sich selbst singen.

Ghost hört Leons raues Lachen und spürt seinen warmen Atem an ihrer Wange.

»Gefällt sie dir?«, fragt er.

Das Licht von der Bühne überzieht sein Gesicht mit einem unnatürlich grellen Pinkton. Ghost lehnt sich zurück und versucht, die Sängerin am Rande ihres Gesichtsfelds auszublenden. Bleibt allerdings noch diese drängend-betörende Stimme.

Anscheinend kann sie es nicht verbergen, dass es ihr nicht gelingt, das Geschehen auf der Bühne zu ignorieren, denn Leon nimmt einen Schluck aus seinem Glas und versichert ihr dann: »Keine Sorge, du kannst sie dir noch genauer ansehen. Sie ist der Grund, warum wir hier sind.«

Dabei deutet er mit dem Kopf Richtung Bühne.

Diese wenig subtile Andeutung geht Ghost gehörig gegen den Strich und sie versucht nun noch angestrengter, sich zusammenzunehmen.

»Du lässt mich durch den halben Bezirk fahren, nur dass ich mir eine Sängerin in irgendeiner Klitsche anhöre?«

»Du bist heute sozusagen meine Rückendeckung – sieh zu und lerne. Falls es knifflig wird, kannst du auch gerne dein furchterregendes Temperament einsetzen«, fügt er beißend hinzu. »Allerdings hat sich das mit der vereinten Front gegenüber unserem Ziel wohl erledigt, nachdem der halbe Laden dabei zugesehen hat, wie du mich erwürgen wolltest. Vielen Dank dafür.«

Ghost sortiert im Kopf die spärlichen Hinweise. »Das soll meine Aufgabe sein? Dich zu beschützen?«

»Was ist daran so schlimm?«

»Ich habe die Gewalt zusammen mit meinem alten Leben hinter mir gelassen.«

»Ach ja?« Leon zupft vielsagend an seinem Halsband.

»Tut mir leid«, entschuldigt sie sich noch einmal.

Das wird er immer wieder gegen sie verwenden, um zu kaschieren, wie peinlich es für ihn war. Da kann sie ihm zuliebe wenigstens die Reumütige spielen.

Leon gibt sich weiter verschnupft. »Falls dem so ist, kannst du mir ja noch etwas zu trinken besorgen. Mein Hals ist ganz rau nach der ganzen Würgerei.«

Ghost drückt den Knopf und wenig später erscheint ein Kellner, herbeigerufen durch die über ihrem Tisch blinkende Projektion. Während sie bestellt, erhebt sich Leon und geht zu einem gelangweilt aussehenden Typen hinüber, der anscheinend den durch einen rostigen Kettenvorhang abgetrennten Bereich hinter der Theke bewacht. Vermutlich befinden sich dahinter noch ein paar nicht öffentliche Räumlichkeiten.

Ghost ertappt sich dabei, wie sie sich wieder der Bühne zuwendet. Die Sängerin hat die Augen nun weit geöffnet, starrt aber über die Köpfe des Publikums hinweg, als blicke sie in eine

Welt jenseits dieser Bar. Dabei wirkt sie so überzeugend, dass Ghost beinahe mit ihr zu entschweben glaubt, an einen luftigeren Ort voller Sehnsucht. Sobald sie ihr Lied beendet hat, verschwindet die Sängerin hinter der Bühne. Ghost fühlt sich beinahe betrogen, so als wäre sie abrupt aus einem schönen Traum gerissen worden, ohne dessen befriedigendes Ende miterleben zu können.

Als Leon zu ihr an den Tisch zurückkehrt, kippt er seinen frischen Drink hinunter und signalisiert Ghost wortlos, dass sie ihm noch einen bestellen solle.

»Also, nach wem suchen wir heute?«, will sie von ihm wissen.

»Cassren Grenwald.« Er fischt eine Datenmünze aus seiner Jackentasche. Nachdem er den winzigen Knopf an deren Kante gedrückt hat, projiziert die Münze ein weißes Lichtfeld auf die dunkle Tischplatte; Worte und Bilder laufen über den so geschaffenen Bildschirm. Die Münze wird sämtliche auf ihr gespeicherten Daten abspielen und sie dann in einer Endlosschleife wiederholen, bis ihr der Saft ausgeht.

Durch erneuten Druck auf den Schalter hält Leon den Bildlauf an, sodass nun ein aus Licht geschaffenes Gesicht auf dem Tisch verbleibt: das Bild einer Frau mit makelloser dunkler Haut. Sie ist recht klein und kurvig und hat etwas Elfenhaftes an sich, das sie vermutlich jünger wirken lässt, als sie in Wahrheit ist.

»Sieht nicht aus wie jemand, der es nötig hätte, abzutauchen.«

»Genau wie du«, erwidert Leon. »Sie ist Lehrerin.«

Verblüfft will Ghost weiter nachhaken, wird aber unterbrochen, als jemand zu ihnen an den Tisch tritt.

»Man hat mir gesagt, ihr wollt mich sprechen?«

Es dauert einen Moment, bis Ghost die Sängerin wiedererkennt. Sie hat die grelle Perücke und die transparenten Fetzen abgelegt und ist nun dunkel und äußerst sittsam gekleidet. Selbst ihr Blick ist ein anderer: Auf der Bühne war er sanft und verträumt, jetzt wirkt sie wachsam und konzentriert.

»Sie sind eine enge Freundin von Cassren Grenwald«, beginnt Leon.

Die Sängerin antwortet nicht, doch wäre sie eine Katze, hätte sich nun wohl ihr Fell gesträubt.

»Darf ich nach Ihrem Namen fragen?«, fährt Leon fort.

»Blumen für Kain.«

»Und wie werden Sie genannt, wenn Sie nicht als Blumen für Kain auf der Bühne stehen?«, hakt er nach.

»Das kann ich nicht einfach ein- und ausschalten. Aber sicher kennen Sie meinen Namen bereits, da Sie ja sowieso schon so viel über mich wissen.«

»Tun wir einfach so, als wäre das nicht der Fall, und benehmen uns wie höfliche Menschen.«

»Delilah«, faucht die Sängerin. Mehr nicht.

Selbst in diesem Teil der Stadt kommt es einer groben Unhöflichkeit gleich, sich nur mit einem Viertel seines Namens vorzustellen. Die Sängerin gibt mit voller Absicht die Zicke, was bei allen den Puls ansteigen lässt.

»Sehr schön, Delilah. Mein Name ist Leon Pendegast o'Launitown, und ich wurde gebeten, Ihre Freundin Cassren ausfindig zu …«

»Von wem?«, unterbricht ihn Delilah sichtlich angewidert. »Von ihrer Familie bestimmt nicht. Und es kann auch sonst niemand gewesen sein, dem sie wichtig ist. Die würden keinen räudigen Köter wie Sie losschicken, um sie zu finden.«

Während Leon das kommentarlos hinnimmt, spürt Ghost, wie ihr Zorn zurückkehrt.

»Jetzt hör mir mal zu, meine Liebe«, beginnt sie leise. »Ich bin die Einzige hier, die ihm Beleidigungen an den Kopf werfen darf, und dieses Privileg werde ich definitiv mit niemandem teilen. Wie wäre es also, wenn du mal einen Gang runterschaltest?«

Irritiert dreht sich Delilah zu Ghost um. »Und wer bist du jetzt?«

»Seine Rückendeckung.« Erstaunlicherweise klingt das nicht ganz so peinlich, wie Ghost befürchtet hat.

Mit eisigem Spott stellt Delilah fest: »Dann müssen die Waffen Gottes jetzt also schon vor ihrer Beute geschützt werden, ja? Sollte es nicht eher andersherum sein?«

Leon räuspert sich, um die Aufmerksamkeit wieder auf sich zu lenken. »Ich versuche nur, Cassren zu finden, und habe nicht vor, ihr irgendetwas anzutun.«

»Außer sie zu brandmarken, als wäre sie Ihr Eigentum, nicht wahr?«

»Es ist lediglich eine Tätowierung«, entgegnet Leon geduldig. »Genau wie die Bilder, die Ihre Arme schmücken, Teuerste. Und wahrscheinlich mit wesentlich weniger Schmerzen ver…«

»Sie werden sie auf diese beschissene Liste setzen«, übertönt ihn Delilah aufgebracht, »und dadurch wird sie zur Zielscheibe. So einfach ist das. Zur Beute.«

Mit regloser Miene fragt Leon: »Zu wessen Beute?«

Wortlos schüttelt Delilah den Kopf.

»Kann ich kurz …?« Ghost hebt fragend die Hand und wirft Leon dabei einen schockierten Blick zu. »Sie sind eine Waffe Gottes?«

Leon sieht sie an und kneift die Augen zusammen. Kurz entgleist ihm das Gesicht.

Zum Glück stürzt sich Delilah sofort auf den Köder. »Es ist

Ihnen so peinlich, dass Sie nicht einmal Ihrer Leibwächterin etwas davon sagen! Überrascht mich eigentlich nicht.«

Leon leert sein Glas und knallt es so heftig auf den Tisch, dass die Sängerin erschrocken zusammenfährt.

»Sagen Sie ihr, dass es alles nur noch schlimmer macht, wenn sie wegläuft«, trägt er Delilah auf, dann nickt er Ghost auffordernd zu. »Wir gehen.«

»Ich kann ihr gar nichts sagen«, entgegnet Delilah. »Ich habe sie schon seit Wochen nicht mehr gesehen. Mit meiner Hilfe werden Sie sie nicht finden, Sie suchen an der falschen Stelle. Sollten Sie nicht besser den undankbaren Mistkerl fragen, der sie hingehängt hat?«

»Sie meinen den aufrechten Bürger, der eine Straftat gemeldet hat?«, schießt Leon zurück, während er sich von seinem Stuhl erhebt.

Ghost zuckt zusammen.

»Ich meine den Arsch, der sie dafür bestraft hat, dass sie ihm das Leben retten wollte«, faucht Delilah.

»Sie war nicht registriert«, entgegnet Leon, »also war das seine gesetzlich verankerte Pflicht.« Er wendet sich ab und geht.

Ghost wirft der wütenden Sängerin noch einen kurzen Blick zu, bevor sie sich ihm anschließt.

*

Draußen lehnt sich Leon gegen die Hauswand, zündet sich einen Sicalo an und inhaliert tief. Eine dichte, nach Jasmin duftende Rauchwolke steigt um ihn herum auf.

Ghost stellt sich neben ihn.

»Was sollte das denn bitte schön, verehrte Fremde?«, presst Leon gereizt hervor.

»Tut mir leid.« Diesmal meint Ghost es ehrlich. »Die ganze Bar hat gesehen, wie ich dir an die Gurgel gegangen bin. Da dachte ich mir, ich ziehe das jetzt durch.«

Er schnaubt spöttisch. »Du hast eine Chance gesehen, mir noch eine zu verpassen, und wolltest sie dir nicht entgehen lassen.«

»Delilah sollte einen von uns sympathisch finden, und es ist ziemlich schnell klar geworden, dass du das ganz sicher nicht sein wirst«, erklärt Ghost hastig. »Also dachte ich mir, ich stelle mich mal dumm, was die Waffen Gottes angeht. Denn jetzt wird sie vielleicht wenigstens mit mir reden, verstehst du?«

»Und wie kommst du darauf, dass du überhaupt die Gelegenheit dazu bekommen wirst?« Wütend stößt Leon weitere Rauchwolken aus.

»Jetzt sei doch nicht so«, schmeichelt Ghost, bevor sie es mit Ablenkung versucht: »Was hat sie eigentlich genau gemeint, als sie sagte, ihre Freundin sei hingehängt worden? Was ist da passiert?«

Leon lässt den Blick über die Straße schweifen. »Cassren Grenwald ist eine Wahrsagerin«, erklärt er, »und offenbar eine wirklich gute. Das kam ans Licht, als sie vor ein paar Wochen eine Art Anfall hatte und einem ihrer Kollegen zurief, er solle am nächsten Tag besser zu Hause bleiben, da er sonst sterben würde. Natürlich hat er nicht auf sie gehört. Der Mann wurde bei einem Autounfall getötet – irgendwelche zugedröhnten Idioten haben einem reichen Knacker seinen Luxusschlitten geklaut, damit eine Spritztour gemacht und dann die Kontrolle über den Wagen verloren. Haben ihn voll erwischt, als er die Straße überqueren wollte. Jemand hat mitbekommen, wie sie dem armen Kerl diese Prophezeiung zugerufen hat, und hat sie als Wahrsagerin enttarnt. Wenig später ist sie verschwunden.«

Ghost stößt einen leisen Pfiff aus. *Das hat man davon, wenn man nett sein will – man wird an die Waffen verraten.*

»Und Delilah ist also mit ihr befreundet? So wie sie sich da drin aufgeführt hat, ist es vielleicht auch etwas mehr als das.«

Achselzuckend stellt Leon fest: »Habe schon deutlich Schlimmeres erlebt. Hunde, die bellen, beißen nicht.«

Und du hast sie schön gegen dich aufgebracht, damit sie immer lauter bellt.

»Von den Magiegesetzen hält sie jedenfalls nicht sonderlich viel«, folgert Ghost. »Eindeutig eine Sympathisantin. Möglicherweise auch mehr.«

Das scheint Leon aufzumuntern. »Aktivistin.«

»Kann sein. Wieso, jagt ihr die etwa auch?«

»Offiziell nicht, aber wenn wir auf sie stoßen, bekommen wir einen netten kleinen Bonus von der örtlichen Wache.«

Da nun möglicherweise mehr zu holen ist, hat sich sein Stolz schnell wieder eingerenkt.

»Lass uns mal sehen, was ich noch herausfinden kann«, schlägt Ghost vor. »Betrachte es als eine Art Test, der zeigen wird, ob ich gut genug für den Job bin. Ich lade sie auf einen Drink ein, zeige mich mitfühlend, erkläre ihr, dass ich die Waffen Gottes auch nicht ausstehen kann. Sie ist vor allem wütend und mit Wut kann ich arbeiten.«

»Sie ist eine selbstgerechte kleine Zicke«, brummt Leon. »Wo kämen wir denn hin, wenn alle einfach das Gesetz ignorieren würden und tun, wonach ihnen gerade ist? Gesetz ist Gesetz, ohne Ausnahme.«

Nicht einmal ehemalige Wachen glauben das uneingeschränkt – oder zumindest die Intelligenteren tun das nicht. Gesetze sollten nicht in Beton gegossen sein, sondern eine gewisse Flexibilität in sich tragen, wie ein biegsamer Bambusstock.

Was auch immer das Leben in jüngster Zeit mit Leon angestellt hat, es hat ihn hart werden lassen.

Nun mustert er sie abschätzend, weshalb Ghost versucht, möglichst unschuldig zu wirken. Was offenbar nicht funktioniert.

»Niedlich magst du sein, aber darunter verbirgt sich ein hitziges Temperament«, analysiert er. »Was dir bisher bestimmt oft zugutegekommen ist. Ich würde wetten, dass du schon einigen Mist mitgemacht hast, aber von hier aus wird es düster wie in der siebten Hölle. Viel tiefer als eine Waffe Gottes kann man kaum sinken. Du musst dich mit der Welt unterhalb dieser Welt vertraut machen.«

Ghost entscheidet sich für diplomatisches Schweigen. Soll er ruhig glauben, was er glauben will. Solange er in Bezug auf ihre Vergangenheit auf der falschen Fährte bleibt, ist alles gut.

Leon steckt ihr Cassren Grenwalds Datenmünze zu.

»Dann mal los. Deine Chance, mich zu beeindrucken.«

*

Wie Leon immer sagt, gibt es drei Arten von Menschen, die sich den Waffen Gottes anschließen:

Zunächst einmal jene, in deren Augen Gottgleiche eine Gefahr darstellen; sie glauben, der Gesellschaft einen Gefallen zu tun. Manche sehen in ihnen sogar eine Blasphemie und lehnen die Bezeichnung Gottgleiche ab. Ihrer Meinung nach verrichten sie das Werk der Heiligen, indem sie diese Schmähungen Gottes aufspüren und ihnen eine Marke verpassen, damit sie für jeden leicht erkennbar sind. Ghost hat solche Typen auch schon an Straßenecken stehen sehen, wo sie zur stumpfsinnigen Masse predigen.

Üblicherweise haben diese Gläubigen eine Geschichte im Gepäck, die ihren Hass erklärt – eine Wette, die schiefgelaufen ist; ein geliebter Mensch, der krank wird und stirbt. Dann gehen sie zu einem Wahrsager, der das Problem für sie lösen soll, ihnen aber natürlich nicht liefern kann, was sie brauchen. Denn wer kann schon das Auf und Ab im rauen Seegang des Lebens steuern? Manchmal fällt man tief, das liegt in der Natur der Dinge. Aber die Menschen brauchen immer jemanden, dem sie die Schuld geben können, also ist es dann die Schuld der Gottgleichen, wenn sich herausstellt, dass auch sie den Launen eines gleichgültigen Universums unterworfen sind.

Dem zweiten Typus begegnet man laut Leon am häufigsten. Diese Menschen sind die Besten in dem Job. Sie tun es, um Geld zu verdienen und ihre Rechnungen zu bezahlen, mehr nicht. Sie denken nicht weiter darüber nach, das haben sie sich abgewöhnt. Oft handelt es sich dabei um ehemalige Ritter wie Leon.

Und wie Ghost.

Doch es gibt noch eine dritte Kategorie. Sie ist am seltensten vertreten, trotzdem tauchen auch solche Leute immer wieder auf. Sie kommen eine Weile gut zurecht als Waffe Gottes, aber jeder abgeschlossene Auftrag hinterlässt bei ihnen Spuren. Irgendwann fragen sie sich, warum sie die Gottgleichen überhaupt jagen müssen wie Tiere. Dann ist es oft nicht mehr weit von passivem Mitgefühl zu einem Riesenproblem.

Leon hatte einmal einen Rekruten, sehr jung, sehr eifrig. Zu eifrig. Wie sich herausstellte, war er Teil einer berüchtigten, gewaltbereiten Aktivistengruppe und hatte sich bei den Waffen Gottes eingeschleust, um ihre Arbeit zu torpedieren, wo immer es ging. Leon durchschaute ihn sofort und lieferte ihn aus. An dem Tag kassierte er einen fetten Bonus und zog abends durch die Bars. Eine tolle Nacht.

Zu welcher Gruppe gehöre ich?, fragt sich Ghost. Zu den Vollstreckern, den Abgeklärten oder den Sympathisanten?

Zusammen mit den ersten, schüchternen Vorboten der Morgenröte erreicht sie ihre Wohnung. Sie liegt im Dachgeschoss eines prachtvollen Hauses, das von außen äußerst geschichtsträchtig wirkt, drinnen aber vor allem nach Moder und altem Bratfett riecht. Zurzeit steht es halb leer, auf den Fluren begegnet man nur vereinzelten Kurzzeitmietern. Sie lassen Ghost in Ruhe und Ghost lässt sie ebenfalls in Ruhe. Niemand hier hat so viel, dass sich ein Diebstahl lohnen würde.

Mit einem gezielten Tritt öffnet sie die Wohnungstür – bei Nässe klemmt sie gerne – und schiebt sich in einem vorsichtigen Tanz durch das Labyrinth aus Kerzen, das den Boden im Wohnzimmer bedeckt. Aus grünen Absinthflaschen ragen schlanke Leuchterkerzen, ihre schwarzen Gegenstücke zieren Whiskyflaschen. Schalen aus Metall und Glas beherbergen dicke Stumpenkerzen, rote Baumkerzen stecken in filigranen, hüfthohen Leuchtern aus billigem Gold, das durch einen Kupferanstrich wertvoller wirken soll. Dazu noch schwarze Eisendreizacke, aus denen je drei Stumpen aufragen.

Die Stromversorgung des Hauses funktioniert sogar recht zuverlässig, von dem einen oder anderen hustenden Aussetzer mal abgesehen, aber diese Kerzen dienen auch nicht als Lichtquelle. Natürlich scheinen es übertrieben viele zu sein, aber sie erfüllen mehr als einen Zweck: Niemand außer ihr kann sich zwischen ihnen hindurchschieben, ohne einige umzuwerfen. Sollte jemand einbrechen, ist Ghost also gewarnt. Außerdem sehen sie einfach hübsch aus.

Sie erinnern sie an ein früheres Leben.

Schon immer hat es Ghost fasziniert, dass Kerzen sozusagen zwei Dinge gleichzeitig sind – eine billige Notwendigkeit für die Armen, prunkvoller Luxus für die Reichen. Die Kronleuchter im Ballsaal von Cair Lleon, dem berühmten Palast des Königs von London, sind jeweils mit Hunderten von Kerzen bestückt. Über dicke Seilzüge werden sie von der Decke herabgelassen, wenn die Kerzen ausgetauscht werden müssen. Oft wird der Ballsaal zwar nicht genutzt, aber wenn es doch einmal der Fall ist, schweben tausend schimmernde Flämmchen über der Menge, deren Licht die Welt in ein märchenhaftes Paradies verwandelt.

Ghost zieht sich aus, wickelt sich in ihre Bettdecke und rollt sich auf ihrem schlichten Klappbett zusammen. In einer Hand hält sie die Datenmünze, die Leon ihr überlassen hat. Sie drückt den Knopf und sofort vertreibt weißes Licht einen Teil der Dunkelheit in der erhabenen Einzimmerwohnung. Worte und Bilder gleiten vorbei und umreißen die wichtigsten Punkte im Leben der verschollenen Cassren Grenwald.

Das dumme Ding hätte besser die Klappe gehalten. Bestimmt wusste ihre Familie es. Schon immer. Wenn sie eine so präzise Vorhersage treffen konnte, war es sicher nicht das erste Mal und normalerweise zeigt sich diese Gabe bereits in der Kindheit. Vor allem, wenn sie derart stark ausgeprägt ist.

Dieses Mädchen ist eine Seltenheit.

Trotz der großen Integrationsversprechen des herrschenden Regimes und der vor einigen Jahren umgesetzten Deregulierung bezüglich der Bezirksgrenzen ist die Zusammenarbeit zwischen den verschiedenen Bezirken nach wie vor kaum vorhanden. Es lässt sich also noch immer am leichtesten verschwinden, indem man durch die Bezirke springt. Leon hat ihr geraten, sich in Cassrens Heim nach allem umzusehen, was sie zu Freunden oder Angehörigen führen könnte, bei denen sie vielleicht vorerst Unterschlupf gefunden hat, um sich dann gefälschte Identifikationsmarken für einen anderen Bezirk zu besorgen – ein neuer Name für ein neues Leben. Es also genauso zu machen wie Ghost.

Irgendwie fühlt es sich an, als jage sie eine andere Version ihrer selbst.

Ghost fragt sich, wie sich Cassren wohl fühlt, wo sie ist, ob sie einsam ist.

Und sie fragt sich, was sie tun soll, wenn sie sie aufspürt.

KAPITEL 5

Königlicher Marstall von Cair Lleon, Blackheart

Fünf Monate zuvor

»Du konntest es nicht wissen«, sagt Art sanft.

Hinter der vertrauten Gestalt des Königs ist alles dunkel, doch er sitzt nahe genug am Feuer, um seine Miene deuten zu können. Und darin spiegelt sich nichts als tief empfundenes Mitgefühl.

Wyll starrt in die Flammen. »Tja, dann war ich wohl einfach nur unfassbar dumm, nicht wahr?«

»Nein, Wyll, das warst du nicht.«

»Ich bin dein Streiter. Es ist meine Aufgabe, dich zu schützen.«

»Mein Streiter, ja«, betont Art, »aber nicht mein Leibwächter. Du kannst die Menschen, die du liebst, nicht vor jedem Übel unter der Sonne beschützen, ganz egal, wie sehr du es dir wünschst. Jeder muss irgendwann sterben.«

»Aber nicht jeder wird ermordet.«

»Ich bin der König«, erwidert Art. »Eine Menge Leute wollen meinen Tod. Das hast du selbst einmal zu mir gesagt.«

»Ja, ich erinnere mich.«

»Das ist irgendwie hängen geblieben.«

Wyll schnaubt spöttisch. »Wie auch nicht.«

»Du warst ein schwieriges Kind.«

»Und als ich erwachsen wurde, wurde ich langweilig?«

»Ganz im Gegenteil. Da wurde es nur umso schwieriger.«

Wyll spürt, wie sich ein Lächeln auf seinem Gesicht ausbreitet. Der vertraute Schlagabtausch löst die emotionale Starre, spendet ihm Trost. Trost, der neues Entsetzen in sich trägt. Hastig distanziert er sich davon.

Trost ist ihm nicht gestattet.

Natürlich bemerkt Art seinen Stimmungsumschwung.

»Du hättest es nicht wissen können«, betont er noch einmal, nun schon beinahe vorwurfsvoll. »Du kannst schließlich nicht Gedanken lesen.«

Mit dieser Gabe hätte ich zur Welt kommen sollen, denkt Wyll. Nicht mit dem nutzlosen Talent, bewegliche, sprechende Täuschungen zu fabrizieren.

»Hör auf damit, Wyll.« Eine neue Stimme schaltet sich ein, rau und ausdruckslos, ohne die übliche, fast schon singende Verspieltheit.

Als Wyll hochblickt, steht Lillath in der Tür, die zu seinen Gemächern führt.

»Ah, deine Spinne ist hier«, erklärt er Art. »Vielleicht sollten wir sie fragen, warum sie ebenfalls so grandios versagt hat.«

Mit unverkennbarer Abscheu mustert Lillath die Illusion von Art.

Diese schüttelt den Kopf. »Lil ist Red nie begegnet. Das gilt für alle – außer für mich, ganz zum Schluss. Du hast sie vor uns allen versteckt.«

»Und wenn ich das nicht getan hätte?«, überlegt Wyll. »Würdest du dann jetzt noch leben?«

»Hör auf damit«, faucht Lillath wieder. »Mach das weg.«

Wyll lehnt sich nach hinten und zwingt seine verkrampften Muskeln, sich zu entspannen. Auch sein Gehirn schaltet einen Gang zurück. Im nächsten Moment löst sich Art auf, als habe es ihn nie gegeben.

Lillath atmet so erleichtert auf, dass Wyll es deutlich hören kann.

»Warum machst du das immer wieder?«, fragt sie ihn, nun wieder vollkommen gelassen.

»Was für eine alberne Frage«, antwortet er mechanisch. »Er ist tot und das gefällt mir nicht. Also hole ich ihn zurück.«

Stille.

Was ebenfalls ein Beweis dafür ist, dass sie sich tatsächlich in einer neuen, grauenvollen Wirklichkeit bewegen. In der alten Realität hätte Lillath de Havilland, Spionagechefin des Königs von London, ihn in der Luft zerrissen, wenn er in diesem Ton mit ihr gesprochen hätte. Jetzt aber beobachtet sie ihn nur, während sie langsam zu ihm herüberkommt.

»Hör auf, mich anzusehen, als hätte ich den Verstand verloren«, blafft er sie an. Zorn, der aus Scham geboren ist. »Mir ist schon klar, dass er nicht echt ist. Ich weiß, dass ich einfach nur Selbstgespräche führe. Das ist mir bewusst. Okay?«

»Jeder führt hin und wieder Selbstgespräche. Du externalisierst diese Gespräche nur etwas krasser als wir anderen.«

Wyll antwortet nicht. Schweigend gestattet er ihr, auf dem Stuhl gegenüber Platz zu nehmen, wo gerade eben noch die von ihm heraufbeschworene, künstliche Version von Art gesessen und dafür gesorgt hat, dass er sich nicht ganz so einsam fühlt – und sich gleichzeitig dafür schämt, zu solchen Mitteln zu greifen.

Er *gestattet* es ihr. Ha. Lillath nimmt Platz, wo immer es ihr beliebt.

»Es ist erst wenige Tage her«, sagt sie nun. »Ich kann ihn auch noch nicht loslassen. Es ist hart. Er ist tot, was bedeutet, dass er nicht hier sein kann. Und doch sehe ich ihn überall. Manchmal setze ich mich hin und will ihm eine Nachricht schreiben, nur um mir dann wieder bewusst zu machen, dass er nicht mehr da ist und keine Nachrichten mehr bekommen kann. Und dann trete ich hier durch deine Tür und sehe ihn dort sitzen ... Bitte verzeih, wenn ich da etwas empfindlich reagiere.« Nach einer kurzen Pause fügt sie hinzu: »Selber schuld, wenn du so verflucht talentiert bist. Deine Illusionen sind einfach verdammt realistisch.«

»Dann versuch mal, sie zu berühren«, erwidert Wyll.

»Genau. Wenn ich das nächste Mal den Verdacht habe, dass jemand nicht echt sein könnte, ramme ich ihm einfach die Faust ins Gesicht.«

Ein schwacher Scherz. Typisch menschlich, wenn das Grauen einfach nicht auszuhalten ist.

»Wie laufen deine Foltersitzungen?«, erkundigt er sich.

Das quittiert Lillath mit einem Blick, der deutlich macht, wie wenig sie derart offensichtliche Unterstellungen zu treffen vermögen.

»Du meinst die Befragung der Gefangenen?«

»Die dabei gefesselt, unter Drogen gesetzt und dauerhaft wach gehalten wird«, ergänzt Wyll.

»Bei allen Heiligen«, seufzt Lillath. »Man könnte fast meinen, du hättest Mitleid mit unserer jungen Königsmörderin.«

»Viel eher bedauere ich die Vergeudung eines außergewöhnlichen Kampftalents.«

»Das werde ich dir wohl glauben müssen.«

»Du hast sie nie kämpfen sehen?« Das überrascht Wyll.

»Wann habe ich denn schon mal Zeit, mich unter das feiernde Volk zu mischen und einem Kampf beizuwohnen?«

»Muss ganz schön schwer sein, der Job des königlichen Spionagechefs.«

»Allerdings«, erwidert Lillath leise. »Ich hatte schon seit Ewigkeiten keinen Spaß mehr.«

Er kennt diesen Blick: Hinter ihrer sanftmütigen Gleichgültigkeit verbirgt sich ein gnadenlos agierender Verstand.

»Von Red der Kämpferin habe ich vielleicht kein Bild, aber sie ist äußerst kommunikativ.«

»Wirklich?«, zweifelt Wyll. »Also, ich habe sie nie besonders wortgewandt erlebt.«

Lillath lacht laut auf. »Nein, sie redet wirklich nicht viel. Es ist vielmehr das, was sie zwischen dem Ächzen und Stöhnen preisgibt.«

Jetzt müsste er eigentlich nachfragen, denn Desinteresse kann genauso verräterisch sein wie Übereifer. Es muss so rüberkommen, als sei ihm wichtig, was Lillaths Befragungen seiner ehemaligen Geliebten zutage gefördert haben. Aber wie viel ist zu viel? Wie viel Interesse muss er zeigen, um möglichst unschuldig zu wirken?

»Und?«, beginnt er zögernd. »Was hat sie so preisgegeben?«

»Sie ist es gewohnt, allein zu sein«, sinniert Lillath. »Zumindest bis vor Kurzem. Aber sie wehrt sich gegen diese neuartigen Gefühle – Kameradschaft, Intimität, Liebe. Das alles ist ihr fremd und es macht ihr Angst.«

»Liebe?« Wylls Herzschlag beschleunigt sich. »Zu wem?«

Bleib ruhig. Sie hat keine Ahnung, wie weit das mit Red und dir gegangen ist. Sie weiß nur, dass du für eine Weile ihr Mentor warst. Liefere ihr keinen Grund, mehr dahinter zu vermuten.

»Das weiß ich nicht«, gibt Lillath zu. »Aber wer es auch sein mag, ich bin mir nicht sicher, ob derjenige ihr bei der Tat geholfen hat. Auch wenn sie offensichtlich beschlossen hat, diese

Last allein zu tragen. Sie ist durchdrungen von Schuld, ihre gesamte Gefühlswelt wird davon beeinträchtigt.«

»Das ist gut«, findet Wyll. »Hoffentlich leidet sie ordentlich.«

Lillath sieht ihn regungslos an.

»Ober aber wir denken einmal darüber nach, was für ein Leben sie bisher gehabt haben muss, wenn sie im Tod ihres eigenen Vaters die einzige verbliebene Möglichkeit gesehen hat?«

»Nein. Jeder Mensch leidet, aber nicht jeder entscheidet sich dafür, in einer solchen Weise auf dieses Leid zu reagieren. Sie hat verdient, was ihr nun bevorsteht.«

Noch immer mustert Lillath ihn eingehend. Unwillkürlich fragt sich Wyll, was sie dabei wohl entdeckt; gleichzeitig hasst er sich dafür.

»Und was hältst du von Lucans Vorschlag?«, fragt sie schließlich.

Er lacht höhnisch. »Lächerlich finde ich ihn.«

»Warum?«

Da ist er also – der wahre Grund für ihren Besuch. Hinter allem, was Lillath tut, steckt irgendeine Absicht.

»Red wird sich mir nicht anvertrauen«, prophezeit Wyll. »Nur die Heiligen wissen, warum ihr alle davon überzeugt seid.«

»Ach, komm schon. Ihr habt doch sicher auch mal etwas Zeit allein verbracht, nur für euch.«

»Eher nicht.« Noch während er das sagt, tauchen in Wylls Kopf Bilder auf: Red, wie sie auf ihm sitzt und sich wiegt wie eine Weide im Wind, die Schenkel wie Schraubzwingen um seine Rippen gepresst, seinen harten, pulsierenden Schwanz in sich.

Nur mit Mühe gelingt es ihm, diese Erinnerung zu verdrängen.

»Na ja, einen Versuch wäre es jedenfalls wert«, befindet Lillath.

»Das sehe ich anders. Es wäre vollkommen sinnlos.«

»Wyll.« Lillath ringt sich ein gequältes Lächeln ab. »Wie

kommst du auf die Idee, dass es sich hierbei um eine Bitte handelt?«

Sein Herz gerät für einen Moment ins Stolpern und droht alles zu ruinieren.

»Verstehe.«

»Unfassbarerweise bin ich mir da gar nicht so sicher«, entgegnet Lillath mit einem leisen Seufzer. »Finnavair ist nicht die Einzige, die unter Verdacht steht. Du hast einer Attentäterin zu der Audienz verholfen, bei der unser König getötet wurde. Dass du nichts damit zu tun hattest, kannst du am einfachsten beweisen, indem du uns dabei hilfst, herauszufinden, wer dahintersteckt, denkst du nicht? Niemand möchte, dass du ein Leben lang mit der Schuld lebst, derart missbraucht worden zu sein. Aber das ist immer noch leichter zu verkraften als die Alternative.«

»Für euch vielleicht«, murmelt Wyll.

Lillath empfindet nur selten Mitleid, nun aber sieht er es deutlich in ihrem Blick. Am liebsten würde er ihr einen Tritt verpassen. Illusionen steigen in ihm auf, drängen darauf, freigelassen zu werden. Geister, die ins Leben zurückkehren wollen.

»Ich werde morgen nach dir schicken lassen«, verkündet Lillath.

Als er das nächste Mal den Kopf hebt, ist sie verschwunden.

In einer Ecke entdeckt er einen vertrauten Schatten. Wie ein Regenbogen schwebt die Gestalt in der Luft, ihr langes dunkles Haar hängt in einem gezwirbelten Zopf über einer Schulter. Eine Einladung, eine Verlockung, eine schmerzhafte Erinnerung an etwas, was er nie wieder haben kann.

Einen Augenblick verharrt sie noch, dann verblasst sie und Wyll bleibt allein zurück.

KAPITEL 6

Garads Wohnung, Evrontown

Zwei Wochen zuvor

»Leon hat mir also widerwillig den Auftrag Cassren Grenwald überlassen«, berichtet Ghost. »Und ich zog los wie ein eifriger Spürhund auf der Fährte, verzweifelt bemüht, ihm zu gefallen.« Irritiert schüttelt sie den Kopf. »Eigentlich hasse ich Wahrsagerei, weißt du? Das ist die einzige Gabe, die für den Gottgleichen niemals ein Geschenk sein kann, sondern immer nur ein Fluch.«

Garad sieht sie durchdringend an. »Wieso das?«

»Weil es einfach nicht gut ist, zu wissen, was die Zukunft bringt, denn dann kann man sich nur noch in einer Höhle verkriechen und niemals wieder herauskommen. Hätte mir damals jemand gesagt, was in den kommenden Wochen passieren wird, hätte ich mich vielleicht gleich zu Beginn im Fluss ertränkt. So hätte ich den Feinden, die ich mir wenig später gemacht habe, die Arbeit erspart. Ich kann gut verstehen, warum dieser Mann Cassrens Todeswarnung keinen Glauben geschenkt und es einfach hinter sich gebracht hat.« Achselzuckend ergänzt sie: »So müssen wir nun einmal leben, alle, Tag für Tag.«

*

Sunnyside, Alaunitown

Zwei Monate zuvor

Cassren Grenwalds Wohnung liegt in einer ruhigen, bescheidenen Gegend.

An den schmalen Straßen ragen vereinzelt struppige Bäume auf und es herrscht eine freundliche, friedliche Atmosphäre in der heraufziehenden Dämmerung, in der die letzten Tagaktiven nun nach Hause gehen, um sich auf Abendessen und Bett vorzubereiten.

Ghost nähert sich dem Eingang des Hochhauses. Sicherheitsmaßnahmen gibt es hier kaum, irgendjemand hat sogar einen Ziegelstein in die Haustür geklemmt, damit sie nicht zufällt. So gelingt es Ghost mühelos, einzudringen und durch das Treppenhaus zu Cassrens Wohnung hinaufzusteigen – oberstes Stockwerk, quasi direkt unter den Wolken.

Ghost hat Leon erklärt, dass er sich das Geld für einen nachgemachten Wohnungsschlüssel sparen kann. Noch während ihrer Kindheit hat sie gelernt, wie man Schlösser knackt, und dieses Exemplar ist so uralt, dass es durch den unaufhaltsamen Fortschritt zu einem leichten Opfer geworden ist. Dreißig Sekunden mit dem Dietrich, den Ghost auf einem der örtlichen Märkte erstanden hat, und schon streckt die billige Elektronik mit einem leisen Piepen die Waffen. Die Wohnungstür schwingt auf und dahinter erscheint ein in Halbdunkel getauchter Raum. So leise wie möglich zieht Ghost die Tür hinter sich zu, um sich in Ruhe umsehen zu können, ohne die Nachbarn zu alarmieren.

Der L-förmige Raum ist gemütlich eingerichtet; in überraschend vielen Nischen stößt sie auf allerlei Krimskrams. Von der Decke hängen Gebilde aus Spiegelglas herab. Doch selbst in einer derart kleinen Wohnung wäre wohl noch genug Platz zum Atmen gewesen, wenn nicht jede verfügbare Fläche mit Büchern vollgestopft wäre: Bücherstapel rings um einen bequemen, durchgesessenen Sessel; Bücherstapel auf den Fensterbänken, auf dem Küchentisch, auf dem Teppich in der Mitte des Raumes. Bei einem kurzen Blick ins Badezimmer entdeckt Ghost drei Bücher auf dem Kasten für die Wasseranschlüsse und eines neben der Badewanne.

Ghost hat nichts gegen Bücher. Sie sehen recht hübsch aus, wenn sie im Regal stehen. Wie Lampen oder Gemälde sind sie ein aussagekräftiges Dekorationsobjekt für Reiche – aber das hier hat keinerlei dekorativen Nutzen mehr. Cassrens Bücher sind vollkommen derangiert, als gebe sie keinen Lektri darauf, wie sie aussehen. Der Begriff »abgenutzt« ist da noch großzügig gewählt. Wäre es nicht so albern gewesen, hätte Ghost vermuten können, dass sich Cassren einen Bären als Haustier hält, der die Bücher als Kauspielzeug missbraucht.

Abgesehen davon, ist die Wohnung allerdings ordentlich, aber nicht übertrieben sauber. Neben der Spüle stehen ein paar schmutzige Teller und auf einem Beistelltisch ist eine schimmelbasierte Lebensform in einem großen Becher eifrig darum bemüht, eine eigene Zivilisation zu erschaffen. Falls Cassren tatsächlich abhauen musste, hatte sie es extrem eilig und wurde eher von Furcht dazu getrieben, denn geplant war es offenbar nicht.

Ghosts Blick bleibt an der gegenüberliegenden Wand hängen. Vom Eingang aus konnte sie die aufgrund der ungewöhnlichen Form des Raumes zunächst nicht ganz sehen; erst als sie um die Ecke biegt, enthüllt diese Wand ihre ganze eigenartige Pracht.

Üppige, verschlungene Pflanzenranken zieren die Ziegel, aufgemalt in verschiedensten Grüntönen von Smaragd bis zu leuchtendem warmem Hellgrün. Nach unten hin verläuft die Farbe bis ins Mitternachtsblau. Zwischen den Blättern verbergen sich halb geschlossene Augen, die man erst entdeckt, wenn man genauer hinsieht. Dann aber scheinen sie den Blick zu erwidern.

Und mit alldem verbunden sind Worte, in verschnörkelter Schrift geschrieben, die dahinströmt wie ein Fluss:

Fürchtet die Rückkehr der vertriebenen Kinder.
Sie durchwanderten die Wildnis und ihr
Hunger
verlangt nach
Tod.

Mehrmals geht Ghost die Worte durch und versucht, das ungute Gefühl abzuschütteln, das sie in ihr auslösen. Es muss Tage gedauert haben, das zu malen, vielleicht sogar Wochen. Wenn Cassren die Wohnung nicht gekauft hat, wird ihr Vermieter vermutlich ausrasten …

»Kunstkritikerin oder Diebin?«

Ghosts Schultern zucken kurz, als hinter ihr an der Tür eine Stimme erklingt. Wie ein Glockenschlag durchdringt sie die Stille.

Schlampige Arbeit. Sie hätte hören müssen, dass da jemand kommt.

Langsam dreht sie sich um. In der nun wieder geöffneten Wohnungstür steht Delilah. Auffallend ist ihr Haar. Bei ihrer ersten Begegnung war es zunächst unter der Perücke verborgen und dann aufgrund der merkwürdigen Beleuchtung in der Bar nur schwer auszumachen. Nun aber, im goldenen Licht der untergehenden Sonne, das durch die großen Fenster hereinscheint, erstrahlt es in einem warmen Rotton, durchsetzt mit kupferfarbenen und messingglänzenden Strähnen, die es beinahe funkeln lassen.

»Ach«, beginnt Ghost möglichst gelassen, um zu verbergen, wie ihr Herz rast. »Mir war nicht klar, dass hier noch jemand Zutritt hat.«

»Also … eine Diebin«, erwidert Delilah, allerdings mit einem kaum merklichen Lächeln. Heute ist sie eindeutig weniger streitlustig als bei ihrem ersten Zusammentreffen.

»Das hängt mit der Suche nach Cassren zusammen«, protestiert Ghost. »Ich darf mich also hier aufhalten.«

Zwar hat sie nicht die leiseste Ahnung, welche rechtlichen Befugnisse die Waffen Gottes haben, aber in diesem Punkt ist die hitzige Sängerin hoffentlich ebenso unwissend wie sie.

Delilah verschränkt die Arme vor der Brust. »Dann bist du jetzt also bei den Waffen? Das ging ja schnell. Hast deine Abneigung gegen diesen Berufszweig offenbar überwunden.«

»Ich brauche die Kohle«, brummt Ghost und gibt sich noch eine Spur verlegener als nötig. »Wir können eben nicht alle singen wie lüsterne Engel.«

Dass sie mit dem Kompliment ins Schwarze trifft, merkt Ghost daran, dass für einen Moment die alte Streitlust in Delilahs Augen aufblitzt, als müsse sie das so wieder ausgleichen.

»Dann werde ich bleiben und dir bei der Arbeit zusehen«, beschließt sie. »Denn ich darf mich ebenso hier aufhalten.«

Also ein Anstarrwettbewerb. Na schön.

Ghost zeigt auf die bemalte Wand. »Ihr Werk?«

Delilah nickt.

»Interessante Freizeitbeschäftigung.«

»Stimmt. Was machst du denn, wenn du mal abschalten willst? Kleine Kätzchen erschießen?«

»Ich habe in meinem ganzen Leben noch keine Schusswaffe angerührt«, erwidert Ghost.

»Reichlich seltsam, wenn man deine jüngste Berufswahl bedenkt.«

»Der Name ist historisch motiviert«, gibt Ghost wieder, was sie von Leon weiß. »Ich arbeite ja auch nicht wirklich für einen Gott, oder? Und genauso wenig trage ich eine Waffe bei mir.«

»Aber du könntest, wenn du wolltest. Gesetzlich betrachtet.«

Gelassen zuckt Ghost mit den Schultern.

»Und sie auch benutzen«, ergänzt Delilah. »Wenn du das willst.«

Ghost reißt übertrieben die Augen auf. »Was bist du doch witzig.«

Dann nimmt sie ihre Jacke und hält auf Delilah und die Tür zu. Die Sängerin wirkt überrascht.

»Du gehst?«

»Hier gibt es nichts zu sehen außer einem stumpfsinnigen Gedicht an der Wand. Außerdem gehst du mir auf die Nerven.«

Fassungslos starrt Delilah sie an. »Ich tue *was*?«

»Du bist schlimmer als ein korrupter Richter, der einen Kampf platzen lässt.«

»Du vergleichst mich mit einem bestechlichen Kampfrichter der Caballaria?«

»Das scheinst du als Beleidigung zu empfinden«, stellt Ghost mit sanfter Stimme fest.

»Mich interessieren die Kämpfe nicht«, protestiert Delilah.

»Das ist fast so, als würdest du sagen, dich interessiert das Leben nicht.«

»Lass mich raten, du sitzt bei jedem Kampf in deinem Bezirk in der ersten Reihe!«

»Anscheinend sind wir wirklich in allen relevanten Punkten grundverschieden«, stellt Ghost fest. »Schönen Tag noch.«

Schweigend tritt Delilah beiseite und lässt sie in den Hausflur hinaustreten.

Nach wenigen Schritten hört Ghost, wie die Sängerin ihr hinterherruft: »Warte!«

War ja klar, dass sie irgendetwas will.

Gelassen geht Ghost weiter Richtung Aufzug, allerdings gerade so schnell, dass man sie leicht einholen kann.

»Du hast das falsch verstanden«, erklärt Delilah irgendwo hinter ihr. »Cass ist nicht verschwunden, weil sie Angst hatte, verhaftet zu werden …«

Ghost hält ihre Hand vor den Sensor und hört, wie sich die Maschinerie des Aufzugs in Bewegung setzt.

Delilah kommt näher, erkennbar am Klang ihrer Absätze und ihrer immer lauter werdenden Stimme. »Sie ist verschwunden, weil sie getötet wurde. Einer von denen hat sie umgebracht.«

Mit einem skeptischen Zungenschnalzen fragt Ghost: »Einer von denen?«

»Einer ihrer *Kunden.*« Das letzte Wort klingt so beißend, dass man damit Knochen verätzen könnte.

Also schön, es ist wohl an der Zeit, den Köder zu schlucken. Ghost dreht sich um. »Kunden«, wiederholt sie trocken.

»Du weißt gar nichts davon?«, fragt Delilah triumphierend. »Alles Gewöhnliche, ohne Ausnahme. Menschen, die ihre illegalen Dienste für ihre eigenen Zwecke nutzen und unberechenbar werden, wenn sie nicht die Antworten von ihr bekommen, die sie gerne hätten. Vielleicht hat sie aber auch einfach zu viel gesehen.«

»Woher weißt du überhaupt, dass sie tot ist?«, hakt Ghost nach. »Hast du ihre Leiche gesehen?«

»Nein, aber sie wäre nicht die Erste«, erwidert Delilah. »In ein paar Wochen wird sie irgendwo rund um die Docks auftauchen. Es wird aussehen, als sei sie ertrunken. Sie werden ihren Tod als selbst verschuldet einstufen und gar nicht nach Beweisen suchen, die auf etwas anderes hindeuten könnten.«

Piepsend gibt der Aufzug seine Ankunft bekannt.

»Anscheinend bist du ebenfalls eine Hellseherin«, spottet Ghost.

»Oh nein«, faucht Delilah ungeduldig. »Das wissen alle. So etwas passiert hier seit Monaten immer wieder, vielleicht sogar seit Jahren. Aber es interessiert niemanden. Es gibt eindeutig ein Muster, irgendetwas geht da vor sich. Doch niemand kümmert sich darum!«

Ghost schiebt das Gitter des Aufzugs zurück und betritt die Kabine. »Dann eröffnet einen Disput bei den örtlichen Behörden.«

»Glaubst du denn, das hätten wir nicht versucht? Aber keiner von euch tut etwas. Und so können sie immer mehr Gottgleiche ermorden und kommen damit davon.«

Furcht steckt hinter diesem Zorn. Wie auch immer die Wahrheit aussehen mag, Delilah glaubt wirklich an das, was sie sagt.

»Tut mir leid.« Mit einem Kopfschütteln zieht Ghost das Gitter vor die Kabine. »Ich suche nur nach Lebenden.«

*

»Deine kleine Giftspritze könnte da allerdings auf etwas gestoßen sein«, findet Leon.

»Seit wann ist sie denn bitte schön *meine* kleine Giftspritze?«, empört sich Ghost.

»Seit du sie dazu gebracht hast, mit dir zu reden.«

»Ich habe sie zu gar nichts gebracht, das hat sie alles selbst gewollt.«

Wieder einmal sitzen sie in einer Bar, diesmal in der Nähe von Leons Wohnung. Offenbar ist das hier seine feucht-finstere zweite Heimat. Wo der Boden sich an den Schuhsohlen festsaugt, was Böden generell nicht tun sollten. Die Beleuchtung ist so schlecht, dass die Kellner kaum mehr sind als Schatten.

»Da hast du mehr erreicht als ich«, stellt Leon fest.

Achselzuckend erwidert Ghost: »Ich bin eben hübscher als du.«

»Na ja, du verfügst über gewisse Vorzüge, die ich nicht bieten kann.«

»Sie hat sich kein bisschen für meinen Busen interessiert, Leon.«

»Ich spreche von deinen Augen. Da hast du doppelt so viele wie ich und neben einem Zyklopen sieht jeder gut aus.«

»Oh, bitte, Kriegsveteranen kommen doch ständig zum Zug.« Mit einem gewinnenden Lächeln fährt sie fort: »Hast du eigentlich deinen Freund bei der Bezirksverwaltung erreicht?«

»Jawohl.« Leon holt eine Datenmünze hervor. Als Ghost die Hand danach ausstreckt, zieht er seine sofort zurück. »Nein, die kriegst du ganz sicher nicht in die Finger. Ich muss sie ihm zurückgeben. Diese Dinger werden getrackt, wenn sie sich selbstständig machen.«

Gereizt verzieht Ghost die Lippen. »Und was ist drauf?«

»Die gemeldeten Todesfälle der Gegend. Ich habe ihn gebeten, das vergangene Jahr mit älteren Verzeichnissen abzugleichen, wie du es wolltest.« Leon zieht die Brauen hoch. »Die Häufigkeit von Todesfällen durch Ertrinken hat zugenommen, allerdings nur geringfügig. Im Prinzip ist das keine sehr verbreitete Todesursache hier … zumindest nicht, wenn man nicht einer bestimmten Gruppierung angehört.«

Jetzt ist Ghosts Interesse geweckt. »Gottgleichen?«

Leon schüttelt den Kopf. »Mafia. Das ist deren bevorzugter Weg, um Rivalen auszuschalten.«

Mafia. Die familienähnlich strukturierten Syndikate, die den illegalen Straßenhandel und die Wardogs-Kämpfe kontrollieren. Falls es Gottgleiche unter ihnen gibt, sind die wohl kaum registriert.

»Bei einigen dieser Fälle könnte es sich um Gottgleiche handeln«, überlegt Ghost nun deshalb.

Achselzuckend stellt Leon fest: »Was sich unmöglich herausfinden lässt.«

»Und die Todesfälle unter registrierten Gottgleichen?«

»Dazu befindet sich auch eine behördliche Liste auf der Münze, aber die ist recht kurz.« Trocken fügt Leon hinzu: »Es ist halt nicht gerade die gesetzestreueste Gegend des Bezirks, falls es dir noch nicht aufgefallen sein sollte.«

Enttäuscht lehnt sich Ghost in ihrem Stuhl zurück. »Es lässt sich also nicht beweisen, dass da jemand gezielt Gottgleiche ertränkt.«

»Spielt das denn überhaupt eine Rolle?«, brummt Leon. »Falls Cassren als Wasserleiche auftaucht, hat die wütende Sängerin vielleicht recht. So oder so ist es dein Job, sie zu finden. Hast du schon mit der Familie gesprochen?«

»Nein.«

»Warum nicht?«

»Weil es schwer ist, mit jemandem zu sprechen, der nicht antwortet«, erklärt Ghost. »Da gerät das Gespräch sehr schnell ins Stocken. Die wollten mich nicht einmal reinlassen.«

Leon stößt zischend den Atem aus. »Ah, ja.«

»Ah, ja«, wiederholt Ghost nickend. »Also, alter Mann, was kommt als Nächstes?«

»Wühl in ihrem Leben herum. Überlege dir, wo sie sich am ehesten hin flüchten würde. Du kannst sie erst aufspüren, wenn du ihre Fährte aufgenommen hast.«

»Die Frau ist Lehrerin!« Frustriert massiert sich Ghost die Stirn.

»Und sie ist Wahrsagerin«, betont Leon. »Was ist mit dem Kerl, der sie angezeigt hat?«

»Ist ein Gewöhnlicher.«

»Soweit wir wissen. Vielleicht versteckt er sie ja jetzt bei sich.« Wieder zuckt Leon mit den Schultern. »Das wäre schließlich der letzte Ort, an dem man suchen würde, oder?«

KAPITEL 7

Zellenblock von Cair Lleon, Blackheart

Fünf Monate zuvor

Der Zug an Wylls Armen ist so brutal, dass die Knochen fast aus den Gelenken gerissen werden.

Er hängt schlaff zwischen zwei königlichen Wachen, wird stolpernd durch einen schmalen Korridor geschleift. Die Wände hier sind transparent, die winzigen Räume dahinter grell ausgeleuchtet, ohne jeden Komfort, ohne Fluchtmöglichkeit.

Ihre kleine Prozession hält vor einer Tür. Wyll hört ein elektronisches Piepsen, bevor er geräuschvoll zu Boden geschleudert und eingeschlossen wird. Die Ritter der Wache würdigen ihn keines Blickes, sie sind ganz auf den Schließmechanismus der Tür konzentriert. Nachdem sie sich versichert haben, dass alles so ist, wie es sein soll, gehen sie davon.

Endlich ist er allein.

Nein, nicht ganz allein. Dieser spezielle Kerker von Cair Lleon beherbergt einen weiteren Menschen, in der Zelle gegenüber. Bis jetzt hat sich dort aber noch nichts gerührt.

Mit zitternden Armen stemmt Wyll sich hoch.

Während er das tut, entdeckt er sie. Sie starrt zu ihm herüber. Über den schmalen Flur hinweg sehen sie sich an.

Er hat Red nicht mehr gesehen seit jenem Tag, an dem sie zu ihm gekommen ist – zerschlagen, blutverschmiert und halb tot – und ihn angefleht hat, ihr eine Privataudienz beim König zu verschaffen. Kaum mehr als eine Woche ist das her und doch scheint seitdem ein ganzes Leben vergangen zu sein. Ein ganzes Universum liegt zwischen damals und heute.

Vertrauen. Immer wieder macht er diesen Fehler. Doch künftig nicht mehr, das hat er sich geschworen.

Reds Blick spiegelt nur Verblüffung wider.

»Du kannst nicht hier sein.«

Ihre Worte hängen zwischen ihnen in der Luft.

»Glaub mir, ich wünschte, ich wäre es nicht«, krächzt Wyll kraftlos. Er unterdrückt ein Husten – vielleicht ein wenig zu aufgesetzt – und drängt sich halb zusammengerollt an die durchsichtige Wand.

»Was machst du hier?«, will Red wissen. Es klingt vorwurfsvoll, kaum noch wie eine Frage.

Wyll antwortet: »Ich stecke in Schwierigkeiten.«

Noch immer mustert ihn Red mit großen Augen.

Er lehnt den Kopf an die Wand und überlegt, wie er sie am besten knacken kann. Dieser ganze idiotische Plan ist völlig unausgegoren. Lillath hat ihn mit kaum mehr als einer rudimentären Strategie hier reingeschickt. Ihrer Meinung nach sollte es ausreichen, die Gestalt von Finnavair, Reds angeblicher Komplizin, unverhofft in derselben Zwangslage zu präsentieren. Als ob allein ihr Anblick dafür sorgen würde, dass Red in ihrer Wachsamkeit so weit nachlässt, dass die Wahrheit über all ihre Geheimnisse und Planungen wie ein glänzender Edelstein zum Vorschein kommt.

Allen Berichten zufolge haben sich die beiden Frauen kürzlich erst angefreundet – erstaunlich schnell und ohne einen erkennbaren Nutzen für eine von ihnen. Das an sich ist schon verdächtig. Wenn es sich dann noch um die offizielle Geliebte oder baldige Verlobte und die nie anerkannte Tochter ebenjenes Mannes handelt, der inzwischen bei den Toten weilt … Nun ja, solche Zufälle würde wohl nur ein Narr blind abtun.

Sie müssen quasi gemeinsame Sache gemacht haben. Zwei intrigante Vipern.

Wyll starrt auf die Hand, mit der er sich auf dem Boden abstützt: schlanke haselnussbraune Finger, kleiner und zarter als seine eigenen zerschundenen, knotigen Glieder. Und doch ist Finnavair Caballarias o'Rhyfentown eine ruhmreiche Kämpferin, wofür sie sich auch einiges abverlangt. Raue Schwielen bedecken ihre Handflächen und der Mittelfinger der rechten Hand ist leicht krumm, da er nach einem Bruch vor einigen Monaten schlecht verheilt ist. Auf dieses kleine Detail ist er besonders stolz. Er hat sie genau studiert. Red ist natürlich zu weit weg, um es zu bemerken, und selbst wenn nicht, würde es ihr vermutlich gar nicht auffallen. Aber eben solche Kleinigkeiten schaffen Authentizität. Wyll achtet auf Details. Seiner Meinung nach ist das mit ein Grund dafür, warum er so gut ist in dem, was er tut.

Bei Red hast du aber nicht so sehr auf die Details geachtet, nicht wahr?

Die Stimme seines Vaters, erfüllt von bitterer Befriedigung. Sein vor langer Zeit verstorbener Vater spricht oft zu ihm, meist um ihn zu kritisieren.

»Wie lange halten sie dich hier schon fest?«, fragt er Red mit Finnavairs klangvoller, noch immer durch einen Straßenakzent gefärbten Stimme.

»Keine Ahnung. Ein paar Tage. Schwer zu sagen ohne Fenster und Uhren.«

Sie wirkt wachsam und angespannt. Anscheinend macht Finnavairs unverhofftes Erscheinen sie misstrauisch. Vielleicht hat Lillath sich ja geirrt und die beiden sind doch nicht so gut befreundet.

»Wissen sie es?«, fragt Wyll weiter.

Red reagiert nicht.

Erst nach einer Weile erwidert sie: »Was sollen sie wissen?«

»Komm schon«, bohrt Wyll weiter. »Hier wird nichts aufgezeichnet, hier unten nicht. Sie überwachen die Flure, aber die Zellen werden nicht abgehört. Was hier passiert, wird nicht dokumentiert.«

»Woher willst du das wissen?«, fragt Red skeptisch.

»Art hat es mir gesagt.«

Eigentlich sollte sein Name ihnen beiden einen Schlag versetzen. Eine gemeinsame Reaktion hervorrufen. Doch stattdessen zieht sich Red noch mehr in sich selbst zurück. Wyll gelingt es nicht, in ihrem Gesicht zu lesen. Dazu müsste er näher an sie heran, aber Lillath und er waren sich einig, dass ein zu enger Kontakt zu riskant wäre. Was, wenn sie versuchen würde, ihn zu berühren? Dann wüsste sie sofort, dass etwas nicht stimmt, dass er nicht Finnavair ist. Denn hinter der Illusion würde sie ihn spüren und damit falsche Formen, eine andere Muskulatur.

»Red«, beginnt er noch einmal sanft. »Komm schon. Wissen sie es?«

Wissen sie was? Irgendetwas. Alles. Was auch immer du meinst. Aber gib mir etwas.

»Was willst du eigentlich von mir?«, erwidert Red müde.

Lillath hat Wyll berichtet, dass sie die meiste Zeit schläft. Ihre Muskeln zeichnen sich deutlich ab, treten zu stark unter der jeglichen Fettes beraubten Haut hervor. Es war falsch, ihr so viele Drogen zu verabreichen, aber andererseits hatte es seine

Gründe. Alle haben gesehen, was für einen Wirbelsturm sie heraufbeschworen hat, ohne auch nur etwas anzufassen. Sie stand einfach da in ihrer Wut, ein paar Meter vom Stuhl ihres Vaters entfernt. Und am Ende war das gesamte Zimmer verwüstet und seine Kehle zerquetscht.

Sie haben Angst vor ihr. Und das zu Recht.

»Weißt du, was sie zu mir gesagt haben?«, versucht Wyll es weiter. »Sie glauben, dass wir das zusammen ausgeheckt haben.«

Nun hebt sie zumindest den Kopf. »Wie kommen sie denn auf so etwas? Du hast ihn geliebt.«

Wyll wartet schweigend ab.

»Ich habe ihnen gesagt, dass ich allein gehandelt habe«, fährt Red schließlich fort. »Immer wieder habe ich ihnen das gesagt. Warum hören sie nicht zu?«

Sehr gut. Er hat sie aus ihrer Benommenheit gerissen.

»Angeblich haben sie Beweise, die das widerlegen.« Noch ein wenig Öl ins Feuer gießen. »Und jetzt wollen sie uns beide hinrichten.«

Aufgebracht schüttelt Red den Kopf. »Nein, nein. Das darf nicht sein.«

Mit einem verbitterten Lachen stellt Wyll fest: »Ich wüsste nicht, wie wir sie davon abhalten sollen.«

»Sag ihnen, dass ich es war. Dass du mich hasst.«

Sie sagt das vollkommen resigniert, als sei dieser Hass die einzig logische Schlussfolgerung.

»Sie wissen, dass wir befreundet waren«, erwidert Wyll. »Man hat uns zusammen gesehen.«

»Kann nicht sein.« Nun klingt Red gereizt. »Es wusste doch kaum jemand davon. Also zumindest nicht von unserer offiziellen Beziehung«, schränkt sie ein.

Einen Augenblick lang huscht ihr Blick durch den Raum, als

suche sie nach Aufzeichnungsgeräten. Wyll wird unsicher; hier schwingen plötzlich Untertöne mit, die er nicht ganz begreift.

»Eine Freundschaft ist für dich also eine offizielle Beziehung?«

Diese Frage gefällt ihr nicht. »Als Freunde hätte ich uns nicht bezeichnet. Ich hatte jedenfalls nicht den Eindruck, dass du mir eine derart ebenbürtige Position zubilligst.«

Was klingt da an? Ist sie verletzt? Anscheinend ist ihre Beziehung zu Finnavair doch etwas komplizierter, als Lillaths Quellen es umschrieben haben.

»Das tut mir leid«, entschuldigt er sich. »Ein solches Gefühl wollte ich dir bestimmt nicht vermitteln.«

»Oh doch. Du hast mich die ganze Zeit auf Abstand gehalten.« Red wirft ihm einen kurzen Seitenblick zu. »Und ich dich ebenfalls. Tja, und nun sitzen wir hier.«

»Nun sitzen wir hier«, bekräftigt Wyll, um etwas Zeit zu schinden.

»Willst du wissen, warum?« Plötzlich sieht Red ihn direkt an, durchbohrt ihn geradezu mit ihrem Blick.

»Warum was?«, fragt er zurück.

Wyll bemerkt, wie sich seine Atmung beschleunigt. Mühsam versucht er, sie wieder unter Kontrolle zu bekommen.

»Immerhin hattest du ja keine Ahnung, was wirklich vorging, nicht wahr?« Ihre Stimme wird mit jedem Wort lauter.

Vermutlich inszeniert sie das für die Kameras, die hier ihrer Meinung nach versteckt sein müssen. Sehr schlau.

»Nein«, gibt er zu, »hatte ich nicht.«

»Dann frag mich.«

»Ich weiß, warum du es getan hast. Ich weiß, dass du seine Tochter bist.«

»Das muss schrecklich wehtun.« Nun versucht sie, Finnavair aus der Reserve zu locken. »Sicher kannst du es kaum erwarten, mich sterben zu sehen. Also, warum sitzt du noch hier und spielst diese nervigen Spielchen mit mir?«

»Ich wurde verhaftet! Ich bin nicht freiwillig hier.«

»Das Gesetz der *moldra lagha* gibt dir das Recht, mein Leben zu fordern.«

»Das Gesetz der *moldra lagha* ist unsinnig und antiquiert und sorgt nur dafür, dass wir uns ständig gegenseitig umbringen«, erwidert Wyll hitzig. »Außerdem bin ich gerade erst offiziell ein Teil seines Lebens geworden, damit stehe ich ganz unten auf der Liste. Vor mir wären noch einige andere dran.«

Red stößt ein bellendes Lachen aus.

»Auch wieder wahr«, gibt sie zu. »Aber du hast immer gesagt, ihr hättet nichts miteinander. Dass er wie ein Bruder für dich wäre. War das gelogen?«

Wie ein Bruder? Warum hätte Finnavair so etwas sagen sollen? Art und sie waren insgeheim schon seit zwei Jahren zusammen, und wenn man Art überhaupt einmal etwas über sie entlocken konnte, hatte das ganz und gar nicht nach brüderlicher Liebe geklungen.

»Ich wollte ihn heiraten«, protestiert Wyll. »Das geht mit einem Bruder schon seit einer ganzen Weile nicht mehr, was die Zivilisation meiner Meinung nach ein gutes Stück vorangebracht hat.«

»*Heiraten*? Ich …« Red unterbricht sich und plötzlich scheint sie eine schockierende Erkenntnis zu treffen.

Sie lehnt sich zurück.

»Was glaubst du, mit wessen Gesicht du gerade herumläufst, Wyll?«

Die Maske zerfällt. Er kann spüren, wie sie sich auflöst; es fühlt sich an wie ein tiefes Ausatmen, nachdem man zu lange die Luft angehalten hat.

Red mustert ihn neugierig.

»Bei allen Heiligen, einen Moment lang habe ich wirklich gedacht, sie hätten den Hexenritter höchstpersönlich verhaftet«, gibt sie zu. »Aber du … du gibst vor, Fin zu sein, richtig?« Sie neigt fragend den Kopf. »Oder zumindest glaubst du, dass es so wäre. Ich habe mich schon gefragt, was du da für komisches Zeug redest.«

Einen Spiegel. Er braucht einen Spiegel. Er war Finnavair, als sie ihn in diese Zelle geschleppt haben, das weiß er genau. Scheiße. Verdammte Scheiße. Wann ist die Illusion in sich zusammengefallen? Und warum hat er nichts davon bemerkt?

»Wyll.« Die Art und Weise, wie sie seinen Namen ausspricht, zerreißt sein Herz in blutige Stücke. »Warum bist du hier?«

Wortlos starren sie sich an. Wyll schämt sich für die Scharade, fühlt sich angewidert, entsetzt, entblößt, als habe er sich in aller Öffentlichkeit blamiert. Warum hat er es nicht mehr unter Kontrolle?

Warum hat er es nicht unter Kontrolle?

»Sie wollten dich durch einen Trick dazu bringen, dass du zugibst, wer dir geholfen hat«, gesteht Wyll schließlich. »Und weil Finnavair unauffindbar ist, glauben sie, dass sie es war. Also haben sie mich gebeten, mich als sie auszugeben, um dir ein Geständnis zu entlocken.«

Er kann deutlich vor sich sehen, wie Lillath nun fluchend vor ihrem Monitor sitzt.

Steif richtet Red sich auf. »Fin hat mir nicht geholfen. Sie hat versucht, mich aufzuhalten. Und ist gescheitert.« Mit einer ausholenden Geste fügt sie sozusagen ein »Wie man hier sehen kann« hinzu.

»Wo ist sie jetzt?«

»Wo auch immer Menschen hingehen, wenn sie sterben.«

Das grelle Licht scheint plötzlich trüber zu werden.

»Das meinst du nicht ernst«, flüstert Wyll.

Mit leerem Blick sieht Red ihn an. »Warum sollte ich darüber Witze machen?«

Plötzlich muss er daran denken, wie sie in jener Nacht vor seiner Tür stand – zu ihm kam, um ihn dann ohne sein Wissen dazu zu bringen, dass er ihr die Audienz bei Art verschaffte, während der er sterben sollte. Mehrere Schnittwunden hatte sie, war blutverschmiert, hatte Würgemale am Hals. Selbst jetzt noch sieht man die gelblich-violetten Flecken. Durch die schockierenden Ereignisse, die darauf folgten, hat er beinahe vergessen, in welchem Zustand sie bei ihm ankam. Und sie hat ihm nie gesagt, wer ihr diese Wunden zugefügt hat.

Bis jetzt.

»Wenn das wahr ist, wo ist dann Finnavairs Leiche?«, will er von ihr wissen.

»In Marvoltown. Hast du schon mal von dem vergessenen Bahnhof gehört? Im Untergrund. Man gelangt über eine Treppe in einem verlassenen Beinhaus in Daeccenham dorthin.«

Lügen sind selten so detailliert ausgearbeitet, denn Kleinigkeiten wie diese lassen sich zu leicht widerlegen.

»Mir hat niemand geholfen«, betont Red wieder. »Ich bin jeden dieser Schritte ganz allein gegangen. Warum ist es so schwer zu glauben, dass ich es ohne Hilfe bis hierher geschafft habe? Warum denken alle, ich müsste Unterstützung gehabt haben? Ich habe trainiert, gekämpft, mir Zugang verschafft, und das alles vollkommen selbstständig …«

»Vollkommen selbstständig?« Aufgebracht fährt Wyll zu ihr herum. »Kein einziges Wort des Dankes für den Hexenritter, den Streiter des Königs? Ohne mich wärst du nicht einmal in seine Nähe gekommen.«

Kopfschüttelnd fragt Red: »Ist es das, was dich so quält? Ich habe dich benutzt. Du warst ahnungslos. Dich trifft keine Schuld.«

Nun hat sie es offen ausgesprochen.

Ich habe dich benutzt.

Hat sie wirklich keine Strategie, um sich irgendwie rauszuwinden? Keine Lüge, keine Schuldzuweisungen?

»Du verhängst hier gerade dein eigenes Todesurteil«, stellt Wyll fest.

Mit einem herablassenden Blick erwidert Red: »Das habe ich bereits vor Jahren getan, als ich beschlossen habe, meine Mutter zu rächen.«

»Du willst also eine Rachegöttin sein«, fasst Wyll es nachdenklich zusammen. »Wie schön für dich. So klar und einfach. Aber du bist und bleibst ein Mensch, ganz egal, was du dir einredest. Sich zum Monster zu erklären, ist sehr bequem.« Angewidert spuckt er auf den Boden. »Es ist schwach. Erbärmlich. Denn es bedeutet, dass du keinerlei Verantwortung für deine Taten übernimmst. Dass du dich nicht mit der Tatsache auseinandersetzen musst, sein Leben beendet und meines zerstört zu haben.«

Nun bekommt er, was er will: Red wird endgültig aus ihrer kalten Benommenheit gerissen. Sie setzt zu einer Erwiderung an, aber er will sie nicht hören. Er will nicht wissen, welche Entschuldigungen sie vorbringt.

»Ganz abgesehen davon hast du die Stadt an den Rand eines Bürgerkriegs getrieben«, fährt er gnadenlos fort. »Ist dir eigentlich klar, wie scharf das Messer ist, auf dessen Schneide wir gerade tanzen? Und was passieren wird, wenn die Welt erfährt, dass er tot ist? Interessiert es dich überhaupt?«

Damit verliert er den Zugang zu ihr wieder.

»Sie werden einen neuen König finden.« Red wendet sich ab, als habe er sie enttäuscht. »Wie immer. Es gibt eine Menge Leute, die anderen vorschreiben wollen, wie sie zu leben haben.«

»War ja klar, dass du das so siehst. Weil du keine Ahnung hast, wie belastend jede einzelne Entscheidung sein kann. Sie drückt dich nieder wie … wie …« Er sucht nach einem Vergleich. »Wie eiserne Fesseln. Glaubst du wirklich, es macht Spaß, der König zu sein? Glaubst du, es war für ihn ein einziges *Juchheirassa*?«

»Bist du sicher, dass du ihn nicht doch geliebt hast?«, erwidert Red mit finsterer Miene.

Zickiges Balg. Dummes Kind. Schwache, widerwärtige Verräterin.

»Natürlich habe ich das«, zischt Wyll. »Mehr als irgendjemanden sonst.«

Sie wendet den Blick ab. Hat er sich das nur eingebildet oder ist da wirklich Schmerz in ihren Augen gewesen? Doch, doch, ganz bestimmt. Und warum ist das so wichtig für ihn?

»Es muss jemand anders hinter dem Mordplan stecken«, verkündet er, einfach um sie zu beleidigen. »Ohne fremde Hilfe hättest du nicht einmal die Grundausbildung zum Ritter überstanden.«

Red hat sich zur Wand gedreht.

»Falls ich dabei Unterstützung hatte, wusste ich es damals nicht. Was würde es also bringen, dir nun davon zu erzählen?«, fragt sie leise.

Verdammt, jetzt bewegen wir uns in die richtige Richtung.

»Und was bringt es, denjenigen zu schützen?«

»Ich schütze niemanden. Wenn du wissen willst, wer es ist, frag die Palastwache.«

»Was soll das heißen?«

Red lehnt sich mit der Schulter gegen die Wand, als könne sie sich nicht mehr aus eigener Kraft aufrecht halten. Am liebsten würde er sie in den Arm nehmen. Am liebsten würde er ihr sagen, dass alles gut wird, auch wenn es nicht stimmt. Für ihn zumindest fühlt es sich so an, als könne niemals alles wieder gut werden.

»Glaubst du, du wärst der Erste, der mir damit kommt?«, murmelt Red. »Ich hatte auch schon andere Angebote. Die mobilen Fleischklopse, die ihr Wachen nennt, werden wohl recht anständig geschmiert, wenn es um eine Besuchserlaubnis geht.«

»Wer?«, drängt Wyll. *Heilige Scheiße, weiß Lillath davon?*

Aber Red antwortet nicht. Sie hat die Augen geschlossen.

»Ich will das alles nicht«, erklärt sie. »Ich will einfach nur in Ruhe gelassen werden. Wenn du mich töten willst, bring es endlich hinter dich.«

Jetzt erst begreift er: Sie hat nie erwartet, weit über ihre Jugend hinaus zu leben. Alles, was sie im vergangenen Jahr getan hat, war von der berauschenden Freiheit des bevorstehenden Todes geprägt. Konsequenzen jeder Art waren bedeutungslos, zumindest für sie.

Aber es gibt Schlimmeres als den Tod.

»Man wird dich nicht in der Arena hinrichten, Red«, erklärt er ihr deshalb. »Und man wird dich auch nicht hinter verschlossenen Türen hinrichten. Dir steht noch ein langes Leben bevor – wenn man es denn so nennen will –, das genauso ablaufen wird wie jetzt: betäubt, gefesselt, ewigem grellem Licht ausgesetzt. Sie werden dich niemals gehen lassen. Denn der Tod wäre eine Erlösung, die große Freiheit, und sie wollen nicht, dass du freikommst.«

Ebenso gut hätte er ihr bei lebendigem Leib die Haut abziehen können. Voll gequältem Entsetzen starrt sie ihn an.

Eigentlich sollte er sich freuen. Ja, er freut sich, redet er sich ein. Er ist schließlich der Sieger, und Sieger fühlen sich doch immer gut, welchen Sinn hätte ein Sieg sonst?

»Ich habe wirklich geglaubt, du wärst hier, um mich zu töten.«

Fast flehend sagt sie das.

Wyll überlegt kurz, ihr zu verraten, dass er auf dem Weg hierher selbst schon daran gedacht hat.

Wie gnädig und gleichzeitig grausam das doch wäre.

»Wenn mir das Glück einer Wahl zugestanden würde«, fährt Red beinahe träumerisch fort, »dann würde ich genau so sterben wollen: durch deine Hand in der Arena. Ein letzter Kampf, bis zum bitteren Ende.«

Fast scheint es, als habe sie in seinen Kopf geschaut und dort die Albträume hervorgezogen, die ihn in letzter Zeit quälen. In einem von ihnen wird er gegen seinen Willen in die Arena gezerrt, wo Red bereits auf ihn wartet – unbewaffnet. Art sieht ihn von der königlichen Loge aus an. Begleitet vom Grölen der Menge, streckt er den Arm aus und ballt langsam die Hand zur Faust. Töte sie. Wyll bleibt keine andere Wahl. Er sieht Red an und zieht sein Messer. Tränen quellen aus ihren großen Augen, als sie anfängt, sich schluchzend zu winden wie ein verletztes Kaninchen. Sie bettelt und fleht …

Aber der andere Traum verfolgt ihn viel stärker. Er ähnelt ihrer ersten Begegnung, bei der diese maskierte Unbekannte wie ein sprunghaftes Fohlen um ihn herumtänzelte, stets außer Reichweite. Schlüpfrig wie ein Fisch entzog sie sich ihm immer wieder, beeindruckte ihn mit ihrer Leichtfüßigkeit, bis er sie schließlich an der Wand fixierte und bei jedem ihrer Atemzüge ihr weiches Fleisch unter seiner Hand spürte, ihr weiches Fleisch sich gegen die Spitze seines Schwertes drückte. Bis sie schließlich einen rauen Schrei ausstieß, der seinen ganzen Arm vibrieren ließ. In diesem Moment wurde sie ihm gefährlich, denn da verliebte er sich in sie.

»Mir fehlt der Kampf«, sagt die gebrochene Gestalt in der Zelle und plötzlich steigt brennender Hass in Wyll auf. Hass gegen alle, die es gewagt haben, ihr derartig das Leben und die Leidenschaft auszusaugen. Warum tragen wir alle diesen Drang in uns, jede Gefahr so lange niederzuknüppeln, bis sie schon deshalb jämmerlich ist, weil sie uns nichts mehr anhaben kann?

Müde wendet Red ihm das Gesicht zu.

»Wenn ich bei Kräften wäre und dir in der Arena gegenüberstünde, Wyll, dann würde ich dich töten. Ich würde alles tun, um dich in Stücke zu reißen. Ich würde auf dich einschlagen, bis nur ein Haufen blutiger Fetzen übrig bliebe. Bis jede Sehne, jeder Muskel, jedes bisschen Fleisch von dir allein mir gehört. Anschließend würde ich mir daraus ein Nest bauen, mich darin zusammenrollen und Frieden finden, denn dann erst wäre ich komplett.«

Zum ersten Mal, seit er die Zelle betreten hat, lächelt Red, und dieses Lächeln lässt ihr Gesicht in all seiner zerbrechlichen, leuchtenden Schönheit erstrahlen.

Niemals zuvor hat jemand etwas so Romantisches zu ihm gesagt.

*

Unruhig wandert Wyll unter Lillaths wachsamen Blicken auf und ab.

»Was ist passiert, Wyll?«

»Wie kannst du es wagen, mich da reinzuschicken?« Die glühende Wut fühlt sich gut an. Und sie verbirgt einiges.

»Deine Illusion war perfekt, zumindest für mich«, beharrt Lillath. »Warum hast du für sie nicht wie Fin ausgesehen? Wie konnte sie das durchschauen?«

»Hm, lass uns mal nachdenken. Vielleicht liegt es daran, dass ich dort reingetanzt bin mit dem Gesicht der Frau, die sie gerade erst getötet hatte?«

»Behauptet sie«, entgegnet Lillath ruhig.

»Habt ihr Finnavair denn inzwischen gefunden? Ist sie wohlauf?«

Zögernd gibt Lillath zu: »Noch nicht.«

»Weil sie tot ist«, betont Wyll. »Geht hin und seht nach.«

»Gute Idee«, lobt Lillath in jenem geduldigen Tonfall, den sie nur bei Menschen anschlägt, denen sie bereits mehrere Schritte voraus ist. Selbstverständlich hat sie längst jemanden hingeschickt.

»Hör mir gut zu, Lillath. Das Mädchen dort drin hat einen der besten Kämpfer der Caballaria getötet und ist anschließend losgezogen, um den König umzubringen. Du musst sie hinrichten lassen, und zwar sofort.«

Wylls Stimme zittert hörbar. Sehr ärgerlich.

Lillath sieht ihn ruhig an. Einer Musterung durch die Spinne entkommt niemand unbeschadet.

»Sie ist zu wertvoll«, verkündet sie schließlich.

»Und was ist mit den ganzen Besuchern, die sie angeblich hatte? Willst du denn gar nicht wissen, wer das war?«

»Natürlich. Wir sind bereits dran. Beruhige dich, Wyll, ich habe alles unter Kontrolle.«

Wyll lacht laut auf, was selbst in seinen Ohren leicht wahnsinnig klingt.

»Unter Kontrolle«, höhnt er. »Wie schön für dich. Aber wenn du Red weiter am Leben erhalten willst, lass mich da raus. Denn solltest du mich noch einmal in ihre Nähe lassen, werde ich sie umbringen, verstanden? Ich werde diese mordlustige Schlampe *umbringen.*«

Reglos lässt Lil seinen Wutausbruch über sich ergehen, doch sie mustert ihn wachsam.

»Nur umbringen?«, fragt sie schließlich ruhig.

»Was?«

»Nur umbringen oder auch vögeln?«

Wutentbrannt zeigt Wyll mit dem ausgestreckten Finger auf sie. Dass dieser sichtbar zittert, macht alles nur noch schlimmer. »Geh mir aus dem Weg.«

Gelassen deutet Lillath mit dem Kopf auf die Tür.

Er schiebt sich an ihr vorbei, merkt kaum, wie hastig die Wachen das äußere Tor entriegeln und ihm dann Platz machen. Vielleicht verstört sie auch nur der Anblick der ponygroßen Hunde, die knurrend und geifernd hinter dem Hexenritter her marschieren. Ihre Zähne scheinen etwas zu groß zu sein für ihre Kiefer. Er lässt sie weiter existieren, bis er draußen ist, und verscheucht sie dann mit einer gereizten Handbewegung.

Den kleinen Jungen, der genauso aussieht wie er selbst in diesem Alter, bemerkt er gar nicht. Auf bloßen Füßen tappt die kindliche Illusion hinter den monströsen Hunden her. Dicke Tränen kullern über ihre runden Wagen, als sie vollkommen allein zurückbleibt.

KAPITEL 8

Garads Wohnung, Evrontown

Zwei Wochen zuvor

»Im nächsten Teil der Geschichte komme ich nicht besonders gut weg«, gesteht Ghost. »Aber wir sind schließlich alle nur Menschen, nicht wahr? Gwanhara verzeiht das Lechzen unserer Lenden, sagt man.«

Ihre Bemühungen, das Ganze aufzulockern, versinken auf Nimmerwiedersehen im finsteren Abgrund von Garads Schweigen.

Nun ja. Schon oft wurde scherzhaft hinterfragt, ob der Silberne Engel tatsächlich menschlich sei, da xier nicht selten xiese vom Schicksal vorgegebene, glorreiche Rolle eher roboterhaft angeht. Vielleicht also nicht gerade der passendste Kommentar.

Ghost räuspert sich kurz. »Ich ging also wieder in diese Bar.«

*

Machine Sounds, Alaunitown

Zwei Monate zuvor

Ghost sitzt an einem der Bartische und spielt an ihrem Glas herum.

Eigentlich ist es eher eine breite, runde Flasche, in der eine Flüssigkeit schwappt, deren Farbe mit dunklem Berghonig zu vergleichen ist; leicht angeschlagen ist sie und frei von jeder Deko. Der Abend ist bereits weit fortgeschritten, für das Publikum hier allerdings scheint es noch früh zu sein. Schon komisch, dass solche Läden immer irgendwie total unter Strom stehen, wenn sie voll sind, während ihre Schäbigkeit umso mehr hervortritt, wenn die Stimmung noch auf sich warten lässt: die zittrigen, veralteten Hologramme an der Wand; die billigen Messingtischlampen; die bedrückende, negative Energie, die alles durchdringt wie ein übler Geruch. So muss Langeweile riechen, dieser Zustand, in dem man zu viel Zeit hat, sodass man sich selbst für jeden jemals begangenen Fehler zerfleischt, für alles, was man anderen angetan hat und was einem angetan wurde.

Als die Bedienung auf ihrer einsamen Runde das nächste Mal an ihrem Tisch vorbeikommt, hält Ghost sie auf und fragt: »Ist Delilah heute hier?«

Leicht verwirrt starrt die Bedienung sie an. »Wer?«

Zum Glück fällt Ghost der Künstlername der Sängerin wieder ein. »Blumen für Kain.«

»Nein, die tritt nur dienstags bei uns auf.«

Damit geht die Bedienung mit schleppenden Schritten weiter.

Was machen wir hier eigentlich?, fragt sich Ghost.

Unseren Job, antwortet ihr anderes Ich. Delilah ist unsere einzige Spur, nachdem unser letzter Versuch in dieser Katastrophe geendet hat.

Das andere Ich – das ist die Stimme in ihrem Kopf, mit der sie sich ständig streitet. Sie führt ihr all die Dinge vor Augen, die Ghost lieber vergessen würde, kratzt an gerade erst verschorften Wunden herum und beobachtet von einem Logenplatz in Ghosts Kopf aus ihr Leben, um all ihre Entscheidungen nach Gutdünken zu kommentieren. Von jeder spiegelnden Oberfläche blickt sie ihr entgegen, diese andere Ghost, die ihren eigenen Willen zu haben scheint. Diesmal allerdings hat sie recht.

Denn bevor Ghost in der Bar aufgeschlagen ist, war sie bei dem Mann, der Cassren angezeigt hatte, einem Lehrerkollegen namens Jessen Magisteras Arshawl o'Launitown. Der Mann hatte ein fades, rundes Gesicht, einer Schale Haferbrei nicht unähnlich. Dazu ein Grinsen wie eine gähnende Katze. Als sie bei ihm klingelte, wirkte er zunächst misstrauisch, doch sobald er erfuhr, dass sie eine Waffe Gottes war, bat er sie geradezu herzlich herein.

Was, rückblickend gesehen, ein schlechtes Zeichen war.

»Es verblüfft mich immer wieder, wie sehr unsere Gesellschaft die Gesetzesbrecher heutzutage verhätschelt«, gestand er ihr, als sie auf den langweiligen Stühlen in seinem langweiligen Esszimmer saßen. »Ich meine, wenn sie nichts getan haben, haben sie ja auch nichts zu befürchten. Aber die entscheiden sich ja für die Illegalität, nicht wahr?«

»Nicht wahr?« Mit viel Mühe gelang es Ghost, ihre wenig kreative Antwort halbwegs freundlich klingen zu lassen. Obwohl das eigentlich keine Rolle spielte. Dieser Mann wollte keine Zuhörer, sondern nur eine stumme Wand, die seine Meinung unverfälscht zu ihm zurückwarf.

»Die Frage ist doch wohl, wer sich anpassen will und wer

nicht. Wer wirklich Teil der *Gemeinschaft* sein möchte.« Ungeduldig wedelte er mit der Hand; in seinen Augen brannte die selbstgerechte Unschuld all jener, die auf der Logik beharren. »Sie müssen sich einfach mehr integrieren, sage ich. Ich gehe doch auch nicht nach Senzatown, ohne mich über die dortigen Sitten zu informieren, richtig? Ohne mich mit dem lokalen Sprachduktus vertraut zu machen oder das dortige Essen zu probieren. Anpassung, darum geht es. Wer sich nicht anpassen will, nun ja … Da kommen dann Sie ins Spiel, nicht wahr? Sie müssen sich mit den Konsequenzen herumschlagen.«

»Ich liebe die Dukka-Eier dort«, warf Ghost ein.

Das brachte Jessen kurz aus dem Konzept. »Wie bitte?«

»Dukka-Eier? Typisches Gericht in Senzatown. Mit drei verschiedenen Gewürzmischungen zubereitet und man nimmt nacheinander jeweils einen Bissen von jedem …«

»Also, dieses Zeug kann ich nicht ausstehen«, stellte er abschätzig fest. »Das ist doch kein anständiges Essen, oder? Da muss man schon ehrlich sein.«

»Stimmt«, nickte Ghost brav. Sie hatte zwar keine Ahnung, was ein anständiges Essen sein sollte, aber ihr war Straßendreck auf Toast immer noch lieber als alles, was dieser Kerl bevorzugte. »Hören Sie, ich will Sie gar nicht lange belästigen, ich müsste nur noch ein paar Details klären. Für meinen Bericht. Als Sie hörten, wie Cassren Ihrem Kollegen sagte, er werde am nächsten Tag sterben, haben Sie ihr das geglaubt?«

Jessen lachte laut auf. »Natürlich nicht. Sie hat sich aufgeführt, als hätte sie einen Eimer Sprit geschnüffelt.«

Ghost ging einfach mal davon aus, dass »Sprit« irgendeine neue, in Alaunitown beliebte Modedroge war.

»Sie haben also gar nicht geglaubt, dass sie eine Hellseherin ist.«

»Bei allen Heiligen, nein! Die ziehen doch nur mit ihren Tricks den Naivlingen das Geld aus der Tasche.«

»Tut mir leid.« Ghost setzte ein unverbindliches Lächeln auf und schüttelte den Kopf. »Dann liegen mir wohl falsche Informationen vor. Ich dachte, Sie hätten Cassren hingehängt, weil sie eine Gottgleiche ist.«

»Hingehängt?«, erwiderte Jessen herablassend.

Anscheinend gehörte er zu den Menschen, die anderen gerne unter die Nase rieben, in welchen Gesellschaftskreisen sie zu Hause waren.

»Angezeigt«, korrigierte sich Ghost.

Nun runzelte Jessen die Stirn, als habe er Mühe, ihr zu folgen. »Nun ja, selbstverständlich habe ich das getan. Ich würde niemals mit falschen Anschuldigungen um mich werfen, falls Sie darauf hinauswollen.«

»Ganz und gar nicht«, versicherte ihm Ghost. »Aber wenn Sie nicht an Wahrsagerei glauben, warum haben Sie Cassren dann deswegen angezeigt?«

»Na ja, das sollte nicht unbedingt heißen, dass ich … ähm … ich wollte bloß gründlich sein. Schließlich bedeutet das ja nicht zwangsläufig, dass sie … magische Kräfte hat, nicht wahr?«, stotterte er.

»Was denn nun?«, unterbrach ihn Ghost. »Entweder glauben Sie nicht, dass Cassren eine Wahrsagerin ist, dann waren Ihre Anschuldigungen falsch. Oder aber Sie glauben daran und haben sie dafür angezeigt, dass sie einem Menschen das Leben retten wollte.«

Von dem Moment an ging alles rapide bergab. Allerdings wurde auch deutlich, dass dieses Puddinggesicht Cassren sicher nicht bei sich versteckt hielt. Niemand kann so gut den Dummen spielen.

Mit einem schweren Seufzer schüttet sich Ghost den letzten Schluck von ihrem Drink in den Hals. Dann muss sie wohl an einem anderen Abend wiederkommen und versuchen …

Verdammt. Ein kleines bisschen Glück wird ihr wohl doch noch zugestanden, denn hier kommt die Dame höchstpersönlich, obwohl heute nicht Dienstag ist.

Und anscheinend ist Delilah auch wirklich als Delilah hier, denn sie trägt weder die zuckerbunte Perücke noch das Fetzenoutfit. Trotzdem zieht sie alle Blicke auf sich. Sie strahlt einfach dieses »Seht mich an« aus. Und Ghost sieht sie an.

Indem sie sich von ihrem Tisch abstößt, schiebt sich Ghost ihr in den Weg. Als Delilah sie erkennt, fällt ihre Reaktion mehr als deutlich aus.

»Was machst du denn hier?«, fragt sie verblüfft, aber durchaus erfreut – oder ist das vielleicht nur Wunschdenken?

»Ich war auf der Suche nach dir«, antwortet Ghost.

»Wieso das?«

Wenn sie ihre Schutzschilde runterlassen soll, musst du dich auf den Rücken legen. Anders kriegst du Wutgesteuerte nicht geknackt.

»Weil ich dir sagen wollte, dass du recht hast.«

»Womit?«

»Ich habe mir die Ertrunkenen noch einmal angesehen. Hier in der Gegend sind es wirklich außergewöhnlich viele. Allerdings geht man davon aus, dass es sich um Mafiamorde handelt, deshalb lässt sich nicht sagen, wie viele davon Gottgleiche waren.«

»Ich kann dir verraten, wie viele es waren«, entgegnet Delilah. »Im letzten Jahr mindestens fünfzehn.«

Fassungslos starrt Ghost sie an, denn sie hat noch die Zahlen im Kopf, die Leon ihr genannt hat. »Das sind fast alle.«

Delilahs schlanke Schultern heben sich kurz. Ein wortloses *Ich hab es dir ja gesagt.*

»Woher willst du wissen, wie viele der Toten Gottgleiche waren?«

»Glaubt ihr, niemand würde über so etwas Buch führen, nur weil die Behörden es nicht tun?«, erwidert Delilah mit beißendem Spott.

Beschwichtigend hebt Ghost die Hände. »Also schön, deine Quellen sind besser als meine. Es ist mir wirklich eine Freude, mir ständig von dir den Kopf waschen zu lassen, aber sollen wir dabei nicht vielleicht etwas trinken? Hast du Zeit?«

Sofort ist Delilah wieder auf der Hut.

»Was denn?«, stichelt Ghost. »Hast du etwa Schiss davor, mit einer Waffe Gottes gesehen zu werden? Hattest du nicht erklärt, du wärst keine Gottgleiche?«

»Ich versuche lediglich, mir darüber schlüssig zu werden, ob du attraktiv genug dafür bist«, schießt Delilah zurück. »Es wäre um einiges katastrophaler, mit einer Hässlichen gesehen zu werden.«

»Wenn Sie mich für zu hässlich hielten, würden Sie sich gar nicht mit mir unterhalten, Verehrteste.« Ghost schiebt ihr einen Stuhl hin, schwungvoll genug, um dabei ihr Schienbein zu touchieren. »Du wählst die erste Runde.«

Delilahs Lippen zucken kurz. »Freie Auswahl? Auch wenn es der alte Whisky wird, den sie im Hinterzimmer unter Verschluss halten?«

»Bei Drinks lasse ich mich nicht lumpen.«

»Nein, offenbar nur bei wichtigen Dingen.«

Beinahe gegen ihren Willen muss Ghost lachen. Es ist schon eine Weile her, dass sie es mit einem würdigen Gegner zu tun hatte, auch wenn sie sich nur mit Worten duellieren und nicht mit Waffen.

Nachdem sie bestellt haben, wirft Delilah ihr einen prüfenden Blick zu.

»Wie nennt man dich eigentlich?«

»Ghost.«

»Das ist ungefähr so echt wie mein Künstlername.«

»Tja, da du offenbar einiges über die Waffen Gottes weißt, dürfte es dich nicht überraschen, dass sie nicht gerne unter ihrem echten Namen bekannt sind.«

»Ja, natürlich. Ohne echten Namen seid ihr schwerer aufzuspüren, damit man euch zur Rechenschaft ziehen kann.« Sie verzieht die Lippen. »Aber Ghost passt gut. Kommt wie ein Geist, geht wie ein Geist. Nicht in der wirklichen Welt verhaftet. Wusstest du, dass die Henker es früher genauso gemacht haben, bevor sie sich hinter ihren Leuchtschirmen verstecken konnten? Damals mussten sie noch raus auf die Bühne, wo sie jeder sehen konnte. Sie trugen Kapuzen, damit die Zuschauenden ihr Gesicht nicht sehen und sie anonym bleiben konnten.«

»Ich hätte ja damit gerechnet, dass du eine Waffe Gottes für den Täter hältst«, erwidert Ghost. »Einer der Wachhunde reißt sich von der Kette los und bringt die Jagd auf unwiderrufliche Art zu Ende.«

»Möglich ist es. Klingt doch irgendwie logisch, oder nicht?«

»Nur, wenn man zulässt, dass Vorurteile das logische Denken trüben. Aber vielleicht weißt du auch einfach zu wenig über den Lebensstil dieser Menschen, also werde ich dich diesbezüglich einmal aufklären. Die Waffen Gottes werden schlecht bezahlt und sie haben nur eine halbwegs offizielle Funktion inne, was bedeutet, dass ihnen niemand zu Hilfe eilt, wenn etwas schiefgeht. Außerdem sind sie auf beiden Seiten extrem unbeliebt. Man wird also eigentlich nur eine Waffe Gottes, wenn einem gar nichts anderes mehr übrig bleibt.«

»Mir kommen die Tränen.«

»Es geht um die verfügbaren Mittel, meine hartherzige Schöne. Man kann nicht einfach fünfzehn Menschen ertränken, ohne dass es Folgen für einen hätte – es sei denn, man verfügt über genügend Geld und die richtigen Verbindungen. Denn auch wenn du das nicht glaubst: Selbst ein toter Gottgleicher ist ein Problem, um das sich die örtliche Wache kümmern muss, und noch dazu waren diese fünfzehn ja gar nicht registriert. In den Augen der Allgemeinheit waren sie demnach noch immer Gewöhnliche. Warum wurde also bei keinem dieser Todesfälle ein Disput eröffnet?«

Delilah nippt an ihrem Glas und entblößt dabei für einen Moment ein Stück weiche Haut an ihrem Hals.

»Ich glaube nicht, dass es eine Waffe Gottes getan hat«, gesteht sie, nachdem sie hinuntergeschluckt hat.

»Nein, du glaubst, dass es einer ihrer Kunden war. Willst du mir vielleicht mehr darüber erzählen?«

Achselzuckend beginnt Delilah: »Cass war eine sehr begabte Hellseherin, dafür zahlen die Leute gutes Geld. Natürlich unter der Hand. Da es für alle Beteiligten illegal ist, läuft das Ganze sehr diskret ab.«

»Wie ist sie an diese Kunden herangekommen?«

»Mundpropaganda«, erwidert Delilah vage.

»Kanntest du einige von ihnen?«

»Sie war extrem vorsichtig.«

Also nein.

»Wie könnte ich diese Kunden aufspüren, um mich mit ihnen zu unterhalten?«, bohrt Ghost weiter. »Cassren war ja sicher nicht so dumm, sich ein Büchlein anzulegen, in dem man ihre Namen und Adressen finden könnte.«

»Nein, war sie nicht.«

Äußerst hilfreich. Aber irgendetwas verrät Ghost, dass Delilah möglicherweise doch weiß, wie man an diese Kunden herankommt. Ein paar Drinks könnten dieses Problem vielleicht lösen. Und wenn nicht, wäre es auch nicht schade drum.

Als hätte sie Ghosts Gedanken gelesen, schnappt sich Delilah die nächste Bedienung und flüstert ihr etwas ins Ohr. Mit einem knappen Nicken zockelt sie davon.

»Muss die Kehle noch mehr geschmiert werden?«, rät Ghost.

»Nein, ein Botengang. Ich habe gerade meine Termine für heute abgesagt.« Delilah wirft ihr einen abschätzenden Blick zu. »Du scheinst mir wesentlich interessanter zu sein.«

»Ich fühle mich geschmeichelt. Nur traurig für deine Termine.«

»Meine Termine werden es verstehen, wenn sie dich erst zu Gesicht bekommen.«

Ghost sieht sich in der Bar um. »Sind sie denn hier?«

»Wäre das nicht lustig?« Delilah lehnt sich zurück. »Außerdem habe ich den guten Whisky bestellt. Auf deine Rechnung.«

»Dann sollte der mir aber besser den Boden unter den Füßen wegziehen.«

»Na ja, der Preis wird das auf jeden Fall tun.«

Ghost schenkt ihr ein verschlagenes Lächeln. »Meine nächste Frage wird dir ganz und gar nicht gefallen.«

Leicht nervös streicht sich Delilah über die Haare. »Eigentlich war bisher keine von ihnen sonderlich angenehm.«

»Wenn Cassren so talentiert war, wieso konnte sie dann nicht ihren eigenen Tod vorhersehen?«

»Es weiß doch nun wirklich jeder, dass das so nicht funktioniert. Wahrsager sehen immer nur die Variante der Zukunft, die gerade am wahrscheinlichsten ist und voraussetzt, dass alle Beteiligten auf dem bisher eingeschlagenen Kurs bleiben. Bedauerlicherweise ist der Mensch aber ein wankelmütiges Wesen.«

Leicht säuerlich verzieht Delilah den Mund. »Wer sein Verhalten ändert, ändert das ganze Spiel.«

Ein Zitat aus einer beliebten Serie, in der ein Team aus fiktionalen Vastos-Ermittlern gegen die Verderbtheit in den Abgründen von Senzatown vorgeht. Zu diesem Team gehört auch ein Wahrsager mit spezieller Lizenz, die den Gebrauch seiner Gabe gestattet. Lizenzen dieser Art existieren in der realen Welt allerdings nicht. Sein Slogan »Wer sein Verhalten ändert, ändert das ganze Spiel« ist zu einem festen Bestandteil des aktuellen Bezirk-Slangs geworden. Mehr als das und einen perfekt trainierten Oberkörper hat der Typ allerdings auch nicht zu bieten.

Dummerweise sind die meisten Wahrsager ziemlich nutzlos. Ihre Vorhersagen sind zu vage und unbeständig, um auf konkrete Dinge oder Personen anwendbar zu sein. Nur die begabtesten unter ihnen schaffen es, aus diesen Visionen, Gefühlen, Ahnungen und Träumen akkurate Zukunftsentwürfe zu machen. Und eine so ausgeprägte Begabung ist äußerst selten.

Cassren war einer dieser seltenen Fälle.

Die nächste Runde wird serviert und Delilah trinkt einen großen Schluck.

»Die Leute glauben immer, dass man damit angeben will, wenn man über so viel Macht verfügt.« Sie lässt die bernsteingelbe Flüssigkeit in ihrem Glas kreisen. »Aber je mehr Macht man hat, desto eher versuchen die Menschen, sie für ihre eigenen Zwecke einzusetzen. Weißt du, wie es ist, wenn man wegen seiner Fähigkeiten ausgenutzt wird?«

Ghost bleibt stumm.

»Es war ihr Mitgefühl, das Cass in die Scheiße geritten hat«, stellt Delilah verbittert fest. Doch dahinter scheint sich eine tiefe Traurigkeit zu verbergen. »Mächtige Gottgleiche sind nur deshalb so selten, weil sie quasi von Geburt an eingeimpft bekommen, das besser nicht an die große Glocke zu hängen.«

»Nicht alle.«

»Nein«, stimmt Delilah zu, »aber der Hexenritter ist die absolute Ausnahme.«

»Du bewunderst ihn?«

Delilah schnaubt höhnisch. »Machst du Witze? Jemanden, der so von Selbsthass zerfressen ist, kann man doch gar nicht bewundern.«

»Du glaubst, dass er sich selbst hasst?«

»Warum sonst sollte er sich freiwillig zur Zielscheibe machen?«

»Manche halten das für Mut. Sie meinen, so wie für ihn könnte es für alle Gottgleichen sein.«

»Er darf seine Magie doch nie einsetzen«, widerspricht Delilah. »Also ist er kein Gottgleicher. Und er hat für seinesgleichen rein gar nichts verändert. Angepasst hat er sich, mehr nicht, und das weiß er selbst.«

»Für eine Gewöhnliche kennst du dich aber erstaunlich gut aus.«

»Ich kannte mal eine, während meiner Kindheit. Registriert und brav. Ließ Spielzeuge schweben, um Babys zum Lachen zu bringen, oder erkannte deine Stimmung, sobald du einen Raum betreten hast. Mehr war es nicht.«

Das erklärt einiges, allerdings nicht Delilahs Zorn, ihre ständige Abwehrhaltung.

»Und du?«, fragt sie dann, deutlich sanfter. »Warum bist du eine Waffe Gottes geworden?«

»Momentan habe ich einfach keine anderen Möglichkeiten«, erklärt Ghost.

»Wieso nicht?« Mit einem spitzbübischen Lächeln fügt Delilah hinzu: »Hast du etwas ausgefressen?«

Wieder schweigt Ghost.

Zögernd murmelte Delilah: »Tut mir leid. Ich bin dir zu nahe getreten.«

Achselzuckend meint Ghost: »Ist schon gut. Ich musste einfach so schnell wie möglich aus meinem alten Leben raus. Ich war zwischen die Fronten geraten und habe mich für die falsche Seite entschieden.«

Strahlend ruft Delilah: »Ein Liebesdrama! Du solltest einen Song darüber schreiben. Dass du ein Schwerenöter bist, habe ich mir gleich gedacht.«

»Eigentlich wurde eher mein Herz gebrochen. Von der favorisierten Seite hatte ich schon einen Korb bekommen, die andere war kurz davor.« Mit einem trockenen Lächeln fasst Ghost zusammen: »Also habe ich meine alte Haut abgestreift und bin aus London abgehauen.«

»Eher Schlange als Geist«, resümiert Delilah. »Aber jetzt bist du wieder hier.«

»Es wäre leichter gewesen, einfach wegzubleiben.«

»Manche Menschen wollen es aber nicht leicht haben.«

Lachend gibt Ghost ihr recht. »Das stimmt wohl.«

»Also hast du niemanden, der zu Hause auf dich wartet?«

»Nein.«

Diese Antwort scheint Delilah zu gefallen.

»Willst du mit zu mir kommen? Ich habe daheim einen weitaus besseren Whisky stehen. Ist ganz in der Nähe.«

Das überraschte Lachen, das aus Ghosts Kehle aufsteigt, kann sie einfach nicht unterdrücken.

»Wow, du bist ja ziemlich direkt.« Und Ehrlichkeit ist einfach unwiderstehlich.

»Für eine Gewöhnliche kann ich erstaunlich gut Gedanken lesen. Deshalb liege ich mit Sicherheit nicht falsch, wenn ich behaupte, dass wir beide schon überlegt haben, wie wohl das Bett der anderen aussehen mag.«

»Aber doch nur, weil du wissen willst, wie sich dein Feind so bettet.«

Delilah grinst breit. Daran erkennt Ghost, dass sie betrunken ist.

Genau wie ich, wird ihr bewusst.

»Du bist nicht der Feind«, korrigiert sie Delilah. »Das ist Cass' Mörder. Und du versuchst ja genauso wie ich, den zu finden. Außerdem geht es gar nicht darum. Obwohl ich alles versucht habe, es zu vermeiden, mag ich dich. Du bist … faszinierend.«

Es wird Zeit, sich zu verkriechen, mahnt ihr anderes Ich.

Ghost lässt sich diese Warnung durch den Kopf gehen.

Zwei Atemzüge später schiebt sie sich hinter dem rothaarigen Irrwisch her durch den Raum.

Draußen schlägt ihnen kalte, stinkende Luft entgegen.

Delilah greift nach ihrer Hand, aber die Aufmerksamkeit der Sängerin mit der engelsgleichen Stimme ist abgelenkt. Ihr Blick schweift über den Beton.

»Ich will noch einen Zwischenstopp einlegen, bevor wir zu mir gehen«, beschließt sie.

»Ja, eine leckere Kleinigkeit wäre nicht schlecht«, stimmt Ghost ihr zu. »Ich habe einen Mordsappetit.«

»Nicht zum Essen.«

»Das habe ich auch nicht gemeint.«

Delilah wirft ihr einen verblüfften Blick zu, dann lacht sie. »Du bist mir ja eine.«

Und plötzlich konzentriert sie sich ganz auf Ghost, sieht sie durchdringend an, hält ihre Hände fest.

Eine, denkt sich Ghost. Das muss nicht unbedingt das heißen, was du dir erhoffst.

»Können wir uns diese Froschschenkel im Teigmantel holen, die hier in der Gegend so gefragt sind?«, schlägt sie vor. »Die Straße runter gibt es einen Stand dafür.«

Der Druck von Delilahs Hand ist so fest, dass es beinahe unangenehm wird.

»Cass hat einer Gruppe angehört«, sagt sie plötzlich. »Habe ich dir das erzählt? Sie haben die Ertrinkungstode untersucht.«

»Nein, hast du nicht.«

Noch immer sieht Delilah sie durchdringend an. »Mit denen solltest du dich mal unterhalten.«

Zurück zum Geschäft? Das Mädchen hat wirklich seltsame Verführungsmethoden.

Trotzdem nickt Ghost. »Werde ich machen. Erzähl mir morgen mehr davon.«

»Hmm.« Delilah wirkt unschlüssig. »Ich denke, sie wollen dich lieber sofort kennenlernen.«

Sie legt den Kopf schräg.

Ghost dreht sich um.

Wie aus dem Nichts tauchen plötzlich mehrere Gestalten auf und kreisen sie ein. So dicht, dass es schwierig wäre, ihnen zu entkommen, selbst wenn ihr nicht so verdammt schwindelig wäre.

Der verfluchte Whisky, stellt ihr anderes Ich fest. Kein Wunder, dass du so abartig träge bist, sie hat da irgendetwas reingemischt …

»Na toll«, stößt Ghost hervor. In ihrem benebelten Gehirn ist gerade noch Platz für die gereizte Feststellung, dass ihr anderes Ich unerträglich selbstgefällig wird, wenn es recht behält … Dann wird ihr schwarz vor Augen.

KAPITEL 9

Königlicher Marstall von Cair Lleon, Blackheart

Vier Monate zuvor

Als Wyll in seine Räumlichkeiten zurückkehrt, ist er so in Gedanken versunken, dass ihm das schlafende Mädchen in seinem Bett im ersten Moment gar nicht auffällt.

Für ihn ist der Königliche Marstall von Cair Lleon nichts anderes als ein luxuriöses Gefängnis. Und deshalb hat er hier – obwohl das Gebäude ganz offiziell sein Wohnsitz ist – nie wirklich gelebt. Natürlich verstößt er damit gegen sämtliche Sicherheitsvorkehrungen und gegen die Tradition – Letztere muss sogar vom Streiter des Königs hochgehalten werden. Aber Art lachte immer nur, wenn sich wieder einmal jemand bei ihm darüber beschwerte, dass Wyll sich davongeschlichen habe und durch die Stadt gestreift sei. Man solle eben gar nicht erst versuchen, einen erwachsenen Mann einzusperren, der noch dazu ein herausragender *thwimoren* sei, war sein einziger Kommentar. Gegen die Täuschungsmanöver eines solchen Illusionisten sei kein Geist gewappnet, auf dieses Spiel dürfe man sich nicht einlassen.

So bekam Wyll also seine Freiheit zurück und beanspruchte in aller Stille ein altes Elektrizitätswerk für sich, das in einer schäbigen Ecke von Marvoltown vor sich hin moderte. Die weit zurückreichende Geschichte und die integrierte Galdor-Wand trugen zusätzlich zum Reiz dieses geheimen, allein ihm gehörenden Heims bei. Sein einziges Zugeständnis an den Palast war, dass es sich in Stredforthe befand, einem Viertel nahe der Grenze zu Blackheart, von wo aus der Palast mit dem Motorrad in nur zwanzig Minuten zu erreichen war. Allein Art wusste, wo genau sich das alte Elektrizitätswerk befand, und allein seine Erlaubnis ermöglichte ihm diesen Luxus.

Aber Art ist tot und mit ihm sind auch solche persönlichen Privilegien gestorben. Wie groß diese tatsächlich waren, merkt Wyll erst jetzt, wo er sie nicht mehr hat. Seine Gabe hat ihn zu einem Gefangenen gemacht. Arts ehemalige Saith müssen ihn immer in Reichweite haben, damit er jederzeit in die Rolle ihres toten Anführers schlüpfen kann.

Sich als der König von London auszugeben, ist ein bisher undenkbares Verbrechen; andererseits ist vieles undenkbar, bis es dann geschieht. Ordnung und Regeln sind die stärksten Illusionen überhaupt, stärker als alles, was er je erschaffen könnte.

Es ist schon spät am Nachmittag, als Wyll sich müde in sein Schlafzimmer schleppt. Er hat zu hart trainiert. Trotz einer langen Cooldown-Phase zittern seine Muskeln noch immer und er ist erschöpfter, als es ihm lieb wäre. Aber so kommt er am besten durch den Tag. Eigentlich nur so. Wenn er seinen Körper foltert, konzentriert sich sein Geist hinterher vor allem auf die Regeneration und hält sich von Gedanken fern, die er sonst vielleicht heraufbeschworen hätte. Und momentan möchte Wyll nicht nachdenken. Momentan fürchtet er sich vor den Orten, an die sein Geist sich vielleicht begeben könnte.

Da wäre zum Beispiel der Verfolgungswahn. Auf den könnte er gut verzichten. Er hegt sowieso immer den Verdacht, dass seine Räumlichkeiten mit Filmapparaten überwacht werden, entweder von Lillath oder sogar von Lucan, damit sie ihn voll unter Kontrolle haben. Oder aber … bei allen Heiligen, nein. Er sieht definitiv Gespenster. Sein Geist ist wie so oft im Bestrafungsmodus und lässt ihn vor Schatten zurückscheuen, vor reinen Trugbildern. Wenn es richtig schlimm wird – was zum Glück nicht oft der Fall ist –, tritt seine Magie ungesteuert zutage und lässt bedeutungslose Schrecken entstehen, nur um seine Nerven zu strapazieren. Zum Beispiel sein Bett. In der trüben Dämmerung des Winternachmittags sieht es fast so aus, als sei dieser Hügel unter der Decke ein Körper …

Der Hügel bewegt sich und Wylls Herz macht einen Satz. Im nächsten Moment produziert seine Angst einen Wachhund, der schnell zu Ponygröße anschwillt. Die Muskeln unter dem geschorenen Fell zucken, als er langsam auf das Bett zuschleicht.

Wieder regt sich der Hügel. Die Bettdecke verrutscht, wird zusammengeschoben, dann erscheint ein Kopf.

»Raus aus meinem Bett«, befiehlt Wyll. Auf seinen Wink hin öffnet sich das Hundemaul und zwischen den kräftigen Kiefern dringt ein tiefes Knurren hervor, das an einen alten, kaputten Motor erinnert.

Regungslos starrt die Fremde den Hund an. Ihr Haar ist zerzaust, sie wirkt verschlafen. Und sie zeigt eindeutig zu wenig Furcht für jemanden, der gerade neben einer solchen Bedrohung erwacht ist.

»Hast du mich verstanden?«, fragt er kalt.

Der Augenblick zieht sich in die Länge, aber schließlich richtet sich der benommene Blick des Mädchens auf Wyll. »Ich habe auf dich gewartet und bin dabei eingeschlafen«, erklärt sie.

Erst jetzt sieht Wyll genauer hin: Sie scheint jünger zu sein als er, was aber auch an ihrer Schlaftrunkenheit und offensichtlichen Verwirrung liegen kann. Ihr Haar reicht nur knapp über ihre Ohren, sie hat runde Wangen und breite, volle Lippen.

»Ich kenne dich nicht«, stellt er fest. »Verschwinde aus meinem Bett.«

»Ich muss dir etwas zeigen.« Die Stimme des Mädchens wird schrill, als es drängend hinzufügt: »Bitte.«

Wieder melden sich Wylls Nerven und der Hund knurrt. Das Mädchen sieht ihn mit großen Augen an, rührt sich aber nicht. Nein, er kennt sie ganz bestimmt nicht.

»Wer bist du?«, faucht er nervös.

»Gennivy«, flüstert sie. »Ich bin Gennivy. Ich diene hier als Vastos.«

»Ich habe dich noch nie gesehen.«

»Ich muss dir etwas zeigen«, wiederholt sie mit starrem Blick.

Hat er deshalb so ein merkwürdiges Gefühl bei ihr, weil sie offenbar total high ist? Diese Benommenheit, gepaart mit wilder Entschlossenheit, ist ein klares Zeichen, noch dazu scheinen bösartige Riesenhunde sie vollkommen kaltzulassen. Wyll löst die Illusion auf. Diese Gennivy ist so sehr auf ihn fixiert, dass sie das nicht einmal zu bemerken scheint.

»Wie bist du hier reingekommen? Was willst du von mir?«

»Ich muss dir etwas zeigen«, wiederholt sie, nun schon beinahe weinerlich. »Bitte.«

Plötzlich schiebt sie die Bettdecke weg und kniet sich aufrecht hin. Sie ist nackt.

»Oh nein.« Nun breitet sich eine ganz andere Art von Furcht in Wyll aus. »Nein, hör zu, kein Interesse.«

Es ist nicht das erste Mal, dass sich ihm jemand auf diese Weise anbietet, aber niemand hat es bisher geschafft, dabei bis in sein Bett vorzudringen.

»Tu das nicht«, bittet er sie. »Ich …«

Immer mehr ängstliche Befehle quellen aus ihm hervor, schaffen es holprig über seine Lippen, während sein Blick unwillkürlich ihren Bauch streift. Zunächst glaubt er noch, schlampig gezeichnete Tattoos vor sich zu haben, als er die knappen Worte erkennt, die ihr auf Brust und Bauch geschrieben wurden:

*

PINECONE
VESPERSTUNDE
V

*

Es dauert einen Moment, bis er begreift.

Bei allen Heiligen.

Es ist Viviane. Viviane ist in London.

Und auf einmal taucht Wylls Vergangenheit wieder auf wie eine im Fluss entsorgte Leiche.

Gute vier Jahre zuvor war Wyll gerade einmal zarte neunzehn Jahre alt und von dem Drang getrieben, sich zu beweisen: altklug und ängstlich, zutiefst verletzt und bemüht, sich das nicht anmerken zu lassen. Artorias Dracones, König von London und der einzige Mensch, der jemals gut zu Wyll gewesen war, hatte ihn weggeschickt. Raus aus London, dem Ersten Königreich, in das langweilige Agrarstädtchen Barochi im Dritten Königreich, wo es hoffentlich wesentlich schwieriger für ihn wäre, schon durch seine bloße Existenz Skandale auszulösen.

Si Carrivuthen, ein unbedeutender Diplomat des Dritten Königreiches, bei dem Wyll untergebracht worden war, verfügte über ein recht bescheidenes Gefolge, obwohl sein Einfluss allgemein bekannt war. Der kleine, anspruchsvolle Mann mit dem teuren Geschmack erfüllte, soweit Wyll das beurteilen konnte, seine Funktion vor allem dadurch, dass er möglichst viele formelle Dinnerpartys ausrichtete und so die politische Maschinerie im Dritten Königreich ölte und am Laufen hielt.

Wyll hatte bereits zwei Jahre in einem ähnlichen Haushalt gelebt, um die Gepflogenheiten der Elite kennenzulernen, aber hier schien er einen besonderen Glücksgriff getan zu haben. Endlich gab es jemanden, der ihn bereitwillig aufnahm, ihn beschützte und ihm beibrachte, wie man sich sicher in einer Gesellschaftsschicht bewegte, in der die meisten Fauxpas vollkommen unverständlich waren und in der man um einiges tiefer fallen konnte als in seinem bisherigen Leben. Bislang war Wyll immer nur geduldet, versteckt oder ignoriert worden, aber in diesem Haushalt war das anders.

Im Haus von Si Carrivuthen wurde er geschätzt.

»Weißt du, was das ist?«

Wyll hob den Kopf, um herauszufinden, wer es wagte, ihn beim Lesen zu stören. Ein von Licht umspieltes, wissendes Lächeln, weiches Haar und dazu tiefgründige, warme Augen.

Nein, dieses Wesen war gestern ganz sicher nicht bei seiner formellen Begrüßungszeremonie gewesen, daran hätte er sich erinnert.

Nun deutete der Neuankömmling mit dem Kinn auf Wylls Halsband. Erst jetzt wurde ihm bewusst, dass er wohl unbewusst daran herumgezupft hatte, während er las.

»Das ist ein Halsband«, erklärte er dem wissenden Lächeln also. »Ein Zeichen der Bündnistreue.«

Der Kopf mit dem weichen Haar neigte sich leicht, als sei Wylls naive Unschuld ein köstlicher Spaß.

»Und es ist ein Kastrationswerkzeug«, verkündete xier.

Wylls Halsband war schmal und flach, durchzogen von einem filigranen hellblauen Netz aus Aluminium, das die Linien von Si Carrivuthens Wappen nachbildete. Der Si hatte es ihm bei seiner Ankunft persönlich umgelegt, in einer kleinen Zeremonie, die von den verbliebenen Mitgliedern bezeugt worden war.

»So«, hatte Carrivuthen gesagt, nachdem er das Band zu seiner Zufriedenheit angepasst hatte. »Nun bist du einer der Meinen und stehst unter meinem Schutz.«

Dabei hatte er mit beiden Händen Wylls Kinn umfasst und ihm mit den Daumen sanft über die Wangen gestrichen.

Nun ließ sich der Neuankömmling in Si Carrivuthens teuren Lesesessel fallen, der dem von Wyll genau gegenüberstand. Auch xier trug eines von Si Carrivuthens hübschen Bändern um den Hals. Doch an xiem sah es aus wie ein Accessoire, wie ein bewusst gewähltes Tattoo. Bei Wyll wirkte es eher wie eine Strafmaßnahme.

»Was soll das heißen – ein Kastrationswerkzeug?«, hakte er nach.

»Ich nenne es den Würger«, antwortete der Neuankömmling. »Du wirst schon noch herausfinden, warum.«

Neugierig starrte Wyll xien an. Er hatte noch eine Menge Fragen und genau deshalb stellte er keine davon. Solche Spielchen kannte er gut.

»Faszinierend«, murmelte er also nur und wandte sich wieder seinem Buch zu.

»Und, welchen Trick hast du drauf, neues Spielzeug?«, fragte der Neuankömmling.

Ohne den Blick von den Seiten zu heben, entgegnete Wyll frostig: »Ich bin kein Spielzeug.«

»Schon klar. Du bist ja nur aufgrund deiner langjährigen Erfahrung auf dem Gebiet der Diplomatie hier. Also, was ist es? Bitte nicht noch ein Wahrsager, von deren Schrullen habe ich langsam genug. Komm schon, sei interessant.«

Eigentlich wollte er es nicht verraten, aber irgendwie rutschte es ihm dann doch heraus.

»*Thwimoren.*«

Der Neuankömmling stieß einen Pfiff aus. »Das frevlerische Sachsenross unter den Gottlosen. Carr muss überglücklich sein, er hat jahrelang nach einem von euch gesucht.«

»Und ich bin auch kein Ross«, giftete Wyll.

»Nimm's nicht persönlich«, riet ihm der Neuankömmling leicht belustigt. »*Thwimoren* haben einfach einen schlechten Ruf, das ist alles. Am besten gibst du Edler Feverfew die Schuld dafür. Der ist tot, den stört das bestimmt nicht mehr.«

Beim Klang dieses berüchtigten Namens krampfte sich Wylls Herz zu einer winzigen Kugel zusammen und der Rest seines Körpers hätte nur zu gerne mitgemacht.

Niemand hier weiß es, versuchte er, sich zu beruhigen. Ich trage jetzt einen anderen Namen und habe ganz offiziell andere Eltern, dafür hat der König gesorgt. Niemand weiß es …

»Wer ist Edler Feverfew?«, fragte er betont neugierig.

Das schien den Neuankömmling zu überraschen. »Der persönliche Illusionist des alten Königs? Und der Grund dafür, dass der neue König überhaupt existiert. Sag bloß, du hast diese Geschichte noch nie gehört?«

»Ach, der«, nickte Wyll schnell. »Ich hatte nur seinen Namen vergessen.«

In seinem Kopf ertönte die Stimme des Neuankömmlings. *Du hast den Namen deines eigenen Vaters vergessen?*

Laut sagt xier ganz unschuldig: »So etwas wird man nur schwer los, Makel durch Allgemeinkontakt. Du darfst dir keine

Fehler erlauben, Wyll. Menschen wie dir und mir verzeiht man die nicht.«

Noch einmal musterte Wyll sein Gegenüber: Die großen, warmen kastanienbraunen Augen überlagerten beinahe den Rest des Gesichts. Solche Augen weckten Assoziationen von zerwühlten Betten an verregneten Nachmittagen, wenn man in den Laken lag, während es draußen plätscherte und tropfte, und dann spreizten sanfte Hände deine Schenkel und umfassten deinen harten …

Wyll blinzelte abrupt.

Der Neuankömmling grinste.

»Als was bist du denn eingestuft?«, fragte er brüsk, um die Gedanken zu überspielen, die man ihm offenbar an der Nasenspitze hatte ansehen können.

»Eingestuft?«

»Was für ein Typ bist du?«

»Der Komm-und-hol's-dir-Typ.«

Mühsam befahl Wyll seinen Wangen, diese verräterische Röte loszuwerden, und hoffte inständig, dass die Heiligen sein Gebet erhörten. »Ich meinte, welcher Typ Gottgleicher.«

»Ich gebe mich gerne geheimnisvoll.« Der Neuankömmling lehnte sich im Sessel zurück. »Zeig mir etwas von deinem Können.«

»Hier und jetzt?« Hastig sah sich Wyll in dem leeren Raum um.

»Wir sind hier im Dritten Königreich, Wyll. Magie ist legal.« Nach kurzem Zögern fügte xier hinzu: »Irgendwie zumindest. Jedenfalls bist du im Haus eines Gottgleichenfetischisten gelandet. Man wird hier fast jeden Abend von dir verlangen, deine Magie zu demonstrieren. Er wird mit dir angeben wollen, also rate ich dir, besser ein wenig zu üben.«

»Ich kann das nicht … einfach so.«

»Natürlich kannst du es.« Xier grinste. »Du bist nur schüchtern.«

Ja, xier hatte recht. Wyll wollte angeben.

Er konzentrierte sich.

Als xier im Augenwinkel eine Bewegung wahrnahm, drehte sich der Neuankömmling um. Durch die offene Tür des Lesezimmers kam ein kleiner Hund mit geschorenem grauschattigem Fell und getrimmter Schnauze herein. Vollkommen geräuschlos lief er über den Teppich und setzte sich vor sie.

Nachdem der Neuankömmling sich das Tier genau angesehen hatte, fragte xier: »Ist er rein visuell?«

Der Hund klappte die Schnauze auf und bellte.

»Hm«, murmelte xier.

Wyll blinzelte und der Hund verschwand.

»Dann lasse ich es eben«, brummte Wyll.

Da xier noch immer geistesabwesend auf die Stelle starrte, wo der Hund gesessen hatte, dauerte es einen Moment, bis xier seinen Ton registrierte. »Was ist denn?«

»Das scheint dich nicht beeindruckt zu haben.«

»Oh, nein, es war sehr realistisch. Aber es war eben … nur ein Hund. Hunde sind nicht sonderlich beeindruckend. Der hätte ebenso gut einfach von der Straße hereingekommen sein können.«

»Nein, hätte er nicht.« Insgeheim musste Wyll xiem allerdings zustimmen. Wie langweilig musste man sein, um einen gewöhnlichen Terrier heraufzubeschwören?

»Ich meine ja nur, vielleicht solltest du es etwas … unkonventioneller angehen«, fügte xier hinzu und wedelte mit der Hand.

Xier wollte überrascht werden, also würde er xien überraschen.

»Was ist dein Lieblingstier?«, fragte er und schloss die Augen.

»Ich liebe Schlangen. Mach mir eine riesige Schlange.« Das klang schon wesentlich enthusiastischer. »So dick wie mein Unterarm. Leuchtend grün. Nein, warte! Wie heißen die mit dem verrückten schwarz-roten Muster noch gleich, das aussieht wie …« Xier verstummte abrupt. »Was geht hier vor, verdammt?«

Die letzten Worte klangen so atemlos, dass sie kaum noch verständlich waren.

Wyll öffnete die Augen.

Sie saßen in einer riesigen goldenen Halle.

Die Wände waren unendlich weit entfernt, die Decke höher als der Himmel. Gigantische eiserne Kronleuchter hingen über ihren Köpfen, jeder mit tausend Kerzen bestückt, gehalten von dicken, straff gespannten Seilen. Am einen Ende der Halle war die königliche Empore zu sehen, eine erhöhte Plattform, in deren Mitte der übermäßig geschmückte Thron aufragte.

Der König hatte Wyll einmal im Vertrauen gesagt, wie sehr er diesen Thron hasste. Dass er oft versucht habe, ihn gegen ein schlichteres Sitzmöbel auszutauschen, sehr zur Qual der Palast-Vastos, deren Lebensinhalt vor allem darin bestand, ihn so königlich wie möglich aussehen zu lassen, ohne dabei die äußerst weit gesteckten Grenzen des guten Geschmacks zu sprengen.

Dem Neuankömmling stand der Mund offen, xiese Augen wurden größer als die eines Frosches. Mit beiden Händen klammerte xier sich an dem Lesesessel aus Carrivuthens Haus fest, in dem xier noch immer saß. Wyll wusste nicht mehr, wie die Stühle im Ballsaal des Palasts aussahen, außerdem hatte er inzwischen gelernt, dass die Illusion stärker wirkte, wenn ein Teil der realen Welt erhalten blieb, weil es den Zuschauenden umso mehr aus dem Gleichgewicht brachte.

»Scheiße, wo sind wir?« Inzwischen gaffte xier ganz ungeniert.

Noch wusste Wyll es nicht, aber diesen Menschen in einem solchen Zustand zu sehen, war so selten, dass es sich auf jeden Fall lohnte, den Augenblick im Gedächtnis zu behalten.

»Im Ballsaal von Cair Lleon«, erklärte er.

Mit einem hysterischen Lachen erwiderte xier: »Eine Schlange, sagte ich. Mach mir eine Schlange. Aber doch nicht den verdammten königlichen Ballsaal.«

»Ich dachte eben, das macht ein wenig mehr Eindruck.«

Mit funkelnden Augen wandte xier sich ihm zu. »Da hast du recht. Bei allen lebenden und toten Heiligen, das ist einfach unglaublich.«

Stolz reckte Wyll die Brust.

»Was passiert, wenn ich versuche, den Stuhl dort drüben zu erreichen?« Mit ausgestrecktem Arm deutete xier auf die königliche Empore, die unendlich weit weg zu sein schien. Bei der Frage hallte sogar xiese Stimme, ganz so, als befände xier sich tatsächlich in einem riesigen Raum und nicht in einem kleinen Lesezimmer. Auf dieses Detail war Wyll besonders stolz.

»Dann würdest du sicher gegen die Wand des Lesezimmers laufen, lange bevor du dort ankämst«, stellte er lachend fest.

Zufrieden beobachtete Wyll, wie xier verblüfft alles untersuchte. Es war schon eine ganze Weile her, dass er für jemand anders etwas heraufbeschworen hatte. Dadurch hatte er beinahe das beschämte Kribbeln vergessen, das ihn dabei immer erfasste, diesen süchtig machenden Moment der Freude. Nun aber spürte er all das wieder und fragte sich, wie er so lange darauf hatte verzichten können.

Plötzlich schnürte sich seine Kehle zu. Keuchend registrierte er die aufsteigende Panik, während sein Körper gegen den Druck zu rebellieren begann, der sich nun auch auf seine Brust auswirkte. Es fühlte sich an, als solle ihm sämtliche Luft aus der Lunge gepresst werden.

Da Wyll sich nun voll und ganz darauf konzentrierte, irgendwie zu atmen, verschwand der Ballsaal ringsum und die gewöhnlichen Ausmaße des Lesezimmers kamen wieder zum Vorschein. Der Neuankömmling beobachtete den keuchenden Wyll mit einer Mischung aus Gelassenheit und Wachsamkeit. Offenbar begriff xier gar nicht, was vorging. Am liebsten hätte Wyll xier angeschrien: *Hier stimmt etwas nicht, hol Hilfe, bitte!* Aber dazu hätte er Luft gebraucht.

So abrupt, wie er eingesetzt hatte, verschwand der Druck auf seine Kehle auch wieder. Luft strömte in seinen aufgerissenen Mund und er wurde von einem so heftigen Hustenkrampf gepackt, dass er sich an den Armlehnen des Sessels festklammern musste.

»Es tut mir leid, Wyll«, verkündete eine Stimme. »Hoffentlich war es nicht allzu schmerzhaft.«

In der offenen Tür stand Si Carrivuthen und er wirkte alles andere als erfreut.

»Geht es dir gut?«, erkundigte er sich.

Da er noch nicht wieder sprechen konnte, schnappte Wyll einfach weiter nach Luft und nickte. Er atmete, also musste es ihm wohl gut gehen.

Carrivuthen kam herein, trat schnell an Wylls Seite und umfasste mit besorgtem Blick sein Gesicht.

»Gut«, seufzte er dann. »Es tut mir schrecklich leid. Ich hatte dich gebeten aufzuhören, aber anscheinend hast du mich nicht gehört. Wyll, du musst wirklich vorsichtiger sein mit deiner Magie. Zwar bist du hier bei uns eine umjubelte Kostbarkeit, aber bedauerlicherweise unterliege auch ich der einengenden Gesetzgebung unseres ansonsten so wundervollen Königreichs. Hör mir gut zu. Du darfst deine Magie nur mit meiner expliziten Erlaubnis einsetzen. Niemals ohne sie und absolut niemals außerhalb dieses Hauses. Hast du das verstanden? Ich möchte auf keinen Fall, dass du in Schwierigkeiten gerätst. Hier bei uns bist du eine umjubelte Kostbarkeit«, wiederholte er, »aber dadurch bist du auch angreifbar gegenüber Menschen, die … unsere Welt aus einem anderen Blickwinkel betrachten als ich.« Nun drückte er Wylls Schultern, während er ihn beinahe schuldbewusst musterte. »Verstehst du, was ich meine?«

Wyll nickte. Ja, er hatte verstanden.

Sogleich lächelte Carrivuthen wieder. »Danke! Vielen Dank, Wyll. So, nachdem wir den unangenehmen Teil hinter uns gebracht haben – darf ich dir sagen, wie grandios das war? Einfach unglaublich. Du strahlst noch heller, als ich es mir in meinen kühnsten Träumen erhofft habe. Findest du nicht auch, Vivi?«

Der Neuankömmling, dier still in xiesem Sessel gesessen hatte, zauberte ein liebliches Lächeln auf xies Gesicht. »Oh ja. Etwas Derartiges habe ich noch nie gesehen. Er eignet sich hervorragend als Hauptattraktion bei der nächsten Gesellschaft.«

Ruckartig richtete sich Carrivuthen auf. »Ich denke, du hast recht.« Mit einem freundlichen Blick wandte er sich wieder an Wyll. »Was meinst du, könntest du etwas Derartiges noch einmal vollbringen, vor einem größeren Publikum, wenn ich dich darum bitte?«

Vorfreude erfasste Wyll. »Ja, Si.«

»Nenn mich Carr.« Er stand auf und ging zu dem anderen Sessel hinüber. »Wie ich sehe, hast du meine süße Viviane bereits kennengelernt.«

Wyll und Viviane sahen sich an. Beide lächelten. Allerdings

wandte Wyll den Blick möglichst schnell wieder ab, damit xier nicht die mörderische Wut in seinen Augen erkannte.

Ich nenne es den Würger.

Du wirst noch herausfinden, warum.

Wie mies von xiem, ihn zu dieser Demonstration zu überreden, wohl wissend, dass er dann Ärger bekäme. Vermutlich war xier eifersüchtig. Aber zumindest war Wyll jetzt darüber im Bilde, was ihn hier erwartete. Da er schon immer unter Menschen gelebt hatte, die ihm Böses wollten, wusste er genau, was er zu tun hatte. Er musste so bald wie möglich klarstellen, wer der Bissigste im Rudel war.

Und bei der ersten sich bietenden Gelegenheit würde er es Viviane heimzahlen.

KAPITEL 10

Garads Wohnung, Evrontown

Zwei Wochen zuvor

»Waren es Aktivisten?«, will Garad wissen. »Wurdest du von Gottgleichen-Aktivisten überfallen?«

Mit einem gereizten Blick versichert Ghost: »Dazu kommen wir gleich. Kriege ich jetzt etwas Alkoholisches?«

»Nein.«

Sie seufzt schwer.

*

Hidden Treasures, Alaunitown

Zwei Monate zuvor

Als bei ihr die Lichter wieder angehen, blickt sie in zwei kalte dunkle Augen, die sie anstarren.

Der Besitzer dieser Augen hockt auf einem großen Schrank gegenüber von Ghost, sein korpulenter Körper ist auf ewig in einer lauernden Stellung erstarrt. Breite schwarze Streifen ziehen sich über ein ansonsten weißes, pelziges Gesicht und laufen vorne an der Schnauze spitz zu.

»Was, bei allen sieben Höllen, ist das?«, fragt eine leise, verblüffte Stimme.

Erst als das gedämpfte Murmeln ringsum verstummt, wird Ghost bewusst, dass es überhaupt da war.

»Das, mein überaus interessantes Vorhaben, ist ein Dachs«, antwortet eine Stimme. »Ein konservierter Kadaver, für den der richtige Käufer ein Vermögen ausgeben würde.«

Mühsam hebt Ghost den Kopf. Ihr Gehirn scheint dabei von innen gegen die Schädelwände zu schwappen. In einem durchgesessenen Polstermöbel nur wenige Schritte entfernt sitzt eine merkwürdige Gestalt. Sie scheint in ein Netz aus Metallfasern gewickelt zu sein, wie eine Spinne, die sich in ihre eigenen Fäden hüllt. Zwischen den Fingern der Person hängt eine glänzende gläserne Pfeife. Die Unterarme sind vom Handgelenk bis zum Ellbogen mit Schmuckreifen behängt, die schon bei der kleinsten Bewegung klimpernd und scheppernd aneinanderschlagen.

»Dachse sind ein Mythos«, erwidert Ghost. Jetzt erst begreift sie, dass diese träge, benommene Stimme, die sie anfangs gehört hat, ihre eigene ist.

»Früher einmal gab es sie wirklich. Heute sind sie ausgestorben. Opfer der Modeindustrie«, erklärt die Gestalt mit einem bedauernden Zungenschnalzen.

Ghost bemüht sich wirklich, den Worten zu folgen, aber das verlangt ihrem verkleisterten Gehirn wesentlich mehr Mühe ab, als ihr lieb ist.

»Keine Sorge, die Wirkung verfliegt schnell«, versichert die merkwürdige Person mit deutlich hörbarer und Ghosts Meinung nach vollkommen unangebrachter Belustigung.

»Sie haben mich entführt«, stellt sie schleppend, aber empört fest.

»Sei nicht albern, dafür fehlt mir die Kraft im Oberkörper«, erwidert die Gestalt. »Sugar und Joln Chimes haben dich entführt.«

Da der Erklärung ein entsprechendes Nicken Richtung Wand folgt, will Ghost sich umdrehen, doch ihr Körper braucht verstörend lange, um diesen Befehl umzusetzen. Endlich gelingt es ihr und sie entdeckt die zwei stummen Bewacher, die hinter ihr stehen. Einer ist in steifes Leder gekleidet und trägt einen breitkrempigen Hut, der das halbe Gesicht verdeckt. Der andere ist groß und breit und hat in entzückende Wellen gelegte Haare, die sich wie Schlangen um seinen Kopf ringeln.

Beide lehnen knapp zwei Meter von ihr entfernt an der Wand und lassen ihr dadurch ausreichend Raum. Gefesselt haben sie Ghost nicht. Wenn es ihr also gelingt, den nächstgelegenen Ausgang zu finden, schafft sie es vielleicht hier raus. Merkwürdigerweise verspürt sie keinerlei Angst, obwohl sie weiß, dass dies die einzig richtige Reaktion wäre. Alle hier scheinen wesentlich klarer im Kopf zu sein als sie, weshalb sie eindeutig im Nachteil ist.

»Sugar?«, hakt sie verblüfft nach.

»Ghost?«, entgegnet Schlangenhaar ungerührt.

»Okay, fair ist fair«, muss Ghost zugeben.

»Mich nennt man Moth«, ergänzt die merkwürdige Gestalt im Sessel.

Daraufhin wendet sich Ghost wieder Moth zu. »Und wo ist die hinterhältige Hexe, die manchen als Delilah bekannt ist?«

Achselzuckend erwidert Moth: »Du darfst das nicht persönlich nehmen. Normalerweise schenkt Delilah niemandem so viel Aufmerksamkeit. Sie scheint dich zu mögen.«

»Sie hat mich unter Drogen gesetzt.«

Moth lässt sich das durch den Kopf gehen. »Ist doch irgendwie schmeichelhaft, wenn man darüber nachdenkt.«

Der verdammte Whisky hat ihr schon zu oft das Genick gebrochen. Nüchtern zu bleiben, ist eindeutig ungefährlicher, wenn auch deutlich langweiliger. Und vor der Langeweile hat sich Ghost schon immer am meisten gefürchtet, die kann sie schneller umbringen als alles andere. Langeweile macht die wenigen Gründe, warum man morgens aufstehen sollte, gerne so bedeutungslos wie ein Versprechen, das man abgelegten Liebhabern gibt.

»Dann werden Sie mir jetzt ja bestimmt verraten, warum ich hier bin«, folgert Ghost.

»Tatsächlich?«

»Hören Sie, nicht einmal die hinterhältige Hexe glaubt, dass eine Waffe Gottes diese Menschen ertränkt. Und für Sie springt ja auch rein gar nichts dabei heraus. Es interessiert niemanden, dass sie mich entführt haben. Die Waffen Gottes arbeiten immer allein, sie kennen einander nicht einmal.«

Gelassen zieht Moth an ihrer Pfeife. »Das ist ja komisch«, stellt sie fest, während eine Qualmwolke aufsteigt, deren Farbe an modrige Pflanzen erinnert. »Dabei bin ich fest davon ausgegangen, dass du für Leon arbeitest. Und der *ist* eine Waffe Gottes.«

Kaum etwas ist schlimmer als Fremde, die genau wissen, was du so treibst.

»Nur als Personenschützer bei dem Fall Grenwald.«

»Du verhältst dich aber nicht wie ein Personenschützer.«

Sind dir die Spielregeln nicht klar, schweige besser. Das bringt die anderen dazu, umso mehr zu reden. Decknamen, ausgestopfte Dachse, ein Laden voll mysteriösem Kram … Moth ist eindeutig der theatralische Typ und theatralische Menschen brauchen immer einen großen Auftritt.

Moth nickt kurz, dann hört Ghost ein Rascheln und schnelle Schritte hinter sich. Sie wird an den Armen gepackt, während etwas Kaltes, Geleeartiges über ihre Wange gleitet. Vom einen Moment auf den anderen wird sie blind, als sich die Gallertmasse über ihre Augen schiebt und dort kleben bleibt. Gestärkt vom Adrenalin, beginnt ihr Körper sich zu winden, allerdings ohne Erfolg. Es ist ein deprimierend kurzer Kampf.

Ghost gibt auf.

»Was soll das, verdammt?«, keucht sie.

»Das ist nur ein Blindmacher«, beruhigt sie Moths unverwechselbare und nun körperlose Stimme. »Eine lichtundurchlässige Zweithaut.«

»Ich weiß, was ein Blindmacher ist«, faucht Ghost.

»Verzeihung. Sugar wird dir jetzt dabei helfen aufzustehen.«

»Leck mich.«

Etwas Hartes, Kaltes drückt gegen ihren Nacken.

»Spürst du das?«, murmelt jemand dicht an ihrem Ohr. Sugar mal wieder. »Das ist der Lauf eines Schießeisens, direkt an deiner Wirbelsäule. Also, ich habe eins und du nicht, Waffe Gottes. Schon ironisch, oder? Und jetzt steh auf.«

Es ist erstaunlich, wie groß die Stützwirkung der harten Elemente ist, die sich nun gegen ihren weichen, verletzlichen Körper pressen. Durch den schmerzhaften Griff um ihren Oberarm und das kalte Metall im Nacken gelingt es Ghost, in einer hübsch fließenden Bewegung aufzustehen.

Eine merkwürdige Gelassenheit hat sie erfasst; sicher sind das die Überreste der Droge, mit der die Entführer sie lahmgelegt haben. Oder aber es ist die Ruhe, die einen im Auge des Sturms erfasst, wenn einem klar geworden ist, dass eine Flucht nicht mehr infrage kommt. Ghost hat schon einige Stürme überstanden. Dieser Zustand ist ihr bestens bekannt.

»Hört mal«, beginnt sie wieder, während sie sich schlurfend und unter Zwang in Bewegung setzt. »Ihr braucht mich nicht zu foltern, denn ich weiß ehrlich rein gar nichts über diesen ganzen Mist. Und ich will wirklich nicht eure kostbare Zeit verschwenden. Da würde ich mich echt mies fühlen.«

»Hör auf zu labern, wir foltern dich nicht«, erwidert die Stimme an ihrer Seite. »Das ist nur ein Test.«

»Ein Test? Was für ein Test?«

Niemand antwortet. Sugar hat es offenbar darauf angelegt, ihr den Arm auszukugeln, damit sie weiterläuft, was ziemlich gut funktioniert. Schmerz ist ein hervorragender Motivator.

»Ihr scheint hier ja einen wirklich netten Geheimklub zu haben«, stellt Ghost fest. »Aber dummerweise ist mein Terminkalender vollgestopfter als die Pfeifenköpfe auf einer Philosophentagung. Vielleicht könnten wir also diesen Test einfach überspringen und gleich zu dem Teil kommen, wo ich hier rausmarschiere, wir alle unser Leben weiterleben und einfach nie wieder miteinander reden?«

»Bei Senzas Arsch, was quatscht die viel«, brummt eine dritte Stimme irgendwo hinter ihr. Das ist dann wohl der verehrte Joln Chimes.

»Schafft sie einfach in den Keller«, befiehlt Moth.

»In den Keller? Warum findet dieser Test denn im Keller statt? Warum nicht in aller Öffentlichkeit, wie jeder gewöhnliche Test?«

»Was interessiert es dich?«, zischt die Stimme neben ihr. »Hast du etwa Angst vor der Dunkelheit?«

»Der Test findet im *Dunkeln* statt?«

»Hör auf zu flirten und bring sie runter«, faucht Moth.

Das Piepsen und Scheppern eines Türschlosses ertönt, dann strömt Luft an Ghost vorbei, begleitet von dem grauenhaften

Gefühl, dass sich vor ihr plötzlich ein weiter Raum auftut, der gerade noch nicht da war. Oder den ihre Sinne zumindest nicht wahrgenommen haben, denn da gewesen sein muss er ja vorher schon.

Wie viele Dinge verbergen sich wohl hinter verschlossenen Türen und jenseits der Grenzen unserer schwächlichen Sehkraft? Wie oft ist sie schon ahnungslos an etwas vorbeigegangen, nur weil es harmlos aussah? Doch was lauert dahinter, darunter, krabbelt, kriecht, streckt seine dürren, unmenschlich langen Finger nach ihr aus …

Das ist mal so gar nicht hilfreich, ermahnt Ghost ihr anderes Ich. Könntest du das bitte lassen?

Na, was glaubst du denn, was man in einem verdammten Keller einsperren muss?, raunzt das andere Ich zurück.

»Treppe«, bellt Sugar plötzlich. »Langsam, eine Stufe nach der anderen …«

Nachdem sie sich beim ersten Schritt nach unten die Ferse aufgeschürft hat, steigt Ghost mit klopfendem Herzen die Stufen hinunter.

Unten angekommen, wird sie noch ein Stück weitergeschoben, dann bleiben sie entsetzlich lange stehen.

Das Monster, das hier auf sie wartet, atmet langsam und tief. Ein, aus, ein, aus, mit unnatürlicher Regelmäßigkeit. Ghost glaubt, etwas Großes, Sperriges wahrzunehmen, etwas, das beinahe zu wuchtig ist für den vorhandenen Raum.

Eine Maschine.

Natürlich, man muss beim Foltern ja nicht unbedingt selbst Hand anlegen. Wer will schon Blutflecken auf den Klamotten?

Trotzdem fühlt sich Ghost gleich wohler in ihrer Haut. Mit der kalten Gleichgültigkeit einer Maschine kommt sie wesentlich besser klar als mit dem gezielten Sadismus eines Lebewesens.

Funktionalität ist ihr tausend Mal lieber als Absicht. Die Hände an ihren Armen packen fester zu, damit sie still steht, und dann spürt sie eine federleichte Berührung an ihren Wangen, einen kurzen Moment nur, wie Spinnenfüße. Sie kommt und geht, kommt und geht, wird jedes Mal ein wenig fester.

Jemand tastet ihr Gesicht ab.

Blind starrt Ghost in lähmende, durch die Zweithaut geschaffene Dunkelheit, während die Panik in ihr tobt wie ein verschrecktes Pferd. Doch es gibt kein Entkommen. Sie muss es einfach aushalten.

Wieder drückt sich dieses lebendige Ding an ihr Gesicht, streicht über den Flaum auf ihren Wangen; jedes einzelne Härchen stellt sich auf vor Entsetzen. Dann hört Ghost ein leises Keuchen und ein sehr menschliches »Ah«. Klang das nun überrascht oder erfreut? Sie kann nicht einmal sagen, wer von ihren Möchtegern-Folterern es von sich gegeben hat.

Dann hört es auf.

Schlurfende Schritte; schwere, klebrig klingende Atemzüge, die sich entfernen. Ein leises Quietschen, raschelnde Bewegungen.

Erst jetzt lockert sich der Griff an ihrem Arm, erst jetzt verschwindet der kalte Druck des Metalls in ihrem Nacken.

»Geh«, befiehlt eine Stimme.

Unsicher setzt sich Ghost in Bewegung. An der Treppe gerät sie ins Stolpern, aber diesmal darf sie sich wenigstens mit den Händen vorantasten. Oben angekommen, wird sie wieder durch den Raum geschoben, dann zwingt sie eine Hand an ihrem Arm, stehen zu bleiben. Mit einem leisen Schmatzen löst sich die Zweithaut von ihren Augen.

Gegen die plötzliche Helligkeit anblinzelnd, sieht Ghost sich um. Moth und Joln Chimes stehen vor ihr, also lauert Sugar wohl in ihrem Rücken. Was auch immer in diesem Keller passiert ist, hat sie offenbar schwer beeindruckt. In ihren Gesichtern spiegelt sich eine Mischung aus Bewunderung und Eifer.

»Nun«, beginnt Moth zufrieden, »Delilahs Instinkte sind gut, das muss ich ihr lassen. Traurigerweise hat mich das Leben gelehrt, stets misstrauisch zu sein, deshalb musste ich mich selbst davon überzeugen.«

»Wovon?« Irgendetwas sagt Ghost, dass diese Frage von ihr erwartet wird, und manchmal spielt sie gern die ihr zugewiesene Rolle.

Grinsend rollt Moth den Stiel ihrer Pfeife zwischen den Fingern.

»Ich weiß, wer du bist«, verkündet sie.

»Nicht einmal *ich* weiß, wer ich bin, Verehrteste«, entgegnet Ghost gedehnt. Ein ungutes Gefühl breitet sich in ihr aus, beißend wie Säure. Was hatte es mit dieser Gesichtsabtastung dort unten im Keller auf sich? Die chirurgischen Eingriffe können sie nicht bemerkt haben, die sind meisterhaft. Es sind ja nicht einmal sichtbare Narben zurückgeblieben.

Moth lächelt sie voller Wohlwollen an.

»Du bist eine Gottgleiche, meine Liebe.«

Unzählige Alternativen schießen Ghost durch den Kopf, tausend Reaktionen, die ihr Gegenüber in die eine oder andere Richtung lenken könnten. Ihr inneres Universum ist plötzlich von einer Million Möglichkeiten erfüllt, die meisten davon gewalttätig.

Doch dieses eine Mal widersteht sie dem Drang.

»Ach so«, sagt sie nur. »Das meinst du.«

Moth trägt die benebelt-glückliche Miene eines Hundes zur Schau, der einen fetten Knochen im Maul hat.

»Keine Sorge, dein Geheimnis ist bei uns sicher.«

Ghost verbirgt die Tatsache, dass ihr Puls wie verrückt rast, hinter einem aufgesetzten Gähnen.

»Langweilen wir dich etwa?«, brummt Joln Chimes.

»Tut mir leid«, antwortet Ghost, »irgendwie werde ich gerade ziemlich schläfrig. Normalerweise besteht zumindest die Chance auf ein Schäferstündchen, wenn ich ein Mädchen mit Alkohol abfülle. Aber heute waren zu viele Drogen und zu wenig Entspannung im Spiel. Mein Körper macht wohl gerade schlapp.«

»Du gehst nirgendwohin, bevor wir es dir erlauben«, warnt Joln Chimes.

»Sei still«, weist Moth ihn zurecht. »Sie spielt jetzt in unserem Team.«

Ghost schnaubt abfällig. »Sicher nicht. Ich bin eine Waffe Gottes.«

Beunruhigend fröhlich strahlt Moth sie an. »Ganz genau.«

Hier muss man nicht viel zwischen den Zeilen lesen.

»Ihr wollt eine Waffe Gottes in eurem Verein haben«, folgert Ghost gedehnt.

»Sie ist eine echte Schnellmerkerin«, spottet Joln Chimes.

»Um was genau zu tun? Was macht ihr überhaupt?«

»Dies und das«, erwidert Moth kryptisch.

»Ihr seid Aktivisten.«

Ungeduldig wedelt Moth mit der Hand. »Nennen wir es doch Unterstützernetzwerk.«

»Für illegale Gottgleiche.«

»Wie dich.«

»Ich brauche niemanden, der mich unterstützt, trotzdem vielen Dank für das Angebot. Das rührt mich zutiefst.« Während Ghost fieberhaft nachdenkt, ist ihr anderes Ich hauptsächlich mit Fluchen beschäftigt und trägt rein gar nichts Hilfreiches bei.

»Ich würde es nicht als Angebot bezeichnen«, brummt Joln Chimes.

»Du wirst uns hin und wieder einen Gefallen tun, mehr ist es nicht«, verspricht Moth.

»Und wenn ich mich weigere?«

»Dann wird Leon erfahren, wer du in Wahrheit bist, wird dich den Behörden ausliefern und du kannst dich von deiner Freiheit verabschieden.« Moth lehnt sich vertraulich vor. »Aber keiner von uns möchte das. Wir können dir helfen. Wir können dich beschützen.«

Wir können dich erpressen.

Beschissener Scheißdreck.

Es ständig vor allen zu verbergen, jedes Detail so auszurichten, dass es niemand merkt, niemand errät, die Menschen nie zu nah an sich heranzulassen und sofort die Flucht zu ergreifen, wenn es doch einmal geschieht, Leben für Leben hinter sich zurückzulassen, zu sterben und wiedergeboren zu werden, jedes Mal aufs Neue …

Nun, im Laufe der Zeit verliert auch das seinen Charme. In Wahrheit ist Ghost einfach nur erschöpft.

Sie will nicht mehr weglaufen.

»Diese Testmaschine da unten im Keller«, beginnt sie vorsichtig, »kann also zeigen, dass ich eine Gottgleiche bin?«

Moth nickt.

»Wie?«

Wortlos zuckt Moth mit den Schultern.

»So etwas war immer unmöglich«, beharrt Ghost.

»Bis jetzt«, schränkt Moth mit unerschütterlicher Überzeugung ein. Ihre Selbstsicherheit hüllt sie ein wie Moschusduft. Oder zumindest glaubt sie das.

»Wer hat sie gebaut?«, will Ghost wissen.

»Ich«, sagt Moth schlicht.

»Du wirkst nicht wie eine Ingenieurin auf mich.«

»Ich bin eine Frau mit vielen Talenten. Also, was ist nun mit unserem Deal?«

»Du meinst den Deal, bei dem ich jede Art von Drecksarbeit für euch machen soll, damit ihr im Gegenzug nicht mein Leben zerstört?«

»Ganz genau«, bestätigt Joln Chimes und verzieht den Mund.

Ghost macht sich eine gedankliche Notiz, ihm dieses selbstgefällige Grinsen irgendwann noch aus dem Gesicht zu prügeln. »Na ja«, beginnt sie nachdenklich, »natürlich könntet ihr Leon herbringen und ihm eure Testmaschine zeigen, aber irgendetwas sagt mir, dass ihr eher nicht wollt, dass jemand davon erfährt. Sonst hättet ihr das Ding längst auf den Markt gebracht. Mir ist also nicht ganz klar, wie ihr eure Behauptung ihm gegenüber beweisen wollt.«

»Sie wird bald auf den Markt kommen«, berichtigt Moth sie. »Aber du wirst niemals enttarnt werden, das kann ich dir versprechen. Solange du zu uns gehörst, bist du sicher.«

»Ich gehöre aber nicht zu euch, verehrte Mottendame«, faucht Ghost. »Ich gehöre zu absolut niemandem.«

»Einsame Wölfe sterben früh.«

»Tja, mir ist es trotzdem lieber so. Ich schicke keinen Ritter in euren Kampf. Lasst mich in Frieden, dann mache ich dasselbe mit euch. Ich beende den Grenwald-Job und sage Leon, dass ich sie nicht finden konnte. Dann bin ich aus eurem Leben verschwunden. Ich werde vergessen, dass es euch gibt, solange ihr vergesst, dass es mich gibt. Das ist mein Gegenangebot.«

»Interessiert es dich denn so gar nicht, was deinesgleichen angetan wird?«, knurrt Joln Chimes.

Sektierertum. Für Ghost bisher immer nur ein lästiges Ärgernis.

»Nein«, antwortet sie schulterzuckend. »Die Welt ist zu fast jedem grausam, auf so viele verschiedene Arten, nicht nur zu mir.«

Joln Chimes will sich auf sie stürzen, doch sein Waffenbruder, -schwester oder was auch immer packt ihn am Arm und versucht, ihn zu beruhigen. Schnell bringt Ghost sich außer Reichweite.

Dank dieses Idioten ist sie jetzt wenigstens näher an der Tür.

»Ernsthaft?«, brüllt Joln Chimes sie an. »Ach, die Welt ist ein böser Ort, da kann man nichts machen, ich verkrieche mich einfach wie eine Maus und kümmere mich nur um meinen eigenen, egoistischen Arsch, sollen die anderen doch sehen, wo sie bleiben?«

Ghost behält alle drei wachsam im Auge.

Mach ihn richtig wütend. Sorge dafür, dass er dich noch einmal angreift.

»Bloß, weil du dich als selbstgerechtes Opfer hinstellst, bist du noch lange nicht frei von Schuld, mein Freund«, entgegnet sie also.

»Was soll das denn bitte schön heißen?«

»Wie viele Menschen mussten bereits für deinen Kreuzzug für die Gerechtigkeit leiden?« Fragend zieht Ghost eine Augenbraue hoch. »Gehen auch schon Tote auf dein Konto?«

Der Schlag kommt schneller als erwartet. Chimes stürzt sich auf sie wie ein wütender Bär. Ghost fährt herum und rennt los, rechnet aber fest damit, gleich von hinten gepackt zu werden.

»Lasst sie gehen«, befiehlt Moth irgendwo hinter ihr.

»Verschissene Heilige«, protestiert Sugar, »sie weiß zu viel!«

»Sie weiß nur, dass sie in einem Antiquitätenladen war«, erwidert Moth mit der abschätzigen Selbstsicherheit jener, die keinen Zweifel daran haben, dass sie gut geschützt sind – möglicherweise durch die örtliche Wache, ein Syndikat oder einen unerkannten Gottgleichen in hoher Position. Wen interessiert das schon, wenn es dafür sorgt, dass Ghost von diesen Idioten wegkommt?

Trotzdem rechnet sie noch immer damit, von Sugars Schießeisen getroffen zu werden, als sie die Tür aufreißt. Jeder verkrampfte Muskel in ihrem Rücken wartet auf den Schmerz, der sich bestimmt gleich explosionsartig ausbreiten wird. Aber es kommt nichts.

Die Tür fällt hinter ihr zu und sie rennt wieder los.

Draußen herrscht die durchdringende Frische des frühen Morgens, ein kurzes Aufatmen, bevor ein neuer Tag beginnt in dieser Kühltruhe, die sich als Stadt ausgibt. Wolkenkratzer und klobige Warenhäuser ragen ringsum auf. Dazwischen die schmalen Reihenhäuser, in denen früher die Fischer gelebt haben. So sieht es überall in Flussnähe aus.

Ihr steht ein langer Heimweg bevor.

Und von denen hat sie heute bestimmt auch nicht zum letzten Mal gehört.

Wir werden nicht weglaufen, beschließt ihr anderes Ich. *Diesmal nicht.*

Dann soll ich also eine Waffe und ein Spitzel sein und für beide Seiten arbeiten?, hält sie dagegen. *Klingt ja nach einem ganz tollen und vor allem unglaublich sicheren neuen Leben. Geht am Ende bestimmt gut für mich aus.*

Sei nicht so ein Feigling, schimpft das andere Ich. *Du bist doch schon öfter gestorben.*

KAPITEL 11

Königlicher Marstall von Cair Lleon, Blackheart

Vier Monate zuvor

Das Vastosmädchen Gennivy kommt langsam wieder zu sich und starrt mit einem stummen Blinzeln auf die Dampfwolken.

»Du bist wach«, stellt Wyll fest. »Gut. Bitte nimm ein Bad.«

Es vergehen noch einmal einige frustrierend schleppende Sekunden. Er kann nahezu sehen, wie die einzelnen Signale träge bis in ihr Gehirn vordringen: Bad, Dampf. Sie liegt in eine Decke gewickelt auf dem Boden. Kurz mustert sie ihre nackten Füße, dann sieht sie zu ihm hinauf und … Ja, da ist sie – die blanke Furcht. Dieser Blick ist ihm nur allzu vertraut. Sofort spürt er, wie Zorn in ihm aufsteigt, und versucht, sich zu beherrschen.

»Du befindest dich in meinem Badezimmer«, hilft er ihr auf die Sprünge. »Kannst du dich daran erinnern, wie du hergekommen bist?«

Hilflos sieht Gennivy sich um. »Nein«, krächzt sie dann.

»Kannst du dich daran erinnern, wie du in mein Bett gekommen bist?«

Nun ist sie endgültig geschockt, sucht nach irgendeiner Bestätigung. Und schließlich spiegelt sich Ekel in ihrem Gesicht.

Wahrscheinlich ist sie noch zu benommen, um ihn zu verbergen.

Bleib ruhig. Wyll glaubt, Arts Stimme in seinem Kopf zu hören. *Es ist nicht ihre Schuld.*

Dann meldet sich sein Vater zu Wort: *Sie findet dich abstoßend.*

Nur mit Mühe schafft es Wyll, dem Mädchen einigermaßen ruhig zu erklären: »Du musst jetzt ein Bad nehmen und dich waschen.«

Verwirrt blickt sie zu ihm hoch. »Was?«

»Deine Brust und dein Bauch sind mit Farbe beschmiert. Die musst du abwaschen.« Widerwillig fügt er noch ein »Bitte« hinzu.

Gennivy zieht die Decke weg und untersucht ihren Oberkörper. Klar und deutlich stehen die Worte auf ihrer Haut, sicher mit Showfarbe der Caballaria aufgetragen, die besonders schweißresistent und wischfest ist. Da wird sie ordentlich schrubben müssen.

»Es ist warm«, ergänzt Wyll knapp. »Das Wasser. Dort drüben findest du Seife. Lass dir Zeit, ich warte draußen.«

Damit wendet er sich von dem Mädchen ab, das noch immer wie ein völlig verwirrtes Häufchen Elend auf den Fliesen hockt.

»Ich weiß nicht, wie ich hergekommen bin«, bricht es plötzlich aus ihr heraus, als er schon fast an der Tür ist.

Ja, würde er ihr am liebsten sagen, *ich weiß. Und es tut mir leid.*

Doch er schweigt – aus Angst, zu viel zu verraten. Stumm geht er hinaus und zieht die Tür hinter sich zu, halb erstickt durch diese Demütigung.

Das ist eindeutig Vivianes Werk. Niemand kann Menschen so umfassend kontrollieren wie xier.

Pinecone. Es gibt nur einen Ort mit diesem Namen in London und die Vesper wird in zwei Stunden anbrechen. Ihm bleibt nicht viel Zeit, um dorthin zu kommen.

Während Wyll sich für die Fahrt umzieht, vertreibt die Vergangenheit die Gegenwart mit brachialer Gewalt aus seinen Gedanken, sodass die Erinnerungen sich in seinem Geist ausbreiten wie das Parfum eines Menschen, den er für immer aus seinem Leben verbannt zu haben gehofft hat.

*

Die Gäste waren schon vor einiger Zeit gegangen.

Wyll fühlte sich wohlig weich, eingehüllt in einen Nebel aus Alkohol und Erschöpfung, die ihn nach jeder Illusionsschaffung überfiel. Genug getrickst für heute. Es waren nur Kleinigkeiten gewesen: einer korpulenten Blondine einen rabenschwarzen Schopf verpassen oder einem niederen Adeligen ein Kätzchen auf den Schoß zaubern. Aber mit dreißig Gästen, die einzeln oder auch alle gemeinsam unterhalten werden wollten, hatte ihm der Abend einiges abverlangt.

Nach Carrivuthens sorgsam aufgebauter Hinführung hatte er schließlich die Hauptattraktion geschaffen, indem er den Entenbraten optisch in eine pinkfarben glasierte und mit Zuckerblüten dekorierte Torte verwandelte, was den Gästen ein köstlich verwirrendes Geschmackserlebnis beschert hatte.

Viviane hatte mit am Tisch gesessen, auch wenn Wyll nicht ganz durchschaut hatte, was xiese Aufgabe war. Jedes Mal, wenn er xien im Laufe des Abends gesehen hatte, hielt xier sich dicht an Carrivuthens Seite, oft flüsterte xier ihm auch etwas ins Ohr. Dabei gab xier sich zurückhaltend und wachsam, sozusagen als Gegenstück des schwatzhaften und offenherzigen Carrivuthen.

Sobald Wyll Anzeichen von Müdigkeit zeigte, tauchte Carrivuthen wie aus dem Nichts auf und bot ihm etwas zu trinken oder eine Portion der Speisen an, die das Achtzehn-Gänge-Menü gerade zu bieten hatte. Dabei raunte er ihm Ermutigungen und Lob zu, bevor er wieder davonschwebte, um seine Gäste zu hofieren. Das konnte er gut. Er gehörte zu jenen Menschen, denen es stets gelang, sein Gegenüber für sich einzunehmen.

Nun saß er mit seinen beiden Günstlingen in seinem Arbeitszimmer und nippte mit erstaunlich wachsamer Miene an seinem Digestif, während in Esszimmer und Küche hinter verschlossenen Türen aufgeräumt wurde. Viviane lag lang ausgestreckt auf einem Diwan, ein Glas in der ausgestreckten Hand haltend.

»Du warst großartig«, wandte sich Carr an Wyll, der trotz aller Erschöpfung bei dem Lob errötete. »Deine Gabe ist wirklich außergewöhnlich, du solltest nicht von den Furchtsamen gezwungen werden, sie zu verbergen. Nein, sie sollte gefeiert werden! Aber unsere momentanen Führenden … Doch zumindest hier in diesen vier Wänden kannst du ganz du selbst sein. Und ich kann dich dafür belohnen. Kommst du mal kurz her?«

Er gab nie Befehle. Nein, er fragte stets, betonte seine Satzenden so, dass sie fast zu zögerlichen Bitten wurden. Viviane ließ Wyll nicht aus den Augen, als er sich aus seinem Sessel hochstemmte und sich neben Carr setzte, der sofort den Arm ausstreckte und ihm über das Haar strich.

Inzwischen war Wyll an Berührungen dieser Art gewöhnt, doch das hatte eine Weile gedauert. Dabei war ihm klar geworden, dass ihm bis dahin die unbeschwerte körperliche Nähe, die von den meisten Menschen instinktiv als normal empfunden wurde, bislang vollkommen fremd gewesen war. Nun war er sich dieses Defizits bewusst geworden und umso mehr bemüht, es auszugleichen.

»Wie fühlst du dich?«, fragte Carr.

»Müde.«

»Aber nicht zu müde, hoffe ich.«

Wyll antwortete nur mit einem Lächeln. Mühsam kämpfte er gegen den Drang an, sich aktiv gegen Carrs Hand zu schmiegen, um sie noch stärker an seinem Kopf zu spüren.

»Ich weiß, wie du dich fühlst«, verkündete Viviane von xiesem Diwan aus. In betrunkenem Zustand klang xier irgendwie verführerisch.

»Ach ja?« Skeptisch zog Wyll eine Augenbraue hoch. Auch an Viviane hatte er sich inzwischen gewöhnt, soweit das überhaupt möglich war.

»Du fühlst dich angenommen, zum ersten Mal in deinem Leben«, erklärte ihm Viviane. »Du fühlst dich geliebt.«

Wyll lachte. Was sollte er auch sonst tun, nachdem xier ihm einfach so seine intimsten Gefühle aus der Brust gerissen hatte?

»Ist das wahr?«, wollte Carr wissen.

Wyll zuckte mit den Schultern, gab den Kampf auf und schmiegte sich gegen Carrs Hand, die noch immer auf seinem Haar lag.

»Wie grauenvoll«, seufzte der. »Ihr seid unsere Besten und werdet behandelt wie Abschaum. Das sollte verboten werden.«

»Wird es vielleicht eines Tages«, erwiderte Wyll spöttisch, um sich die verschämte Hoffnung hinter den Worten nicht anmerken zu lassen.

Eine Hand schob sich unter sein Kinn und drehte sein Gesicht zu Carr, dessen milchig blaue Augen wunderschön waren – in diesem Moment für Wyll das Schönste, was er je gesehen hatte. Carrs Akkuratesse hatte etwas Beruhigendes an sich, war fast eine tröstliche Kraft.

»Hier bist du sicher, Wyll«, betonte Carr leise. »Und mehr als erwünscht. Hast du das verstanden?«

Wyll wollte nicken, aber die Hand unter seinem Kinn verhinderte das, also lachte er einfach wieder. Das alles war irgendwie albern, merkwürdig und berauschend. Seine Gehemmtheit, seine innere Abwehr, das alles schmolz dahin wie Schnee im Frühling. Plötzlich wollte er einfach nur geküsst werden, entkleidet werden, benutzt werden.

Du bist betrunken, ermahnte er sich selbst.

Das war ihm bewusst, aber es kümmerte ihn nicht. Die Trunkenheit war wie ein Generalerlass. Betrunken fühlte er sich frei.

»Wie lange lebst du nun schon in meinem Haus, Wyll?« Sanft drückten Carrs Finger gegen seine Kopfhaut.

»Ungefähr sechs Monate.«

»Vivi«, fragte Carr versonnen, »haben wir unseren wundervollen Freund eigentlich schon angemessen willkommen geheißen?«

Von dem Diwan drang ein leises, entspanntes Lachen herüber. »Noch nicht, nein.«

»Wyll?« Carr wandte sich wieder ihm zu. »Wenn du das nicht willst, kannst du jederzeit Nein sagen.«

Nicht wollen? Nicht gehalten werden wollen, nicht erwünscht sein wollen? Was für eine trostlose Vorstellung. Wer würde denn je die Liebe zurückweisen?

Er wurde sanft zurechtgeschoben, bis Carr hinter ihm saß, eine Hand noch immer sanft auf seinen Scheitel gedrückt.

»Du kannst jederzeit Nein sagen, hast du das verstanden?«, fragte Carr beinahe streng, was Wyll klarmachte, dass eine Antwort von ihm erwartet wurde.

»Ja«, brachte er mühsam hervor. »Ich meine … ich habe verstanden.«

Plötzlich war Viviane da und schob sich vom Boden zu ihm hoch, bis xier zwischen seinen Beinen kniete. Xier hatte das Oberteil abgestreift, sodass nun xies sehniger Oberkörper freilag. Die Wickelhose hing tief auf xieser Hüfte. Vivianes Hände glitten über Wylls Bauch und seine Brust, dann öffneten sie die Knöpfe an dem teuren, weichen Hemd, das man ihm für das Abendessen gegeben hatte.

Carr umschloss mit warmem, festem Griff seinen Kopf, als sich Viviane vorbeugte, um ihn zu küssen und sich mit dem ganzen Körper an ihn drückte. Wo sie sich berührten, flammte drängende Hitze auf. Wie eine Katze schmiegte xier sich an Wyll, dann richtete xier sich auf und machte sich geschickt an seiner Hose zu schaffen. Wyll entkam ein dankbarer Seufzer, als xier die Knöpfe löste, ihn befreite und der Druck ein wenig nachließ.

Sein Schamgefühl hatte sich irgendwo verkrochen und so blickte er nun fasziniert auf seine offen zur Schau gestellte Bereitwilligkeit hinunter. Viviane fing kurz seinen Blick ein und ein erwartungsvolles Lächeln huschte über xiese Lippen, bevor xier den Mund öffnete, weit, weit öffnete wie eine Schlange, die ihre Beute verschlingt, und ihn in sich aufnahm. Wyll sah xiem dabei zu, spürte, wie er um ein Vielfaches zu wachsen schien, körperlich, aber auch in jeder anderen Hinsicht. Mit allen Sinnen nahm er die berauschenden Reize in sich auf: gefangen in dieser feuchten, warmen Höhle, der erregende Sog, das Gefühl von Gefahr, die Hilflosigkeit, der Druck xieser Finger, die seine Schenkel fixierten, gleichzeitig die Hände an seinem Hals, seinem Hinterkopf, ein Körper vorne und einer hinter ihm, der weiche Mund und die harte, drängende Wölbung in seinem

Rücken. Das fühlte sich so unglaublich gut an. Wie konnte überhaupt jemand ohne dieses Gefühl leben? Wie hatte er so lange ohne es leben können?

Als er sich keuchend dem Höhepunkt näherte, schienen die gedimmten Wandleuchten immer heller zu strahlen, bis sie grell flackerten. Er hörte, wie Carr begeistert lachte. Die Illusion floss mit dem Höhepunkt aus ihm heraus, das Licht flackerte noch einmal auf und trübte sich dann ein, als er sich in Vivianes Schlund ergoss. Jeder Rachegedanke xiem gegenüber war verflogen.

Denn Wyll fühlte sich begehrt, er fühlte sich geliebt.

*

Die Maschine ist von der schicken Sorte, doch es ist ihm gelungen, sie im Lauf der Jahre ein wenig einzusauen, vor allem durch Touren in den Außenbezirken von London, wo sich viele Schotterwege finden und auf den Hügeln gerne mal Schnee liegt.

Der Motor läuft beinahe geräuschlos, hat aber das traditionell eingebaute künstliche Heulen, wenn er aufs Gas drückt; eine vorgeschriebene Maßnahme zum Schutz der Fußgänger. Jetzt trägt sie ihn über den regennassen Asphalt und durch die dunklen Straßen, die hier und da von blinkenden Schildern beleuchtet sind.

Niemand achtet auf die Dächer, kaum jemand würde wohl sein eigenes Viertel aus der Vogelperspektive erkennen. Wyll aber blickt gerne in die Welt hinauf, die sich über seinem Kopf erstreckt. Dort oben gibt es Wesen, die man auf dem Boden kaum je zu Gesicht bekommt, fremdartige Ökosysteme, eigentümliche Landschaften aus Türmchen und Aufbauten, Wäldchen aus Strommasten und Antennen. Die Vögel sind die Herrscher dieser luftigen Welt auf den Dächern, die von Windböen und weichen, dahinjagenden Wolken umspielt wird. Wer sich weiter nach unten wagt, landet schnell in einer Hölle, die von heißem Licht und Lärm beherrscht wird, bewohnt von unzähligen großen Wesen, die sisyphusgleich in einem ewigen Gewirr durch ihre Welt hetzen.

Wyll fliegt dahin, will es den Vögeln gleichtun, seine Maschine bereitet ihm den Weg. Wie immer, wenn er draußen unterwegs ist, trägt er einen Helm mit getöntem Visier und die Blackheart-Lederkluft ohne Abzeichen. Passanten halten ihn so für einen Ritter der Wache; bei seinem Tempo bemerken sie nicht, dass gewisse Details fehlen. Oder die Tatsache, dass ein anonymer Motorradfahrer ohne klar ersichtliche Bündnistreue gegen das Gesetz verstößt. Mehr als eine Rüge hätte er allerdings sowieso nicht zu befürchten, denn das Gesetz ist für Menschen wie ihn oft eher Formsache. Wie die Vögel lebt auch er in einer anderen Welt, doch im Gegensatz zu ihnen kann er nicht einfach davonfliegen. Wie alles im Leben haben seine Privilegien ihren Preis. Das Motorrad verschafft ihm die Illusion von Freiheit, aber niemand weiß besser als Wyll, wie inhaltslos eine Illusion letztlich doch ist.

Seine Maschine bringt ihn zügig ans Themseufer, mit der untergehenden Sonne im Rücken. Mitten im Fluss ragt mit gelassener Würde die Insel auf, die unter dem Namen Pinecone bekannt ist. Viele Mythen ranken sich um diesen geschichtsträchtigen Ort, so soll sich hier das Versteck des heiligen Alaunis befinden, in dem er in aller Heimlichkeit Calevel schuf, jene mysteriöse Waffe, die selbst den mächtigsten Gottgleichen zu einem hilflosen Gewöhnlichen macht, nicht stärker als ein Kätzchen. Calevel wurde im lysandrischen Krieg zerstört, die Einzelteile gelten schon lange als verschollen. Scharen von Historikern haben ihr Leben der Suche nach diesen Bruchstücken gewidmet, bisher allerdings ohne Erfolg.

Heutzutage gilt Pinecone als Ikone des modernen Zeitalters; diverse Kommunikationstechnologie-Installationen haben die Insel in ein silbrig-grau, kupferrot und schwarz glänzendes Ungetüm verwandelt. Der Zutritt ist strengstens verboten, einzige Ausnahme sind die wenigen lizenzierten Techniker, die für die Instandhaltung sorgen.

Man erreicht die Insel nur mit dem Boot, auch wenn in ihrer tausendjährigen Geschichte einmal der Versuch unternommen wurde, einen Tunnel zu graben, der allerdings nie fertiggestellt wurde. Das Projekt, mit dem eine sensationelle, riesige Durchfahrtsstraße unter dem Fluss geschaffen werden sollte, wurde endgültig ad acta gelegt, als der vermutlich geisteskranke Baumagnat, der den Vorsitz über das Ganze führte, darauf bestand, in dem halb vollendeten Tunnel eine prunkvolle Dinnerparty für die Spitzen der Gesellschaft auszurichten – zweihundert Meter vom Ufer entfernt und dreiundzwanzig Meter unter der Wasseroberfläche. Diese mutige Unternehmung fand ein jähes Ende, als nach drei Stunden und mehreren Gängen Wasser in den Tunnel eindrang und alle Anwesenden in den Fluten ertranken, darunter der Baumagnat selbst.

Seitdem hat die Technik große Fortschritte gemacht und heutzutage kommt es in dem Tunnel zu keinerlei Wassereinbrüchen mehr, allerdings hat sich noch kein Baumagnat gefunden, der geneigt wäre, das Projekt zu vollenden. Und so bleibt die nachträglich verstärkte, hallende, finstere und fremdartige Röhre erhalten – und unvergessen.

Es gibt immer Menschen, die für einen solchen Ort Verwendung haben.

Wyll sichert seine Maschine und schickt ein kurzes Gebet an

die Heiligen, dass niemand dumm genug sein wird, sie als Ersatzteillager zu missbrauchen. (Wer sich an diesem verlassenen, einsamen Ort herumtreibt, ist bestimmt kein harmloser Passant.) Dann beugt er sich über das dürre, niedrige Schilf, das hier überall am Ufer wächst. Schließlich ertastet er den Griff der in den Boden eingelassenen Luke, die sich beinahe lautlos öffnen lässt. Irgendjemand scheint sie regelmäßig zu ölen.

Eine schmale Treppe führt in die Dunkelheit hinab.

An den Wänden sind einfache, kabellose Lampen angebracht; die eigentlich improvisierte Lösung hat sich bewährt. Wyll überlegt kurz, wer sich wohl die Mühe macht, hier alles instand zu halten, und beschließt dann, dass er es lieber nicht wissen will.

Die Treppe endet direkt vor einem offenen Durchgang, hinter dem sich ein weiter, runder Raum auftut, der die Ausmaße einer Kathedrale aufweist. Hier hängen stärkere Lampen und beleuchten die Kunstwerke an den gewölbten Wänden. An der Decke erstreckt sich das Bild eines Mädchens mit wolfsähnlichen Zügen; ihre Lippen sind größer als Wyll. Wie eine Göttin erstrahlt sie über seinem Kopf. Der Boden ist mit Reimen aus dem Buch des heiligen Alaunis bedeckt. Auf den abgeschliffenen Ziegeln sind die Namen der Toten verewigt, als sei dieser Tunnel ein riesiges Mahnmal. Fische mit schimmernder Schuppenhaut springen über die Wände.

»Du bist gekommen«, stellt eine Stimme fest.

Eine Gestalt tritt in das flackernde Licht, rehäugig und mit dem Hauch eines Lächelns, als habe sie ein Geheimnis entschlüsselt, dessen Lösung man selbst noch nicht gefunden hat.

»Ist ja ziemlich lange her«, fügt Viviane hinzu.

Wyll mustert xien stumm. Bei allen Heiligen, sein Herz macht tatsächlich noch einen Satz.

»Nicht lang genug.«

Unbeeindruckt neigt Viviane den Kopf und sieht sich um. »Das weckt Erinnerungen.«

»Woran genau?«

Xies Lächeln gewinnt deutlich an Schärfe. »An den Tag, als wir das letzte Mal gemeinsam unter der Erde waren.«

*

Einer der größten Vorzüge von Si Carrivuthens Haus waren die beeindruckenden Trainingsräume, die in den labyrinthartigen Kellergewölben untergebracht waren. Der Diplomat hatte regelmäßig die Prominenz der Caballaria zu Gast, einige Kämpfer waren sogar bekannt dafür, sich gleich für mehrere Woche bei ihm einzuquartieren.

Das Leben mit Carr war wie ein wärmendes Bad. Für Wyll schien der tägliche Kampf mit seinen Gefühlen hier an Schärfe zu verlieren, ebenso der Schmerz, der Zorn und die Einsamkeit der Vergangenheit. All das war hinter einer Mauer eingeschlossen. Hin und wieder polterte es zwar noch, was er aber einfach hinnahm, ohne reagieren zu müssen. Hätte er sich die Zeit genommen, darüber nachzudenken, wäre wohl die wahre Erleichterung gekommen. Aber das tat er nicht.

Er war zu sehr mit den Schmerzen der Liebe beschäftigt.

Ja, Wyll war vorher noch nie verliebt gewesen. Und ja, nun war er in Viviane verliebt. Sich selbst gestand er das insgeheim ein, auch wenn er lieber gestorben wäre, als es einem anderen Menschen gegenüber zuzugeben. Er versuchte, es als albern abzutun, als banal, als vorübergehend – alles, um nicht naiv zu erscheinen, um nicht der unerfahrene junge Liebende zu sein, als den er sich selbst einschätzte. Aber wie auch immer er es bezeichnete, das Gefühl blieb unverändert. Stur und unaufhaltsam füllte es ihn aus und verdrängte alles, was nicht zu dieser obsessiven Überzeugung beitrug.

Da er bis zur nächsten Abendgesellschaft von Carr nicht gebraucht wurde, verbrachte Wyll seine Tage vor allem im Trainingsraum und in der Bibliothek. Langeweile war der schleichende Tod und ein Leben als Dekorationsobjekt wurde schnell fade, also erweiterte er seinen Trainingsplan, teilte sich seine Zeit zielgerichtet ein und füllte sie mit Aktivitäten aus. Er ging bewusst über seine körperlichen Grenzen hinaus, schulte Kraft und Geschicklichkeit, quälte seinen Körper auf vielerlei Weise, um ihn Stück für Stück neu aufzubauen. Das war oft eintönig, immer anstrengend und trieb ihm manchmal die Tränen der Frustration in die Augen. Aber er ging auch ganz darin auf und nach und nach verschaffte es ihm mehr Befriedigung als jede Partydroge.

In letzter Zeit allerdings nicht mehr. In letzter Zeit war er unkonzentriert. An manchen Tagen wollte er einfach nur herumliegen, dösen und sich Fantasien hingeben, in denen eine gewisse verschlagene Person, die sein Herz und seinen Schwanz in den Händen hielt, die Hauptrolle spielte. Oft erschien es ihm unerträglich, sich in den Trainingsraum zu schleppen und zu arbeiten.

Während eines endlos langen Nachmittags, den er dem besonders kraftraubenden Versuch gewidmet hatte, seinen Umgang mit der Sense zu verbessern, spürte Wyll plötzlich ein Kribbeln zwischen seinen verschwitzten Schulterblättern, die untrügliche Warnung, dass noch jemand im Raum war. Als er sich umdrehte, stand Viviane mit verschränkten Armen und einem kaum wahrnehmbaren Lächeln in der Tür des Trainingsraums, in dem er sich seit einer Stunde quälte.

Carr war oft auf Reisen und nahm dann entweder Wyll oder

Viviane, manchmal aber auch beide mit. Da noch dazu beinahe immer irgendwelche Gäste im Haus waren, hatte Wyll nur selten die Gelegenheit, mit Viviane allein zu sein. Dabei wollte er doch, dass xier sich ebenso gefesselt fühlte wie er, fasziniert und von dem ständigen Drang getrieben, sich ein wenig Aufmerksamkeit zu erkämpfen. Ihre Bettspiele wurden stets von Carr dirigiert, dabei waren sie immer zu dritt. Trotzdem hatte man ihm nicht verboten, sich allein mit Viviane zu treffen, zumindest nicht offiziell. Aber irgendwie schien sich nie eine Gelegenheit zu ergeben.

Bis jetzt.

»So verschwitzt siehst du meiner Meinung nach am besten aus«, sagte Viviane.

Wyll ließ die Sense fallen und hätte sich dabei fast ein paar Zehen abgeschnitten. Fluchend stellte er fest, dass er Trainingshandschuhe mit mehr Grip brauchte, wobei er sich des belustigten Blickes von der Tür schmerzlich bewusst war. Er richtete sich auf.

»Wie lange stehst du schon da?«

»Das muss dir nicht peinlich sein«, versicherte ihm Viviane beinahe schnurrend. »Du hast eine wundervolle Art, dich zu bewegen. Bei unseren kurzen Begegnungen habe ich schon bemerkt, wie graziös du sein kannst, aber dich beim Training zu beobachten, ist noch mal etwas anderes.«

Sein Gesicht war inzwischen bestimmt leuchtend rot.

»Vielen Dank«, murmelte er.

»Wo hast du das alles gelernt?«

»Meine ehemaligen Wohltäter hatten sehr gute Trainer. Dadurch war ich gleichzeitig beschäftigt und gut verräumt.«

Vivianes Blick wurde weich. »Ich verstehe.«

Mit einem verlegenen Achselzucken ergänzte Wyll: »Mir hat

das nichts ausgemacht. Ich wollte es gar nicht anders. Ich war dankbar dafür.«

»Du wolltest es nicht anders?«

»Ich werde ein Ritter.«

Nun löste xier die verschränkten Arme und musterte ihn neugierig. »Gottgleiche können nicht Ritter werden.«

»Das wird er ändern.«

»Wer?« Doch Viviane schaltete schnell: »Der König von London? Meinst du, das kümmert ihn überhaupt?«

»Ja, tut es«, behauptete Wyll stur. »Und er wird nach mir schicken, wenn es so weit ist.«

Selbst in seinen Ohren klang das naiv, aber es war das Einzige, woran er sich festhalten konnte, wenn er an seine Zukunft dachte.

Vermutlich war es klug von Viviane, nicht weiter nachzuhaken.

»Aber du trainierst nur deine gewöhnliche Begabung«, stellte xier fest. »Was ist mit deinen Illusionen? Warum übst du auf diesem Gebiet nicht?«

»Tue ich doch, mit Carr. Er lässt mich quasi jede Woche damit arbeiten.«

»Falsche Kuchen, harmloses Zeug.« In Vivianes Stimme schwang eine Verachtung mit, die Wyll noch nie an xiem bemerkt hatte. Aber vielleicht auch nur, weil xier sie nicht im Beisein ihres Gönners zeigte. »Es kann doch keine echte Herausforderung für dich sein, bei einem fetten, kahlköpfigen Lord die Wampe verschwinden und eine neue Haarpracht erscheinen zu lassen oder eine Lady wieder so aussehen zu lassen wie in ihrer sicherlich äußerst enttäuschenden Hochzeitsnacht. Heilige Scheiße, Wyll. Du lässt Weingläser aussehen wie Brötchen, und diese Idioten lachen sich kaputt, wenn jemand versucht, eines davon zu essen – und du glaubst, *damit* würdest du deine Gabe wirklich nutzen?«

»Carr ist mir gegenüber immer freundlich und großzügig, da kann ich ihm doch wenigstens mit diesen Kleinigkeiten etwas zurückgeben.«

»Carr benutzt dich, du dummer Junge.« Kopfschüttelnd fragte Viviane weiter: »Was glaubst du denn, warum ein kleiner Diplomat wie Carr so scharf darauf ist, sich mit Gottgleichen zu umgeben, Wyll?«

»Warum bist du so scharf darauf, mich gegen Carr aufzubringen?«

»Dich gegen ihn aufbringen? Wer sagt denn, dass ich dich gegen ihn aufbringen will?« Viviane sah ihn prüfend an. »Ich möchte einfach nur, dass du die Situation richtig einschätzt.«

»Und du kannst mir diese richtige Einschätzung liefern?«

»Wer denn sonst? Es gibt uns und es gibt die. So war es immer, so wird es immer sein.«

Nicht zum ersten Mal fragte sich Wyll, wie Vivianes Leben wohl ausgesehen hatte, bevor xier hier gelandet war. Er wusste so wenig über xien. Doch egal, was geschehen war, offenbar hatte xier schon früh gelernt, niemandem zu vertrauen.

Viviane lehnte sich gegen den Türrahmen. »Carr hat mit Cair Lleon eine Abmachung getroffen. Sie liefern ihm ein nützliches Werkzeug wie dich und er liefert ihnen dafür … Informationen.«

»Du meinst, er spioniert für London.« Wyll schnaubte höhnisch. »Das ist doch lächerlich.«

»Ganz im Gegenteil«, erwiderte Viviane kühl, »das ist äußerst praktisch. Er hat eine ganz ähnliche Abmachung mit irgendeiner unterbezahlten Kröte bei der kembrischen Regierung. Was glaubst du denn, wie er an mich gekommen ist?«

»Du kommst aus Kembri?«

Achselzuckend bestätigte Viviane: »Viertes Königreich, geboren und aufgewachsen.«

Aus Kembri also. Das war doch mal etwas. Wieder ein kleines Stück näher an der Lösung des Rätsels namens Viviane.

Plötzlich schien xier sich von ihm zurückzuziehen, als habe xier seine Gier nach mehr gespürt, was xiem offenbar gar nicht gefiel.

»Aber ich mache für Carr doch nur Kuchentricks, wie du es nennst«, fuhr er hastig fort, um das Gespräch in Gang zu halten. »Inwiefern soll das für ihn nützlich sein?«

»Er wird mehr von dir verlangen, sobald er der Meinung ist, dass du dafür bereit bist. Wer mit einem Magiebegabten ins Bett steigt, geht ein Risiko ein, selbst hier im verschlafenen Hinterland von Barochi. Du wirst diese libidogesteuerten, ahnungslosen Gäste dann in ein Zimmer mit versteckten Filmapparaten bringen, damit sich auch später noch genügend Druck auf sie ausüben lässt. Denn ganz egal, wie flexibel ihre eigenen Moralvorstellungen sein mögen – ihre Familien, Partner und Kollegen sind da sicher etwas … weniger tolerant.« Mit einem wissenden Lächeln wartete Viviane, bis Wyll es begriffen hatte.

»Zu so etwas würde Carr mich niemals zwingen«, behauptete er.

Doch er wusste bereits, dass Carr das sehr wohl tun würde. Denn so lief das nun mal in dieser Welt, nicht wahr?

»Und es spielt auch gar keine Rolle«, behauptete er, einfach um Vivianes Lächeln zu trotzen. »Das kümmert mich nicht. Für ein angenehmes Leben zahlt man immer einen gewissen Preis.«

Aber es kümmerte ihn sehr wohl, was Viviane sicher nicht verborgen blieb. Er hasste es, wenn man ihm seine Gefühle so deutlich ansehen konnte.

Viviane musterte ihn aufmerksam.

»Was?«, fauchte er.

»Du musst wirklich Schlimmes hinter dir haben, wenn du glaubst, das hier wäre das Beste, was du kriegen kannst«, stellte xier sanft fest.

»*Du* machst das also für ihn? Fickst mit seinen Gästen, damit er sie dann erpressen kann? Verrätst ihm, wie er die Narren, die sich an seiner Tafel vollsaufen, am besten manipulieren kann? Na, da setzt du deine Gabe doch wirklich wundervoll ein. Ja, ich weiß, dass du Gedanken lesen kannst. Man muss kein Genie sein, um das zu erkennen, so wie du ständig an ihm klebst und mit ihm tuschelst.«

Anstatt wütend zu werden, blieb Viviane vollkommen gelassen. »Genau genommen, stimmt das so nicht. Ich lese nicht, ich überzeuge.«

Verwirrt runzelte Wyll die Stirn. »Wie, du überzeugst?«

»Ich kann niemanden zu etwas zwingen, was er nicht sowieso gerne tun würde«, erklärte Viviane schnell.

Als Wyll begriff, was das hieß, lief es ihm kalt den Rücken herunter.

Jene erste Nacht mit Carr und Viviane im Arbeitszimmer. Er hatte sich mit den beiden so unerwartet wohlgefühlt. Hatte sich so nach ihren Berührungen gesehnt. Zum ersten Mal in seinem Leben hatte er ein schlichtes, beglückendes Verlangen in sich gespürt, frei von der Scham der Unerfahrenheit oder der Angst vor Verurteilung. Es war so befreiend gewesen.

»Aber wie kann ich das erkennen?«, fragte er. »Woher soll ich wissen, ob ich das, was ich in deiner Gegenwart tue, auch wirklich tue, weil *ich* es so will?«

»So ticken die Menschen nicht. Erlebnisse aus deiner Kindheit prägen deine Reaktionen heute. Und dann wären da noch die Speisen, die du letzte Woche bei jemandem gesehen hast, die Bücher, die du liest, die Menschen, mit denen du sprichst oder denen du zuhörst – wir alle sind ein riesiger Haufen aus verschiedensten Einflüssen, und das bereits an unseren guten Tagen. Du hast in deinem ganzen Leben noch keine einzige Entscheidung allein aus dir heraus gefällt. Niemand kann das«, erklärte Viviane mit der leichten Gereiztheit eines Erwachsenen, der mit einem unwissenden Kind spricht. »Dir ist doch wohl klar, dass Gedankenleser eben nicht einfach im Geist anderer lesen können, als blätterten sie in einem Buch, oder? Dass wirklich jemand glaubt, man könne aus dem wirren Strudel, der das Gehirn der Menschen beherrscht, einen einzelnen Gedanken herauspicken …« Xier schüttelte den Kopf. »Das findet auf einer viel animalischeren Ebene statt. Impulse, Emotionen, *das* spüre ich. Genau wie du. Die Menschen senden durch ihre Reaktionen ständig Signale aus. Und du interpretierst diese Signale, um ihre Gefühlslage zu entschlüsseln. Ob sie wütend sind, traurig, verwirrt, neidisch. Ich bin einfach extrem gut darin, diese Signale aufzufangen. Ich … bringe mich auf die gleiche Frequenz. Was übrigens immer in zwei Richtungen abläuft, es ist, als würde man eine Tür zwischen zwei Räumen öffnen. Ich kann dich spüren, aber du spürst auch mich. Sagen wir also, ich bin entspannt oder auch ängstlich … Wenn die Frequenz stimmt und die Tür geöffnet ist, dann fühlst du dich eben genauso. Das ist alles. Mehr passiert nicht.«

Wyll kam sich vor, als hätte man ihn unter ein Mikroskop gelegt, in ihm herumgewühlt. Ob xier nun auch wusste, was er für xien empfand?

Wie dämlich. Natürlich wusste xier es. Warum sonst sollte xier diese Spielchen mit ihm spielen?

Und dann fragte er sich plötzlich, ob diese Gefühle wirklich aus ihm selbst entsprangen oder vielleicht xies Werk waren.

»Warum bist du hier gelandet?«, wollte er wissen.

»Aus demselben Grund wie du.« Viviane sah ihn durchdringend an. »Ich bin eine Gefahr, die unter Kontrolle gehalten werden muss.«

*

»Ich war mir nicht sicher, ob du meine Nachricht bekommen hast.«

»Die ließ sich ja nur schwer ignorieren.« Wyll versucht, seine Gedanken und Gefühle möglichst fest unter Verschluss zu halten, als Viviane sich langsam nähert. Bei jedem Schritt hallt der dumpfe Aufprall xieser Stiefelsohlen von den gewölbten Wänden wider. Schon jetzt lässt Wylls Herz ihn im Stich, seine Nerven liegen blank.

Viviane lacht. »Niedlich, die Kleine, nicht wahr? Ich dachte mir, sie könnte dir gefallen. Hat sogar ein wenig Ähnlichkeit mit mir, findest du nicht? Deshalb habe ich sie ausgewählt.«

Dicht vor ihm bleibt xier stehen. Die eine Hälfte von Vivianes Gesicht wird von den Lampen geisterhaft angestrahlt, die andere liegt im Schatten, wodurch xier Lächeln wahnsinnig geheimnisvoll wirkt.

»Nein«, entgegnet Wyll knapp.

»Nein, sie war nicht niedlich, oder nein, sie ähnelt mir nicht?«

»Hör auf damit, Viviane.«

Xier hält inne, neigt fragend den Kopf.

So unverändert sieht Viviane aus, als wäre xier direkt seinen Erinnerungen entstiegen. Aber dies ist keine Illusion. Das arme Mädchen in seinem Badezimmer beweist das. Außerdem würde er niemals Viviane heraufbeschwören, wenn er Gesellschaft braucht, schließlich hat er während der letzten drei Jahre so ziemlich alles versucht, um xien voll und ganz aus seinem Gedächtnis zu löschen.

»Du schämst dich«, stellt xier nun fest. »Bist du etwa prüde geworden? Wie herrlich antiquiert du doch bist. Gehört das dazu, wenn man zu einem Teil des Königshauses wird?«

»Du hättest deine Einladung nicht auf ihren Körper schreiben müssen. Du hättest mir eine ganz normale Nachricht schicken können.«

»Aber wie denn?«, spottet Viviane. »Die wäre doch bloß auf dem riesigen Haufen der Hexenritter-Fanpost-Münzen gelandet, die sicher irgendwann eingeschmolzen werden, um dir einen neuen Helm anzufertigen oder irgendein anderes Accessoire.« Als xier seinen Gesichtsausdruck bemerkt, lacht xier laut auf. »Du hast wirklich noch nie einen Gedanken daran verschwendet, dass sich irgendjemand um den ganzen Mist kümmern muss, den die dich anbetenden Horden an den Palast schicken?«

»Du hast sie benutzt.«

Achselzuckend stellt Viviane fest: »Und sie wird ebenfalls irgendwann jemanden benutzen. Worauf willst du hinaus? Genauso gut könntest du dich darüber beschweren, dass sich die Erde dreht.«

Vor Wylls innerem Auge taucht wieder die entsetzte Miene des Vastosmädchens auf; als würde schon der Gedanke, er könnte sie anfassen, akuten Brechreiz bei ihr auslösen.

»Sie konnte sich nicht einmal mehr daran erinnern, wozu du sie gezwungen hast. Früher hast du nie das Gedächtnis deiner Opfer manipuliert.«

»Sagen wir einfach, ich habe mich seit unserer letzten Begegnung weiterentwickelt. Wie du ja sicherlich auch.«

»Das war keine sanfte Überzeugungsarbeit, das war Zwang. Läuft das bei dir jetzt so?«

Feine Fältchen bilden sich um xiese Augen. »Anscheinend bist du wütend auf mich. Deine Caballaria-Persönlichkeit ist ein ziemlicher Miesepeter, weißt du? Schon witzig, dass die Leute so gar nicht wissen, was für ein süßer, schüchterner Junge du im Grunde bist.«

»Warst.«

Wortlos sieht Viviane ihn an, nur dieses feine, frustrierende Lächeln umspielt xiese Lippen. An dieses Lächeln erinnert er sich nur zu gut. *Ich weiß genau, was du jetzt fühlst, denn ich habe es dir selbst eingepflanzt*, heißt das.

»Sicher hörst du das ständig«, fährt xier fort, »aber ich sehe dich so oft auf dem Bildschirm, dass ich wirklich das Gefühl habe, noch immer mit dir befreundet zu sein.«

»Wir waren einmal Freunde?«

»Zumindest waren wir irgendetwas.« Plötzlich steht xier noch dichter vor ihm und unvermittelt bricht die Flut der Erinnerungen über ihn herein: Viviane, nackt, das Haar auf der verschwitzten Stirn verklebt, mit ebenjenem Lächeln im Gesicht, während xier ihn vorantreibt wie ein Reiter, der seinen Hengst über das nächste Hindernis jagt.

Er darf xien nicht an sich heranlassen. Beim letzten Mal sind Menschen gestorben.

»Was willst du?«, fragt er so kalt, dass xier zumindest kurz zögert.

»Vielleicht wollte ich dich einfach nur wiedersehen.«

»Niemand will mich einfach nur wiedersehen. Ich bin immer irgendwie ein Mittel zum Zweck.«

Vivianes Brauen schießen in die Höhe. »So zynisch. Wer hat das Strahlen in deinen Augen erlöschen lassen? Wurde es dir von deinem privilegierten Lebensstil ausgetrieben?«

»Du hast nicht die geringste Ahnung, wie mein Leben heute

aussieht. Was mich angeht, bist du ein Schmarotzer wie alle anderen, ein Parasit, der mich aussaugen will.«

»Wie alle anderen?« Xies Lächeln wird bitter. »Ich habe dir *geholfen*. Ich habe dafür gesorgt, dass du statt an unbedeutenden Diplomatenschwänzen an königlichen Schwänzen lutschen konntest. Und nun sieh dir an, wie weit dich das gebracht hat. Dank mir.«

Wyll spart sich die Mühe, xiem wieder einmal zu erklären, dass er nie etwas mit Art gehabt hat. Viviane hat den Begriff »Fick dich« schon immer am liebsten wörtlich ausgelegt.

»Mafelon«, sagt xier unvermittelt.

Damit hat er bereits gerechnet. Ihm war klar, dass xier diese Waffe ziehen, diese Bombe einsetzen würde. Mafelon hat eine dicke Narbe auf seiner Seele hinterlassen, einen hässlichen Fleck, der ihn ständig an seine eigene Abscheulichkeit erinnert.

»Oh, so gleichgültig?«, spottet Viviane. »Du weißt, dass ich dein Leben jederzeit in einen Scherbenhaufen verwandeln kann. Dazu muss ich nur allen verraten, was an jenem Tag *wirklich* passiert ist. Dann ist es aus mit dir.« Von einer Sekunde auf die andere verschwindet xiese Boshaftigkeit und wird durch sanfte Strenge ersetzt. »So lange schon hüte ich das Geheimnis, wie du damals das Vertrauen deines hochverehrten Königs zurückgewonnen hast.« Wieder blitzt dieses Lächeln auf. »Du hast ihm vermutlich nie gesagt, dass du ihn beinahe hättest sterben lassen?«

Bei allen Heiligen, am liebsten würde er es sagen. Wie zäher Schleim will die Schuld aus ihm herausquellen. *Ich habe ihn sterben lassen. Er ist tot, und das ist meine Schuld.*

Er spürt Vivianes Blick. Offensichtlich genießt xier es, ihn bei seinem inneren Kampf zu beobachten. Xier glaubt, alles zu kontrollieren. Das hat xier schon immer geglaubt.

»Nein, ich habe es ihm nicht gesagt. Ich habe es niemandem gesagt«, gibt Wyll zu. »Aber ich schütze dich ebenso, wie du mich schützt. Ja, wir könnten uns ganz leicht gegenseitig zu Fall bringen, Vivi, aber wozu? Wir haben uns damals darauf geeinigt, die Angelegenheit zu begraben. Und wenig später hast du beschlossen, einfach zu verschwinden. Erinnerst du dich?«

Abwehrend tritt xier einen Schritt zurück. »Es ging nicht anders, das weißt du. Nur so konnte ich uns beide beschützen.«

»Und nun tauchst du plötzlich wieder auf, nur um mir zu drohen? Was willst du?«

Reglos steht xier da, überlegt sich wohl den nächsten Zug.

Und wenn er sich nun irrt? Wenn xier tatsächlich nur zurückgekommen ist, um ihn wiederzusehen? Weil er xiem fehlt? Es ist dumm, die Sehnsucht eines bedürftigen Kindes, aber …

»Ich brauche deine Hilfe«, gibt xier schließlich zu. »Ich bin einer großen Sache auf der Spur.«

Die Welle der Hoffnung, die sich in Wyll aufgebaut hat, bricht in sich zusammen.

»Welche Art von Hilfe?«, hakt er nach.

»Ich muss etwas wiederbeschaffen.«

Enttäuschung und Wut bleiben von der Welle zurück wie ein nasser Film.

»Und was?«

»Eine Topografie«, behauptet Viviane mit sorgsamer Neutralität, die deutlich macht, dass es ganz sicher nicht nur irgendein Verzeichnis ist. »Eine Art kartografische Darstellung.«

»Was genau machst du heutzutage eigentlich so, Vivi?«

Ein kurzes Achselzucken. »Ich besorge Dinge. Als eine Art Mittelsmann.«

»Ich werde nicht für dich stehlen«, stellt Wyll klar.

Mit einem empörten Zungenschnalzen erwidert Viviane: »Es geht nicht um Diebstahl, sie wird verkauft.«

»Und warum kannst du diese Topografie oder Karte nicht selbst kaufen?«

»Mein Gesicht ist inzwischen ziemlich bekannt. Und traurigerweise verfüge ich im Gegensatz zu dir nicht über die Gabe, es anders aussehen zu lassen.«

»Du kennst doch sicher ein Dutzend Leute, die du davon überzeugen könntest, das für dich zu machen. Warum ausgerechnet ich?«

»Weil du aussehen musst wie eine Person, an die der Besitzer die Karte verkaufen würde. Hin und wieder hat deine Arroganz auch ihre Berechtigung. Mir ist nie wieder ein *thwimoren* wie du begegnet, Wyll. Niemand kann, was du kannst.«

Angestrengt sucht Wyll nach der Falle, die zu erwarten er gelernt hat.

»Komm schon, Wyll, das wird ein Abenteuer. Ich weiß doch, wie gerne du dir anderer Leute Gesichter überstreifst.«

Vivianes Stimme ist wie ein Zaumzeug, das ihn auf einen bestimmten Pfad lenken will. Er spürt den Zug und galoppiert mit aller Kraft in die andere Richtung.

»Meine Antwort ist Nein. Ich werde mich nicht an irgendeinem hanebüchenen Weltumsturzplan beteiligen, ganz egal, was es diesmal wieder ist.«

Entrüstet erwidert Viviane: »Du gibst also lieber weiter den reichen Promi, bis dein Gesicht zu faltig ist für die Arenaschminke und du dich irgendwo aufs Land zurückziehst, wo du dann bis zu deinem Tod auf deine glorreichen Tage zurückblickst? Hältst du das für ein würdiges Leben?«

Gierig. Anders lässt sich xies Gesichtsausdruck kaum beschreiben.

»An deiner Verkaufsmasche solltest du noch arbeiten«, erwidert Wyll trocken.

»Du bist also immer noch ein Feigling. Wenn man dich aus der Nähe betrachtet, bist du eine Riesenenttäuschung, weißt du das? Kein Wunder, dass du immer alle auf Abstand hältst.«

All die alten Wunden sind noch immer da und beginnen wieder zu bluten.

»Es war ein Fehler, herzukommen«, stellt Wyll fest. »Ich werde gehen.«

»Warte! Es tut mir leid, Wyll. Es tut mir leid, okay? Bitte.«

Mit der Entschuldigung trifft xier voll ins Schwarze. Viviane entschuldigt sich nie.

Rastlos beginnt xier, auf und ab zu wandern, als wäre xier auf der Suche nach etwas. »Ich weiß doch, wie das aussieht. Und ich habe kein Recht, über dich zu urteilen. Wir versuchen schließlich alle nur, irgendwie zu überleben, nicht wahr?«

Xiese spürbare Anspannung lässt Wylls Zorn verrauchen. Selbstbewusst und gewandt, so kennt er Viviane. Aber diese Person ist verschwunden. Nun wirkt xier verletzlich und unsicher.

»Und wie überlebst du?«, fragt er vorsichtig.

Achselzuckend antwortet xier: »Wie alle anderen auch, schätze ich.«

»Was heißt das konkret?«

Doch xier weicht der Frage aus. »Mich hat schon immer fasziniert, dass du so ganz ohne deine Magie kämpfen kannst. Das muss doch wahnsinnig frustrierend sein.«

Ja, ist es. Plötzlich spürt er das so deutlich, als wäre er in der Arena. »Ich bin ein kastriertes Zirkuspferd.« Dem Witz wohnt zu viel Verbitterung inne, als dass er lustig wäre.

»So als wollte man eine Sturmflut aufhalten, oder?«, fragt xier sanft. »Es muss hart sein, nie wirklich du selbst sein zu können, nicht einmal für einen kurzen Moment.«

»Und noch dazu unter den Blicken der halben Welt, die nur darauf wartet, dass du es verbockst«, gibt er zu.

»Das kann man mit Geld nicht ausgleichen.« Viviane schüttelt traurig den Kopf.

Wyll ist einfach nur müde. Egal, wie er über Viviane denkt, zumindest konnte er xiem gegenüber immer ehrlich sein, weil xier auch zu den Gottgleichen gehört. Und bei xiem hat er sich das erste Mal richtig gehen lassen können.

Auch andere Dinge hat er mit xiem das erste Mal getan und so etwas wird man nicht wieder los.

»Wirklich eine Schande, dass du mein Geschenk zurückgewiesen hast«, stellt Viviane nun fest. »Offenbar musst du dir mal wieder Erleichterung verschaffen.« Mühelos wie eh und je deutet xier seine Stimmung und grinst. »Ihr hätte es sicher auch Spaß gemacht.«

Wyll schnaubt höhnisch. »Wirklich? Oder hättest du dabei in ihrem Kopf gesessen und es an ihrer Stelle genossen?«

»Wäre doch nicht unsere erste Stellvertreternummer gewesen«, raunt xier genüsslich. »Oder hast du das etwa vergessen?«

Wyll muss gar nicht nachsehen, um zu wissen, dass sich der plötzliche Druck in seinem Unterleib auch an seiner Hose abzeichnet. »Nein, habe ich nicht.«

Viviane schiebt sich so dicht an ihn heran, dass Wyll xien küssen könnte. Panisch versucht er, xien hinzuhalten.

»Das war etwas anderes«, widerspricht er. »Das Mädchen, das du zu mir geschickt hast, hat Angst vor mir gehabt.«

»Mag sein, aber sie fand es auch erregend.«

»Woher willst du das wissen?«

»Ich habe es gespürt. Offene Türen, weißt du noch? Es funktioniert in beide Richtungen. Man … blutet sozusagen ein wenig aus.«

Die Wärme und Berührung eines Körpers, etwas so Simples. Wie sehr er sich danach sehnt, wird Wyll immer erst dann bewusst, wenn es geschieht. Vivianes volle Lippen verharren so dicht vor seinen eigenen, dass er xiesen heißen Atem auf seiner Haut spürt.

»Weißt du noch, wie es sich anfühlt, mit jemandem zu schlafen, der keine Angst vor dir hat?«, flüstert xier ihm ins Ohr.

Sanft knabbert xier an seiner Unterlippe.

Red.

Red hatte keine Angst vor ihm.

An sie zu denken, lässt den noch immer frischen Schmerz in ihm wieder aufflammen. Der Schock ist so groß, dass er sich Vivianes Kuss entzieht. Xier zögert, schmiegt sich dann aber wieder an ihn, bis Wyll xien an den Schultern packt und von sich wegschiebt.

»Was ist los?«

»Das wird nicht funktionieren, Vivi. Durch mich wirst du nicht kriegen, was du willst.«

Mit einem gereizten Lachen empört xier sich: »Wo liegt denn das Problem, verdammt? Du willst nicht einmal eine Kleinigkeit für mich besorgen? Nach allem, was wir zusammen durchgemacht haben?«

Wie schnell Viviane von Verführung zu Manipulation wechseln kann, hat er früher gar nicht bemerkt. Jetzt aber erkennt er die Verzweiflung dahinter. Hier geht es nicht um ihn. Hier geht es nur darum, ihn für xiese Zwecke einzuspannen.

»Nach Mafelon habe ich dich gebeten, mit mir zu kommen«, erwidert er. »Ich hätte dich beschützen können.«

»Ich brauche deinen Schutz nicht«, faucht xier.

»Also brauchst du nur diese Topografie.«

Ein letzter Versuch auf die sanfte Tour. »Wyll …«

Entschlossen schüttelt er den Kopf. »Es reicht. Ich bin nicht mehr dein Schoßhündchen.«

»Nein, du leckst jetzt einen anderen Schoß«, zischt Viviane.

Wieder taucht Red vor seinem inneren Auge auf.

Abrupt lässt er xiese Schultern los und wendet sich ab.

»Wyll, warte!«

Diesmal hört er deutlich, wie Viviane xiese Gabe einzusetzen versucht, aber das funktioniert bei ihm nicht. Er ist kein leichtgläubiges Dienstmädchen, und der Einfluss, den xier früher einmal auf ihn hatte, ist verflogen.

Jetzt spürt er vor allem Erleichterung.

Er hört noch, wie xier ihm hinterherruft, xier werde nun allen die Wahrheit über Mafelon verraten und ihn damit ruinieren.

Mach doch, denkt er sich. Der eine Mensch, vor dem ich es wirklich geheim halten wollte, ist tot.

KAPITEL 12

Garads Wohnung, Evrontown

Zwei Wochen zuvor

Garad beugt sich vor, sodass die Schwertklinge in xiesem Schoß kurz das Licht reflektiert.

»Du bist eine Gottgleiche«, stellt xier tonlos fest.

Ghost blickt in ein Gesicht, das starr ist wie eine Maske.

»Ja«, bestätigt sie einigermaßen ruhig. »Wieso? Wirst du mich jetzt rauswerfen?«

Garad kneift die Augen zusammen. »Warum sollte ich das tun?«

Weil du es schon einmal getan hast.

Aber Ghost verdrängt diesen Gedanken schnell wieder – noch ist nicht der richtige Zeitpunkt dafür – und fährt mit ihrer Geschichte fort.

*

The Dugs, Alaunitown

Zwei Monate zuvor

Zusammengekauert hockt Ghost auf ihrem Bett, umgeben von ihren Kerzen, die Warnung und Schutz zugleich sind. Schon merkwürdig, dass kleine Lichtstäbe einem ein fast schon körperliches Gefühl von Sicherheit geben können.

Irgendwie fühlt sie sich beraubt, als hätten Moth, Joln und Sugar – ach ja, und vor allem dieses manipulative Sahneschnittchen Delilah – ihr etwas genommen, was sie nicht herzugeben bereit war. Aber was? Eigentlich wurde sie doch nur mit verbundenen Augen in einen Raum geführt, wo irgendetwas auf ziemlich gruselige Art ihr Gesicht abtastete und zufällig erriet, dass sie eine Gottgleiche ist. Das Ganze könnte einfach nur eine bizarre Inszenierung gewesen sein, um ihr Angst zu machen. Aber zu welchem Zweck?

Plötzlich setzt draußen im Flur ein drängendes, schrilles Gebrabbel ein und stört Ghost bei ihrer Analyse des so gründlich verkackten vergangenen Abends. Im Treppenhaus weint oder redet jemand, es ist nicht genau zu erkennen. Aber auf jeden Fall ist diejenige allein.

Mit einem erleichterten Seufzer lässt Ghost die Schultern hängen. Dieses Geräusch hat merkwürdigerweise etwas Beruhigendes an sich. Hier im Gebäude wohnen zwar einige Verrückte, aber zumindest ist es eine vertraute Verrücktheit. Und sie alle sind viel zu sehr in ihre eigenen kaputten Welten verstrickt, um in Ghosts Welt einzudringen.

Plötzlich klopft es hektisch an der Tür.

Normalerweise. *Normalerweise* sind sie zu verstrickt.

Abschätzend mustert Ghost die Wohnungstür. Eigentlich ist

sie ziemlich unkaputtbar, aber dieser Chimes war ein kräftiger Bär. Andererseits … würde der vorher anklopfen?

»Ghost!«, dringt eine gedämpfte Stimme zu ihr herein. »Bist du da, Ghost? Hier ist Delilah!«

Ha.

Ghost wartet noch einen Moment.

Es klopft immer weiter und das schrille Geheul wird lauter.

»Ghost, wenn du da bist, bitte …«

Mit einem genervten Seufzer beugt sich Ghost vor. Wenn die verräterische Sängerin so weiter wummert, wird sie noch eine Delle in die Tür schlagen. Außerdem regt sie damit die wimmernde Nachbarin auf.

Sie holt ihre Pistole unter dem Bett hervor. Immer noch ein merkwürdiges Gefühl, das Ding in der Hand zu halten – zu schwer, als hinge ein dickes Pendel an ihrem Arm. Leon sieht wahrscheinlich keine Veranlassung, ihr eine Waffe zu besorgen, bevor sie sich in der Grenwald-Sache bewährt hat, aber irgendwie wäre es Ghost falsch vorgekommen, erst auf seine widerwillige Erlaubnis zu warten. Sie war nie bei irgendeiner Wache und hatte deshalb auch keinen Grund, eine Schusswaffe anzurühren, und auf anderem Weg kann man nur schwer an diese Dinger rankommen. Hat sie einen Haufen Lektris gekostet.

Nun wird sich herausstellen, ob sie auch funktioniert.

Lautlos schiebt sie sich zur Tür hinüber und ruft dann: »Du kannst mich mal.«

Das Klopfen endet, das Geheule nicht.

»Du bist also zu Hause«, erwidert Delilah, offenbar erleichtert. »Bitte, ich will nur reden. Ich bin allein. Die wissen nicht, dass ich hier bin.«

Ghost bewegt die Waffe in ihrer Hand, eine nervöse Übersprunghandlung. »Also?«

»Bitte, darf ich reinkommen? Hier im Flur ist … ist es etwas laut.«

»Das ist nur die Schreiende Shera. Keine Sorge, sie gehört nicht zu der Sorte ›Irre mit Messer‹.«

»Heißt sie wirklich so?«, erkundigt sich Delilah erfrischend schockiert.

»Natürlich nicht«, ruft Ghost durch die noch immer geschlossene Tür. »So habe ich sie genannt.«

»Und du hast dir nie die Mühe gemacht, ihren richtigen Namen herauszufinden?«

»Sie weiß nicht einmal, in welcher Realität sie sich gerade aufhält. Versuch du doch, sie nach ihrem Namen zu fragen. Los, das wird lustig.«

»Ich verstehe ja, warum du sauer auf mich bist«, versichert Delilah.

»Ich bin nicht sauer. Wo ich herkomme, gilt Entführung als Liebesbeweis.«

»Also in West Rhyfentown? Da kommst du doch ursprünglich her, oder? Klar, du hast dieses Marvoltown-Tattoo, aber da ist auch noch dieser leichte Akzent.« Fast scheint es, als wolle sich Delilah dafür entschuldigen, ihn bemerkt zu haben.

Genau genommen, ist das Marvoltown-Tattoo nicht falsch. In gewisser Weise wurde Ghost dort geboren. Marvoltown, der Bezirk des Heiligen, der für die Toten zuständig ist. Für Tod, aber auch für Wiedergeburt, Veränderung und das Unbekannte. In letzter Zeit hat er sich ebenso zu Ghosts Schutzheiligem entwickelt wie der gute alte Schläger Rhyfen.

»Was willst du?«, schnauzt sie Delilah an.

»Ich will dir dabei helfen, herauszufinden, was mit Cass passiert ist.«

»Was in deiner Welt offenbar ein Code für irgendetwas

anderes ist, wobei ausgestopfte Dachse und Blindtests eine gewisse Rolle spielen.«

»Das tut mir leid. Sie haben erfahren, dass du herumschnüffelst, und da wollten sie wissen, ob man dir trauen kann.«

»Es gibt aber keinen Test, durch den sich das herausfinden lässt«, erwidert Ghost. »Bei niemandem.«

Stille.

Shera greint noch immer, aber nun fehlt irgendwie die Dringlichkeit dahinter und damit das Gefühl von Gefahr. Vielleicht ist sie ja eine Sensible und merkt, dass die Energie in ihrem Gespräch an Härte verliert, dass sie sich nicht mehr direkt an die Gurgel gehen werden. Wer weiß heutzutage schon noch, über welche Fähigkeiten die Menschen so verfügen?

»Ich vertraue dir«, sagt Delilah schließlich.

Was ist das denn für eine?, fragt das andere Ich.

»Und ich möchte, dass du jetzt endlich verschwindest«, erwidert Ghost süßlich.

»Ich kann nicht.«

»Wieso nicht?«

»Ich kann einfach nicht.«

»Warum muss das ausgerechnet mir passieren?«, seufzt Ghost, eigentlich an die ganze Welt gerichtet.

»Weil du dort warst, in der Bar. Du hast die Ertrinkungstode näher untersucht, und du bist gekommen, um mir davon zu berichten. Du hast Interesse gezeigt.« Mit hörbarer Verzweiflung erklärt Delilah: »Bisher hat noch nie jemand daran Interesse gezeigt.«

Ghost öffnet die Wohnungstür.

Sie blickt in ein Gesicht, in dem Trotz und Verletzlichkeit eine äußerst reizvolle Mischung bilden. Die hübschen Züge der Sängerin zeigen deutlich, wie angespannt sie ist. Ob das nun auf ihr ernstes Geständnis oder die klagenden Laute hinter ihr zurückzuführen ist, lässt sich allerdings nicht sagen. Als sie die Waffe in Ghosts Hand entdeckt, erstarrt sie kurz. Klugerweise entscheidet sie sich aber gegen einen hörbaren Protest.

»Warum helfen dir deine testfreudigen Freunde nicht bei der Suche nach Cass' Mörder?«, will Ghost von ihr wissen.

Mit einem angedeuteten Kopfschütteln erwidert Delilah: »Das sind nicht meine, sondern Cass' Freunde. Und jeder, der herumschnüffelt, wird genauer unter die Lupe genommen.«

»Was macht eine Gruppe Gottgleichen-Fans derart paranoid?«

»Sie sind keine Aktivisten«, versichert Delilah, »falls du das denkst.«

»Ich habe mich nicht dazu geäußert, was ich denke«, stellt Ghost klar, »und das ist nichts anderes als ein hübscher, schlau klingender Begriff für einen Haufen Idioten, der sich als selbstgerechte Heldentruppe aufspielt. Also, es gibt doch sicher irgendetwas, womit du mich ködern willst, sonst hättest du nicht den langen Weg hierher gemacht, bloß um vor einer verschlossenen Tür zu stehen.«

Mit einem listigen Grinsen verkündet Delilah: »Ich habe dir eine Einladung besorgt.«

»Einladung wozu?«

»Zu einer jener Partys, von denen man erst etwas hört, wenn man eine Einladung bekommt.«

»Mir ist gerade aber nicht nach Tanzen.«

»So eine Party doch nicht. Dort hat Cass immer ihre Kunden getroffen. Sie werden alle da sein, vor allem ein spezieller, der ganz oben in der Nahrungskette mitmischt. Wenn jemand weiß, was mit ihr passiert ist, dann er.«

»Und warum hast du diesen Jackpot nicht selbst befragt?«

Mit einem höhnischen Lachen erwidert Delilah: »Zu diesen Partys werden zwei Arten von Gästen geladen: Bauern und Kühe. Glapissant ist ein Bauer, du bist eine Kuh. Ich bin lediglich eine Hilfskraft. Er würde nicht mit mir reden, das wäre so, als würde er sich einem Kellner anvertrauen.«

»Hast du mich gerade als Kuh bezeichnet?«

»Eine ganz besondere Art von Kuh«, präzisiert Delilah.

»Inwiefern besonders?« Doch Ghost ahnt bereits, worauf das hinausläuft.

Delilah reißt vielsagend die Augen auf.

»Nein.« Entschlossen schiebt Ghost die Tür wieder zu.

»Warte!« Jetzt klingt Delilah eindeutig panisch.

»Ich habe mein Leben lang dafür gesorgt, dass niemand, dem ich je begegnet bin, davon erfährt. Nur eine einzige Person hat jemals herausgefunden, was ich in Wahrheit bin, und das hat mich einfach alles gekostet. Verstehst du das? Deshalb musste ich überhaupt erst sämtliche Brücken hinter mir abbrechen und abhauen.« Ihr Zorn verleitet sie zur Ehrlichkeit, doch eine solche Offenheit ist ein Luxus, den sie sich nur selten leisten kann.

»Du wurdest von jemandem zurückgewiesen«, folgert Delilah. »Und zwar, nachdem du es diesem Menschen gesagt hattest, richtig? Du hast geglaubt, endlich einmal jemanden gefunden zu haben, dem du weit genug vertrauen kannst, um ihm dein wahres Wesen zu offenbaren. Aber dann hat diese Person anders reagiert, als du gehofft hattest.«

Ghost spürt, wie sich scharfe Krallen in ihr Herz bohren. Dabei dachte sie, dass mit der Zeit … nun ja. Schmerz ist Schmerz. Er schält sich nicht ab, sondern verkalkt.

»Passiert halt jedem mal«, erwidert sie schließlich.

»Aber es sind nicht alle Menschen so«, beharrt Delilah. »Auf dieser Party wirst du begehrt werden wie noch nie zuvor in deinem …«

»Und wie kommst du darauf, dass mir was daran liegt? Ich will einfach nur meine Ruhe haben! Aber das wird offenbar nichts mehr, dafür haben deine Freunde gesorgt!«

»Es tut mir ehrlich leid.«

So sieht sie auch aus. Und eigentlich kann man ihr keinen Vorwurf machen, schließlich war Ghost selbst ganz erpicht darauf, Antworten zu Cassrens Verschwinden zu bekommen, um sich zu beweisen, um sich hervorzutun. Das eigentliche Problem besteht also wohl eher darin, dass sie nicht der Typ ist, der lange unsichtbar bleibt, selbst wenn es nötig wäre. War sie noch nie.

Seufzend reibt sich Ghost das Genick. »Jetzt halten also nicht nur diese Irren mein Geheimnis wie ein Damoklesschwert über meinen Kopf – du willst außerdem, dass ich es vor einem ganzen Haufen 'launitown-Typen preisgebe?«

»Dann geh in deiner Funktion als Waffe hin«, rudert Delilah schnell zurück. »Ich bin als Sängerin gebucht, ich kriege uns also auf jeden Fall rein. Aber Cass' Kunden sind anders kaum zu erreichen. Du würdest sie niemals ausfindig machen.« Hartnäckig wie ein lästiger Juckreiz, diese Frau. »Diese Menschen existieren offiziell gar nicht, genau wie du. Sie bewegen sich außerhalb der normalen Regeln und Gesetze. Du kommst nur so an sie heran.«

»Durch eine Party«, spottet Ghost.

»Wie gesagt: Auf einer solchen Party warst du mit Sicherheit noch nie.«

Die hübsche Sängerin gibt nicht auf; unnachgiebig erwidert sie Ghosts Blick. Auch jetzt wirkt sie noch verführerisch, wenn auch auf eine ganz andere Art. Möglicherweise ist es ja Ehrlichkeit, die diesen Reiz erschafft.

Ghost spürt, wie ihre Entschlossenheit dahinschmilzt wie Butter in einem heißen Tiegel.

Meine Liebe, rügt sie ihr anderes Ich. War deine Libido nicht auch ein Grund dafür, dass du dein altes Leben über Bord werfen musstest?

Halt die Klappe, erwidert Ghost.

Und hast du dir danach nicht geschworen, nie wieder in solche Schwierigkeiten zu geraten?

Halt die Klappe.

Und doch stehen wir jetzt hier, flötet ihr anderes Ich.

Halt – die – Klappe.

KAPITEL 13

Si Carrivuthens Haus, Barochi, Drittes Königreich

Drei Jahre zuvor

Mafelon.

Die Narbe auf der Seele Londons.

Eine der vielen Leichen, die Wyll unter den Bodendielen eines Raumes versteckt hat, der sich im hintersten Winkel seines Geistes verbirgt. Meist ist es ihm gelungen, diesen Raum unter Verschluss zu halten, sodass niemand die Leichen finden kann, die Verkörperungen all seiner schrecklichen Taten, von denen keine je bekannt werden darf. Ja, das ist ihm ziemlich gut gelungen, bis Viviane plötzlich wieder aufgetaucht ist.

Die Ankunft des jungen Wyll im Haus von Carr bescherte der Popularität des Diplomaten schnell einigen Aufwind. Begeistert teilte er Wyll mit, dass er mit Anfragen geradezu überhäuft werde, da alle diesen faszinierenden *thwimoren* aus der Nähe bewundern wollten.

Also schuf Wyll bei Dinnerpartys, Soireen und Mittagsveranstaltungen kleine Illusionen für sie, eigentlich nichts Großartiges. Für ihn war das keine große Sache, die aber doch begeistertes Staunen und Applaus hervorrief. So ließ er riesige

Torten vom Tisch verschwinden oder verwandelte sie optisch in dicke Bratenstücke, woraufhin die Gäste sich darum rissen, diese zu kosten und sich der herrlichen Verwirrung hinzugeben, die das in ihrem Gehirn auslöste: Ihre Zungen erwarteten faseriges, salziges Fleisch, schmeckten aber flaumiges Zuckergebäck und kandierte Früchte. Er ließ Kätzchen und Hundewelpen auf den Tischen erscheinen, wo sie auf tapsigen Pfötchen zwischen den Kerzenleuchtern herumwackelten. Und jedes Mal gruben sich Vivianes Worte ein wenig tiefer in sein Herz.

Xier hatte recht, er verschwendete damit sein Talent und seine Zeit. Wie lange sollte er noch hierbleiben und sowohl geistig als auch körperlich immer träger und fetter werden, bis er eines Tages vielleicht an dem Versuch scheiterte, etwas Größeres heraufzubeschwören als nur eine falsche Torte?

Zu seinen wenigen persönlichen Besitztümern gehörte auch ein Bündel mit Briefen, die ihm der König geschrieben hatte – natürlich stets darauf bedacht, jedes verräterische Detail auszulassen und sie immer nur mit der namenlosen Unterschrift »dein Onkel« zu versehen. Dafür sprachen aus diesen Briefen Wärme, Witz und Zuneigung. Doch nach zwei Jahren stetiger Korrespondenz waren in den letzten Monaten keine Briefe mehr gekommen. Kein einziger. Nicht einmal ein kurzes, bedauerndes Schreiben, in dem er die arbeitsreichen Zeiten dafür verantwortlich machte und versprach, sich bald wieder zu melden. Gar nichts.

Spätabends, wenn er allein war, es keinerlei Ablenkung gab und die Dunkelheit seinen Ängsten Vorschub leistete, fragte Wyll sich manchmal, ob Art ihn vielleicht vergessen hatte. Ob eine gewisse Absicht hinter diesem Vergessen steckte. Denn auch wenn er sich Viviane gegenüber großspurig gab, war da immer die Furcht, als Belastung angesehen zu werden, weggeschoben zu werden, vergessen zu werden. Im Stich gelassen zu werden.

Und nach jenem Abend im Trainingsraum beschlich ihn das leise Gefühl, dass auch Viviane seine Gesellschaft mied. Xier verschwand immer öfter. Carr war zu beschäftigt, um sich darum zu kümmern, aber für Wyll gehörte es zu den besten Momenten des Tages, wenn er Viviane sehen konnte. Deshalb war ihm schmerzlich bewusst, wie selten diese Gelegenheiten nun geworden waren. Das und Arts anhaltendes Schweigen sorgten dafür, dass er sich einsam fühlte, was bedrückende Verzweiflung und eine ständige Sehnsucht in ihm auslöste, die nicht einmal die härteste tägliche Trainingsroutine vertreiben konnte.

Eines Abends – Carr war zu einer prunkvollen Veranstaltung eingeladen, deren Gäste die Gesellschaft von Gottgleichen allerdings deutlich weniger genossen als er selbst – versuchte Wyll, seine Misere mit einer zusätzlichen Trainingseinheit in den Griff zu bekommen. Plötzlich hörte er, wie eine Tür zuschlug; ein Hinterausgang, der eigentlich nirgendwohin führte. Neugierig geworden, verließ er den Trainingsraum, um nachzusehen. Als er die Hintertür einen Spalt weit öffnete, sah er, wie Viviane sich mit schnellen Schritten vom Haus entfernte. Spontan ergriff er diese unerwartete Gelegenheit. Er lief zurück in den Trainingsraum und zog die dünne Hausjacke über, die er dort zurückgelassen hatte. Sie klebte unangenehm auf seiner verschwitzten Haut. Dann folgte er Viviane.

Der Himmel wechselte bereits seine Farbe, als er aufbrach, was ihn fröhlich stimmte. Die samtige Dämmerung war die Zeit der Liebenden, in der man sich Sünden und Geheimnisse gestand. Carrs Villa befand sich am Rand eines wohlhabenden Städtchens, sozusagen in der Grauzone zwischen Stadt und Land, weder das eine noch das andere. Hier war alles hübscher, sauberer und weniger chaotisch als in den verschlungenen Eingeweiden Londons, in denen Wyll aufgewachsen war. Wer hier lebte, wohnte in großen Häusern, hatte gern viel Platz und viele Regeln. Rund um das Städtchen erstreckten sich grüne Hügel, Felder und Bäume waren ordentlich zurechtgestutzt – ein Zeichen dafür, dass der Wandel an diesem Ort keine Chance hatte. Und hier draußen blieb es auch länger hell, sodass Wyll die vertraute Gestalt vor sich auf der Straße gut im Auge behalten konnte.

Viviane bewegte sich zügig voran und Wyll folgte xiem in dem etwas merkwürdigen Rhythmus, den man anschlägt, wenn man den anderen einerseits einholen will, andererseits aber erst von ihm bemerkt werden möchte, wenn der rechte Augenblick gekommen ist. Er wollte xiem auf die Schulter tippen, sodass xier erschrocken aufschrie und am besten noch nach ihm schlug – unbeschwerte Fröhlichkeit, die aus dem Schrecken geboren wird.

Und dann konnten sie sich hoffentlich endlich mal wieder ungestört unterhalten – zum ersten Mal seit Wochen allein.

Natürlich war er nicht dumm, er wusste, dass Viviane vermutlich noch einen anderen Liebhaber hatte. Und da Carr sehr besitzergreifend war, besuchte Viviane diese geheimnisvolle Person wahrscheinlich nur, wenn er aus dem Haus war. Wyll wollte einfach wissen, wer sein Konkurrent war, wollte sich erklären und Viviane mit der Hingabe des erstmalig Verliebten beweisen, dass xier genauso gut bei *ihm* finden konnte, was xier sich erträumte.

Er war so sehr in diese Vorstellung versunken, dass er Viviane beinahe aus den Augen verloren hätte, als xier die Straße verließ und zwischen den Schornsteinen der Geothermieanlage verschwand. Die geisterhaften weißen Röhren ragten weit in den Himmel hinauf und spien dichte Wolken aus. Ihr Summen ließ den Boden vibrieren, sodass es sich anfühlte, als wäre ein riesiger Bienenstock in der Erde verborgen.

Wie ein Hund, der seine Fährte verloren hat, lief Wyll zögerlich hin und her, bevor er ebenfalls das summende Feld betrat und sich zwischen den hohen, fahlen Türmen hindurchschob. Jetzt umzukehren, kam nicht infrage, und nun konnte er auch jeden Versuch der Täuschung aufgeben. Wenn er xien nun einholte, wäre es eindeutig, dass er xiem gefolgt war. Aber aus welchem Grund überquerte xier überhaupt das riesige Generatorenfeld?

Die Antwort fand sich jenseits der Anlage. Als Wyll das Feld hinter sich ließ, fand er sich direkt an einem breiten Fluss wieder. Auf dem Wasser befand sich eine Art schwimmender Jahrmarkt. Boote in verschiedenen Formen und Größen waren miteinander vertäut worden und durch improvisierte Leitern und Seile verbunden. Auf den Decks herrschte reges Leben, alles angestrahlt von Lichtern in allen Regenbogenfarben, die teilweise sogar hoch in der Takelage hingen und gefährlich weit über die Boote hinausragten. So wurde der Fluss zu einem schwarzen Band, das mit tanzenden Lichtfunken geschmückt war. Der Duft von bratendem Fleisch und würzigen Meeresfrüchten hing in der Luft, Musik und Gelächter drangen zu Wyll herüber. Von alldem angelockt, ging er näher heran. Sein eigentliches Ziel war vorübergehend vergessen. Eine ziemlich unorganisierte Party war das. Die Beleuchtung umfasste quasi alles von Bühnenscheinwerfern über Glaskugeln bis hin zu rautenförmigen Suchscheinwerfern und Leuchtstreifen auf dem Boden. Fast schien es, als hätte jeder Gast eine eigene Lichtquelle mitgebracht.

Die Boote selbst waren offenbar aus diversen Überresten zusammengebastelt: Gummireifen, Radfelgen, umfunktionierte Schiffscontainer und – falls er das richtig erkannte – sogar aus Motorradteilen. Da Ritter sich nur äußerst selten an solche Orte verirrten, war wohl anzunehmen, dass Letztere illegal beschafft worden waren …

»Hast du dich verlaufen?«

Erschrocken fuhr Wyll zusammen.

Direkt am Ufer hockte eine Gestalt auf einer umgedrehten Holzkiste. Die dichte Qualmwolke, in der sie hockte, enthüllte kaum mehr als einen gebeugten Rücken, dickes langes Haar und ein Paar äußerst zweckmäßig aussehende Stiefel.

Sicherlich stieß niemand rein zufällig auf diese hinter einem Elektrizitätswerk verborgene Flotte. Also tat er wohl besser so, als wäre er absichtlich hier.

»Ich suche jemanden«, erklärte Wyll also den rauchenden Stiefeln. »Viviane.«

»Na klar«, lautete die Antwort aus der Dunstwolke. »War nur Spaß.«

Wyll blinzelte überrascht. Das war ja einfach. Nachdem er sich mit einem Nicken bedankt hatte, ging er zu dem Boot hinüber, das wenige Zentimeter vom Ufer entfernt trieb. Niemals zögern, sonst merkt jeder, dass man nicht dazugehört. Mit einem großen Schritt ließ er den festen Boden hinter sich.

Auf den Booten hatten sich überall kleine Grüppchen zusammengefunden. Die Menschen waren in angeregte Gespräche – offenbar vor allem Streitgespräche – vertieft, während sie aßen und tranken. Die meisten standen, einige saßen aber auch auf umgedrehten Kisten, Decken oder Fässern. Inzwischen ließ der Adrenalinschub, den die sture Jagd auf Viviane in Wyll ausgelöst hatte, wieder nach. Nun fühlte er sich etwas unwohl. Das hier war nicht seine Party, nicht seine Welt. Er gehörte nicht dazu.

Aber nachdem er so weit gekommen war, wollte er nicht einfach den Schwanz einziehen. Er musste Viviane finden, allein schon, um sich zu entschuldigen, bevor er ging. Und vielleicht gab es ja auch eine winzige Chance, dass xier weich wurde und ihn bleiben ließ …

Während er herumwanderte, fing er verschiedene Gesprächsfetzen auf – »Natürlich klingt das utopisch, aber es könnte Realität werden, wenn die Pfeiler der Gier niedergerissen würden …«. Immer wieder nickten ihm die Fremden auf den Booten grüßend zu. Angenehm überrascht von dieser Freundlichkeit, erwiderte er den Gruß auf dieselbe Weise, machte aber auch deutlich, dass er momentan leider keine Zeit hatte für ein Schwätzchen. Das hier war ganz anders als Carrs Partys, wo die starre soziale Hierarchie genau festlegte, wer mit wem worüber sprechen durfte.

Viviane blieb verschwunden, und das, obwohl er sich schon mehrere Boote weit vom Ufer entfernt hatte. Plötzlich kam ihm der ganze Versuch sinnlos vor. Leise auf die eigene, verliebte Dämlichkeit schimpfend, suchte Wyll sich einen Weg zurück. Der Gedanke an den langen Heimweg in der Dunkelheit hob seine Laune nicht gerade. Er war sich ja nicht einmal mehr sicher, aus welcher Richtung er gekommen war, da er Viviane wie ein hirnloses Karnickel hinterhergerannt war.

»Hey!«, rief ihm plötzlich jemand zu. »Wo bleibst du denn?«

Verwirrt fuhr Wyll herum, da er dachte, das könnte Viviane sein. Doch der Sprecher war groß und trug eine beinahe lächerlich voluminöse Mütze.

»Oh. Tut mir leid, ich …«

»Muss dir nicht leidtun«, erwiderte Riesenmütze ungeduldig. »Steig einfach ein und hilf uns, das zu klären, okay? Peke gibt mal wieder nur gequirlte Kacke von sich.«

Riesenmütze und jemand, bei dem es sich wohl um den Kacke von sich gebenden Peke handeln musste, saßen auf ein paar umgedrehten Krabbenkäfigen.

»Es behauptet ja niemand, dass er tatsächlich umgebracht werden soll«, sagte Peke gerade unwillig. »Du dramatisierst das viel zu sehr.« Er war erstaunlich klein für eine solch tragende Stimme, dazu drahtig und schmal wie ein Jagdhund.

»Das ist *delas*«, beharrte Riesenmütze. »Mit solchen arbeitet man nicht zusammen. Da spei ich lieber mein Abendessen in den *riviere*.«

»Wir arbeiten ja auch nicht *mit* ihnen«, erklärte Peke geduldig. »Wir spannen sie nur für unsere Zwecke ein.«

»So fängt es immer an«, prophezeite Riesenmütze düster.

»Da gibt es diese irre Radikale, die in einer der monotheistischen Sekten aufgewachsen ist.« Peke hatte offenbar beschlossen, die negative Einstellung seines Gesprächspartners zu ignorieren. »Sie will es machen. Hat es sogar selbst vorgeschlagen.«

»Und warum, bei allen sieben Höllen, sind wir überhaupt mit dieser Irren in Kontakt?« Riesenmütze warf Wyll einen verzweifelten Blick zu. Das Wort »Irre« klang in diesem Fall genau wie das Wort »Kanalratte«.

Starr vor Schreck stand Wyll da und überlegte krampfhaft, wie er sich aus der Situation zurückziehen sollte. Das klang nicht wie etwas, woran er sich beteiligen sollte. Mordpläne? Eine Radikale? Hoffentlich waren die beiden einfach nur high oder erlaubten sich einen Scherz mit ihm. Allerdings wirkten sie ziemlich nüchtern.

Peke nickte in Wylls Richtung. »Viviane kennt sie. Meinte, sie seien zusammen aufgewachsen. Ist doch so, Vivi?«

Auffordernd sah er Wyll an. Der schaute sich erleichtert um – doch Viviane war nirgends zu sehen. Die beiden auf den Krabbenkäfigen allerdings musterten ihn noch immer erwartungsvoll.

Stille breitete sich aus, die mit jeder Sekunde an Bedeutungsschwere gewann, bis alle drei mit der Last zu kämpfen begannen.

»Redet ihr etwa mit mir?«, fragte Wyll schließlich.

Peke stieß Riesenmütze mit dem Ellbogen an. »Xier ist voll drauf.«

Riesenmütze schnaubte belustigt. »Du bist doch erst vor ein paar Minuten gekommen, ich habe dich gesehen. Hast dir wohl selbst etwas mitgebracht, wie? Na los, hier wird geteilt.«

»Was hast du dir reingezogen, Vivi?«, bohrte Peke weiter. »Titon wird fuchsteufelswild, wenn er glaubt, dass du high zum Treffen erscheinst. Und mit dem willst du es dir bestimmt nicht verscherzen, oder? Du weißt genau, wie ernst er die ganze Sache nimmt.«

»Na ja, einer sollte es zumindest ernst nehmen, immerhin planen wir hier die Ermordung des Königs von London«, befand Riesenmütze unbeschwert.

Wylls Verwirrung wurde um eine alarmierende Nuance erweitert.

Peke zischte wütend: »Schrei nicht so, du Dämlack.«

»Wieso denn? Hier auf dem Kahn gehören doch alle der Gruppe an, einen sichereren Ort gibt's nicht.«

»Und ich habe dir gerade erklärt, dass niemand hier irgendjemanden ermorden will, oder etwa nicht?«, wütete Peke weiter. »Du hörst einfach nicht zu. Du hörst nie zu. Das wird ein vorgetäuschtes Attentat. Nur die Irre wird denken, es sei echt, und dann wird der Palast sie und die übrigen Terroristen, die da mitmischen, auseinandernehmen. Somit sind die schon raus. Die dürfen nicht mal in der Arena kämpfen, das gibt einfach eine

Massenhinrichtung für alle, die es wagen, Hand an den König von Blackheart zu legen.« Zufrieden klopft er sich die Hände ab. »Eine Gruppe widerlicher Gottgleichenmörder weniger auf dieser Welt.«

»Peke, du hältst jetzt *sofort* die Schnauze.«

Der scharfe Einwurf machte Pekes sonoren Ausführungen ein Ende. Und da stand plötzlich Wylls anvisierte Beute, nur wenige Meter entfernt, das Gesicht in einer Mischung aus Entsetzen und Wut verzerrt.

Wyll hob die Hände, froh, xien endlich zu sehen, und wollte schon zu einer Erklärung ansetzen. Doch bevor er auch nur einen Ton herausbekam, stand Viviane vor ihm und schlug ihm mit voller Wucht in den Magen.

*

»Könntest du wenigstens die Pistole runternehmen?«, fragte Wyll möglichst unterwürfig.

Der kalte, glänzende Lauf von besagter Waffe zog momentan den Großteil seiner Aufmerksamkeit auf sich, fast so, als würde sie von unzähligen Taschenlampen und Blinkpfeilen angestrahlt. Vivianes Hand, Arm und Gesicht, die sich irgendwo dahinter befanden, belegten nur einen verschwommenen zweiten Platz.

»Mir war doch nicht bewusst, dass ich das getan habe«, flehte er. »Das schwöre ich bei Iochis Visage.«

»Du hast aber nicht das Gesicht eines Heiligen getragen, Wyll«, erwiderte Viviane kälter, als er xien je erlebt hatte. »Sondern *meines*.«

Dass er so unbehelligt auf das Boot gehen konnte, die freundliche Begrüßung durch völlig Fremde, der vertraute Ton, den Peke und Riesenmütze ihm gegenüber angeschlagen hatten …

Plötzlich ergab vieles, das in den letzten Minuten geschehen war, einen Sinn.

»So etwas ist schon früher vorgekommen«, protestierte Wyll. »Das mache ich nicht bewusst, ich habe keine Kontrolle darüber.«

»Du hast mein *Gesicht* gestohlen.«

Xier klang regelrecht angewidert.

Jetzt hasste xier ihn also.

»Gekrümmte Lichtstrahlen und Schallwellen«, murmelte Wyll. »Nichts davon ist real. Ich wollte das nicht. Ich bin dir bloß hierher gefolgt, weil ich mit dir reden wollte. Und ich habe keine Ahnung, was das alles hier soll.« Hilflos musterte er die Bootswände, die sich um sie wölbten. Dieses Gespräch wurde unter Deck geführt, ganz intim, nur sie drei: Wyll, Viviane und das Ding, das so große Löcher in einem Körper hinterlassen konnte. »Ich … ich wollte dich unbedingt sehen. Wahrscheinlich hat mein Geist nur versucht, mir zu geben, was ich wollte. Irgendwie.«

In der Stille, die nun einsetzte, schien der Lauf der Waffe immer größer und größer zu werden.

»Weiß Carr, dass du so etwas kannst?«, fragte Viviane schließlich.

»Ihr habt doch beide schon gesehen, wie ich andere Menschen heraufbeschwöre …«

»Aber ich habe nie gesehen, dass du sie dir selbst *überstreifst*. Und bislang hat es nur einen einzigen *thwimoren* gegeben, der dazu in der Lage gewesen wäre.«

Wylls Herz schien in einen bodenlosen Abgrund zu stürzen.

Bis heute war es niemandem gelungen, nachzuweisen, dass die Gaben der Gottgleichen genetisch verankert waren. Sie konnten ebenso gut eine Generation überspringen und nur äußerst selten trat dasselbe Talent in der Familie erneut auf. Aber es war Wylls Vater gewesen, der ihm beigebracht hatte, wie er seine Illusionen auf den eigenen Körper anwenden konnte, um wie jemand anders auszusehen. Von wem sonst hätte er das auch lernen können?

Sein Blick wanderte am Lauf der Waffe entlang zu Viviane und sie blickte am Lauf der Waffe entlang zu ihm. Xier wusste es und Wyll wusste es. Von diesem Punkt aus gab es nur noch einen Weg.

»Wie ich hörte, wollt ihr den König von London ermorden«, sagte er.

Sein Leben hing an einem seidenen Faden.

Die Pistole senkte sich ein Stück. Lachend schüttelte Viviane den Kopf, xier schien zwischen Belustigung und Resignation zu schwanken. »Das klassische Patt also? Ich lasse dich auffliegen, wenn du mich auffliegen lässt?«

Wyll war klug genug, um darauf nichts zu erwidern.

Mit einem tiefen Seufzer gestand Viviane schließlich: »Mit Gummigeschossen. Sie wird zwar eine Waffe haben, aber die ist nur mit Gummigeschossen geladen. Tun auch ziemlich weh, dringen aber nicht in den Körper ein.«

»Und was bringt es euch, so zu tun, als wolltet ihr ihn umbringen?«, fragte Wyll zögernd.

»So werden wir sie am besten los.«

»Wen?«

»Unsere Feinde.«

»Und wer sind diese Feinde?«

»Alle, die wollen, dass die Menschheit engstirnig und kleingeistig bleibt.«

»Behandele mich nicht wie ein Kind«, entgegnete Wyll ungeduldig. »Das bin ich nämlich nicht. Erkläre es mir.«

Doch Viviane sagte nichts weiter.

»Ihr seid also Revolutionäre, ja?«

»Welch eine Herablassung! Allerdings glaube ich, darunter auch einen Hauch von Angst zu spüren.« Viviane grinste abfällig. »Keine Sorge, ich war schon immer zu pragmatisch veranlagt, um wahrhaft idealistisch zu sein. Außerdem ist das hier auch nicht meine Show.« Als xier merkte, wie überrascht Wyll war, fügte xier hinzu: »Sehr schmeichelhaft, aber ich bin nur ein einfaches Mitglied dieser Organisation und stehe nicht einmal sonderlich weit oben in der Hackordnung.«

Wyll hatte die Verbundenheit und den Respekt der anderen bemerkt, als er sich unter ihnen bewegt hatte. Viviane log ihn an, allerdings wusste er nicht, warum.

»Du kannst mir vertrauen«, versicherte er xiem.

Sein Einwurf wurde nur mit einem herablassend-belustigten Blick quittiert. »Ich kenne dich kaum, Wyll. Oder glaubst du ernsthaft, man gewinnt tiefe Einblicke in den Charakter eines Menschen, wenn man seinen Schwanz lutscht?«

»Du vielleicht schon«, schoss Wyll zurück.

Viviane lachte. »Ganz so funktioniert meine Gabe dann auch nicht, aber das ist gar keine schlechte Analogie. Also ein Punkt für dich. Was hast du noch zu bieten?«

Ein Test, um zu sehen, wie er dachte – wie ein Mann oder wie ein Kind. Also schön.

»Ihr habt Ritter auf eurer Seite, die euch unterstützen. Vielleicht finanziell, vielleicht auch, indem sie euch Zugang zum König verschaffen.«

Das war keine weltbewegende Erkenntnis, immerhin bestanden diese Boote unter anderem aus Motorradteilen und Viviane hielt ihm gerade eine Pistole ins Gesicht. Alles Dinge, die nur Rittern zur Verfügung standen und die für Normalsterbliche als unerreichbar galten. Trotzdem registrierte Wyll mit unverkennbarem Glücksgefühl, wie überrascht Viviane bei dieser Folgerung wirkte. Gleichzeitig spürte er ein sehnsuchtsvolles Ziehen im Schritt. Viviane hatte ihn wirklich völlig verkorkst. Xiem zu gefallen, beglückte ihn offenbar in mehr als einer Hinsicht.

»Nun ja«, gab xier zu, »wo liegt denn das meiste Geld? Eine solche Unternehmung muss solide finanziert werden.«

Allerdings, ja. Und kaum jemand war wohlhabender oder einflussreicher als ein Ritter. Deren Leben musste so frei und unbeschwert sein wie eine endlose Motorradtour. Wie sehr sich Wyll nach einem solchen Leben sehnte. Aber welcher Ritter würde sich mit Attentätern zusammentun, auch wenn der geplante Anschlag nur fingiert war? Wer hatte dadurch etwas zu gewinnen?

Verwirrt schüttelte Wyll den Kopf. »Warum sollte jemand so etwas tun?«

Vivianes Rehaugen wurden kalt. »Wir haben alle unsere Gründe. Hältst du das vielleicht für einen Witz?«

Nicht gerade leicht, etwas witzig zu finden, wenn man eine Waffe im Gesicht hatte.

»Ich meinte eure Attentäterin«, präzisierte er hastig. »Warum sollte sie so etwas tun?«

Achselzuckend entgegnete Viviane: »Hat in dir noch nie ein selbstgerechter Zorn gebrannt? Sie glaubt, auf der richtigen Seite zu stehen, und ist bereit, dafür zu sterben. An einem solchen Entschluss lässt sich nichts mehr ändern, warum ihn also nicht nutzen und diesen Eifer in eine konstruktive Richtung lenken?«

Plötzlich wurde Wyll bewusst, wie absurd diese Unterhaltung war. Das konnte doch nicht wirklich geschehen. Ausgeschlossen. Er war eigentlich nur hier, weil er Viviane seine herzzerreißende, jungenhafte Liebe gestehen wollte, ein so wundervoll unschuldiges Gefühl, zu dem er nun gerne zurückkehren würde. Zurück zu dem Moment, bevor er begriff, dass das Objekt seiner Begierde so Furcht einflößend und unnahbar sein konnte. Seine Vernunft wusste bereits, dass er niemals so leben konnte wie Viviane, dass er das auch gar nicht wollte. Aber seine Vernunft hatte gerade nicht das Sagen.

Momentan war er nur ein Besucher in Vivianes Welt – aber vielleicht gab es ja eine Möglichkeit, ihr dauerhaft anzugehören.

»Und was passiert, wenn die Attentäterin doch Erfolg hat?«, wollte er wissen. »Wenn sie … die Waffe wegwirft, weil sie nicht funktioniert, und stattdessen ein Messer zieht?«

»Dazu wird sie nicht dicht genug an ihn herankommen«, erwiderte Viviane.

»Wie wollt ihr das denn sicherstellen? Werdet ihr noch jemanden mitschicken?«

Das folgende Schweigen machte deutlich, dass die Antwort wohl Nein lautete.

Wylls Gedanken rasten, er suchte verzweifelt nach einem Zugang. »Wo soll es stattfinden?«

»Je mehr du fragst, desto unwahrscheinlicher wird es, dass du diesen Raum lebend verlässt, mein Lieber.«

Aber Wyll hörte gar nicht hin. »Sicher bei irgendeinem gesellschaftlichen Anlass«, mutmaßte er. »Wie solltet ihr sonst involviert werden? Irgendwie müsst ihr ja reinkommen … über Carr! Er steckt da auch mit drin.«

Viviane lachte laut auf. »Carr hat von alldem keine Ahnung. Für einen Politiker hat dieser Trottel eine erstaunlich starke Abneigung gegen alles, was mit Politik zu tun hat. Er weiß nur, dass er an einer bedeutenden Veranstaltung teilnehmen wird, bei der auch der König von London mit seiner Clique anwesend sein wird.«

Nun verstand Wyll. »Also wirst du ebenfalls dort sein, wenn du das so einfädelst.«

»Nein, Carr geht allein dorthin. Aus Sicherheitsgründen ist es den Gästen nicht gestattet, eine Begleitung mitzubringen. Und jetzt wird es wirklich Zeit, dass du …«

»Ich könnte hingehen«, fiel Wyll ihr hastig ins Wort.

Viviane stand auf und kam einen Schritt auf ihn zu, die Waffe jetzt nur noch lose in der Hand. »Du bist unschuldig. Du hast keine Ahnung von alldem. Belasse es besser dabei.«

»Hör auf, mich derartig kleinzumachen«, fauchte er xien an, getrieben von der Tatkraft eines Menschen, der sich nicht darum schert, wie groß die Gefahr ist. Er war im Namen der Liebe gekommen und die Liebe siegte über alles. »Noch vor einer Stunde hattest du keine Ahnung, dass Edler Feverfew mein Vater war. Was weißt du noch alles nicht über mich?«

Wortlos starrte Viviane ihn an. Innerlich zitterte er wie ein verschrecktes Kaninchen, doch er wich dem bohrenden Blick nicht aus.

»Ja«, erwiderte xier schließlich leise, »was weiß ich sonst noch nicht über dich? Warum erzählst du es mir nicht?«

Warm und tröstlich klang das, wie ein heißes Bad – eine Einladung, keine Herausforderung.

»Ich kenne den König von London persönlich«, gestand Wyll.

Plötzlich wurde die verzogene Tür hinter Viviane aufgerissen und ein kleiner Mann mit langem maisblondem Haar kam herein. Einen derart stechenden Blick hatte Wyll bisher ausschließlich bei Raubvögeln gesehen.

Hinter ihm drängte sich eine Menschentraube zusammen und versuchte, einen Blick auf den Eindringling zu erhaschen. Mit einem Mal wurde Wyll klar, dass diese Leute sie die ganze Zeit belauscht hatten.

»Hallo, *thwimoren*«, grüßte der Mann mit dem Falkenblick. Er grinste schief, doch es wirkte irgendwie ungeübt, als wisse er nicht genau, wie man lächelt. »Mein Name ist Titon und ich würde furchtbar gern mehr über deine Beziehung zu unserem König hören.«

Viviane hatte sich Titon zugewandt und schien den Blick nicht mehr von ihm abwenden zu können. Von den anderen auf dem Boot hatte er den Namen bereits gehört und selbst in diesen kurzen Erwähnungen war furchtsame Unterwürfigkeit angeklungen – sozusagen eine Warnung, dass Viviane-Wyll sich besser keinen Ärger mit ihm einhandeln sollte. Allerdings schien Viviane völlig frei von Furcht zu sein.

Und plötzlich war alles klar. Titon war der Mann, den er gesucht hatte, den er sich ansehen musste, um einschätzen zu können, ob er im Kampf um Vivianes Liebe eine Chance hätte. Titon war sein Rivale.

Viviane wurde von Stärke angezogen. Carr war ein Schwächling, der die Kraft anderer Menschen nutzte, um seine eigene Macht zu erhalten. Aber dieser Titon war stark. Seine Persönlichkeit füllte den gesamten Raum aus, sodass kaum noch Luft zum Atmen blieb. Wie sollte Wyll seine Überlegenheit gegenüber einem Mann beweisen, der ein fingiertes Attentat auf einen König plante?

Indem er der Mann wurde, der das Attentat ausführte.

*

»Warum lässt du dich da reinziehen, Wyll?«

Als sie zu Carrs Haus zurückkehrten, schimmerten die ersten rosa Sonnenstrahlen am Horizont. Die Nacht über hatten sie diskutiert und Wyll war unverkennbares Misstrauen entgegengeschlagen. Die ganze Zeit hatte er versucht, diese Fremden zu überzeugen, die so aussahen, als würden sie ihn am liebsten einfach in den Fluss werfen. Sobald Viviane sich allerdings für seine Idee erwärmte, entspannten sie sich, um ihn dann erstaunlich schnell in ihre Reihen aufzunehmen.

Die Menschen fühlten eben meist das, was Viviane sie fühlen ließ.

Allerdings hatte man xiem trotzdem aufgetragen, Wyll nicht aus den Augen zu lassen und jeden seiner Schritte zu überwachen, bis die Operation beendet wäre; ohne Vivianes Wissen durfte er nun weder sprechen noch auch nur auf die Toilette gehen. Genau von dieser umfänglichen Aufmerksamkeit hatte Wyll geträumt, aber das musste ja niemand wissen.

Und nun war er definitiv kein Kind mehr, sondern ein Mann. Eigentlich hatte er sich diesen Schritt aufregender vorgestellt, denn er empfand bloß eine vage Furcht vor der Wendung hin zum Unbekannten, die sein Leben in nur einer Nacht vollzogen hatte.

»Wenn du das für mich tust …«, begann Viviane.

»So ist es nicht«, unterbrach Wyll xien barsch.

Hierbei ging es nicht mehr nur darum, Viviane für sich zu gewinnen.

Als der junge, naive Wyll um Hilfe gebeten hatte, war Art gekommen. Art hatte ihn gerettet. Und im Gegenzug hatte Wyll versprochen, dass er irgendwann auch Art retten werde. Da es immer irgendjemanden gab, der dem König nach dem Leben trachtete, war er fest davon ausgegangen, dass sich früher oder später eine Gelegenheit dazu bieten würde.

Allerdings hatte er nicht damit gerechnet, dass er dabei gleichzeitig der Attentäter sein würde.

Doch auf diese Weise konnte er Art seinen Wert beweisen, konnte zeigen, wie nützlich es war, ihn an seiner Seite zu haben. Vielleicht bewies er so sogar, dass er einer Ritterschaft würdig war. Dann würde Art ihn wieder zu sich holen und ihn nicht noch einmal für zwei Jahre zu solch rückgratlosen Kriechern wie Carr schicken. Der König von London würde ihn niemals dazu zwingen, für irgendwelche miesen Politiker Tricks aufzuführen, weder im Bett noch an der Tafel. Der König von London würde ihn überhaupt nicht zwingen, irgendwelche Tricks aufzuführen.

Sie sollten ihn beide lieben, Viviane und Art. Ihn lieben und annehmen.

Natürlich sprach er nichts davon laut aus, aber bei Viviane beschlich ihn stets das demütigende Gefühl, trotzdem durchschaut zu werden.

Als sie endlich wieder an der Hintertür von Carrs Villa standen, erhob sich Viviane auf die Zehenspitzen und drückte Wyll einen Kuss auf die Wange, ganz so, als wäre alles in bester Ordnung.

»Noch kannst du aussteigen«, flüsterte xier. »Sie werden dir nichts tun, wenn du einen Rückzieher machst, das verspreche ich dir. Sie werden dich einfach gehen lassen. Dafür sorge ich. Denk darüber nach.«

Aber Wyll musste nicht nachdenken. Ihm war durchaus bewusst, was es bedeutete, wenn man für seine Ziele sein Leben aufs Spiel setzte. Es war nicht das erste Mal und es würde wohl auch nicht das letzte Mal sein.

Mafelon war seine Chance und er wollte sie ergreifen.

*

Alles lief reibungslos.

Wylls einst geheime Verbindung nach Cair Lleon wurde enthüllt, als sie Carr dazu überredeten, Wyll mitzunehmen. Erstaunlicherweise gelang ihnen das sogar. Da Carr überglücklich war über jede Möglichkeit, weiter in den Dunstkreis des Königs vorzudringen, begab er sich mit Wyll nach London, wo sie an dem wenig später mit Schrecken behafteten Diplomatenempfang im historisch bedeutenden Mafelon teilnahmen. Dort ergriff ihre extremistische Möchtegernattentäterin – die sicher von der unter Titons Aufsicht stehenden Viviane manipuliert wurde – ihre Chance. Dann ergriff Wyll wiederum seine, indem er sie mit einer höchst dramatischen und kunstvollen Anwendung seiner Illusionskunst aufhielt. Das alles geschah vor den Augen der eingeschüchterten Abendgesellschaft, die viele der mächtigsten Gesandten aller Sieben Königreiche umfasste. Dem schockierten, aber dankbaren König Artorias blieb nun gar nichts anderes übrig, als Wyll die öffentliche Anerkennung zu zollen, nach der dieser sich so sehnte, und ihn danach in seinen engsten Kreis zu holen.

Zu seiner großen Erleichterung starb Art – sein Mentor, Ersatzvater und Retter –, ohne je zu erfahren, welche Rolle Wyll bei den Geschehnissen von Mafelon wirklich gespielt hatte.

Doch falls Viviane dieses Geheimnis enthüllen sollte, vor allem jetzt, wo er wegen Arts Tod verdächtigt wird … dann könnte sein Leben wie ein Kartenhaus in sich zusammenfallen. Zum Teil ist es das schon, und er kann es sich nicht leisten, noch mehr zu verlieren. Dann würde er in ein tiefes Loch fallen, aus dem er nie wieder herauskäme.

Also muss er Viviane diese verdammte Karte beschaffen.

Und danach muss er sicherstellen, dass xier nie wieder zu einer Gefahr für ihn wird.

KAPITEL 14

Garads Wohnung, Evrontown

Zwei Wochen zuvor

»Du bist also zu dieser … Gottgleichenparty gegangen«, folgert Garad mit einer Mischung aus Neugier und subtiler Herablassung.

Ghost zieht an ihrem Sicalo und genießt das Gefühl, sich nun xiese geballte Aufmerksamkeit gesichert zu haben.

»Schnall dich besser an«, warnt sie, »denn das war die längste und verrückteste Nacht meines Lebens.«

*

Loisnes, Alaunitown

Zwei Monate zuvor

»Ich komme mir albern vor«, brummt Ghost und zupft an ihrem dünnen Jäckchen.

»Du siehst atemberaubend aus«, versichert ihr Delilah.

»Standardisierte Schmeicheleien ziehen bei mir nicht«, behauptet Ghost, hält dann aber kurz inne. »Atemberaubend? Ehrlich?«

»Jawohl«, bekräftigt ihre Begleiterin, die allerdings nicht ganz bei der Sache zu sein scheint, da sie nebenbei mit erstaunlicher Geschicklichkeit eine Datenmünze über ihre Knöchel wandern lässt. Vielleicht ein nervöser Tick.

»Wie soll man in diesen Dingern bloß anständig laufen?«, fragt Ghost niemand Bestimmten.

Mit einem kurzen Blick auf Ghosts Füße erklärt Delilah: »Krallen sind nicht ganz einfach, das stimmt. Aber mit ein bisschen Übung hast du den Bogen schnell raus.«

Noch tut sich Ghost mit den verdammten Vogelschuhen allerdings schwer. Aber anscheinend bekommt sie nicht einmal eine Kralle in die Tür, wenn sie nicht dem Motto entsprechend gekleidet ist, das heute »Animalia« lautet. Dämliche Scheinwelten. Warum gibt es bei geheimen Unternehmungen immer so viele alberne Regeln?

»Wer hat diesen Irrsinn überhaupt erfunden?«, grummelt sie weiter. »Ich meine, wer wacht schon eines Tages auf und denkt sich: Hey, es wäre doch total spaßig, auf Krallen herumzulaufen. Und bei allen Heiligen, wenn wir es machen, machen wir es auch richtig – sie müssen den Träger so sehr in seiner Bewegungsfreiheit einschränken, dass er bei jedem Schritt beinahe umkippt. Dazu fertigen wir sie noch aus Materialien an, die auf Straßenbelag klingen wie Knochen in einem Würfelbecher, sodass man schon aus einer Meile Entfernung gehört wird.«

»Joln Chimes hat recht«, stellt Delilah fest. »Du redest wirklich ziemlich viel, wenn du angespannt bist.«

Ghost wirft ihr einen bösen Seitenblick zu.

Die Sängerin trägt ein Katzenkostüm in zartem Rosé, das ihre Beine endlos erscheinen lässt. An ihrem Hals schimmert ein halb transparentes, mit Perlglanz versehenes Registrationstattoo. Natürlich ist es eine abwaschbare Fälschung – und damit illegal –, aber dort, wo sie hingehen, wird man sie für den offen zur Schau gestellten Wagemut feiern. Bei dieser Party sind Gottgleiche so heiß begehrt, dass es bewundernswert ist, sich als solcher auszugeben.

»Ihr habt also über mich geredet, ja?«, hakt Ghost nach.

Delilah schnaubt spöttisch. »Du hast wohl eine ziemlich hohe Meinung von dir.«

»Ich bin es gewohnt, angehimmelt zu werden.«

»Tja, bei mir kannst du da lange warten.«

Ghost verkneift sich ein Grinsen. Unsicher hoppel-stöckelt sie die regennasse Straße entlang, die von grell leuchtenden Ladenschildern und blinkenden Werbetafeln gesäumt ist. Sie kommen an einem Caballaria-Wettbüro vorbei, in dessen Schaufenster holografische Aufnahmen der letzten Kämpfe in Dauerschleife laufen, nach ihrer Wichtigkeit gestaffelt. Ghost ertappt sich dabei, wie sie die Namen der Kämpfer durchgeht, die hier stolz präsentiert werden. Nur mit Mühe gelingt es ihr, sich davon loszureißen.

»Und du sollst da heute Abend auftreten?«, erkundigt sie sich bei Delilah.

»Ja, ich werde für mein Abendessen singen. Nur ein kurzer Auftritt, die haben mehrere Künstler gebucht. Die Veranstaltung hat gerade erst angefangen und wird wohl ziemlich lange dauern.«

Ghost liest in einem Schaufenster die aktuelle Uhrzeit ab. »Es ist schon nach Mitternacht.«

»Okay, Omilein«, spottet Delilah, »so etwas dauert bis zum Morgengrauen. Man geht erst, wenn einen die ersten Sonnenstrahlen blenden.«

»Hm. Und woher weiß man, wann es so weit ist? Unter der Erde kriegt man davon doch nichts mit.«

»Wie kommst du darauf, dass es unterirdisch stattfindet?«

»Ist das bei solchen Geheimveranstaltungen nicht immer so?«

»Nein. Manchmal verbergen sie sich dort, wo jeder sie sehen kann.« Delilah zeigt auf das Gebäude, das soeben vor ihnen auftaucht.

Dabei handelt es sich um einen hohen, schmucklosen schwarzen Würfel, der mitten in einer Straße aufragt, in der die übrigen Gebäude wesentlich prunkvoller daherkommen; Relikte aus Londons langer, abwechslungsreicher Vergangenheit. Nicht gerade unauffällig.

Verblüfft bleibt Ghost stehen. »Das ist es?«

Delilah nickt.

»Auch wenn ich damit nur das Offensichtliche ausspreche: Das Ding hat keine Tür.«

Vielsagend lässt Delilah die Datenmünze zwischen ihren Fingern aufblitzen. Dann drückt sie auf den kleinen Schalter und eine Projektion erscheint. Nun schwebt ein dickes himmelblaues Symbol mit zwei Spitzen über der Münze. Es hat eine gewisse Ähnlichkeit mit einem W.

Delilah hebt die Münze an und lässt das Symbol auf die kahle schwarze Mauer gleiten.

Sofort leuchtet im Inneren der Wand etwas auf. Eine flache Scheibe löst sich aus der Mauer und gleitet beiseite, darunter kommt ein schmaler Schlitz zum Vorschein. Delilah wirft die Münze in den Schlitz, woraufhin das Gebäude sie mit einem zufriedenen Zirpen verschluckt. Es klappert mechanisch, doch die Mauer bleibt unverändert. Eine Mauer eben. Ganz eindeutig.

»Tja, welch eine Enttäuschung«, stellt Ghost fest. »Und was machen wir jetzt?«

Delilah wirft ihr einen triumphierenden Blick zu, dann geht sie, ohne zu zögern, durch die Mauer hindurch. Die Lichtstrahlen summen leicht, als sie durch ihren Körper gebrochen werden.

Bei allen Heiligen. Die Mauer ist eine Projektion.

Da Ghosts Körper entgegen allen Beweisen fest mit einem schmerzhaften Widerstand rechnet, ist sie ziemlich verkrampft, als sie in die Mauer tritt. Doch es ist tatsächlich nur Luft, sie gelangt einfach und problemlos in den Raum dahinter.

Und dieser Raum ist riesig.

Gleich mehrere Stockwerke des Steinklotzes wurden geopfert, um eine gigantische Halle zu schaffen, deren Decke sich irgendwo knapp unter dem Himmel verliert. Der schlicht geflieste Boden scheint bis in andere Welten zu reichen. Und überall in diesem Raum stehen, hocken, kauern und balancieren Objekte verschiedenster Form. Keines ist kleiner als ein ausgewachsener Mensch, manche sind größer als Ghosts gesamter Wohnraum. Eines reicht bis zur Decke hinauf. Geradezu unverfroren ragt ein aus fein gearbeiteten Metallsträngen zusammengesetztes Objekt in seiner Ecke auf, so fremdartig, dass es kaum von Menschen geschaffen worden sein kann. Es scheint den wahr gewordenen Albtraum eines Mathematikers zu verkörpern; wenn sie es zu lange ansieht, wird Ghost schwindelig.

»Was ist das alles?«, fragt sie leicht benommen. Ihre Stimme gleitet über die kahlen Fliesen zu Delilah hinüber, die sie belustigt beobachtet.

»Kunst. Und jetzt komm, der Fahrstuhl ist da hinten.«

»Wie jetzt, ist das Erdgeschoss vielleicht nicht groß genug für eine Party?«, brummt Ghost unwillig. Klickend stakst sie mit ihren Krallen über den Boden; bei jedem Schritt wird das schabende Geräusch von den Wänden zurückgeworfen, bis es irgendwann klingt, als wären sie von einem Schwarm skelettierter Heuschrecken umgeben.

»Reiche Menschen lieben die Höhe«, erwidert Delilah nur.

Der Aufzug ist leichter zu finden als der Eingang, allerdings nicht viel. Die gläserne, an eine Schauvitrine erinnernde Kabine kommt lautlos vor ihnen zum Stehen. Klickend betreten sie den ebenfalls transparenten Kabinenboden.

»Du wirkst nervös«, stellt Delilah fest. »Offenbar hast du wenig Erfahrung mit der Welt der Schönen und Reichen.«

»Ziemlich wenig, ja.« Die Lüge geht Ghost glatt über die Lippen.

»Eigentlich ist es ganz einfach. Tu so, als wärst du ausschließlich zu ihrem Vergnügen da.«

»Ah, dieses Spielchen kenne ich.«

Die beiden sehen sich an.

»Und du bist sicher, dass Cass' Kunde hier sein wird?«, hakt Ghost noch einmal nach.

»So sicher, wie ich nur sein kann.«

»Glapissant«, rekapituliert Ghost nachdenklich. »Irgendwie kommt mir dieser Name bekannt vor.«

»Er hat bei verschiedenen Dingen die Finger im Spiel. Wohl vor allem Technisches.«

»Wie sieht er aus?«

»Wie ein Frosch«, antwortet Delilah knapp.

»Also hat er sich heute als Frosch verkleidet?«

»Du wirst schon sehen, was ich meine. Bleib am besten immer dicht bei mir. Und sei vorsichtig, wenn man dir etwas anbietet. Blaues Essen und blaue Getränke sind normalerweise am sichersten.«

»Warum ausgerechnet Blau?«, fragt Ghost verblüfft.

Wieder wirft Delilah ihr einen belustigten Blick zu; offenbar ist die Gesellschaft der Naiven vom Lande für sie äußerst amüsant.

»Blau gilt in Alaunitown als Farbe der Unbedenklichkeit«, erklärt sie. »Diese Sachen gibt man den Neulingen. Ursprünglich stammt die Sitte wohl aus den Bordellen, wo man so mit jungfräulichen Kunden verfahren ist. Man hat ihnen ein blaues Band umgebunden, damit die Meretrix besonders behutsam mit ihnen war.«

Noch bevor Ghost antworten kann, beendet der Aufzug – der seinen Dienst so lautlos verrichtet, dass man die Bewegung nur an den draußen vor dem Glas vorbeihuschenden Schachtwänden erkennen kann – mit einem sanften Ruck seine Fahrt.

Hinter den sich öffnenden Kabinentüren wartet das pralle Leben auf sie.

Sprießende, fedrige, schuppige und pelzige Wesen, wohin man auch blickt: Ohren und Schwänze, Tatzen und Klauen, Tentakel, Flügel und Hautmuster – manche temporär, andere nicht. Dazu Kopfschmuck, prunkvolles Geschmeide, edle Stoffe und Schuhe, entworfen, um die Historie möglichst schwülstig wieder aufleben zu lassen. Manche hätten es einfach veraltet genannt. Alles in allem ein Rahmen, in dem Gottgleiche als etwas Exotisch-Animalisches dargestellt werden, als Monstrositäten der Natur.

Diese Menschen, angeblich die Crème de la Crème der Gesellschaft von Alaunitown, können gar nicht altmodisch erscheinen. Ihrer Ansicht nach diktieren sie die aktuelle Mode, denn wo sie vorpreschen, werden alle anderen folgen. Ghost hat allerdings die Erfahrung gemacht, dass sie rückwärtsgewandter sind als der Rest der Gesellschaft. Oben an der Spitze steht man Veränderungen eher kritisch gegenüber, da sie stets die Gefahr in sich bergen, dass man seinen privilegierten Status verlieren könnte.

Das Summen der vielen Gespräche ringsum wird kaum merklich von weicher, wohlklingender Musik übertönt, die vollkommen unaufdringlich ist in ihrer Eingängigkeit. Ghost spürt, wie sich eine Hand in ihre schiebt, die gerade noch entspannt und frei herabhing. Unverhofft, aber angenehm. Allerdings verrät ihr ein kurzer Blick zu ihrer Begleiterin, dass auch hier ein gewisser Showaspekt dahintersteckt, denn Delilah ist verschwunden. An ihre Stelle ist Blumen für Kain getreten, hervorgerufen allein durch Willenskraft und Entschlossenheit.

»Folge mir«, weist die Sängerin sie mit der Selbstsicherheit der Umjubelten an und sie treten hinaus in die Menge. Im Vorbeigehen holt ihnen Delilah Getränke und kleine Snacks von den herumgereichten Servierplatten, gleichzeitig klärt sie Ghost diskret über einige der Gäste auf.

»Das dort ist ein Welyen«, raunt sie verstohlen, als sie an einem dünnen Männchen vorbeigehen, das in ein dichtes Arrangement aus Straußenfedern gehüllt ist. Sein verschwitztes Gesicht lässt vermuten, dass er seine Kostümwahl jetzt schon bereut. »Irgendein unbedeutender Vetter oder so, aber anscheinend hat er einen direkten Draht zu Lady Orcade.«

»Was hat es mit diesen Projektionen auf sich?«, fragt Ghost. Überall in der Menge sind die Menschen auf große schwarze Datenmünzen konzentriert, über denen die Abbildungen verschiedener Gesichter schweben.

»Das sind die Speisekarten«, erklärt Delilah.

»Was bedeutet das?«

»Das bedeutet, dass diese Menschen die Käufer sind und die Gottgleichen die Verkäufer. Ich sagte dir doch bereits, dass Cass hier ihre Kunden getroffen hat.« Delilah wirft ihr einen abschätzenden Seitenblick zu. »Wenn du denen hier einfach sagen würdest, welche Art von Gottgleicher du bist, würde das alles extrem beschleunigen. Selbst wenn du keiner sonderlich seltenen Kategorie angehörst, würden sie sich darum prügeln, an dich heranzukommen.«

»Wenn du das noch einmal vorschlägst, werde *ich* anfangen zu prügeln«, warnt Ghost sie scharf.

»Ich begreife einfach nicht, warum du ein solches Geheimnis daraus machst«, erwidert Delilah unwillig.

»Deine kleinen Kidnapperfreunde haben auch so schon genug gegen mich in der Hand. An diesem Ort bin ich eine Waffe Gottes, mehr nicht. So war es abgemacht. Wenn du dich nicht an die Vereinbarung hältst, werde ich den Laden wohl auseinandernehmen müssen. Das alles hier bedeutet mir nichts. Ich kann dafür sorgen, dass wir schneller rausfliegen als ein Streuner aus einer Gastroküche. Und dann wirst du nie wieder für diese reichen Kambionficker singen, ist das klar?«

Delilah lässt den Blick über die Menge schweifen und sucht offenbar nach Worten. Schließlich sagt sie: »Hör mal, ich wollte nicht …«

Doch Ghost wird nicht mehr erfahren, was Delilah nicht wollte, da sich in diesem Moment eine breite Pranke um deren Oberarm schließt.

»Blumen für Kain«, begrüßt sie die Bärenfrau, der die Pranke gehört – Kostüm und Körperbau passen in diesem Fall perfekt zusammen.

Delilah nickt knapp.

»Du wirst im Larvenraum erwartet«, verkündet die Bärin. »Los jetzt.«

»Meine Begleitung kommt mit.« Delilah deutet auf Ghost. »Sie möchte mich singen hören.«

Die Bärin mustert Ghost kritisch. »Sie haben ja sicher eine Zugangsberechtigung für den Larvenraum.«

Ghost entgeht nicht, dass etwas, das eine Frage sein sollte, wie eine Feststellung klingt – als wüsste die Frau die Antwort bereits und spulte nun wenig begeistert die Standardsätze ab.

»Ja«, behauptet sie also einfach.

»Zeigen Sie mir Ihre Berechtigung.«

»Also gut, doch nicht.«

Wieder packt die Bärin Delilah am Arm. »Dann werdet ihr euch erst hinterher wiedersehen.«

Delilahs Protest klingt wenig überzeugend, anscheinend ist es unabwendbar. Als sie weggebracht wird, dreht sie sich noch einmal zu Ghost um und haucht eine Entschuldigung, verbunden mit der wortlosen Anweisung, hier auf sie zu warten.

Was Ghost ganz sicher nicht tun wird.

Sie prägt sich den Weg ein, den sie nehmen, folgt den beiden in sicherem Abstand und beobachtet, wie sie am anderen Ende des Raumes durch eine Tür verschwinden. Als Ghost dort ankommt, lässt sich die Tür allerdings nicht öffnen. Es gibt weder eine Klinke noch ein Bedienfeld.

Nach kurzer Überlegung sieht sich Ghost verstohlen um und versucht dann, die Hand durch die Tür zu strecken – was an deren unverrückbarer Festigkeit scheitert. Also keine Projektion. Verdammt.

Zum Glück scheint niemand ihre versuchte Türattacke bemerkt zu haben. Fast sieht es so aus, als nehme die feiernde Menge den Larvenraum überhaupt nicht wahr, für sie existiert er eben nicht. Geheimnisse, verborgen in Geheimnissen. Wie viele Schichten gibt es wohl?

Nun ja, hier dumm herumzustehen, wird sie nicht weiterbringen. Vielleicht sollte sie ein paar neue Freundschaften schließen und sich einen der Käufer für eine kleine Befragung schnappen.

Drei fruchtige Cocktails und fünf nicht fruchtende Gespräche später findet sich Ghost in einem offenen Nebenraum wieder, wo sie nachdenklich zu der mit schneeweißen Flügeln geschmückten Decke hinaufstarrt und sich wünscht, weniger getrunken zu haben.

»Sie sind echt«, erklärt ihr eine Stimme, »falls Sie sich das gefragt haben sollten.«

Als Ghost sich umdreht, entdeckt sie den Eigentümer der Stimme direkt hinter sich. Ein attraktiver Mann, wenn auch auf eine sehr herkömmliche Weise. Er sieht aus, als wäre er in einer Fabrik zusammengesetzt worden, in der Versatzstücke verschiedener Modelle zur Auswahl stehen. Bei diesem Exemplar ist der Mund allerdings ein wenig zu breit geraten. Seine wachsbleiche Haut wirkt feucht, als käme er gerade aus einem Dampfbad. Vermutlich hat auch er sich an den zirkulierenden Platten bedient und ist alles andere als nüchtern. Wie viele Nerven wird sie dieses Gespräch wohl kosten?

Trotzdem steigt sie darauf ein. »Was meinen Sie damit?«

»Dass sie früher einmal zu echten Vögeln gehört haben«, antwortet der attraktive Mann.

»Aha.« Wieder blickt Ghost zu den aufgehängten Flügeln hinauf, die plötzlich um einiges trauriger wirken. »Aber warum macht man so etwas? Man kann doch ebenso gut künstliche aufhängen.«

»Natürlich. Wenn man entsprechend viel bezahlt, wäre kein Unterschied zu erkennen.« Der beinahe attraktive Mann deutet mit dem Kinn Richtung Decke. »Aus der Nähe betrachtet, sind sie ehrlich gesagt sogar etwas schäbig. Künstliche sehen oft um einiges besser aus und sie halten sich auch länger. Aber darum geht es nicht. Der Wert einer Sache, oder zumindest der gefühlte Wert einer Sache, wird durch willkürliche Faktoren bestimmt. Wenn es nie Teil eines flugfähigen Körpers war, ist es nichts als Show, oder nicht? Und reine Show ist auf dem Markt nichts wert.«

Ghost sieht sich vielsagend um. »Da dürften die hier Anwesenden aber wohl anderer Meinung sein.«

Der Mann lacht. »Ach, das ist billiges Gehabe. Die wahrhaft Mächtigen haben es nicht nötig, sich so zur Schau zu stellen.«

Er selbst ist im Vergleich zur breiten Masse hier eher schlicht gekleidet.

Ghost nickt verstehend. »Haben Sie durch diese Feststellung gerade nicht genau das getan?«

Wieder lacht der Mann. »Sie sind clever.«

Das klang eher beeindruckt als beleidigt. Gut so.

Nun deutet Ghost auf eine Frau, aus deren aufgetürmter Haartolle zwei dicke Hörner hervorsprießen, die mit Perlmuttglanz überzogen sind. »Ich wette, die haben ein kleines Vermögen gekostet.«

»Vermutlich«, stimmt ihr der Mann zu. »Wobei es natürlich nicht darauf ankommt, wie sie aussehen. Entscheidend ist nur, welchen angeblichen Wert man ihr weisgemacht hat.«

Ziemlich unverblümt lässt der Mann den Blick über Ghosts Körper wandern, allerdings dauert diese Musterung ein wenig zu lange und hat etwas extrem Unpersönliches an sich. Das Gefühl gleicht eher der Einschätzung und Bewertung durch eine Maschine.

»Und jetzt versuchen Sie, meinen Wert festzulegen?«

»Natürlich«, entgegnet er vage. »Also, was können Sie?«

»Wonach suchen Sie denn?« Ghost versucht sich an einem hoffentlich verspielten Lächeln.

Der Mann erwidert es, allerdings um einiges weniger freundlich als noch einen Moment zuvor.

»Ich habe recht spezielle Vorlieben. Warum verraten Sie mir nicht einfach, wo Ihre Begabungen liegen, dann werden wir ja sehen, ob Sie dazu passen.«

Aha, er hält sie also für eine Gottgleiche.

Schnell schlägt sie eine neue Richtung ein. »Eigentlich bin ich ja auf der Suche nach jemandem, wir wollten uns hier treffen. Lustigerweise habe ich aber keine Ahnung, wie er aussieht. Sie kennen doch bestimmt alles, was Rang und Namen hat. Vielleicht könnten Sie mir weiterhelfen?«

Die Rolle der Naiven hat ihr noch nie sonderlich gelegen, aber die soziale Schmeichelei könnte das eventuell ausgleichen.

Es funktioniert – zumindest fast. Mit leiser Ungeduld zieht der Mann eine Augenbraue hoch.

»Sein Name ist Glapissant«, fährt Ghost also fort. »Er ist in der Technikbranche. Auf einer solchen Veranstaltung engt das die Auswahl vermutlich nicht sonderlich ein, aber ich habe nicht viel mehr Informationen zur Verfügung. Allerdings verrät mir Ihre Miene, dass Sie schon jetzt genau wissen, von wem ich spreche. Ist er etwa eine Berühmtheit?«

»Was wollen Sie denn von ihm?«

Der Mann wirkt völlig verändert, also hat sie wohl einen Volltreffer gelandet. Allerdings kann Ghost noch nicht sagen, in welcher Hinsicht.

»Ich möchte ihm nur ein paar Fragen stellen.« Da sie irgendwie sein Interesse wecken muss, trifft sie eine Entscheidung. »Ich bin keine Gottgleiche, sondern eine Waffe Gottes.«

Die Wirkung ist erstaunlich, denn dem Mann entgleist tatsächlich das Gesicht. Dann lacht er verblüfft. »Alauni noch eins, Sie sind wirklich ein mutiges Kätzchen.«

»Ich möchte mit diesem Mann lediglich über eine Gottgleiche sprechen, die er vermutlich kennt«, präzisiert Ghost.

Wieder wird sie kritisch gemustert und Ghost gibt sich vollkommen unschuldig.

»Nicht registriert, nehme ich an«, wagt er sich vor.

»So heißt es.«

»Hier gibt es keine unregistrierten Gottgleichen, Si, das kann ich Ihnen versprechen.«

Mit dem *Si* macht er sich über sie lustig, denn die Waffen Gottes haben kein Anrecht auf den Titel eines Ritters.

»Natürlich nicht«, beschwichtigt Ghost, »aber er kennt eine.«

»Wie kommen Sie darauf?«

»Das erzählt man sich so. Natürlich kann er das gerne widerlegen. Alles nur Gerüchte.«

»Allerdings sind Gerüchte in einem Umfeld wie diesem oft von einigem Wert. Eine gut platzierte Andeutung, und schon befindet sich der eigene Wert plötzlich im freien Fall.«

»Aber es geht hier doch nur um ein Gespräch. Gerne auch ein vertrauliches Gespräch, wenn ihm das lieber ist.«

»Mhm. Nun ja, um an jemanden wie ihn heranzukommen, werden Sie schon mehr aufbieten müssen. Sehen Sie, es ist so. Wenn Sie keine Gottgleiche sind, wird sich Glapissant auch nicht mit Ihnen treffen. Und selbst wenn Sie eine wären, müssten Sie schon einer seltenen Kategorie angehören. Ansonsten wäre er sicher nicht zu einem Treffen bereit.«

»Ich verfüge aber über einige Informationen, die für ihn von Interesse sein könnten«, erwidert Ghost. »Informationen, die um einiges wertvoller sind als ein magieverstärkter Blowjob.«

Von einem Moment auf den anderen zeichnet sich auf dem Gesicht des Mannes eine solche Böswilligkeit ab, dass Ghost sich schon darauf einstellt, gleich einem Schlag ausweichen zu müssen. Doch dann verschwindet dieser Eindruck ebenso schnell wieder.

»Manch einer mag auf so etwas abfahren«, entgegnet er verschnupft, aber ruhig. Wäre da nicht gerade diese extreme Abscheu in seinem Blick gewesen, hätte Ghost es wohl als reine Prüderie abgetan. »Und wenn man bedenkt, wie viele Kambionficker sich auf dieser ansonsten so illustren Veranstaltung tummeln, ist es durchaus verständlich, dass Sie eine solche Möglichkeit in Betracht ziehen. Aber wie wir ja bereits festgestellt haben, tratschen die Leute gern, und bei alldem Gerede über ihn gab es nie auch nur die geringste Andeutung in diese Richtung.«

Schon merkwürdig, wie zwiegespalten der menschliche Geist sein kann, denkt sich Ghost. Man kann etwas lieben und gleichzeitig hassen und diese beiden Empfindungen problemlos im Gleichgewicht halten. Sind für ihn die Gottgleichen einfach keine Menschen? Empfindet er den Gedanken an Sex mit ihnen deshalb als genauso widerlich, als müsse er einen Hund ficken?

»Mein Fehler«, räumt Ghost sofort ein. »Dann darf ich aber daraus schließen, dass er hier ist?«

Achselzuckend erklärt der Mann: »Falls ja, wird er wohl im anderen Gebäude sein.«

»Welches andere Gebäude?«

»Sie haben doch nicht wirklich geglaubt, dass die Party nur hier stattfindet, oder?«, erwidert der Mann überrascht. »Kommen Sie, ich zeige es Ihnen.«

Während er vorangeht, mustert Ghost seinen Hinterkopf. Sein Haar ist glatt zurückgekämmt, allerdings ist es zu dünn für diese Menge an Pomade, weshalb das Ganze feucht und klebrig wirkt.

Schließlich treten sie auf einen winzigen Balkon hinaus, dem wohl niemand groß Beachtung schenken würde, solange er nicht auf den Nervenkitzel der Höhe steht. Aber wie alles hier hat auch er ein kleines Extra zu bieten. In diesem Fall eine Konstruktion, die wie der krude Nachbau eines Vogelskeletts aussieht, sogar mit dürftig gefiederten Schwingen, die kaum mehr Tragkraft aufbringen dürften als eine Papiertüte. Das Ding ist gerade groß genug für einen Menschen und wartet einsatzbereit am Rand des Balkons. Festgehalten wird es von einem Jungen, der die Schwanzfedern mit derselben Sorglosigkeit umklammert wie ein Kleinkind, das eine Puppe mit sich herumschleppt.

Ohne zu zögern, tritt der Mann vor, und der Junge fängt an, ihn in dem Gebilde festzuschnallen. Das Ganze geht vollkommen wortlos vonstatten. Offenbar ist dies der Zugang zu einer weiteren Ebene dieser geheimen Welt.

»Was ist das für ein Ding?«, will Ghost wissen.

»Ein Gleiter«, antwortet der Mann knapp.

»Und wo gleitet er hin?«

»Zum Nachbargebäude.« Mit ausgestrecktem Arm zeigt der Mann über den breiten, leeren Abgrund, der sich zwischen diesem Betonblock und dem nächsten auftut.

Der Gleiterwart ist voll und ganz mit der Anpassung der Gurte beschäftigt und der Mann wartet geduldig ab. Dabei lässt er Ghost nicht aus den Augen.

Die späht vorsichtig über den Rand des Balkons. Von hier aus ist der Boden so weit entfernt, als befinde er sich in einer anderen Welt; dieses Fenster durch Zeit und Raum bereitet ihr Übelkeit. An ihrem Balkon sind zwei parallele Seile befestigt, die sich bis zum angrenzenden Gebäude erstrecken. Der Abstand ist so groß, dass sie in der Ferne nicht fester erscheinen als eine Haarsträhne. Sie schaukeln und zittern im Wind. Noch dazu sind sie kaum dicker als ein Daumen: zwei Daumen voll Seil, eine Handvoll Federn und etwas Klebstoff. Mehr trennt einen hier nicht vom Tod durch Zerplatzen.

Ghost lacht laut auf. »Sie sind ja irre.«

Achselzuckend entgegnet der Mann: »Das Gebäude dort drüben ist komplett versiegelt. Es gibt keinen anderen Weg, um hineinzukommen.«

Mithilfe des Gleiterwarts klettert der Mann auf die Brüstung. Dabei bleibt sein Hosenbein kurz am Stein hängen, sodass ein kleines Tattoo an der Innenseite seines Knöchels entblößt wird. Wer seinen Körperschmuck dort platziert, will ihn eher verbergen als zur Schau stellen. Ghost kann die Krümmung eines Rades auf seiner Haut erkennen, die einzelnen Speichen enden in winzigen Blüten. Dann zieht er seine Hose wieder zurecht.

»Sie wollen das wirklich machen?«, fragt sie ihn fassungslos.

»Ihnen wird auch nichts anderes übrig bleiben, wenn Sie Glapissant treffen wollen.«

»Sie wissen ja nicht einmal genau, ob er dort ist.«

»Ich sagte, *falls* er hier ist, wird er im anderen Gebäude sein.« Wieder deutet der Mann mit dem Kopf auf den Bau jenseits des endlos breiten Abgrunds. »Aber wenn man es genau nehmen will, ist er *noch* nicht dort. Er wird vermutlich in circa … dreißig Sekunden dort eintreffen.«

Damit stößt er sich mit seinen auf Hochglanz polierten Schuhen von der Brüstung ab.

Ghost wird schlecht. Hastig stürzt sie vor an die Brüstung.

Der Mann ist schon ein ganzes Stück entfernt und gleitet mit flatternden Federn über den Abgrund. Die Seile biegen sich unter seinem Gewicht, aber sie reißen nicht. Problemlos erreicht er die andere Seite.

Diese Selbstsicherheit. Die Tatsache, dass ihm während ihres ganzen Gespräches niemand zu nahe gekommen ist – und zwar nicht aufgrund der eisigen Zurückhaltung, die für die Unwürdigen reserviert ist, denn die äußert sich als eine Art aufgesetzter Ausdruckslosigkeit. Nein, vielmehr war es die Zurückhaltung, die Menschen zeigen, wenn sie eine wichtige Persönlichkeit entdeckt haben und dann so tun, als hätten sie sie nicht erkannt.

Etwas bewegt sich auf sie zu. Die Seile hüpfen wild. Vom anderen Balkon löst sich ein winziger Umriss, der nach und nach größer wird. Ghost und der Gleiterwart beobachten stumm, wie sich die Gestalt nähert. Entweder hat der Ankommende weniger Übung oder die Landung ist immer weniger elegant als der Start, jedenfalls wird sie in diesem Fall von viel Geschaukel, Gequietsche und einigen Flüchen begleitet. Wenig würdevoll hievt sich der Fremde über die Brüstung. Anscheinend hat man ihn nicht ausreichend über die geheimen Tricks aufgeklärt, mit denen sich die Rückkehr von der anderen Ebene zu dieser hier leichter gestalten lässt.

Nachdem der Gleiterwart den schwitzenden, noch immer fluchenden Neuankömmling von seinen Gurten befreit hat und dieser taumelnd in der Dunkelheit verschwunden ist, fragt Ghost: »Wie nennt sich der Mann, der hier gerade abgeflogen ist, weißt du das?«

Im Grunde kennt sie die Antwort schon, hofft aber immer noch, dass sie sich irrt. So mies kann doch eigentlich niemand sein.

Der Gleiterwart schenkt ihr nur einen gelangweilten Blick – typisch für alle, die bei wilden Ausschweifungen wie diesen nüchtern bleiben müssen. »Klar weiß ich das.«

»Und?« Als er noch immer zögert, verliert Ghost die Geduld. »Mach schneller, Hirni, sonst entkommt er mir noch.«

Voller Herablassung erklärt ihr der Gleiterwart: »Das ist Glapissant o'Launitown. Aber solche Überraschungstests müssen echt nicht sein. Ich habe den ganzen Abend über keine Party-Candys angerüh… Hey!«

Ghost ist bereits mit einem Bein in die Konstruktion gestiegen und hüpft nun ungeschickt auf dem anderen Krallenfuß herum, um nicht das Gleichgewicht zu verlieren.

»Hey!«, empört sich der Gleiterwart noch einmal. »Sie haben keine Zugangsberechtigung für das andere Gebäude!«

Wieso können diese Typen das immer einfach so erkennen? Hat sie die falsche Frisur, oder was?

»Du hilfst mir jetzt sofort, dort rüberzukommen, sonst mache ich dir das Leben zur Hölle«, faucht sie ihn an.

Das kommentiert der Gleiterwart nur mit einem Achselzucken. »Ist ja schließlich Ihre Beerdigung.«

Jetzt gibt es kein Zurück mehr, denn der Gleiterwart schnallt sie fest. Viel zu schnell hat er ihr die Gurte angelegt. »Ist das alles?«, fragt sie schrill. Das allein wäre schon schlimm genug, aber er hört die Angst in ihrer Stimme und bestätigt grinsend: »Das ist alles.« Plötzlich steht sie auf der Brüstung und der Wind zerrt an ihrem Körper, der eigentlich nur ein kleiner Fleischsack ist und ganz einfach zu Brei gemacht werden kann.

Auch wenn es sie zutiefst beschämt, denkt sie einen Moment darüber nach, einfach stehen zu bleiben.

Ghost spürt einen kurzen Druck im Rücken – man könnte ihn auch als Stoß bezeichnen –, dann …

Scheiße

SCHEISSE

SCHEISSE

brüllt das andere Ich in ihr und Ghost kann dem nur zustimmen.

Der Tod selbst blickt ihr aus der Tiefe entgegen. Es fühlt sich an, als würde ihr Körper von innen nach außen gekehrt, als würden ihre Eingeweide feucht im Wind flattern, ihre Haut leer und faltig an ihren blanken Knochen haften. Die Luft rauscht mit erstaunlicher Kraft an ihr vorbei, aber die Seile halten sie auf Kurs.

Wie ein schwarzer Berg taucht das Nachbargebäude vor ihr auf und ihr bleibt gar keine Zeit, neue Ängste zu entwickeln, weil es so unglaublich schnell auf sie zurast, innerhalb eines Herzschlags so unglaublich groß wird, und ebendiesen Herzschlag braucht sie, um noch einen Moment länger am Leben zu bleiben. Schon füllt es ihr Gesichtsfeld vollkommen aus, ihr Körper verkrampft sich, bereitet sich darauf vor, wie eine zerquetschte Fliege an der Mauer zu enden … Doch sie gleitet durch eine kaum sichtbare Öffnung und ein plötzlicher Ruck schüttelt sie durch wie eine Lumpenpuppe. Dann wird sie vom Gleiterwart der anderen Seite gepackt und herabgezogen.

Ghost spürt kaum, wie er die Gurte und Schnallen löst, denn ihr Körper ist noch ganz taub von diesem Schock.

»Ah, eine Gleiterjungfrau«, verkündet der neue Gleiterwart mit einem zufriedenen Grinsen. Er ist älter als sein Gegenstück und noch nervtötender, was an sich schon beeindruckend ist. »Beim ersten Mal macht es immer am meisten Spaß, nicht wahr?«

Am liebsten hätte Ghost ihm etwas Passendes vor den Latz geknallt, aber sie ist sich noch nicht ganz sicher, ob ihre Eingeweide an ihrem angestammten Platz bleiben, wenn sie jetzt den Mund aufmacht. Also taumelt sie stumm durch einen schmalen, dunklen Tunnel, gedanklich nur auf eines fixiert.

Glapissant, du selbstgefälliger Rattenarsch, ich habe Fragen und du wirst antworten.

Dieses Gebäude hat nichts mit dem offenen, wohnraumartigen Palast zu tun, aus dem sie hergeflogen ist. Hier befindet sie sich vielmehr in einem Gewirr aus warmen, dunklen Höhlen, die direkt ineinander übergehen und sich immer weiter verzweigen. Eulenähnliche Wesen verschiedener Ausprägung scheinen hier zu hausen.

Manche sitzen an Tischen und lassen sich im Halbdunkel die Zukunft deuten; die Beleuchtung ist so weit gedimmt, dass es einem erotischen Albtraum gleichkommt. Leises Stöhnen legt nahe, dass andere eher körperliche Aspekte untersuchen lassen. Nirgendwo gibt es Türen, nicht einmal einen Hauch von Privatsphäre. Alles hier wird zur bunten Gratisshow. In diesem dichten Gedränge verwechselt manch einer Unterwerfung mit Leidenschaft, vereint man sich allein aufgrund eines vagen Gefühls, das man am anderen wahrzunehmen glaubt. Vielleicht sind diese Menschen aber auch einfach so gelangweilt, dass jede Form von Exzess für sie verheißungsvoll ist. Eines dieser Gelage ist von einem so intensiven, merkwürdigen Geruch umhüllt, dass Ghost überrascht einen Schritt zurückweicht; der metallisch anmutende Gestank hängt wie eine beißende Wolke in der Luft.

Sie kann ihn durchaus nachvollziehen, diesen Drang, in einer solch samtigen Dunkelheit zu leben, in der tröstlichen Schwerelosigkeit eines Traumes. Die Schwierigkeit besteht darin, das reale Leben so zu gestalten, dass es ähnlich schön wird wie das Traumleben. Tut man das nicht, beschreitet man bald immer finsterere Pfade, um mehr Zeit im Traum zu verbringen als in der Wirklichkeit. Und ein im Schlaf vertanes Leben ist der schnellste Weg in den Tod.

Früher oder später muss man wieder aufwachen.

Ghost zieht sich hastig zurück und betritt den nächstbesten Raum, aus dem sie Geräusche hört; hoffentlich diesmal weniger kopulationsgebundene. Hier drin herrscht ein gruseliges blaues

Zwielicht, in dem jeder aussieht wie eine frische Leiche. Blau bedeute Sicherheit, hat Delilah gesagt, allerdings merkt Ghost hier nichts davon.

Sie hält auf eine kleine Gruppe zu, die sich vor einem untersetzten, maskierten Mann versammelt hat. Mal laut, mal leise redet er über ihre Köpfe hinweg. Da sie das Spiel noch nicht ganz durchschaut hat, hält sich Ghost zunächst im Hintergrund, doch leider ist es hier nicht besonders voll. Und so dauert es nicht lange, bis sich die Schnabelmaske ihr zuwendet und der Nuntias mit erhobener Stimme fragt: »Kaufen oder verkaufen? Kaufen oder verkaufen?«

Ratlos sieht Ghost ihn an.

»Komm schon, komm schon«, krächzt der Maskierte ungeduldig. »Wenn du hier bist, musst du dich für eines entscheiden: Kaufen oder verkaufen?«

»Kaufen«, beschließt Ghost.

»Sehr schön, sehr schön. Also, Ladys, Lords und Hoheiten«, übergangslos wendet er sich wieder an die gesamte Gruppe, »das nächste Objekt stammt von unserem hauseigenen Pelleren, der sich direkt nebenan befindet!« Er hält ein kleines Fläschchen in die Höhe. »Die Talente unseres Pelleren sind allgemein bekannt, niemand ist geschickter, wenn es ums Schweben und Schleudern geht, damit hat er noch jeden 'launitowner beeindruckt. Äußerst begehrt, wirklich äußerst begehrt, eine der stärksten Gaben im ganzen Bezirk, meine Herrschaften. Deshalb beginnen wir hier mit einem Anfangsgebot von tausend Lektris. Also, tausend für das Fläschchen, wer bietet mit?«

In dem Fläschchen ist Blut.

Es kann nichts anderes sein.

Aber … tausend Lektris? Den Gegenwert von einer Jahresstromrechnung für ein Löffelchen voll Blut von irgendeinem

Schubser? Das ist grotesk. Ghost will bereits einen spöttischen Kommentar loslassen, als sich die ersten Hände heben. Mindestens drei Bieter steigen ein; der Auktionator spielt sie gekonnt gegeneinander aus und treibt die Gebote kräftig in die Höhe. Dabei präsentiert er weiter das Fläschchen, das plötzlich bösartig zu funkeln scheint. Die Flüssigkeit in seinem Inneren ist schwärzer als die dunkelsten Schatten im Raum.

Sie kaufen das Blut der Gottgleichen, und wenn man sich das Gestöhne anhört, wohl auch andere Körperflüssigkeiten. Aber wozu? Was kann man mit diesem Blut anstellen? Niemandem ist es je gelungen, das zu synthetisieren, was einen Gottgleichen ausmacht. Bislang haben die Biopfuscher es lediglich geschafft, eine wenig verlässliche Methode zu entwickeln, um anzeigen zu können, ob und wann Magie eingesetzt wurde. Das hat wohl irgendetwas mit Fluktuationen in Energiefeldern zu tun – Ghost tut nicht einmal so, als würde sie das verstehen. Und natürlich gibt es einen niemals schwächelnden Markt für Amulette, Salben, Tränke und Accessoires, mit denen sich Magie abwehren und Glück heraufbeschwören lassen soll. Nichts von diesem Schrott hat irgendeine nachweisbare Wirkung.

Bei allen Heiligen, wenn allgemein bekannt würde, dass man für einen Tausender Gottgleichenblut bekommen kann, würden viele die eigenen Kinder verkaufen, um an diese Reichtümer zu gelangen.

Als sich plötzlich jemand an sie heranschiebt, erstarrt Ghost für einen Moment, dann greift sie automatisch zu, wirft sich nach vorne und presst ihren Angreifer gegen die Wand.

Der stößt ein empörtes Quieken aus und sackt zusammen. Es ist Delilah. Ihre nackten Beine knicken ein, bis ihre Knie ihr Kinn streifen.

»Heilige Scheiße, tut mir leid«, entschuldigt sich Ghost sofort. »Ich neige zu Überreaktionen, wenn man mich ohne Vorwarnung anf…«

Delilahs Kichern lässt sie abrupt innehalten. Die Haut der Sängerin glänzt und ihr Blick huscht ziellos durch den Raum. Als Ghost sie hochzieht, kann sie kaum stehen und droht sofort wieder umzukippen.

»Offenbar ist Blau nicht gerade deine Lieblingsfarbe«, stellt Ghost trocken fest.

Delilah kichert wieder, dann nuschelt sie etwas Unverständliches. Es klingt in etwa so wie »keine Jungfrauen hier«.

Diese Frau ist eindeutig high, und zwar zu high. Und das in dieser Höhle voll hungriger Hyänen? Irgendjemand wird das falsche Tattoo an ihrem Hals für echt halten und sich an sie heranmachen; und sie ist nicht in der Verfassung, Dinge abzuwehren, die sie vielleicht nicht will.

Fluchend sieht Ghost sich um. In diesem Zustand ist Delilah zu nichts mehr zu gebrauchen. Entweder verschwendet sie jetzt also ihre Zeit damit, die Sängerin für wer weiß wie lange zu bewachen, bis der Trip vorbei ist, oder aber sie verschwinden von hier, sodass sie an einem deutlich sichereren Ort wieder runterkommen kann.

Den Scheißhaufen Glapissant wird sie hier sowieso nicht mehr finden. Der hat sich längst irgendwo verkrochen, und selbst wenn nicht – falls sie ihn aufspürt, wird er doch nur weiter seine Spielchen mit ihr treiben. Und in diesem Drecksloch hier kann sie rein gar nichts dagegen tun.

»Wo gehen wir hin?«, murmelt Delilah, nachdem Ghost sie bereits gute zehn Minuten durch die Gegend geschleift hat, ohne einen Ausgang gefunden zu haben.

»Nach Hause«, antwortet Ghost knapp.

»Zu dir oder zu mir?«, hakt Delilah mit einem anzüglichen

Grinsen nach, das vielleicht sogar verlockend wäre, wenn ihr Kopf nicht ständig haltlos herumrollen würde und sie nicht aussähe, als brauche sie dringend einen Kotzeimer.

Ärger.

Mit diesem Mädchen hat man nichts als Ärger.

KAPITEL 15

Das Konsilium, Blackheart

Drei Monate zuvor

Der Kragen dieser Edeljacke ist verdammt noch mal zu eng.

Die Lichter in diesem Marmorsaal sind verdammt noch mal zu grell.

Und die Geräuschkulisse dieser Konsiliumssitzung ist gleichzeitig einschläfernd und kreischend, als verlange sein Körper nach Schlaf, während sein Geist ihn immer wieder hochschrecken lässt, da er überall Gefahr wittert.

Wyll lässt den Blick über die vielen Gesichter schweifen, die zugleich eine anonyme Masse bilden. Auf dem Königsthron ist er ihr entrückt wie auf einer Insel. Das war früher Arts Blickwinkel – erhaben, distanziert. Der Knotenpunkt, von dem alles ausgeht, während die Mächtigen Londons um den runden Tisch versammelt sind wie die Speichen eines Rades, jeweils in die Farben ihres Bezirks gekleidet. Hier hat jeder Bezirksherrscher einen festen Platz, hinter dem sich wie ein kuchenstückförmiger Mantel die Sitze seiner Abgeordneten auffächern.

So betrachtet der Mächtige die Welt. Es ist merkwürdig, einsam, verwirrend und berauschend – als könnte man einfach hinter dieser Macht verschwinden.

Momentan ist vor allem ein Mann am Tisch auf Wyll konzentriert und mustert ihn mit nachdenklicher Miene: Julias Consilias Dracones o'Rhyfentown, das grauhaarige Oberhaupt dessen, was von Arts einst weitverzweigter Familie übrig geblieben ist. Über mehrere Jahrzehnte hinweg hat er einen vorsichtigen und sehr erfolgreichen Kurs verfolgt und sich durch den entfernten Cousin auf dem Thron langsam, aber sicher mit Macht vollgesogen wie eine Zecke mit Blut.

Wyll kramt die Fakten hervor, die ihm von den hastig abgehaltenen Lektionen mit Brune im Gedächtnis geblieben sind. Julias, der inzwischen den Herbst seines Lebens erreicht hat, hatte offiziell nie eine Beziehung. Er lebt allein und zurückgezogen auf dem Familiensitz der Dracones im nördlichen Rhyfentown, umgeben von seiner treuen Dienerschaft. In der politischen Arena hält er sich eher im Hintergrund und äußert im Konsilium selten seine Meinung. Nach allem, was man hört, zählt er wohl zu den unbeliebteren Bezirksherrschern in der jüngeren Geschichte von Rhyfentown. Für das eher raue Volk dort ist er weder laut noch brutal genug.

Allerdings kann Wyll sich nicht mehr erinnern, was man ihm über Arts Beziehung zu Julias eingebläut hat. In der Öffentlichkeit sicher herzlich, aber privat? Und warum starrt er ihn die ganze Zeit an? Hatten die beiden Streit, oder …

Bei allen Heiligen, hat er die Illusion etwa nicht unter Kontrolle?

Schnell sieht Wyll zu Brune hinüber, aber die ist gerade vollauf damit beschäftigt, in einer Debatte zu vermitteln. Weiter hinten im Saal hat sich Lillath postiert. Sie haben vorab ein Signal vereinbart: Leuchtet sie ihm mit ihrer winzigen Taschenlampe kurz ins Gesicht, sieht er nicht so aus, wie er sollte. Aber die Lampe blitzt nicht auf. Lillath steht vollkommen gelassen auf ihrem Platz.

Ganz ruhig. Der lächerliche Kragen, den sie ihm heute angelegt haben, reicht bis zu den Wangenknochen hinauf und verdeckt so das halbe Gesicht. Da der Thron ein ganzes Stück von der Menge entfernt steht, ist kaum noch zu erkennen, wer sich hinter diesem Kragen verbirgt – kleine Nuancen können sie gar nicht wahrnehmen. Es macht also nichts, wenn seine Mimik vielleicht nicht ganz stimmt oder wenn er irgendeine winzige Narbe in der Illusion vergessen hat.

Wyll beobachtet, wie ein Vastos ein Tablet vor Julias ablegt und dann respektvoll wartet, während der die so überbrachte Nachricht liest, löscht und eine kurze Antwort verfasst.

Als Nächstes verfolgt Wyll, wie sich der Vastos einen Weg durch den Saal sucht, die Bezirksgrenzen überschreitet und auf den in Perlmutt- und Kupfertönen gehaltenen Bereich von Alaunitown zuhält. Dort übergibt er das Tablet an Horath, den persönlichen Vastos der Lady Orcade, der vor allem für seine grimmige Miene bekannt ist. Horath wiederum überreicht es der heute in weiße Federn gekleideten Herrin von Alaunitown, die sofort anfängt zu lesen …

»Sire?«

Leise und diskret raunt der ihm aufwartende Vastos in sein Ohr, allerdings mit einer gewissen Nervosität, als sei irgendwo irgendetwas schiefgegangen.

Wyll hebt den Kopf. Sire, das ist heute ja er.

Mit einem deutlichen Nicken signalisiert er den Anwesenden, dass sie seine Aufmerksamkeit haben.

Der Herr von Evrontown, ein minderbemittelter Kerl mit beschränkten Fähigkeiten (oder aber »ein herzlicher Mensch, der die Dinge sehr direkt angeht«, wie Brune ihn kürzlich erst korrigiert hat), erwidert das Nicken.

»Verzeiht, wenn wir unseren König aus seinen Gedanken reißen«, beginnt er mit einem wenig überzeugenden Lächeln auf den fleischigen Lippen, »vielleicht beschäftigt er sich ja gerade mit den kürzlich von ihm bekannt gegebenen Neuigkeiten. Ich denke, ich spreche für uns alle, wenn ich offen zugebe, dass auch ich mich viel mit dem beschäftigt habe, was sie implizieren könnten. Es kam ja doch sehr überraschend.«

Vollkommen verständnislos starrt Wyll ihn an.

Offenbar hält Evrontown das für schweigende Missbilligung.

»Damit möchte ich sagen«, fährt er deshalb deutlich schärfer fort, »wie merkwürdig ich es finde, dass Sie die Lady Finnavair erst offiziell als die Dame Ihres Herzens einführen, um sie dann wie ein schmutziges Geheimnis vor den Augen der Öffentlichkeit zu verbergen. Kam es vielleicht zu einem Widerruf? Hat die Dame ihre Meinung geändert?«

Das einsetzende Gelächter findet schnell ein Ende, als sich Lady Orcade, die Herrin von Alaunitown, tadelnd zu Wort meldet: »Also bitte, Evrontown, wer hat denn schon Zeit für Klatsch und Tratsch, wenn er einen Bezirk regieren muss?«

Evrontown verstummt abrupt. Orcade hingegen streicht eine lose Haarsträhne zurecht und sieht sich im Konsilium um. Ihr an sich ruhiges und zurückhaltendes Auftreten hält nur so lange vor, bis sie beschließt, die allgemeine Aufmerksamkeit auf sich zu lenken. Dann aber könnte sie eine volle Minute lang einfach schweigend dasitzen und trotzdem alle Anwesenden fesseln.

»Unser König«, fährt sie schließlich fort und füllt damit die angespannte Stille, »herrscht nun schon seit neunzehn glorreichen Jahren über London. Damit hat er den Großteil seines Lebens in den Dienst dieses Reiches gestellt, schließlich hat kein Herrscher vor ihm in so jungen Jahren das Schwert errungen. An seiner Hingabe für das Volk kann also kein Zweifel bestehen, auch wenn wir vielleicht nicht immer mit all seinen Vorstellungen einverstanden waren.« Orcade schenkt Wyll ein beruhigendes Lächeln. »Aber er entstammt ja auch einer recht ungestümen Familie.«

Diese knappe Beurteilung der jahrzehntelangen, immer wieder aufflammenden Bürgerkriege unter der Herrschaft von Arts berüchtigtem Vorgänger und Vater wird mit leicht betretener Schadenfreude hingenommen.

»Es kann nicht genug betont werden, wie viel ihm das abverlangt«, fährt Orcade nach einer kurzen Pause fort. »Und ich denke, er hat sich etwas Privatsphäre verdient, ein wenig ungestörte Zeit mit der reizenden Lady Finnavair.«

»Fernab der niederdrückenden Pflichten des Schwertes«, ergänzt Gwanharatown. »Die Heiligen wissen, dass ich eine solche Pause ebenfalls gut gebrauchen könnte. Jawohl.«

»Jawohl«, bekräftigt Iochitown. »Ich weiß, wie das ist. Verdammt ermüdend, das ist es.«

Mit weiteren tief empfundenen Äußerungen dieser Art versucht man nun, sich bezüglich der Bürde der Herrschaft gegenseitig zu übertrumpfen. Sie wissen zwar nicht, dass Art tot ist, doch in ihren Augen könnte er es ebenso gut sein – sie haben bereits entschieden, dass seine Zeit gekommen ist. Aasgeier. Fette Aasgeier, die sich um die Knochen streiten.

Das Rascheln großer Flügel dringt von den Deckenbalken herab, begleitet von einem leisen Fauchen.

Es dauert einen Moment, bis Wyll begreift, dass er unbewusst die Illusion von Aasgeiern heraufbeschworen hat. Feine Schweißperlen bilden sich auf seiner Stirn, als er sie hastig auflöst. Niemand scheint etwas bemerkt zu haben.

Evrontown räuspert sich und nimmt den Faden wieder auf:

»Jedenfalls stellen wir uns alle die Frage, ob Si Finnavair bald einen öffentlichen Auftritt haben wird, wie es das Protokoll an dieser Stelle vorsieht.«

Schau nicht immer zu mir, wenn eine Frage auftaucht, deren Antwort du nicht kennst. Das lässt dich schwach wirken. Diesen Rat hat ihm Brune schon vor einiger Zeit gegeben. *Verschaff dir Zeit, indem du die Frage wiederholst, als würde sie dich verblüffen.*

»Einen öffentlichen Auftritt«, wiederholt Wyll also nun.

Als nichts weiter kommt, nimmt Evrontown erneut die Zügel in die Hand.

»Immerhin gehört es sich, dass man der offiziell anerkannten Partnerin von Londons einzigem König seine Glückwünsche überbringt.«

»Sie ist als Ritterin den wichtigsten Disputentscheidungen der Caballaria verpflichtet«, kontert Wyll. »Es gibt Zeiten, in denen sie beinahe jede Woche einen Kampf ausficht. Oder zumindest fühlt es sich so an.«

Das sollte dem Protokoll genügen.

Normalerweise.

»Sire.« Der frustrierend sture Evrontown lässt nicht locker. »Bitte verzeihen Sie, wenn ich Sie korrigieren muss, aber Si Finnavair ist bei der Caballaria schon seit Wochen nicht in Erscheinung getreten. Die für sie angesetzten Kämpfe wurden alle gestrichen. Sie hat sich verkrochen wie ein Hund in seiner Hütte.«

Diese subtile Anspielung auf Fins Wurzeln wird mit leisem Gelächter quittiert. Art hat immer darauf bestanden, dass die breite Masse, die sie bereits als zum Ritter aufgestiegenen Straßenköter geliebt hat, sie auch als zum Ritter und königlichen Paramour aufgestiegenen Straßenköter lieben werde. Doch wenngleich die Allgemeinheit eine Schwäche für romantische

Liebesgeschichten hat, denken die Reichen und Mächtigen wesentlich pragmatischer. Sie sehen darin nur den öffentlichen Skandal und eine schlechte Wahl.

»Natürlich ist es verständlich, dass sie nach dieser Verkündung ein wenig Freiraum braucht.« Wyll hört kaum noch zu, als der Lord weiter stänkert. »Aber dass sie sich im Palast verkriecht, zeigt nur, dass ihr das nötige Wissen um das Protokoll fehlt. Und Ihre öffentliche Geste bei ihrem Kampf vor ein paar Wochen mag zwar äußerst romantisch gewesen sein, aber auch wenig angemessen.«

Nur mit Mühe bringt Wyll die Lüge über die Lippen, die er als Konter für diesen Vorwurf auswendig gelernt hat: »Cair Lleon arbeitet bereits an einer offiziellen Proklamationsveranstaltung, zu der Sie selbstverständlich alle eingeladen werden. Man hat mir gesagt, es soll *das* Event der Saison werden.«

»Und die Gerüchte?«

»Welche Gerüchte?«, entgegnet Wyll mit hörbarer Schärfe.

Das scheint Evrontown etwas aus der Bahn zu werfen, denn er sieht sich nach Unterstützern um. Im Saal herrscht gespannte Stille.

»Wenn wir sie einfach nur sehen könnten …«, setzt er schließlich an.

Brune wirft Wyll einen unmissverständlichen Blick zu: *Mach dem ein Ende, sofort.*

»Si Finnavair ist kein Zirkuspferd«, unterbricht ihn Wyll deshalb. »Sie wird zweifelsohne wieder in Erscheinung treten, sobald sie sich dazu in der Lage sieht.«

»Hält sie sich momentan im Palast auf?«

Die Frage kommt von der Herrin von Gwanharatown; die gerissene Dame hat Ähnlichkeit mit einem Raubvogel – wenn sie angreift, dann schnell und unerwartet.

»Wozu müssen Sie ihren Aufenthaltsort wissen?«, kontert Wyll.

»Meine Damen und Herren«, schaltet sich Brune ein, »muss der Aufenthaltsort der Gespielin des Königs tatsächlich in diesem Rahmen erörtert werden? Wir haben in dieser Sitzung noch einiges abzuarbeiten, deshalb sollten wir nicht vom Kurs abkommen.«

»Wird sie gegen ihren Willen festgehalten?«, fragt Iochitown mit empört gesträubtem Schnurrbart.

Jetzt kann Wyll nicht mehr anders, er sieht zu Lillath hinüber. Die bleibt stumm im Hintergrund, zu weit von ihm entfernt, um in ihrem Gesicht zu lesen. Aber sie verharrt reglos, mit verschränkten Armen. Von ihr ist also keinerlei Hilfe zu erwarten.

»Welch eine lächerliche und fast schon gefährliche Unterstellung«, schießt er zurück.

»Warum weichen Sie uns dann aus, Sire? Eine einfache Antwort auf eine einfache Frage: Wo ist Si Finnavair?«

Wylls Temperament zerrt an seiner Kette wie ein wütender Hund. Er lässt den Blick durch den Saal wandern. Sämtliche Abgeordnete sitzen stumm im Tortenstück ihres jeweiligen Bezirks und erwarten begierig die Worte ihrer Herrscher. Diese Herrscher wiederum scheinen sich vollkommen einig darin zu sein, sich gegenseitig den Rücken zu stärken. Dabei sollten sie sich – wenn man Arts lebenslangen Klagen Glauben schenken kann – schon längst gegenseitig an die Gurgel gehen.

Fast scheint es, als hätten sie sich abgesprochen.

Julias Dracones, der Herr von Rhyfentown, steht auf, hebt beschwichtigend die Hände und mahnt: »Bitte, also bitte.«

Dies geschieht so selten, dass nun gelingt, woran die Autorität des Königs gescheitert ist: Im Saal kehrt Ruhe ein.

»So werden wir unseren König nur verwirren und beunruhigen«, stellt Julias fest. »Das sollte nicht unser Ziel sein. Stattdessen sollten wir ausnahmsweise einmal Klartext reden.«

Ein trockenes Lachen geht durch den Saal.

»Sire, wie immer liegt hier das Problem in der stets brodelnden Gerüchteküche begründet«, fährt Julias fort. »Deshalb bitte ich nun unsere verehrte Herrin von Marvoltown um Aufklärung.«

Die rundliche und fröhliche Marvoltown sorgt normalerweise eher für eine Auflockerung der Debatte, heute aber wirkt sie extrem ernst.

»Mir wurde kürzlich ein beunruhigender Bericht vorgelegt«, beginnt sie leise, »von der für Daeccenham zuständigen Wache. Bereits vor einigen Wochen wurde dort in einem verlassenen U-Bahn-Schacht eine Leiche gefunden. Da sich keine Angehörigen gemeldet haben, war die Identifizierung nicht ganz einfach. Aber sie weist eine erschreckend große Ähnlichkeit mit Lady Finnavair auf.«

Drückende Stille senkt sich herab.

»Das klingt wie ein schlechter Scherz«, sagt Brune schließlich.

»Vielleicht wäre eine Identifizierung durch den König …?«, schlägt Marvoltown vor.

»Sie erwarten ernsthaft, dass der Herrscher seine Pflichten vernachlässigt, durch die er ganz London zusammenhält, um sich persönlich einen verwesenden Leichnam anzusehen?«

»Wenn es der seiner Geliebten ist? Ja! Schon die möglichen Folgen …«

Von Lillaths Standort schießt ein alarmierend greller Lichtstrahl herüber.

Das Signal. Die Illusion gerät ins Wanken. Scheiße, Scheiße, Scheiße.

Die wütenden Stimmen umschwirren Wyll wie ein aufgescheuchter Vogelschwarm, während er verzweifelt versucht, sich trotz dieser Kakophonie unter Kontrolle zu kriegen.

Plötzlich übertönt ein schrilles Kreischen irgendwo weiter hinten im Saal den Lärm.

Garad hat sich von xiesem Platz erhoben und dabei den Stuhl quietschend über den Marmorboden geschoben. Groß, furchterregend und stumm steht xier da.

Einen Moment lang hat Wyll einfach nur Angst vor xiem. Einen Moment lang scheint der gesamte Raum in Angst zu erstarren.

»Ich kenne Fin gut«, sagt Garad in die lähmende Stille hinein. »Ich werde den Leichnam identifizieren.«

Dann sieht das Konsilium dabei zu, wie der Silberne Engel mit seinen langen Beinen zum Ausgang schreitet. Die Wachen behalten xien genau im Auge, ihre Finger schließen sich um ihre Schwertgriffe. Hektisch fummelt der Hüter der Schlüssel an den massiven Schlössern herum, bis er sie mit einem erleichterten Seufzer öffnen und xien hinauslassen kann.

*

Lucan schließt die Tür hinter sich und fährt zu Wyll herum. »Was ist da drin passiert, verdammt?«

»Was passiert ist? Was passiert ist? Ich habe es einfach satt, mich als jemand anders auszugeben«, faucht Wyll. »Das ist passiert.«

Arts Saith haben ihn in ein abgelegenes Vestibül geschafft, weit weg von neugierigen Lauschern.

»Du hast dich doch tapfer gehalten, bis sie angefangen haben, nach Fin zu fragen«, wendet Lucan ein.

»Tja, euch allen mag diese Lügerei ja leichtfallen«, stellt Wyll fest, »aber ich habe ein Problem damit, dort oben rumzusitzen und über Tote zu reden, als wären sie noch am Leben.«

»Wir wissen nicht, ob Finnavair wirklich tot ist«, korrigiert ihn Lucan. »Vielleicht hat Red das auch nur gesagt, um sich wichtigzumachen.«

»Das war keine Wichtigtuerei.« Wyll ist sich sicher. »Das war ein Geständnis.«

»Bei allen Heiligen, die versuchen doch nur, dich zu treffen …«

»Das stimmt«, schaltet sich Lillath ein, »aber sie schießen nicht mit Platzpatronen. Sie haben Finnavair tatsächlich gefunden.«

Diese Neuigkeit lässt alle verstummen.

»Warum hast du uns nichts davon gesagt?«, will Lucan schließlich wissen.

»Ich wusste es anfangs selbst nicht. Die örtliche Wache hatte den Leichnam bereits gefunden und abtransportiert, als wir kamen. Und da ich nur durch äußerst diskrete Nachforschungen mehr erfahren konnte, hat es eine Weile gedauert«, erklärt Lillath mit ungewöhnlich grimmiger Miene. »Eigentlich sollte diese Entdeckung unter Verschluss gehalten werden, aber offenbar konnte eine der Wachen der Versuchung nicht widerstehen. Ich finde noch heraus, wer das war.«

»Wen interessiert das? Es ist durchgesickert und jetzt müssen wir etwas unternehmen.« Lucan schließt die Augen und lässt sich in einen Sessel fallen. »Was für ein Mist, verdammt.«

Brune scheint plötzlich um Jahre gealtert zu sein. »Nun, wenigstens ist Garad geschickt in die Bresche gesprungen. Über xien können wir die Geschichte lenken.«

Lucan schnaubt höhnisch. »Dachtest du etwa, das wäre abgesprochen gewesen? Nein, das war Garad im Alleingang. Zum

Glück hatte xier kein Schwert dabei, sonst hätte xier sicher damit herumgefuchtelt.«

»Und … was wird xier jetzt tun?«

»Was glaubst du denn? Xier wird losziehen und einen Leichnam in Daeccenham identifizieren, auf Schritt und Tritt verfolgt von sämtlichen Neugierigen Londons. Und die Heiligen mögen allen beistehen, die sich xiem dabei in den Weg stellen.«

Zögernd schlägt Brune vor: »Falls es tatsächlich Fin ist, könnten wir Garad dann nicht einfach bitten zu lügen, um uns noch etwas Zeit zu verschaffen?«

Diesmal lacht Lucan laut auf, während Lillath nur den Kopf schüttelt. »Ich fürchte, der Zug ist abgefahren.«

»Diese Attacke im Marmorsaal war viel zu geordnet«, stellt Brune nun fest. »Si Finnavair ist tot. Red hatte kürzlich Besuch, der jedoch auf keinem Überwachungsvideo erscheint, und die Wachen haben angeblich auch nichts und niemanden gesehen. Irgendetwas geht da vor sich. Jemand heckt etwas aus, aber ich erkenne einfach nicht, was es ist. Uns läuft die Zeit davon.«

»Meinst du, sie wissen das mit Art?« Inzwischen steht Lucan vollkommen unter Strom. »Bei allen Heiligen, was sollen wir tun, wenn sie es wissen?«

Er führt sich auf wie ein verängstigtes Kind, das ins Bett gemacht hat und sich nun davor fürchtet, dass die Mutter es herausfinden könnte.

Wieder einmal ertönt die kalte, belustigte Stimme von Vater Edler in Wylls Kopf.

»Wir erhalten Art noch ein wenig länger am Leben, damit wir herausfinden können, was vor sich geht«, beschließt Lillath.

»Genau«, sagt Lucan trocken. »Bis jetzt haben wir ja auch

nur dagesessen und darauf gewartet, dass uns die Antworten aus dem Arsch schießen.«

Lillath verzieht hoheitsvoll das Gesicht. »Sehr billig, Lux.«

»Wyll kann uns höchstens noch ein wenig Zeit erkaufen«, befindet Brune. »Illusionen schaffen keine Persönlichkeit. Irgendwann wird den Leuten auffallen, dass der König ... wie soll ich sagen ... nicht ganz er selbst ist?«

»Ach was, er muss einfach nur etwas besser vorbereitet werden. Bis jetzt hat er seine Sache doch ganz gut gemacht, oder nicht?«, wendet sich Lucan an die anderen.

»Nein«, sagt Wyll sofort. »Ich mache das nicht mehr.«

Mit einer beschwichtigenden Geste erwidert Lucan: »Nur noch ein paar Tage.«

»Hast du mir nicht zugehört? Ich sagte: Nein.«

Fühlbare Spannung breitet sich zwischen ihnen aus.

»Doch, ich habe zugehört«, entgegnet Lucan.

»Ihr wollt offenbar alle so tun, als wäre er nicht tot«, stellt Wyll wütend fest. »Aber das ist er. Das ist so bescheuert.«

»Bescheuert? Ich bin also bescheuert, weil ich um ihn trauere?«

»Du trauerst eben nicht um ihn, genau das ist es ja. Stattdessen verschließt du einfach die Augen davor, wie ein kleines Kind: Was ich nicht sehen kann, existiert auch nicht.«

Es ist beschämend leicht, Lucans Schlag auszuweichen.

Aber er ist eben kein Kämpfer, erinnert sich Wyll. Wahrscheinlich musste er sich in seinem ganzen Leben noch nie wirklich schnell bewegen.

Die anderen reagieren ähnlich langsam. Sie schnappen sich Lucan und halten ihn fest. Lucan versucht gar nicht erst, sich zu befreien. Er will es nicht. Er will seinen Ärger nur zeigen, ihn aber nicht nutzen. Widerstandslos gibt er nach.

»Weißt du«, keucht er, »so zu tun, als hätte man seinen Tod einfach akzeptiert, ist nicht anders, als so zu tun, als lebte er noch. Du weichst auch bloß dem Schmerz aus, der auf dich wartet.«

Höhnisch verzieht Wyll das Gesicht. »Du hast keine Ahnung von meinem Schmerz. Ich habe einen Bruder verloren.«

»Und ich meinen ältesten Freund, du eiskalter Scheißkerl. Ich habe quasi mein ganzes Leben mit ihm verbracht. An seiner Seite. Habe ihn geliebt, ihn unterstützt, mit ihm gestritten. Fast mein *gesamtes Leben* lang.« Wütend starrt Lucan ihn an.

Wyll weicht seinem Blick aus, denn dieses Geständnis geht ihm seltsamerweise nahe.

»Könnte ich Art für dich denn jemals ersetzen?«, fragt er. »Ganz im Ernst?«

Zunächst überrascht, dann verlegen erwidert Lucan: »Nein, natürlich nicht.«

»Und warum soll ich dann so tun, als könnte ich es?«

Mit einem hilflosen Seufzer gibt Lucan sich geschlagen.

»Ich muss gehen.« Wyll steht auf. »Ich muss mich auf einen Kampf vorbereiten. Ihr wisst schon, in meinem anderen Leben bin ich der Hexenritter.«

»Es ist nicht fair, dass wir das von ihm verlangt haben«, wendet sich Brune nun leise an Lucan. »Es wird Zeit, Art gehen zu lassen. Und uns einen Plan zurechtzulegen für das, was kommt.«

Wyll wartet nicht ab, bis sich jemand von ihm verabschiedet. Alle hier wissen, wohin er geht und wo man ihn finden kann. Diesen Menschen kann er nicht entkommen. Dieser Situation kann er nicht entkommen. Und ihm ist auch klar, dass er sich mit seiner Unhöflichkeit bei ihnen nicht gerade beliebt macht. Für sie ist das ein Mangel an Respekt. Sie begreifen einfach nicht, dass er so eine Mauer zwischen sich und der Welt errichtet. Eine Mauer, die ihn ausschließt, die ihm aber auch Schutz bietet.

Und ihnen Schutz vor ihm bietet.

Als er seine Gemächer im Königlichen Marstall erreicht und die Tür zur Welt hinter sich schließt, wird er bereits erwartet. Im ersten Moment will er den Eindringling zurechtstauchen – kann sich heutzutage denn jeder einfach so Zugang zu seinen angeblich privaten Räumlichkeiten verschaffen? –, doch dann erkennt er, wer es ist.

Sein Zorn verraucht.

Der Besucher sitzt mit übergeschlagenen Beinen im Salon, aufrecht und kompakt wie immer, und hat die Fingerspitzen in dieser nervtötend intellektuellen Pose zusammengedrückt, die er so gerne einnimmt.

»Du verlierst die Kontrolle«, stellt Edler fest, während er dabei zusieht, wie sich sein Sohn kraftlos auf das Bett fallen lässt und den Kopf in die Hände stützt.

»Geh weg.« Wyll hebt nicht einmal den Kopf. »Ich will allein sein.«

»Tja, es ist nicht so, als würde *ich* mich hier heraufbeschwören.«

Müde reibt sich Wyll das Gesicht. Warum taucht sein Vater immer dann auf, wenn er besonders unerwünscht ist? Setzt er ihn vielleicht genau dafür ein? Um sich Dingen zu stellen, denen er sich eigentlich nicht stellen will?

»Sie sind schwach«, verkündet die Illusion von Edler. »Sie lassen zu, dass London in die falschen Hände gerät. Hör mir zu, Wyll.«

»Mir bleibt ja gar nichts anderes übrig, als dir zuzuhören«, schnauzt Wyll ihn an.

»Ich verstehe, warum du Angst hast, aber du *weißt*, was jetzt geschehen muss«, drängt Edler weiter. »Erinnerst dich du nicht mehr, wie oft ich mit dir über die Zukunft Londons gesprochen habe?«

»Wie könnte ich das vergessen? Während andere Kinder spielen durften – ja, ich wusste, dass andere so etwas wie Spielsachen hatten –, saß ich in deinem Arbeitszimmer fest und musste über Politik diskutieren.«

»Jetzt wirst du albern«, befindet Edler. »Die Kindheit dient dazu, einen auf das Erwachsenenleben vorzubereiten. Und ich habe dich gründlich vorbereitet, oder etwa nicht? Ich habe dich auf eine Welt vorbereitet, die dich einfach zerkaut und ausgespuckt hätte. So aber weißt du, was man braucht, um zu überleben: Man braucht Macht, man muss ganz oben mitmischen. Du aber bist nicht mehr als ein Schoßhündchen, wie schon immer.«

Lass mich in Ruhe. Wyll kann den Gedanken kaum formulieren, denn Edler füllt seinen gesamten Geist aus und lässt keinerlei Raum neben sich.

»Du weißt, was nötig ist«, drängt diese grauenhaft schmeichelnde Stimme weiter. »Was ist nötig?«

Und wie schon zu Edlers Lebzeiten fehlt Wyll die Kraft, sich ihm zu widersetzen. »Es muss wieder ein Gottgleicher die Kontrolle über London übernehmen«, murmelt er deshalb.

Zufrieden lehnt sich Edler zurück.

»Aber das war dein Traum, nicht meiner«, protestiert Wyll nun doch noch.

Sofort beugt Edler sich wieder fordernd vor. »Mein Traum ist jetzt dein Traum. Es gibt nur zwei Möglichkeiten, Wyll, schon vergessen? Jäger oder Gejagter. Was davon bist du?«

All diese Worte sind ihm schmerzlich vertraut, jeden dieser Sätze hat er schon tausend Mal gehört, sie entspringen alle seinen verschwommenen Kindheitserinnerungen. Mit einer verzweifelten Geste lässt er Edler verschwinden.

Dann rollt er sich auf seinem Bett zusammen. Immer wieder sieht er Lillath vor sich, wie sie ihn beobachtet. Das Misstrauen in ihren Augen ist finster und bedrohlich wie eine dunkle Sturmwolke.

KAPITEL 16

Garads Wohnung, Evrontown

Zwei Wochen zuvor

»Nach dieser katastrophalen Party ging ich zu Leon«, berichtet Ghost weiter. »Zugegebenermaßen habe ich ihm nicht alles erzählt, denn ich war der Meinung, dass ›Ich bin eine nicht registrierte Gottgleiche‹ nicht zu den Informationen gehörte, die er zu diesem Zeitpunkt unbedingt benötigte.« Sie unterbricht sich kurz. »Allerdings hat es auch so schon ausgereicht, um ihn auf die Palme zu bringen.«

*

Wardogs Bar, Alaunitown

Zwei Monate zuvor

Ghosts Ankunft wird von Leon kaum zur Kenntnis genommen. Seine Aufmerksamkeit gilt voll und ganz dem Geschehen im Ring. Die Unterarme locker auf die Seile gestützt, befindet er sich sogar in Blutspritzdistanz zu dem anstehenden Wardogs-Kampf.

Das halbseidene Gegenstück zur Caballaria wurde ursprünglich ins Leben gerufen, um den einfachen Leuten von der Straße eine Möglichkeit zu geben, gewisse Dinge zu regeln, wenn der offizielle Weg versagt hatte. In früheren Zeiten waren die Wardogs riesig, zu groß und zu gut etabliert, um einfach abgeschafft zu werden – feist und vollgefressen durch die vielen Armen unter Londons Bürgern, die es sich nicht leisten konnten, Streitigkeiten auf anderem Wege zu klären.

Nicht einmal die Einführung der öffentlichen, für Bürger aller Schichten gedachten Caballaria vor einigen Jahren konnte den Wardogs wirklich etwas anhaben. Manche Kämpfe müssen einfach privat ausgefochten werden, ohne viel Publikum. Allerdings sind die Wardogs kein rechtsfreier Raum, auch bei ihnen gibt es strenge Vorschriften und die Strafen bei Regelverletzungen sind oft sogar härter. Schließlich wissen die Betreiber sehr genau, was ein Menschenleben wert ist.

Dass er darauf bestanden hat, sich bei einem Wardogs-Kampf zu treffen und nicht in einer Bar oder in seiner Wohnung, so wie normale Menschen es getan hätten, ist ein Test. Immer wieder unterzieht Leon sie diesen kleinen Prüfungen, um herauszufinden, wie sicher sie sich in seiner Welt bewegt. Ghost hätte das vielleicht gestört, wenn ihr nicht bewusst gewesen wäre, dass er so seinen angekratzten Stolz wiederherstellt, der doch ziemlich gelitten hat, als sie ihn bei ihrem ersten Treffen mit Delilah hat schwach wirken lassen.

Zunächst einmal bringt sie Leon auf den neuesten Stand: Moth und ihre unsympathische Streunerbande; die merkwürdige Party, auf die Delilah sie geschleppt hat; die Begegnung mit dem schlüpfrigen Glapissant.

Bei diesem Namen rümpft Leon die Nase.

»Dieser Rattenarsch«, brummt er.

»Du kennst ihn?«

»Dem Namen nach. Ist irgendeine große Nummer in der Tech-Branche. Reicher geht's kaum. Stammt ursprünglich aus Senzatown.«

Plötzlich fällt Ghost das Tattoo ein, das sie an Glapissants Knöchel bemerkt hat. Noch immer glaubt sie, es schon einmal gesehen zu haben, aber die Erinnerung ist nach wie vor nicht greifbar. Ein Rad mit Blüten an den Speichenenden. Das Rad ist ein typisches Symbol in Senzatown.

Dann gehört er also der Gefolgschaft irgendwelcher Senzatown-Honoratioren an. Na und? Im Laufe eines Lebens sammeln sich diverse Bündnisse dieser Art an. Und heute ist er eine große Nummer unter den Technikprofis von Alaunitown, dem Bezirk der Tech-Branche. Was hat das zu bedeuten? Hat das überhaupt etwas zu bedeuten?

Wenn sie sich doch bloß daran erinnern könnte, wo sie dieses verdammte Tattoo schon einmal gesehen hat!

»Was will ein solcher Mann von einer Wahrsagerin?«, grübelt sie laut.

Leon gibt ein unbestimmtes Grunzen von sich. »Von einer, die wirklich etwas kann? Die wäre quasi eine Gelddruckmaschine, und die reichen Bosse würden doch alles tun, um noch reicher und mächtiger zu werden. Dummerweise ist mir noch nie zu Ohren gekommen, dass auch nur ein Wahrsager jemals etwas Brauchbares vorhergesehen hätte. Die guten werden alle verrückt und alle anderen sind Hochstapler.«

»Cass war nicht verrückt. Sie war Lehrerin.«

»Dann war sie vermutlich eine Hochstaplerin. Und wenn das jemand herausgefunden hat, wäre das Grund genug, sie zu töten.«

»Sie war echt«, beharrt Ghost. »Immerhin hat sie das traurige

Ende ihres Kollegen vorhergesagt, oder etwa nicht? Und egal, was Delilah behauptet, ich bin noch nicht davon überzeugt, dass Cass wirklich tot ist. Und sie ist auch nicht wegen Glapissant abgehauen.«

»Punkt eins: Doch, ist sie«, wendet Leon ein. »Und Punkt zwei: Wer kann das schon sagen?«

»Wie wäre es mit ein wenig mehr Optimismus, Leon?«, rügt ihn Ghost. »Ich kann sie finden, gib mir einfach noch etwas Zeit.«

»Das war kein Witz. Cass Grenwald ist tot. Ihre Leiche wurde heute Morgen gefunden, kurz nachdem du mit den örtlichen Kambionfickern diese Himmelsorgie gefeiert hast.«

Ghost spürt, wie ihr ein Schauer über den Rücken läuft. Sie sucht in Leons Blick nach weiterer Bestätigung, obwohl das eigentlich nicht nötig ist. In diesem Punkt würde er sie nicht anlügen. Niemand zahlt für eine Tote, weshalb sie nun beide kein Geld sehen werden.

»Wo?«, will sie schließlich wissen.

»Sie haben sie aus dem Fluss gezogen.«

Scheiße. Ob Delilah das schon weiß? »Mord?«, fragt sie weiter. Vor ihrem geistigen Auge taucht ein attraktiver Mann mit zu breiten Lippen und feucht glänzender Haut auf und ihr Herz beginnt wild zu klopfen.

»Soweit ich weiß, ist sie ertrunken. Wird wohl als Selbsttötung deklariert werden, das macht die wenigste Arbeit«, erklärt Leon, der offenbar sehr zufrieden darüber ist, dass sich alles so gut ineinanderfügt. »Nette Lehrerin betreibt gefährlichen Nebenjob, entweder wegen des Geldes oder des Nervenkitzels. Oder beides. Kann niemand wissen. So oder so spielt es keine Rolle mehr. Wir sind ja keine Ermittler, richtig?«

»Du meintest gerade, sie würden es als Selbstmord abtun.

Die ermitteln also wirklich nicht gerade viel, Leon.« Plötzlich kommt ihr ein Gedanke. »Ich könnte mit der Wache sprechen und sagen, was ich über Glapissant herausgefunden habe.«

Diesmal klingt Leons Grunzen eher nach einem Lachen. »Wieso das denn?«

»Wieso? Na, um ihren Mörder zu finden.«

»Und zu welchem Zweck?«

Fassungslos starrt Ghost ihn an. »Zu welchem Zweck, fragst du?«

»Wenn ihnen das Ergebnis nicht gefällt, können die Angehörigen einen Disput eröffnen«, stellt Leon gleichgültig fest.

»Was mich aber nicht davon abhalten sollte, der Wache meine Seite der Geschichte mitzuteilen, um sie zu unterstützen.«

»Du willst doch nicht auffallen, oder? Du wolltest dir ein nettes, halbseidenes Leben einrichten, oder etwa nicht? Sich bei der örtlichen Wache wegen einer toten, nicht registrierten Gottgleichen mit dubiosen Verbindungen einzubringen, ist das komplette Gegenteil davon. Du bist jetzt eine Waffe Gottes, also verhalte dich entsprechend.«

Da hat er nicht unrecht, stellt die andere Ghost fest.

Um sie herum füllt sich der Zuschauerraum mit einer Mischung aus Schlägertypen vom Bodensatz der örtlichen Syndikate und Familien. Die Kinder kriechen auf dem festgestampften Erdboden herum und sammeln leere Lektrihüllen auf, um sie anschließend freudestrahlend nach vollkommen sinnfreien Regeln untereinander zu tauschen. Wenn der Kampf anfängt, werden ihre Eltern sie auf die Schultern nehmen, damit sie einen guten Blick auf das brutale Geschehen haben.

Leon brummt unwillig, als die Frau neben ihm sich ihrer Nachbarin zuwendet und die Krempe ihres ausladenden Hutes sein Ohr streift. Das Ding ist völlig überladen mit verschiedenen aus Metall gefertigten Tieren und klimpernden Bezirksamuletten. *Vermutlich ist das ihr bester Hut*, denkt sich Ghost. Als hätte sie sich für eine Heiligentagsfeier aufgehübscht und nicht für einen schäbigen Kampf.

»Was haben die eigentlich noch gemacht?«, will Leon plötzlich wissen. »Diese Aktivisten, meine ich.«

»Abgesehen davon, dass sie mich unter Drogen gesetzt und mich auf einen kleinen Plausch in irgendeinen Antiquitätenladen am Arsch des Bezirks geschleift haben, meinst du?« Die Lüge geht Ghost mühelos über die Lippen. »Gar nichts.«

»Und die haben dich einfach so wieder gehen lassen?«, wundert er sich.

»Eine Waffe Gottes, die nach Cass sucht, mehr haben sie von mir nicht bekommen. Keine Ahnung, was sie hören wollten, aber das sicher nicht.«

Mit einem Seitenblick beobachtet sie ihn beim Grübeln. Leon gehört zu jenen Menschen, denen längere Denkprozesse so deutlich anzusehen sind, als seien ihre Schädel durchsichtig und ihre Gehirne komplizierte Maschinen mit vielen sich drehenden Zahnrädern.

»Wie hat sich die Anführerin noch gleich genannt?«, hakt er nach.

»Moth«, hilft ihm Ghost aus. »Bestimmt kein echter Name.«

»Aber ich habe ihn neulich schon einmal irgendwo gehört. Sie verkauft irgendetwas, und zwar …« Er verstummt.

»Und zwar … was?«

Plötzlich wieder voller Energie, dreht sich Leon zu ihr um. »Du musst da noch einmal hin.«

»Was?« Ghost schüttelt den Kopf. »Nein! Ich habe dir doch gesagt, was für üble Typen das sind. Mit denen will ich nichts zu tun haben.«

»Tja, dann solltest du schnell eine Umdenkpille schlucken, denn genau das verlange ich von dir.«

Prüfend sieht sie Leon an. »Und warum?«

»Es sind gewisse Gerüchte über diese Person im Umlauf, und falls sich die Gerüchte als wahr erweisen, könnte da ordentlich etwas bei rausspringen«, erklärt er wenig präzise.

»Was für Gerüchte?«

Er wird es dir nicht sagen und dann musst du ihm nicht mehr vertrauen.

Doch da liegt sie falsch.

»Angeblich verfügt sie über eine Waffe«, klärt Leon sie mit der absoluten Sicherheit eines passionierten Klatschmauls auf. »Irgendetwas komplett Neues, womit man Gottgleiche aufspüren kann. Das wäre doch mal was, oder? Kein wildes Herumgerate mehr, man zeigt einfach mit dem Ding auf jemanden, und schon sieht man, ob er ein Gottgleicher ist, egal ob registriert oder nicht. Das würde uns das Leben extrem erleichtern.«

Maschinengeräusche in der Dunkelheit. Mechanisches Atmen. Klicken und Summen. Das Gefühl, mit etwas Großem im Raum zu sein. Aber vielleicht war das auch der Raum. Und dann diese federleichte Berührung im Gesicht.

»So etwas gibt es nicht«, wehrt Ghost wenig überzeugend ab.

Du hast es aber doch selbst erlebt, oder nicht?

»Wir reden hier von Alaunitown«, wendet Leon ein. »Das mögen ja alles verschlagene Bastarde sein, aber die haben sowohl das Geld als auch die richtigen Köpfe.« In Leons Feststellung schwingt der widerwillige Respekt mit, der einem abgenötigt wird, wenn ein anderer Bezirk in etwas besser ist als die eigene Heimat.

»Was jetzt, etwa ein neues Calevel?«, höhnt Ghost. »Ein geheiligtes Schwert für moderne Zeiten?«

»Mach dich nur lustig, aber das kommt von ganz oben«, behauptet Leon leicht verschnupft. »Von Leuten, die keinen Grund hätten, sich so etwas auszudenken.«

Ghosts Erfahrung nach garantiert sozialer Status noch lange nicht die Zuverlässigkeit einer Quelle. Auch die Elite lässt sich gerne von irgendwelchen Geschichten beeindrucken, die oft genug einfach nur dazu dienen, ihnen einen Teil ihrer sorgsam gehüteten Macht abzuluchsen.

»Ohne Beweise würde ich allerdings nicht darauf wetten, also holen wir uns welche.« Leon sieht sie prüfend an. »Bist du dabei?« In seinem Blick flackert die Gier eines Hahnenkampffans, der davon überzeugt ist, einen absoluten Siegergockel gefunden zu haben.

»Und wie soll ich an diese Beweise herankommen?«, fragt Ghost. »Moth und ich sind nicht gerade beste Freundinnen.«

»Du hast doch jetzt einen Fuß in der Tür. Finde eine Möglichkeit.«

»Ich habe da überhaupt keinen Fuß in der Tür.«

»Eine von ihnen hat dich gerade erst zu einer Orgie mitgenommen. Da kommt man sich doch näher.«

»Das war keine Orgie«, protestiert Ghost halbherzig.

»Was ist hier eigentlich das Problem?«

»Ich will nichts mehr mit diesen Irren zu tun haben, das ist das Problem.«

Mit einem langmütigen Blick erklärt er ihr: »Manchmal muss man sich eben auch mit Leuten gut stellen, die man nicht leiden kann, um zu bekommen, was man will.«

»Jetzt spiel hier mal nicht den Gönnerhaften, Leon.«

Jede mögliche Antwort seinerseits wäre in dem anschwellenden Lärm untergegangen, der von den in den Ring steigenden Kämpfern ausgelöst wird. Der eine ist ein bärenartiger Hüne mit nacktem Oberkörper, ein richtiger Schlägertyp. Der andere hingegen trägt eine ordentliche Rüstung und hat ein ganzes Set funkelnder Wurfmesser zu bieten. Auch seine aufrechte Haltung verrät einiges über seine Vergangenheit: Ex-Caballaria, so viel steht fest.

Der Nuntias bestätigt das, als er wenig später mit rauer Stimme einen knappen Lebenslauf der beiden Kämpfer zum Besten gibt. Entehrte ehemalige Ritter wandeln bei Wardogs-Kämpfen immer auf dem schmalen Grat zwischen Bewunderung und in Hass umschlagenden Neid. Kaum etwas löst bei einem solchen Publikum mehr Begeisterung aus als der Sturz eines vermeintlich Höhergestellten.

Der Lärm legt sich wieder und die Kämpfer fangen an, sich angespannt zu umkreisen.

Leon lässt die beiden nicht aus den Augen, raunt Ghost dabei aber zu: »Gefällt dir so etwas?«

»Nicht so ganz meine Szene.«

»Ich könnte dich anmelden. Wäre eine nette Möglichkeit, etwas Kohle zu machen. Du bist so winzig, dass die Quoten schon fast lächerlich wären, und denen gefällt bestimmt, dass du mal ein Ritter warst.«

»Was redest du denn da?«

»Das ist doch offensichtlich.«

»Ach ja?« Ghosts Herz beginnt zu rasen.

Leon aber grinst nur. Im Ring startet der Ex-Ritter seinen ersten Angriff, einen gemeinen Schlag mit dem Kurzschwert in seiner Linken.

»Kein schlechtes Leben«, stellt Leon über den aufbrandenden Lärm hinweg fest. »Da fragt man sich doch, warum du es aufgegeben hast.«

»Tja, warum hast du es denn aufgegeben?«, schießt Ghost zurück.

»Ich habe zuerst gefragt.«

»Frag mich noch mal und ich werde traurig«, presst sie mit einem gezwungenen Lächeln hervor.

Geschlagen hebt Leon die Hände. »Neugier kann Leben retten.«

»Meiner Meinung nach dient dieser Spruch den Leuten nur als Vorwand, um ihre Nase in alle möglichen Angelegenheiten zu stecken. Dich wird deine Neugier jedenfalls nicht retten, Leon.«

»In Bezug auf dich hat sie mir jedenfalls schon eine Menge gebracht«, stellt er fest. Der sonst eher passiv-aggressive Leon lehnt sich diesmal weit aus dem Fenster. Und Ghosts innere Alarmglocken beginnen zu schrillen, als er ihr den Grund für dieses neu erlangte Selbstbewusstsein nennt: »Ich weiß, hinter wem du in deiner Freizeit her bist, Ghost.«

Mit einem unwilligen Lachen erwidert sie: »Bestimmt bist du nicht so blöd gewesen, mich schon wieder zu beschatten.«

»Warum bist du nach Alaunitown gekommen?«

»Aus demselben Grund wie du.«

»Rhyfen-Akzent und gleichzeitig Marvol-Tattoos, ganz so, als wolltest du die Leute absichtlich verwirren, damit sie nicht entschlüsseln können, was du bist.«

»Menschen ziehen hin und wieder einmal um. Das ist nicht ungewöhnlich«, kontert Ghost und wirft ihm einen scharfen Blick zu. »Du zum Beispiel.«

»Hast du eine Ahnung, was mich dieser Neubeginn hier gekostet hat? Alles hat er mich gekostet. Die Menschen ziehen nur um, wenn sie verzweifelt sind oder ein bestimmtes Ziel verfolgen. Und du, ach so geheime Schwester eines toten Straßenköter-Ritters … Ich weiß, warum du ausgerechnet hierhergekommen bist, in diesen Teil des Bezirks. Lebt gar nicht so weit weg, richtig? Sogar fußläufig zu erreichen. Nah genug, um öfter mal hinzugehen und stundenlang auf der anderen Straßenseite zu stehen. Um darauf zu warten, dass jemand rauskommt. Ist einmal sogar passiert, da habe ich meinen Augen kaum getraut.« Triumphierend fasst er zusammen: »Der Silberne Engel höchstpersönlich, wie? Deswegen bist du hier, nicht meinetwegen.«

Das Beste an der Ritterausbildung ist die Tatsache, dass man lernt, die stets präsente Gewaltbereitschaft im Zaum zu halten, findet Ghost. Dieses Brennen in den Muskeln, wenn eine Gefahr auftaucht. Okay, hin und wieder bricht etwas hervor, bevor sie es zügeln kann. Niemand ist perfekt. Aber ohne diese Ausbildung wäre sie um einiges schlimmer, das steht fest. Ein regelrechtes Tier muss man sich da vorstellen.

Als sie Leon nun also nicht sofort eine reinhaut, ist sie sehr stolz auf sich.

Eigentlich hätte sie nicht gedacht, dass er die Kunst der unbemerkten Observation überhaupt beherrscht, nicht mal dann, nachdem er ihr gestanden hat, dass er ihr einmal nach Hause gefolgt wäre. Ein Glückstreffer, dachte sie, nichts weiter. Damals hatte sie ja auch ein oder zwei Whisky intus und war unaufmerksam. Wer hätte gedacht, dass ein wandelnder Felsbrocken sich so gut verstecken kann? Die Menschen überraschen einen doch immer wieder. Da glaubt man, sie durchschaut zu haben, und dann das.

»Okay, ich bin ein irrer Fan«, seufzt Ghost. »Hast mich erwischt.«

Leon schnaubt höhnisch. »Oder du bist eine zur Gewalt neigende ehemalige Ritterin, die ihr altes Leben abgelegt hat, jetzt eine Waffe Gottes werden will, sich mit Gottgleichen-Aktivisten anfreundet und sich vor dem Haus einer der mächtigsten Persönlichkeiten dieses Königreiches herumtreibt, die rein zufällig dafür bekannt ist, Gottgleiche zu verabscheuen. Ich mag ja kein Superhirn sein, aber dämlich bin ich auch nicht. Und du hast mich verarscht, seit ich dir das erste Mal die Tür geöffnet habe.«

Heilige Scheiße.

Er hält sie für eine Aktivistin.

Er glaubt, dass sie mit Moths Gruppe zusammenarbeitet.

Leon verbucht ihr Schweigen als Sieg. »Schon bei unserer ersten Begegnung habe ich dir gesagt, dass es drei Arten von Menschen gibt, die eine Waffe Gottes werden: Arbeiter, Racheengel und Sympathisanten. Ehrlich gesagt, hatte ich dich zunächst als Racheengel eingestuft. Aber jetzt habe ich es durchschaut, denke ich. Du hast dich auf ein ziemlich riskantes Spiel mit mir eingelassen und nun wird es Zeit für meinen Einsatz.«

»Willst du …?« Ghost starrt angestrengt auf das Kampfgeschehen, um das Lachen zu unterdrücken, das plötzlich in ihrer Kehle kitzelt. »Willst du mich etwa *bekehren*, Leon?«

Er spürt ihre Belustigung und ist, was kaum überraschen dürfte, wenig begeistert davon. Aber … also, bitte. Beide Parteien denken, sie wäre ein Spitzel der Gegenseite? Und gleichzeitig wollen alle sie dazu bringen, ein doppeltes Spiel zu spielen? Manchmal ist das Leben einfach unfassbar. Dann muss man halt lachen, sonst fängt man an zu schreien, bis man Blut hustet.

»Du hörst mir jetzt mal gut zu, du kleine Schlange.« Plötzlich klingt Leon beinahe bewundernswert fies. »Ich habe keine Ahnung, was du und deine kambionvögelnden Freunde mit dem Silbernen Engel vorhaben, und ich will es auch nicht wissen. Aus anderer Leute Angelegenheiten halte ich mich raus, klar? Aber ich gehe jede Wette ein, dass ihr es nicht gerade toll fändet, wenn xier frühzeitig gewarnt würde. Denn du belagerst ja nicht nur regelmäßig das Haus des mächtigsten Caballaria-Ritters aller Zeiten, sondern auch den Palast. Und dann wärst du aber mal so was von am Arsch.«

Beinahe fröhlich stellt er das fest.

»Du hast das falsch verstanden«, presst Ghost mühsam hervor, obwohl es offensichtlich zu spät ist. Seine Fantasie ist bereits mit ihm durchgegangen.

Soll er doch denken, es wäre politisch, schaltet sich ihr anderes Ich gelassen ein. Aber in einem Punkt hat er vollkommen recht – du willst auf keinen Fall, dass Garad Gaheris etwas von dir erfährt.

Noch nicht.

»Ich will nichts hören«, warnt Leon sie erneut. »Je weniger ich weiß, desto besser.«

»Gerade mal genug, um zu bekommen, was du willst«, brummt Ghost.

»Ja, und zwar ein besseres Leben«, erwidert er scharf. »Schuldgefühle sind ein Luxus, den man sich nicht leisten kann, wenn man sich die ganze Zeit nur abstrampelt, um sich irgendwie über Wasser zu halten.«

Eigentlich war das unausweichlich, auch wenn Ghost gehofft hat, er sei weniger berechenbar. Irgendwie empfindet sie es als schmerzlich, wenn die Menschen sich genau so verhalten, wie sie es von ihnen erwartet – wohl weil sie immer davon ausgeht, dass sie im Grunde alle egoistische Scheißhaufen sind und sich dementsprechend aufführen. Wobei sie sich selbst da gar nicht ausnimmt. Trotzdem bewahrt sie sich stets die leise Hoffnung, dass sie falschliegen könnte. Zyniker sind die hoffnungsvollsten Menschen überhaupt, denn sie wollen sich um jeden Preis irren und können es nur schwer ertragen, wenn sie recht behalten.

»Natürlich könntest du mich jetzt umbringen, weil ich all das über dich weiß«, fährt Leon vollkommen sachlich fort. »Aber ich habe eine Rückversicherung in der Hinterhand. Es mag unwahrscheinlich klingen, aber ich habe gewisse Menschen instruiert für den Fall, dass ich plötzlich verschwinde. Den ersten Zug in diesem Spiel habe ich schon kurz nach unserer ersten Begegnung gemacht, verstehst du?«

»So viel Mühe gibst du dir, Leon?« Ghost klimpert spöttisch mit den Wimpern. »Wenn ich es nicht besser wüsste, würde ich sagen, du hast eine Schwäche für mich.«

»Ich gehe nur auf Nummer sicher.« Gelassen lässt Leon den Blick durch den Ring schweifen. »Alte Angewohnheit. Eigentlich glaube ich nämlich nicht, dass du dazu fähig wärst, mich kaltzumachen. In Wahrheit bist du viel weichherziger, als du die Leute glauben lässt.«

Der Ex-Ritter muss einen Schlag gegen den Unterarm einstecken; er zischt schockiert, als sich seine Hand ohne sein Zutun öffnet und seine beiden Messer herabfallen, die sein Gegner mit einem schnellen Tritt außer Reichweite schiebt. Taub und nutzlos hängt sein einer Arm herab – aber er hat ja noch einen.

»Scheiße, jetzt bist du einfach nur noch gemein«, stellt Ghost fest.

Vollkommen ernst versichert ihr Leon: »Ich brauche das. Endlich mal Ruhe haben, das ist bei mir lange her. In meinem Leben war es viel zu oft viel zu knapp. Du verstehst das nicht, fünf Jahrzehnte Sklavenarbeit sind nichts dagegen. Mit niedrigen Erwartungen lebt es sich wesentlich leichter. Dummerweise bin ich aber jemand, der sich gerne selbst quält, denn ich werde diesen Drang, wieder ganz nach oben zu kommen, einfach nicht los. Doch ich schaffe es nicht. Und du …« Mit einem hilflosen Achselzucken resümiert er: »Du warst ganz oben und bist mit einem Hechtsprung in der Gosse gelandet. In gewisser Weise sind wir zwei vom gleichen Schlag. Aber ich kann dich wieder nach oben bringen, wirklich. Ich kann dafür sorgen, dass du wieder wahrgenommen wirst. Nur ein Wörtchen hier und da, mehr braucht es nicht; ein kleines Rinnsal, das den Strom der allgemeinen Aufmerksamkeit zu dir umlenkt.«

Man kann die Gewalt hier drin jetzt förmlich riechen. Ghost schnaubt abfällig, was aber im Ächzen der Kämpfer und dem Stampfen verzweifelter Füße untergeht. Das ist das Problem, wenn man zu viel Zeit mit einem Menschen verbringt: Durch eine Art Osmose lernt er irgendwann, wie er dich am besten treffen kann. Ist das immer so, ist das ein Teil des menschlichen Wesens, unabhängig von Herkunft oder aktueller Lage?

Sind wir einfach grundsätzlich nicht vertrauenswürdig, unsere gesamte Art?

Widerwillig wendet sich Ghost Leon zu. »Und wie soll ich noch einmal in Moths Laden reinkommen, um mir diese gesegnete Waffe anzusehen? Die macht sicher nicht auf, wenn ich höflich klopfe.«

Leon zieht fragend die Brauen hoch. »Hat Fin dir je erzählt, wie wir uns kennengelernt haben?«

Ghost seufzt schwer. In einem anderen Leben erwischte ein Mitglied der Wache in Rhyfentown einen vierzehnjährigen Straßenköter dabei, wie er Teile aus einem Motorradladen stahl, um sie später zu verkaufen. Leon hatte Mitleid mit dem Mädchen und ersparte ihm den Kerker. Irgendwie muss sie ihn wohl beeindruckt haben, denn von da an nahm er sie unter seine Fittiche.

Ghost ahnt, worauf er hinauswill. So kommt zumindest der Dietrich, den sie sich für Cass' Wohnungstür besorgt hat, noch einmal zum Einsatz.

Gerade als sie sich wieder dem Kampfgeschehen zuwendet, geht der Ex-Ritter zu Boden. Blut spritzt aus seinem Mund.

Sie weiß genau, wie er sich fühlt.

KAPITEL 17

Ravensbrink Kill Ring, Iochitown

Zwei Monate zuvor

In den samtigen Tiefen von Iochitown, dem Bezirk, der nach Londons Schutzheiligem der Spione, Diebe und Künstler benannt ist, ist ein unscheinbarer Mann mit der Ausstrahlung eines überkorrekten Bürokraten aufgetaucht.

Ravensbrink, Iochitowns größter wöchentlicher Fleischmarkt, hat einen ganz eigenen olfaktorischen Ruf. Das liegt vor allem an der Schlachtfläche in seiner Mitte, wo den ganzen Tag über Scharen von Tieren einem frühzeitigen Ende zugeführt werden – bereits vorbereitet auf ihre nächste Manifestation als saftiger Happen in einem der umliegenden Restaurants. So führt man die althergebrachte Tradition des Marktes fort, seine Waren so frisch wie nur irgend möglich anzubieten.

In der Menge drängen sich vor allem private Käufer, vornehmlich die Küchenkräfte der großen, reichen Haushalte, die es sich leisten können, eine ganze zerlegte Kuh zu erwerben und dann alle Teile, die sie selbst nicht brauchen, weiterzuverkaufen. Die Modefreaks der Stadt behaupten, ihre filigran gearbeiteten Ohrklemmen seien aus den wesentlich selteneren und deshalb teureren Hirschknochen gefertigt, aber solange man nicht einen

Haufen Geld dafür hinblättert, dürften es wohl eher Rinderknochen sein. Und wenn der Schmuck dann auch noch bei einem Juwelier in Iochitown erstanden wurde, stammte dieses Rind höchstwahrscheinlich aus Ravensbrink.

Der überkorrekte Herr schlendert ganz in Schwarz und Burgunderrot gekleidet über den Markt, also in den Farben eines gebürtigen Iochitowners, weshalb er nicht sonderlich auffällt, als er sich zwischen den Marktbesuchern hindurchschiebt, von denen die meisten modische Gesichtsmasken tragen, um den Gestank von Innereien und frischem und gestocktem Blut abzuwehren.

Das grelle Flackern der Lichter spiegelt sich auf seinem nur noch spärlich behaarten Haupt und huscht ihm auf dem schlammigen Boden voran. Projektionen gleiten über sein Gesicht und hängen über ihm in der Luft. Er passiert einen Sockel, auf dem das Hologramm eines schönen, nur notdürftig bekleideten Mannes den Besucher mit einem anzüglichen Lächeln in das zum Himmel hin offene Lagerhaus hinter sich lockt. Fleisch, das Fleisch verkauft.

Doch der korrekte Herr hat seine Verabredung bereits im runden Zuschauerbereich des Schlachtplatzes entdeckt, wo sie mit dem Rücken zu ihm steht und das Geschehen beobachtet. Die Person trägt hohe, eng geschnürte Stiefel und eine kurze, dicke Jacke mit verschiedenen Zugehörigkeitsaufnähern. Das Haar ist unter einer Kappe verborgen und hinter den Ohren schimmern die verräterischen Halteschlaufen einer Zweithaut.

Der korrekte, kahlköpfige Mann hält direkt auf die Gestalt zu, als ihm plötzlich eine hochgewachsene Frau den Weg versperrt. Von der anderen Seite tritt ein deutlich kleinerer Mann an ihn heran. Beide tragen Schusswaffen an der Hüfte, also gehören sie wohl zu einem privaten Sicherheitsdienst.

»Wo wollen Sie denn hin?«, fragt die Größere.

Der korrekte, kahlköpfige Mann deutet mit dem Kopf zu der Gestalt am Schlachtplatz hinüber.

»Ich bin verabredet.« Er muss seine näselnde Stimme erheben, um den Lärm der Menge und des Viehs hinter dem Zaun zu übertönen.

»Und mit wem, bitte schön?«

Der Mann zögert. »Darf ich den richtigen Namen überhaupt nennen? Läuft das hier wie bei Spionen?«

Die Hochgewachsene verzieht keine Miene.

»Warum nennen Sie mir nicht einfach den Namen der Person, mit der Sie Ihrer Meinung nach eine Verabredung haben?«, schlägt sie freundlich vor, wobei die unterschwellige Drohung nicht zu überhören ist.

Darauf ist der korrekte Herr vorbereitet.

»Ladymere«, antwortet er brav.

»Und Ihr Name ist?«

Mühsam unterdrückt er ein Lächeln. »Barochi.«

Die hochgewachsene Frau zieht skeptisch eine Braue hoch. »Sie heißen wie dieses Land im Norden, wo es nichts gibt außer Windparks?«

Achselzuckend stellt er fest: »Ist hübsch dort. Und windig.«

Die Frau wendet sich ab, während ihr kleinerer Kollege die Hand kurz an sein Hüftholster schiebt. Der angebliche Barochi hätte am liebsten die Augen verdreht, aber natürlich sollte er jetzt eingeschüchtert sein und zumindest versuchen, auch so auszusehen.

Wortlos beobachtet er, wie die Frau zu der Gestalt am Schlachtring hinübergeht. Für einen Moment kann er das unter der Zweithaut verborgene Profil sehen, als diese den Kopf dreht, um sich von der Bewacherin etwas ins Ohr flüstern zu lassen.

Auf der Zweithaut schimmern filigran aufgemalte Schuppen, was vielleicht dem Iochitown-Symbol des springenden Fisches Rechnung tragen soll. Vielleicht hat die Person aber auch einfach nur eine Vorliebe für Glitzerzeug.

Barochi mustert die sich bewegenden Lippen, hinter denen sich der mit Sand bestreute und mit braunen, eingetrockneten Blutlachen übersäte Boden des Schlachtplatzes abzeichnet.

Schließlich kehrt die Frau zurück.

»Ladymere möchte wissen, wie der erste Trick aussah, den Sie xiem vorgeführt haben.«

»Es war ein grauer Hund. Und bitte erinnern Sie xien daran, dass ich seitdem enorme Fortschritte gemacht habe.«

Die Botschaft wird überbracht. Als sich der korrekte, kahlköpfige Herr mit dem Namen Barochi angestrengt reckt, um die Reaktion darauf nicht zu verpassen, schiebt er sich unwillkürlich ein Stück vor. Der bei ihm verbliebene Wachmann schnalzt mahnend mit der Zunge und tippt auf seine Waffe.

Ladymere hört sich die Antwort an und dreht sich nun endlich um.

Ein knappes Nicken.

Die hochgewachsene Bewacherin winkt ihn heran, also setzt sich Barochi in Bewegung. Er spürt, wie sich der Wachmann hinter ihm einreiht. Da die Menge ringsum nichts von diesen Vorgängen ahnt, braucht es die nachdrückliche Unterstützung von zwei Wachen, um ihm einen Weg zu bahnen.

Ladymere wendet sich Barochi zu, als er an xieser Seite erscheint, und mustert ihn leicht belustigt.

»Wyll?«, raunt xier leise.

»Viviane?«, erwidert er näselnd.

Prüfend wandert Vivianes Blick über sein Gesicht. Zwar verbirgt die Schuppenhaut xiese Züge, aber diese Augen sind unverwechselbar: Wie geschmolzene Schokolade verlocken sie den Betrachter, sich in ihren Tiefen zu verlieren.

»Selbst aus der Nähe sind die Details noch verblüffend«, stellt xier schließlich fest. »Sogar besser, als ich es in Erinnerung hatte.«

»Alles Übung.«

»Hm. Und äußerst illegal obendrein. Wer ist dieser kleine Langweiler, den du als Tarnung gewählt hast?«

Achselzuckend erklärt Wyll: »Ein Mann, den ich von früher kenne, noch aus der Zeit vor Carr. Aus einem anderen Königreich. Er wurde fünf Mal wegen Betruges verurteilt.«

»Dann bist du ihm im Gefängnis begegnet?«

»Oh nein. Als ich ihn kennenlernte, war er bereits Politiker.«

Viviane lacht anerkennend.

»Also, Ladymere?«, fragt Wyll trocken.

»So nenne ich mich heutzutage. Habe ich das neulich nicht erwähnt?«

»Nein, hast du nicht. Decknamen und Passwörter?«

Xier zuckt gelassen mit den Schultern. »Du bist nicht oft in Iochitown, oder? Dies ist der Bezirk der Tricksereien, Wyll. Tarnung und Täuschung sind hier so normal wie das Atmen.«

»Ein bisschen zu viel des Guten, oder nicht?«

»Sagt der Mann, der sich gerade als jemand anders ausgibt?«

»Na ja, aber mich kostet das quasi keine Mühe«, tut er bescheiden.

»Offenbar bist du gut gelaunt«, stellt Viviane fest. »Verändert sich dein Charakter etwa zusammen mit deinem Äußeren?«

Wyll grinst so breit, dass man ihn für einen Frosch halten könnte. Es lässt sich nicht abstreiten, dass es ihm ein gewisses Hochgefühl verschafft, ein anderer zu sein und sich vollkommen anonym bewegen zu können, ohne dass man ihn eines

Blickes würdigt. Niemand schenkt ihm Beachtung. Unsichtbar zu sein, bringt manche zur Verzweiflung, während es anderen seltene Momente der Freiheit verschafft.

»Wenn wir uns wieder auf Pinecone getroffen hätten, wäre diese Verkleidung nicht nötig gewesen«, entgegnet er nur.

»Das ging nicht anders«, behauptet Viviane. »Die Lage spitzt sich zu. Und unter Leuten ist es immer unauffälliger.«

Die Lage spitzt sich zu. Keine gute Feststellung, wenn sie von jemandem wie Viviane getroffen wird.

Hinter ihnen stößt ein Schwein ein schrilles Quieken aus, als es auf den Sandplatz gezerrt wird. Das Tier weiß, was jetzt kommt. Intelligenz ist oft eben doch kein Segen.

Widerwillig fragt Wyll: »In was bist du jetzt wieder verwickelt?«

»Ist dir eigentlich je aufgefallen, dass der Schlachtplatz eines Fleischmarkts und die Arenen der Caballaria sich kaum voneinander unterscheiden?« Viviane wirft ihm einen kurzen Seitenblick zu. »Was dich dann wohl zu einem Rindvieh macht.«

Klassisches Ausweichmanöver durch Provokation.

»Welche Lage spitzt sich zu, Viviane?«, versucht er es noch einmal.

Xier winkt ungeduldig ab. »Zieh den Kopf besser nicht aus dem Sand, Wyll, das ist sicherer. Also, in deiner Nachricht hieß es, du hättest deine Meinung geändert. In Bezug worauf?«

Für einen Moment lässt Wyll den Blick über den Schlachtplatz schweifen. Die bulligen Besitzer des Schweins haben das Tier zwischen sich eingeklemmt und schlitzen ihm nun mit einem schnellen, präzisen Schnitt die Kehle auf. Die professionelle Durchführung bringt ihnen kurzen Applaus von den Zuschauern ein. Gleichzeitig beginnt der Verkäufer, die ersten Gebote anzunehmen, bevor das Blut auskühlen kann.

»Ich werde dir deine Karte besorgen«, erklärt Wyll.

Kurze Stille, vielleicht der Verblüffung geschuldet.

»Und was verlangst du im Gegenzug?«, fragt Viviane vorsichtig.

»Du musst jemanden für mich verstecken und aus London rausschaffen.«

Diesmal schweigt Viviane so lange, dass er schließlich wieder zu xiem hinübersieht.

»Und ich habe schon gedacht, es sei mein einzigartiger Charme, der dich umgestimmt hat«, sagt xier endlich. »Um wen geht es? Eine skandalöse, inakzeptable Liebschaft?«

»Etwas in der Art.«

»Bei allen Heiligen, etwa eine Gewöhnliche?« Angewidert verzieht Viviane das Gesicht.

Titon war ebenfalls ein Gewöhnlicher. Anscheinend ist so etwas nur hinnehmbar, wenn Viviane es tut.

»Nein, sie ist eine Gottgleiche.«

»Oje.« Das scheint Vivianes Laune wieder zu heben. »Eine magische Spielerei zu viel und schon winkt der Kerker. Was hat sie getan? Reichen Säcken das falsche Schicksal prophezeit?«

Wyll versucht gar nicht erst, xiesen Fantasien Einhalt zu gebieten. Viviane wird viel eher bereit sein, einer Kameradin zu helfen, außerdem kann xier dem Reiz, seine Geliebte kennenzulernen, hoffentlich nicht widerstehen.

»Sie ist schon etwas gefährlicher«, warnt er trotzdem.

Wenig überrascht zieht Viviane die Brauen hoch. »Nun, das liegt doch wohl auf der Hand, wenn du sie attraktiv findest, oder?«

Da er nicht weiß, was er von dieser Feststellung halten soll, geht er gar nicht erst darauf ein.

»Vivi, sie ist … gewalttätig. Ganz übles Temperament.«

»Und ich sage es noch einmal, mein Lieber – ganz dein Typ.« Mit schimmernden Schuppen wendet sich Viviane wieder dem Schlachtgeschehen zu. »Ich habe sie schon jetzt ins Herz geschlossen.«

Möglicherweise ist es die schlimmste Idee aller Zeiten, Red und Viviane zusammenzubringen, aber für solche Überlegungen ist es jetzt zu spät. Außerdem wird es ja vielleicht gar nicht so weit kommen.

Erst einmal muss er Red zur Flucht verhelfen.

»Jedenfalls … sollst du nicht versuchen, sie für deine Sache anzuwerben – wie auch immer die momentan aussieht«, schärft er Viviane ein. »Hilf ihr einfach nur dabei, zu verschwinden – ganz egal, wo sie hinwill oder was sie vorhat. Ich übernehme die Kosten. Das ist meine Bedingung, wenn ich dir diese Karte beschaffen soll.«

Vivianes volle Aufmerksamkeit ist nicht leicht zu ertragen.

»Du lässt uns immer zu dicht an dich heran, nicht wahr, Wyll?«, stellt xier fest.

»Hör auf damit, Vivi.«

Unbeeindruckt hebt xier die Brauen. »Dir hat es noch nie gefallen, einen Spiegel vorgehalten zu bekommen. Aber wenn du gegen dein wahres Wesen ankämpfst, wirst du unweigerlich verletzt. Das Leben ist um einiges leichter, wenn man es einfach akzeptiert.«

»Es sind eher deine kruden Analyseversuche, die mir nicht gefallen«, brummt Wyll.

»Na schön.«

Belustigung verabscheut Wyll an Viviane am meisten, denn damit gibt xier immer vor, dass nichts von dem, was er sagt oder tut, auch nur im Geringsten überraschend sei.

»Und warum begleitest du sie nicht, wohin auch immer?«

»Ich habe keinerlei Interesse daran, zum Gesetzlosen zu werden.«

»Gut, und jetzt noch der wahre Grund?«

»Sie will mich nicht.«

Die Worte sind ausgesprochen, bevor er sich dessen bewusst wird. Gut möglich, dass Vivianes Gabe da die Finger im Spiel hatte.

»Möglicherweise spürt sie ja, dass es bereits eine große Liebe in deinem Leben gibt.« Auf seinen entgeisterten Blick reagiert xier nur mit einem Lachen. »Doch nicht *mich*. Ich spreche von deinem König und Erlöser. Mit dem konnte nicht einmal ich ernsthaft konkurrieren.«

»Du hast es nie versucht«, schießt Wyll zurück. »Stattdessen hast du es vorgezogen, dich mit Titon nach Mafelon zu verdrücken.« Eine Feststellung, hinter der sich eine nie ganz verheilte Wunde verbirgt; der erste Herzschmerz ist immer der schlimmste.

Offenbar spürt Viviane das, doch anstatt sich deshalb etwas weicher zu zeigen, erwidert xier gnadenlos: »Ich bin mit Titon gegangen, weil das die einzig gute Lösung für mich war.«

»Hör auf damit. Sei, wer auch immer du sein willst, Vivi, aber tu nicht so, als wärst du gegangen, weil *ich dich* abgewiesen hätte.«

»Ich gehe dorthin, wo ich gebraucht werde«, entgegnet xier kühl. »Und wo ich erwünscht bin. Und nach Mafelon wurde mehr als deutlich, dass du mich nicht länger gebraucht oder auch nur gewollt hast.« Noch bevor Wyll einwenden kann, dass dies in vielerlei Hinsicht die schlimmste Fehlinterpretation seit Anbeginn der Zeiten ist, fährt xier hastig fort: »Außerdem ist es ja wohl vollkommen sinnlos, auf einen Toten eifersüchtig zu sein.«

Wylls Herz setzt einen Schlag aus.

Xier kann es nicht wissen. Unmöglich. Viviane kann keine Gedanken lesen und er war in xiesem Beisein extrem vorsichtig, sich seine Gefühle wegen Art nicht anmerken zu lassen …

»Hast du das etwa gar nicht mitbekommen?« Anscheinend spürt Viviane, wie schockiert er ist. »Titon wurde bei einer Razzia getötet, schon vor einer Weile. Offenbar hatte er einen Spitzel der Wache in seiner Truppe.«

Nun nimmt Wylls Herz den Dienst wieder auf.

»Das wusste ich nicht«, gibt er zu, um dann verlegen hinzuzufügen: »Tut mir leid für dich.«

Doch Viviane zuckt nur gleichgültig mit den Schultern. »Nun ist er eine kurze Fußnote in den Annalen der Geschichte.«

Wyll mustert xien angestrengt, kann aber nicht sagen, ob xien Titons Tod in irgendeiner Weise berührt. Xier war schon immer sehr gewandt in der Kunst der Verstellung.

Also braucht xier diese Karte, die er beschaffen soll, nicht für Titon.

»Und für wen arbeitest du jetzt?«, will er wissen.

»Ich habe nie für Titon *gearbeitet* wie ein gemeiner Fußsoldat. Mein Wert war um einiges höher, vielen Dank auch.«

Die erste echte Gefühlsregung. Wyll lässt das Thema ruhen. Es ist nie sinnvoll, einen potenziellen Geschäftspartner zu sehr zu reizen. Wahrscheinlich ist die Karte für irgendeine andere Aktivistengruppe gedacht, für den nächsten Titon, einen neuen Meister, den Viviane für mächtig genug hält, um sich an seine Seite zu stellen und ihm einzuflüstern. Es geht ihn nichts an und er will es auch gar nicht so genau wissen.

»Sicheres Geleit aus London für diese Karte«, fasst er also zusammen. »Kommen wir ins Geschäft?«

»Das werden wir, wenn du mir verrätst, was momentan im Palast los ist«, säuselt Viviane. »Die Gerüchteküche brodelt.«

»Was meinst du genau?«

»Ach, bitte. Unter anderem deswegen spitzt sich doch alles so zu, oder ist dir das gar nicht aufgefallen? Die gängigste Theorie besagt, dass dein geliebter Artorias rausgeworfen werden soll. Irgendeine Verschwörung hinter den Kulissen. Ich würde mein Geld auf Evrontown setzen, die waren in letzter Zeit verdächtig forsch.«

Wyll kratzt alles zusammen, was ihm noch an Selbstbeherrschung geblieben ist. »Ich weiß auch nicht mehr als du.«

Ein großer Vorteil der Illusion liegt darin, dass seine Miene wesentlich schwerer zu deuten ist. Immerhin kennt Viviane Barochi nicht.

Nachdem xier ihn lange gemustert hat, wendet xier sich wieder dem Schlachtplatz zu. »Das wage ich doch stark zu bezweifeln, Streiter des Königs.«

»Die sagen mir ja auch nicht alles. Eigentlich schicken sie mich bloß in die Arena, damit ich für sie kämpfe.«

Mit einem schweren Seufzer erklärt Viviane: »Weißt du, eine solche Bockigkeit lasse ich mir eigentlich von niemandem bieten. Wenn andere Geschäftspartner sich so verschlossen geben wie du gerade … nun ja, sagen wir einfach, das hält nie lange an.«

»Drohst du mir etwa?«

»Würde ich meine Geschäftspartner bedrohen? Schließlich haben wir doch einen Deal, *Barochi*.«

»Haben wir den?«

»Bring mir die Karte, dann schaffe ich dein Mädchen hier raus, ohne Wenn und Aber.«

»Sie wird mehr als einen Verfolger mitbringen«, gesteht Wyll, »und die wissen genau, was sie tun.«

»Also äußerst beliebt, die Dame«, stellt Viviane unbeeindruckt fest. »Das dürfte kein Problem sein.«

Möglicherweise doch, aber die Würfel sind gefallen. Kein Gewinn ohne Risiko.

»Jetzt fühle ich mich mies«, gibt Viviane zu, »denn ich habe bei diesem Geschäft eindeutig den leichteren Teil erwischt.«

Verblüfft sieht Wyll sie an. »Wieso? Du musst jemanden verschwinden lassen, der voll im Fokus steht. Ich hingegen muss bloß eine Karte kaufen.«

»Du kennst den Besitzer noch nicht.« Viviane stößt ein freudloses Lachen aus. »Außerdem wird er einen horrenden Preis dafür fordern.«

»Ich gehe davon aus, dass dir ausreichend Mittel zur Verfügung stehen.«

»Ganz genau.« Viviane hakt sich bei ihm unter und drückt seinen Arm. »Ach, mein lieber Barochi. Wir haben es seit den Liebesdiensten für Carr doch weit gebracht, du und ich.«

Da ist Wyll sich nicht so sicher.

Denn manchmal hat er das Gefühl, noch immer ein beschissenes Halsband zu tragen.

KAPITEL 18

Garads Wohnung, Evrontown

Zwei Wochen zuvor

»Plötzlich standen sie also alle Schlange, um mich zu erpressen«, fasst Ghost zusammen. »Ich war in meinem ganzen Leben noch nie so beliebt. Und da Leon mir die Art von Schwierigkeiten bereiten konnte, die ich um jeden Preis vermeiden wollte, habe ich getan, was er wollte.«

»Bist du hergekommen, um mich zu töten?«, fragt Garad milde.

Ghost schüttelt den Kopf. »Nein, in dieser Hinsicht lag Leon falsch.«

»Und was willst du dann von mir?«

»Dazu komme ich noch. Lass mich der Reihe nach vorgehen oder wirf mich raus. Wofür entscheidest du dich?«

Schweigen.

Mit einem knappen Nicken fährt Ghost fort.

*

Hidden Treasures, Alaunitown

Zwei Monate zuvor

Es sind die kleinen Unterschiede, die am meisten auffallen, stellt Ghost nachdenklich fest, während sie an ihrem Sicalo zieht.

Sie war leicht überrascht, als sie herausfand, dass die Sicalos hier in den Bezirksfarben verkauft werden; der Tabak ist in feines gelbes oder kupferfarbenes Papier gerollt. Eigentlich nichts Außergewöhnliches, aber irgendwie ist sie nie auf die Idee gekommen, dass die Geschäfte in Alaunitown die bezirkseigenen Marken anderen vorziehen könnten. Auch ihre bevorzugte Marke aus Rhyfentown – dunkelrot und mit einem leicht erdigen Lakritzaroma – ist hier erhältlich, allerdings nur in Spezialgeschäften und zu gesalzenen Preisen.

Feine Rauchwolken schweben vor ihren Augen vorbei, während sie das schäbige Gebäude auf der anderen Straßenseite fixiert. Schon seit über einer Stunde ist alles dunkel, was nach den Beobachtungen, die Ghost während der vergangenen Tage angestellt hat, dem üblichen Ablauf entspricht. So spät am Abend ist das Leuchtschild am Eingang längst ausgeschaltet und wartet auf den nächsten Morgen und eine neue Chance, den guten Leuten dieser Gegend diesen merkwürdigen Kram anzupreisen.

Tja, noch mehr Observationstage werden wohl nichts ändern, stellt die andere Ghost trocken fest. Worauf wartest du also?

Auf den nötigen Mut, vermutet sie, aber in diesem Punkt irren sich die Leute ja gerne: Mut ist nichts, was man in sich trägt. Er entsteht aus dem Moment heraus, entspricht einer plötzlichen, eigenwilligen Entscheidung. Durch diesen Gedanken gestärkt, stößt sie sich von der Hauswand ab, an der sie sich versteckt hat, und überquert die Straße. Wachsam hält sie sich in den Schatten und presst mit einem Arm schützend die Tasche an den Körper, die sie über der Schulter trägt. Ihr Inhalt ist tatsächlich schwer, drückt ihr aber auch aufs Herz: Wasser; alles, was man für ein Feuer braucht; ein Polymergel, das normalerweise im Bauwesen verwendet wird und sich um alles kümmert, was nach Einsatz der ersten beiden Elemente noch tickt.

Was sie hier vorhat, wird einen dunklen Fleck auf ihrer Seele hinterlassen, aber nur so kann sie die doppelte Schlinge abstreifen, die sich um ihren Hals gelegt hat. Leon kann sie nicht zwingen, eine Maschine zu stehlen, die nicht funktioniert, und Moth kann nicht nachweisen, was Ghost ist, wenn sie nur noch ein paar geschmolzene Teile zur Verfügung hat.

Falls nötig, könnte sie sich sogar einreden, dass sie es ja zum Wohle aller Gottgleichen tut. Ist der Anstrich der Selbstgerechtigkeit erst dick genug, erreicht man moralische Höhen, die einen alles verzeihen lassen. Aber verdammt noch mal, solche Menschen sind ihr zuwider; zu feige, um sich selbst zu verstehen, geschweige denn zu akzeptieren. Diese Menschen sind nicht nur geistig total verdreht, sondern auch sehr gefährlich. Sie sind zu den schlimmsten Dingen fähig, die man sich nur vorstellen kann – oder eben nicht vorstellen kann –, einfach weil diese kranken Untaten für sie verzeihlich sind, solange sie nur davon überzeugt sind, im Recht zu sein. Wenn sie auf ihr Urteil vertrauen kann, ist der polternde Idiot Joln Chimes in dieser Richtung unterwegs.

Nein. Ghost weiß, dass ihr ein Großteil der Menschen, mit denen sie widerwillig diesen Planeten teilt, herzlich egal ist, seien sie nun Gottgleiche oder nicht. Bislang haben es nur zwei

Menschen geschafft, sie dazu zu bringen, ihr Wohlergehen über ihr eigenes zu stellen, und diese beiden waren sowohl mächtiger als auch besser geschützt, als sie es jemals sein wird.

Entschlossen zieht sie einen Dietrich aus der Innentasche ihrer Jacke, hockt sich vor die Hintertür und macht sich ans Werk. Es braucht einige Versuche und mehr Zeit, als ihr lieb ist, aber am Ende lässt sich die Tür geräuschlos öffnen. Zwar macht Moths Laden nicht den Eindruck, als verfüge er über etwas so technisch Ausgefeiltes wie einen stillen Alarm, aber man weiß nie; in diesem Fall muss sie sich eventuell etwas beeilen.

Während sie langsam durch die Dunkelheit schleicht, hört Ghost etwas, was keinem Möchtegern-Einbrecher sonderlich gefällt: Stimmen.

Scheiße, Scheiße, Scheiße. Nirgendwo ein Licht und seit einer Stunde ist niemand mehr gekommen oder gegangen? Welche Art von Gesprächen führt man denn bitte schön im Stockfinstern?

Gespräche, die nicht belauscht werden sollen, folgert ihr anderes Ich.

Reglos bleibt Ghost stehen und lauscht. Mit Mühe kann sie zwei Stimmen ausmachen: Moths unverwechselbares Reibeisen, das an einen durchgedrehten Violinvirtuosen denken lässt, und einen zweiten, deutlich leiseren Sprecher, der seine knappen Worte äußerst akkurat zu setzen scheint.

Zentimeterweise schiebt sich Ghost voran. Sie muss sehen, wo sich die beiden genau befinden. Falls sie irgendwo hinter der Ecke stehen, weit weg von der Kellertür, könnte sie sich trotzdem runterschleichen, während die beiden in ihre Unterhaltung vertieft sind. Dann wartet sie, bis sie weg sind, und beschäftigt sich anschließend mit der verdammten Maschine.

Na klar, schaltet sich ihr anderes Ich wieder ein. Genauso gut könnten sich Fische auf ihre Flossen erheben und anfangen herumzuspazieren.

Aber Ghost zehrt noch immer von dem couragierten Adrenalinschub, der sie hergebracht hat, und ignoriert den Einwand. Die Neugier lässt sie zögern. Mit wem bespricht sich Moth wohl so spät in der Nacht und unter solch mysteriösen Umständen?

Vielleicht wäre es doch nicht schlecht, sich das anzusehen, um zumindest die Situation besser einschätzen zu können. Wenn sie es hoch auf die Galerie schafft …

Die Stimmen reduzieren sich auf ein leises Murmeln, als Ghost vorsichtig weiterschleicht und eine schmale Treppe im hinteren Teil des Ladens hinaufgeht. Die Tür zum Obergeschoss wird von einem Keil offen gehalten – und wahrscheinlich nie geschlossen, um ständig auf nahende Kundschaft vorbereitet zu sein. Hier oben sind die Stimmen deutlicher zu hören, also müssen die beiden direkt unter ihr stehen.

Ghost duckt sich und schiebt sich vorsichtig weiter voran.

»… verkaufen?«, fragt die korrekte Stimme gerade.

»Was interessiert es Sie denn?«, antwortet Moth. »Brauchen Sie mehr Rekruten für Ihre kleinen geheimen Ausbildungslager?«

Stille.

»Ja, ich habe schon davon gehört«, fügt Moth dann hinzu.

»Es sind keine Ausbildungslager«, erklärt der Mann schließlich. »Wir finanzieren Unterstützungsprogramme für Mittellose. Förderung für die Unterprivilegierten. Wohltätigkeitsarbeit.«

»Oh, ich weiß schon, wie Sie das offiziell darstellen. Aber inoffiziell sind es Ausbildungsstätten für Gottgleiche, die sonst nicht lernen könnten, wie sie ihre Magie einsetzen. Und jetzt sind Sie hinter größeren Fischen her.«

»Das haben Sie falsch verstanden«, erwidert der Mann mit unerschütterlicher Höflichkeit. »Ich beschäftige mich bloß mit Zahlen, strukturiere die Finanzen, solche Dinge eben. Auf jeden Fall steht Blackheart hinter dieser Wohltätigkeitsarbeit.«

»Ach, du meine Güte.« Moth klingt eher belustigt als beeindruckt. »Wer hätte gedacht, dass ich mal auf solch hoher Ebene Aufmerksamkeit erregen würde? Näher werde ich Cair Lleon wohl nie mehr kommen, wie?«

»Ich spreche in dieser Angelegenheit nicht für den Palast.«

»Für wen sprechen Sie dann?«

»Für die Menschen, die von Ihrer Maschine am meisten betroffen sind.«

»Wie, für alle?« Moth lacht. »Gibt es in ganz London überhaupt jemanden, dessen Stimme so viel Gewicht hat, vom König einmal abgesehen?«

Im geduckten Krebsgang huscht Ghost über die schmale Galerie, auf der die seltensten Stücke aus Moths ausgefallener Sammlung untergebracht sind und die ein ganzes Stück in den Raum hineinragt. Von unten dringt sogar etwas Licht herauf, das allerdings zu schwach ist, um durch die Fensterläden zu scheinen. Zentimeter für Zentimeter schiebt sie jetzt ihr Gesicht an das Geländer der Galerie heran.

Unten erscheinen zwei Köpfe über den Sessellehnen. Auf dem einen türmen sich silberne Kämme und Amulette – anscheinend ist dieser klimpernde Schrottschmuck Moths übliches Tagesoutfit –, beim anderen handelt es sich um das spärlich behaarte Haupt ihres Gastes. Allerdings sind die Gesichter aus diesem Winkel nicht zu erkennen. Der Mann trägt dunkle, unauffällige Kleidung, die neben Moths grellem Mix nur noch unscheinbarer wirkt.

»Hören Sie«, nimmt Moth den Faden wieder auf, »Sie sind

nicht der Erste, der an meine Tür klopft. Bei mir sind schon diverse Syndikate vorstellig geworden, außerdem noch ein oder zwei … nennen wir sie mal ›Geschäftsleute‹, und sie alle hatten genug Kohle dabei, um den halben Bezirk aufzukaufen. Sie müssen also schnell zuschlagen, wenn Sie Interesse haben.«

»Und woher soll ich wissen, ob es funktioniert?«

»Wenn Sie ein Gottgleicher sind, wird das erkannt. Wenn nicht, dann nicht.«

»Das ist kaum beeindruckender als jeder x-beliebige Hütchenspieler in irgendeinem Hinterhof«, stellt der Besucher gelassen fest.

»Es ist wesentlich mehr als das«, beharrt Moth. »Was Ihnen sicher bereits zu Ohren gekommen ist, da Sie sich sonst wohl kaum die Mühe gemacht hätten, hier bei mir zu erscheinen.«

Es folgt eine kurze Pause. »Eine lebendige Karte, mit deren Hilfe sich alle Gottgleichen Londons aufspüren lassen.« Selbst Ghost oben auf der Galerie hört die Gier in der Stimme des Mannes.

Moths Schweigen ist Bestätigung genug.

»Das ist unmöglich«, behauptet der Besucher.

»Alles ist unmöglich, bis es irgendjemand tut.« In Moths Stimme schwingt die selbstgefällige Sicherheit eines Menschen mit, der von den eigenen Worten absolut überzeugt ist.

»Wie haben Sie sie erschaffen?«

»Das hat vierzehn Jahre gedauert«, lautet die bewusst vage gehaltene Antwort.

»Und nun verscherbeln Sie sie an den Meistbietenden.«

»Bin ich vielleicht eine Heilige?« Sein vorwurfsvoller Ton scheint bei Moth einen Nerv getroffen zu haben. »Eine gewisse Arroganz mag mein Wesen trüben, aber so viel dann doch nicht. Wer sollte denn schon das Recht haben, festzulegen, wer würdig ist und wer nicht?« Sie mustert ihren Gast abschätzend. »Denken Sie etwa, Sie könnten diese Wahl treffen? Dann nur zu!«

»Der König sollte das tun«, findet der Besucher.

»Sagten Sie nicht gerade, Sie sprächen nicht im Namen des Palasts?«

»Tue ich auch nicht.« Nun klingt der Gast leicht gereizt. »Aber der König ist unser Herrscher. Das ist doch der Sinn und Zweck des Ganzen.«

»Oh bitte, jeder weiß doch, dass Korruption und die Launen des Schicksals darüber entscheiden, wer diesen Thron besteigt. Aber schön, einigen wir uns darauf, dass er ein guter König ist. Doch seine Saith, seine engsten Berater? Man kann nur hoffen, dass sie ebenfalls gute Menschen sind – und dass sie bei diesem Spiel dieselben Interessen vertreten wie er. Bleibt noch das Konsilium: sieben Bezirke, jeder mit einer eigenen Agenda, die immer in verschiedene Richtungen streben. Sind das auch alles gute Menschen? Liegt denen das Wohl aller am Herzen oder doch nur ihr eigenes? Und wäre das auch für das restliche London gut?« Moth streckt die Finger und drückt ihre Spitzen aneinander. »Wie man es auch dreht und wendet, Sie werden nie die Antwort bekommen, auf die Sie aus sind. Bei allen Höllen, genauso gut könnten Sie Runenknochen werfen. Das wäre ebenso sinnvoll wie alles andere.«

»Der Feigling überlässt den anderen die Entscheidung«, erwidert der Besucher leise.

»Feigling? Sie haben ja keine Ahnung, wozu ich fähig bin, mein Herr. Oder was ich bereits getan habe. Sie wissen rein gar nichts über mich.« Auf diese knallharte Ansage reagiert Moths Gast mit Schweigen. »Also, wollen Sie nun ein ernsthaftes Angebot abgeben oder nicht?«, hakt sie schließlich nach.

»Zeigen Sie es mir«, entgegnet der Besucher schlicht. Während Ghost beobachtet, wie die beiden Richtung Keller gehen – wohl zu dem »Testraum« mit der klickenden, scheppernden Maschine –, wird ihr bewusst, wie knapp es für sie war: Hätte sie sie nicht belauscht, sondern wäre direkt nach unten gegangen, um das Ding abzufackeln, wie sie es ursprünglich geplant hat, hätte sie in diesem Keller festgesessen.

Manchmal kann Neugier anscheinend doch Leben retten.

Moth und ihr Gast haben die Treppe erreicht, die Kellertür fällt hinter ihnen zu.

Mit einem lautlosen Seufzer setzt Ghost sich zurecht, um zu warten. Hoffentlich macht der akkurate Zahlenverdreher kein so gutes Angebot, dass er heute noch mit der Maschine hier rausspaziert. Bei diesem Gedanken wird Ghost plötzlich bewusst, dass sie keinerlei Vorstellung von der Größe dieses Geräts hat. Sie erinnert sich an eine Art mechanische Atmung, an Klick- und Pumpgeräusche, an die Berührung in ihrem Gesicht. Also muss es mindestens so groß sein wie sie, aber was wiegt es wohl? Sie tröstet sich mit dem Gedanken, dass der nicht vom Palast geschickte (oder zumindest nicht offiziell vom Palast geschickte) potenzielle Käufer so aussieht, als könnte er kaum etwas Schwereres heben als sein Glas. Diese Maschine wird wohl heute nirgendwo mehr hingehen.

Einen Moment lang lässt sie sogar die Hoffnung zu, dass dieser Mann eine greifbare Verbindung zum Fall Cass Grenwald haben könnte. Zunächst einmal sieht es nicht so aus – ein Geschäftsmann aus 'launitown wie Glapissant pflegt üblicherweise keine Beziehungen zu Blackheart. Außerdem scheint der überkorrekte Zahlenverdreher nicht der Typ zu sein, der sich an Gottgleichen-Orgien inklusive Schwarzmarktgeschäften beteiligt. Natürlich kann der äußere Anschein immer trügen, aber wenn dieser Kerl je etwas Schlimmeres verbrochen hat, als die

Zahlen in seinen Monatsberichten ein wenig aufzuhübschen, sollte sie ihr Gehirn schleunigst zur Inspektion geben. Solchen Männern ist Gewalt fremd. Solche Männer …

… schreien offenbar gern mal.

Sie kann ihn deutlich hören. Er muss es sein, denn in diesem Keller gibt es sonst niemanden mit diesem Timbre: ein dumpfer, wütender Bass.

Es folgt ein schrilles Kreischen, als werde eine Katze in eine Schrottpresse gesteckt.

Dann Stille. Die Erfahrung hat Ghost gelehrt, dass Stille nach solchen Schreien selten etwas Gutes bedeutet.

Starr fixiert sie die Kellertür.

Zunächst geschieht nichts. Vielleicht war es ja doch nur eine Katze. Dann aber fliegt plötzlich besagte Tür auf und Moth stürmt heraus. Selbst im Halbdunkel ist deutlich erkennbar, dass sie mehr taumelt als geht; sie wirkt benommen. Dicht hinter ihr folgt der Mann, der sie offenbar nicht entkommen lassen will. Er scheint plötzlich größer zu sein als zuvor, denn es gelingt ihm, drohend über Moth aufzuragen.

»*Das* ist Ihre Testmaschine?«, brüllt er. »*Das* ist Ihre Maschine? Bösartige alte Krähe! Sie …«

Er packt Moth. Irgendwie ist er jetzt zu groß, zu stark, seine Proportionen passen einfach nicht mehr zusammen. Er schüttelt Moth durch. Was dann geschieht, bekommt Ghost nicht ganz mit, denn der Rauch trübt ihre Sicht. Als sie die dicken Schwaden bemerkt, die wie ein gieriges Lebewesen aus der Kellertür emporkriechen, wird ihr klar, dass sie dringend verschwinden sollte.

Die Galerie hat nur einen Ausgang, sodass die beiden sie sicher bemerken werden, aber besser erwischt werden als sterben. Also hetzt sie die Steinstufen hinunter, um sich davonzuschleichen. Als sie unten ankommt, ist Moth allein. Reglos liegt sie auf dem Boden ihres überfüllten Ladens, der Mann ist nirgendwo zu sehen.

Hastig schiebt sich Ghost an ihr vorbei, zögert dann aber. Höchst störende Schuldgefühle weisen sie darauf hin, dass sie die Frau nicht einfach zurücklassen kann. *Warum denn nicht? Sie hat dich entführt und bedroht!*

Ein Geräusch an der Kellertür lässt sie herumfahren.

»Hey!«, ruft der Mann.

Er steht oben an der Kellertreppe, in Rauchschwaden gehüllt wie ein gigantischer Dämon. In seinen Armen liegt eine Art großes Bündel. Sind es Decken? Kleidung? Für die Maschine, die sie gehört hat, ist es jedenfalls zu klein. Mit einer Mischung aus Entsetzen und Wut sieht er sie an.

Ghosts Beine raten ihr, schnellstmöglich davonzulaufen.

Aber Ghost befiehlt ihnen, sich nicht von der Stelle zu rühren.

»Wer sind Sie?«, will sie von dem Mann wissen.

»Und wer sind Sie?«, kontert er gelassen.

Sie stecken in einer Sackgasse und der Rauch wird immer dichter. Nicht mehr lange, dann wird eine Flucht extrem schwierig.

»Moth!«, ruft Ghost drängend, aber die Frau rührt sich nicht. Ihre Augen bleiben geschlossen, ihr Kiefer hängt schlaff herab.

Der Mann tritt einen Schritt vor – selbst jetzt noch bedrohlich, obwohl ihn seine Last sichtlich behindert – und Ghost entscheidet sich zum Rückzug.

Nicht dein Kampf, stellt auch das andere Ich fest. Verschwinde von hier.

Mit einem Satz ist sie an der Hintertür. Offensichtlich hatte der angebliche Käufer dieselbe Idee wie sie und wollte die Maschine zerstören. Vorerst reicht ihr das. Jemand hat sich der Lösung ihres Problems angenommen, indem er ein schönes, brüllendes Feuer gelegt hat, das alles hier vernichten wird. Nichts wird bleiben, rein gar nichts …

Ghost rettet sich über die Straße und riskiert dann noch einen kurzen Blick.

Nichts.

Keine Rauchschwaden, kein orangefarbenes Glühen im Innern des Ladens. Alles ist ebenso dunkel und still wie bei ihrer Ankunft.

Aber sie hat den Rauch doch gesehen! Wie der Vorbote baldiger Vernichtung ist er durch den Raum gewabert.

Andererseits, wenn sie jetzt so darüber nachdenkt … Da war kein Geruch …

Die Hintertür des Ladens wird aufgestoßen und der Zahlenverdreher kommt heraus, das Bündel noch immer fest im Arm. Ghost beobachtet, wie er zu einem Wagen auf der anderen Straßenseite geht, die Tür öffnet und das Bündel im Wageninneren ablegt. Das Ding scheint zumindest so schwer zu sein, dass sich das als schwierig gestaltet, andererseits aber zu biegsam und schlaff, um wirklich eine Maschine zu sein. Doch wer weiß schon, wie ein Gerät auszusehen hat, das Gottgleiche von Gewöhnlichen zu unterscheiden vermag?

Der Mann schlägt die Wagentür zu, richtet sich auf und sieht sich um.

Automatisch drückt sich Ghost tiefer in die Schatten. Ihr Herz rast.

Er scheint sie direkt anzusehen.

Dann wendet er sich ab und verschwindet wieder durch die Tür.

Für einen Moment ist Ghost in Versuchung, ebenfalls zurückzuschleichen, um herauszufinden, was im Laden vor sich geht.

Aber dann hört sie den unverwechselbaren Knall eines Schusses.

Nun weiß sie auch so, was dort gerade passiert ist.

Ghost macht sich so schnell und leise davon, wie sie nur kann, denn sie ist wirklich nicht scharf darauf, mit der nächsten Kugel aus der Waffe dieses Käufers ebenfalls vor Marvols Tür befördert zu werden, so wie Moth.

Damit hat Leon wohl soeben seinen Jackpot verloren; zumindest in diesem Fall hat er recht behalten, wenn er behauptet, dass ihn das Glück verlassen habe. Jemand anders war schneller und skrupellos genug, um sich diese weltbewegende Maschine unter den Nagel zu reißen, ohne dafür zu bezahlen.

Nun muss sie Leon nur noch davon überzeugen, dass sie nichts damit zu tun hatte.

KAPITEL 19

Stredforthe, Marvoltown

Zwei Monate zuvor

Als sie die Augen aufschlägt, muss Red glauben, sie sei in die Vergangenheit gereist.

Sie liegt in Wylls Bett, in seinem geheimen Unterschlupf, in den er sie vor noch gar nicht langer Zeit zum ersten Mal mitgenommen hat. Gleichzeitig scheint es bereits eine Ewigkeit her zu sein. Das Bett steht ganz hinten in einem verlassenen Elektrizitätswerk, einer erhabenen Gedenkstätte jener größtenteils ausgestorbenen Technologie. Bett, Boden, der klar gekennzeichnete Trainingsbereich, das gesamte Badezimmer, jede verfügbare Wand … Reds Körper hat hier überall unsichtbare Spuren hinterlassen. Ihr Duft wurde in seine Laken gerieben, ist im Mauerwerk verankert. Ja, sie ist ein Eindringling, aber er hat das Stadttor bereitwillig geöffnet.

Trotz der Distanz, die er zum Bett hält, bemerkt er sofort, wie sie sich regt. Sie soll nicht denken, dass er sie im Schlaf beobachtet hat, obwohl es genau so war. Nun geht er langsam auf sie zu, in der einen Hand ein Tablett, in der anderen ein großes Glas Wasser.

»Du bist wach«, stellt er fest. »Und sicherlich hungrig.«

Vorsichtig stellt er Tablett und Glas auf dem Nachttisch ab und zieht sich wieder zurück. Selbst so verwirrt und schlaftrunken ist Red einfach unwiderstehlich. Bei allen Heiligen. Sie in seinem Bett zu sehen, als habe man die Zeit zurückgedreht, als sei alles wieder so wie vor ein paar Wochen, als er sich noch an seiner bornierten Unwissenheit erfreuen konnte …

Red blickt auf das Tablett herab. Auf dem lackierten Holz warten warme Pasteten auf sie, gefüllt mit saftiger Ente und Fisch mit Fenchel. Inzwischen macht der Straßenhändler, der hier im Viertel von Tür zu Tür geht und diese Köstlichkeiten verkauft, regelmäßig an Wylls Unterschlupf halt, da dieser zu einem Stammkunden geworden ist. Der fröhliche alte Mann stammt nicht aus den Sieben Königreichen und scheint keine Ahnung zu haben, wer Wyll ist, was ihn umso wertvoller macht.

»Die sind sehr gut«, erklärt Wyll nun. »Versprochen.«

Red schnuppert vorsichtig.

»Und sie schmecken sogar noch besser, als sie riechen«, bekräftigt er.

Nun sieht sie sich prüfend im Raum um.

»Ist das hier echt?« Ihre Stimme ist immer noch belegt.

Wyll nickt. »Diesen Ort könnte ich nicht heraufbeschwören, zu komplex für eine Illusion.« Als sie ihm einen zweifelnden Blick zuwirft, fügt er hinzu: »Außerdem würde es mir nichts bringen, dir in diesem Punkt etwas vorzumachen, denn ich habe dich aus einem bestimmten Grund hierhergebracht.«

»Und der wäre?«

»Dazu kommen wir noch. Entspann dich erst einmal, es weiß niemand, dass du hier bist. Iss.«

Doch Red rührt sich nicht. »Dann hast du das Essen also nicht vergiftet?«

Ungeduldig schnalzt Wyll mit der Zunge. »Das wäre der Tod

eines Feiglings. Ich könnte eine Menge über dich sagen, aber als Feigling habe ich dich nie betrachtet.«

Der Zorn, der in diesem Kompliment mitschwingt, scheint sie etwas aufzubauen. Und da sie offenbar zu hungrig ist, um länger zu widerstehen, greift sie zu. Mit Mühe hält Wyll sich davon ab, dasselbe zu tun.

Obwohl er es sich nicht erklären kann, rechnet er damit, dass sie beim Essen eine gewisse Verlegenheit zeigt. Das ist bei den meisten Menschen so, wenn sie Publikum haben. Sie aber nimmt sich eine der dampfenden Pasteten und schiebt sie sich im Ganzen in den Mund, der nun zu einer Luke wird, die so schnell wie möglich Nahrung aufnehmen soll. Auf diese Weise vertilgt sie drei Gebäckstücke in Folge.

»Das Essen im Kerker ist offenbar miserabel«, stellt Wyll trocken fest.

Red wirft ihm einen kalten Blick zu, sodass er seinen Witz sofort bereut.

»Also, warum hast du mich hergebracht?«, fragt sie wieder, während sie kaut. Nur ab und zu löst sich ihr Blick von dem Tablett; das Essen scheint absolute Priorität zu haben, während Wyll auf einem abgeschlagenen zweiten Platz rangiert.

»Um dir einen Ausweg anzubieten.«

Sie grinst mit vollen Backen. »Aber du hast doch gesagt, das Essen wäre nicht vergiftet.«

»Bist du denn so sicher, dass dir an diesem Punkt kein anderer Weg mehr offensteht?«

Ein Achselzucken.

»Warum tust du so, als sei dein Schicksal bereits besiegelt?«, hakt Wyll nach.

»Ich wüsste nicht, was ich sonst tun sollte.« Sie schätzt seine Reaktion ein. »Das passt dir nicht.«

»Dir dagegen offenbar schon«, schießt er zurück.

Mit einem schiefen Grinsen gibt sie zu: »Heutzutage muss ich nehmen, was ich kriegen kann.«

Schon etwas lebhafter richtet sie sich auf. Nahrung hilft also. Gut. Dann wird es Zeit, einen Gang höher zu schalten.

»Woher hast du gewusst, dass du über mich an ihn herankommst?«

Wer *er* ist, muss nicht näher erläutert werden.

»Genau wusste ich es nicht«, gesteht Red. »Aber es war die beste Möglichkeit. Und mir war klar, dass ich etwas im Angebot habe, worauf du scharf bist.«

Bestimmt ist ihr bewusst, wie zweideutig das klingt.

»Magie«, präzisiert er, um die unausgesprochene Andeutung aus der Welt zu schaffen. »Für einen Neuling hast du wirklich gut gespielt. Hohes Risiko, hoher Gewinn.«

Fast könnten sie Trainer und Kämpfer bei der Nachkampfanalyse sein. Wahrscheinlich hat man sie in den vergangenen Monaten sowieso immer wieder gezwungen, darüber zu sprechen. Und ständige Wiederholung lässt selbst das schlimmste Grauen irgendwann banal erscheinen.

»Hast du deine Gabe trainiert?«, fragt Wyll weiter.

Mit einem höhnischen Schnauben erwidert Red: »Aber sicher doch, die Kerkerwachen finden es echt super, wenn man vor ihren Augen das Gesetz bricht.«

»Wo ist das Problem? Der schlimmste Fall ist bereits eingetreten. Was sollen sie noch tun, dich verhaften?«

Angespannt versucht sie herauszufinden, ob er das ernst meint. »Sie haben mich unter Drogen gesetzt und mich angekettet. Was glaubst du, wozu ich da noch fähig bin?«

»Jetzt gerade bist du aber nicht angekettet.«

Ihr ist deutlich anzumerken, wie sie sich bei diesem Vorstoß verkrampft. Wyll kennt den aufflammenden Hunger. Sich zu gestatten, einfach loszulassen. Nur dieses eine Mal. Die Verlockung der angeblichen Erleichterung, die Verlockung, wieder so intensiv zu fühlen, dass man sich darin verliert …

»Du wolltest stets, dass ich mich komplett entblöße, nicht wahr?«, entgegnet Red. »Was auch immer du von mir bekommen hast, es war nie genug.«

Ja, sie fühlt sich eindeutig stärker, stark genug, um mit ihm zu flirten, um Widerworte zu geben.

»Weil du gelogen hast«, stellt Wyll fest.

»Ich habe dich nie angelogen.« Nach einem langen Blick fügt sie hinzu: »Ich habe nur etwas zurückgehalten.«

»Und das nicht sonderlich gut.« Wyll spürt die aufsteigende Wut, den Schmerz, der viel zu dicht unter der Oberfläche lauert. »Mir war immer klar, dass du etwas vor mir verbirgst, ich wusste nur nicht, was es war. Aber ich hätte es noch herausgefunden, wenn ich nur ein paar Tage mehr Zeit gehabt hätte …«

»Sicher«, gibt Red offen zu. »Deshalb musste ich am Ende so schnell zuschlagen. Das war … unschön.« Sie schüttelt den Kopf, beinahe erstaunt darüber, dass es ihr trotzdem gelungen ist.

»Also hast du mich doch angelogen«, beharrt Wyll. »Du hast so getan, als solle ich dich in die nötige Position bringen.«

Was als unwiderrufliche, mit Überzeugung vorgebrachte Tatsache gedacht war, droht nun von Tränen geschwächt zu werden, was nicht nur überraschend und merkwürdig ist, sondern auch demütigend. Schnell schluckt Wyll sie herunter.

»Das war keine Lüge«, beteuert Red mit Nachdruck. »Ich wollte dich nur … aus dem Weg schaffen. Aber ich konnte es nicht tun. Verstehst du das nicht? Beinahe hätte ich alles ruiniert, weil ich …«

Wyll würde liebend gern erfahren, wie dieser Satz endet, aber Red verstummt abrupt.

»Ich habe dir doch schon gesagt, dass du dich nicht schuldig fühlen sollst«, faucht sie stattdessen. »Warum reden wir überhaupt darüber? Es spielt keine Rolle mehr. In ein paar Tagen werde ich sowieso hingerichtet, dann ist alles vorbei und du kannst die ganze Sache vergessen. Wenn du willst, tu einfach so, als hätte es mich nie gegeben. Warum bin ich hier?«

Rastlos wirkt sie. Ihr Blut scheint zu kochen, sie hat sich immer weniger unter Kontrolle.

»Das habe ich dir bereits gesagt. Ich biete dir einen Ausweg.«

»Nein«, unterbricht sie ihn ausdruckslos. »Kein politisches Tauziehen. Ich lasse mich nicht benutzen. Bring mich besser gleich um.«

»Es gibt keine politischen Spielchen, nur eine Fluchtmöglichkeit. Durch mich.«

Wyll beobachtet, wie sie seine Worte verarbeitet.

»Du würdest mich einfach so gehen lassen?«, fragt sie gedehnt.

»Das wäre viel zu riskant, sie werden Jagd auf dich machen«, erklärt ihr Wyll. »Aber du kannst bleiben, unter meinem Schutz. Hier kann ich für deine Sicherheit garantieren. Niemand weiß von diesem Ort.«

Reds Blick wandert durch den Raum. Was sie wohl sieht? Birgt diese Zuflucht für sie mehr Strafe als Trost in sich? Fühlt es sich leer an? Fühlt er sich leer?

»Niemand außer deinem Fahrer«, gibt sie schließlich zu bedenken, wohl in der Erwartung, dass er nachgibt.

»Das lässt sich regeln.«

Da, ein Hauch von Entsetzen. Also ist sie doch nicht so kalt, wie sie sich gibt.

»Du würdest ihn umbringen?«, hakt sie prüfend nach.

Wyll zuckt mit den Schultern. »Zumindest würde ich ihn aus dem Weg schaffen.«

Dass er sich damit derselben Worte bedient wie sie zuvor, entgeht ihr natürlich nicht.

»Und was soll ich hier machen?«, fragt sie weiter.

»Trainieren«, schlägt er vor. »Essen, schlafen, lesen. Leben. Ich bringe dir alles, was du brauchst. Alles, worum du bittest. Was auch immer – wenn es in meiner Macht steht, ist es dein.«

Das muss sie erst einmal sacken lassen. Er gehört zu den einflussreichsten Menschen Londons; von ihm könnte sie tatsächlich alles bekommen, wonach ihr der Sinn steht.

Schließlich nimmt Wyll seinen ganzen Mut zusammen und fügt hinzu: »Ich würde alles tun, damit du glücklich bist.«

Klang das einstudiert? Glaubwürdig?

Red leckt sich den Blätterteig und die Soßenreste von den Fingern, sammelt sich kurz und studiert dann erneut ihre Umgebung. Das Bett ist nicht hübsch, aber groß und bequem; im Regal daneben finden sich Medikamente, Salben und Verbandszeug.

»Das Obergeschoss habe ich dir noch gar nicht gezeigt«, fällt Wyll ein. »Dort habe ich eine Akrobatikausrüstung, bei der dir die Spucke wegbleibt. Damit kann man regelrecht fliegen. Und bei gutem Wetter hat man vom Dach aus eine umwerfende Aussicht. Dort kannst du sonnenbaden wie eine Katze. Und es gibt auch einen Garten mit Miniaturobstbäumen und Kräutern. Das meiste davon habe ich selbst gezogen.«

Nun konzentriert sie sich ganz auf ihn, mustert ihn, als habe sie ihn nie zuvor gesehen. Vielleicht stimmt das in gewisser Weise sogar.

»Und du wärst ebenfalls hier?«, will sie wissen.

Wyll kann nicht sagen, worauf diese Frage abzielt.

»Wenn es mir möglich ist«, antwortet er steif. »Allerdings hättest du das alles auch oft ganz für dich allein.«

»Und die werden mich einfach gehen lassen? Das gestatten sie dir?«

Die, nicht *du*. Gut.

»Natürlich nicht.«

Red begreift sofort, was er damit sagen will.

»Warum?«, verlangt sie zu wissen. »Warum gehst du für mich ein solches Risiko ein?«

Mutig sein, Wyll.

»Weil ich dich will«, antwortet er schlicht.

Ihre Mimik ist so wechselhaft wie das Wetter. Sie hat recht, sie ist wirklich keine Lügnerin, oder zumindest eine außergewöhnlich schlechte. Obwohl sie sich alle Mühe gibt, treten ihre Gefühle so deutlich zutage wie ein Fanfarenstoß. Das trägt mit dazu bei, dass ihr Talent so außergewöhnlich stark ist, auch wenn sie diese Seite des Ganzen nie völlig im Griff hatte.

»Ich verstehe nicht, was du hier für ein Spiel spielst«, gibt sie schließlich offen zu.

Sie wirkt ruhig, aber angespannt, wie eine Feder kurz vor dem Sprung.

»Ganz einfach, wir spielen Fangen. Genauer gesagt, versuche ich, dich zu fangen.«

»Mich fangen.«

Schweigend wartet er ab.

»Warum sollte ich dir vertrauen?«, bohrt sie weiter.

»Warum nicht? Die Alternative wäre dein Tod.«

»Nicht zwangsläufig.«

»Du hast selbst gesagt, dass du lieber hingerichtet werden willst, als dich für Politspielchen missbrauchen zu lassen.«

Ist ihr überhaupt bewusst, dass die Kissen in ihrem Rücken zu schweben begonnen haben? Dass sie so ihrem momentanen Gemütszustand Ausdruck verleiht, diesem nervösen Zwiespalt zwischen Misstrauen und Sehnsucht? Wobei sie sich vermutlich nur danach sehnt, dieser Zwangslage zu entkommen – und nicht nach ihm.

Mal sehen, wie weit sie dafür zu gehen bereit ist.

»Natürlich könntest du auch versuchen, mich zu töten, um dann zu fliehen.«

Das dramatische Anschwellen ihrer wilden Energie ist beinahe hörbar, wie das schrille elektronische Brummen eines Motorradmotors, kurz bevor man hochschaltet.

Wyll zeigt in den kargen Raum hinein. »Du bist näher am Waffenregal als ich.«

Dass sie eine Entscheidung fällt, ist ihr deutlich anzusehen. Welche Entscheidung es ist, wird sich noch zeigen; für Wyll ist die Anspannung kaum zu ertragen. Ganz langsam stemmt sie sich vom Bett hoch, stellt sich aufrecht hin, setzt sich in Bewegung. Dabei sieht sie aus, als brauche sie nicht länger als einen Herzschlag, um sich auf ihn zu stürzen. Mühsam gelingt es ihm, seinen Körper zur Reglosigkeit zu zwingen. Er darf sie jetzt nicht verschrecken, sondern muss einfach abwarten, bis sich zeigt, wie sie sich entschieden hat.

Red kommt auf ihn zu. Aus der Nähe wirkt ihr Blick gehetzt, die erzwungene Schlaflosigkeit hat dunkle Schatten unter ihren Augen hinterlassen. Als er sich nicht rührt, streckt sie die Arme nach ihm aus. Er lässt es geschehen. Lässt zu, dass sie sich an ihn schmiegt, lässt zu, dass ihre Lippen über seine gleiten. Sie soll die Wahl haben. Wyll überlässt ihr den Sieg, denn bei Red verliert er gerne. Nur zu gerne würde er sich ihr unterwerfen, sich dieser Macht unterwerfen, die ihn so mühelos verführt hat, sodass er auf Knien darum betteln würde, sie glücklich machen zu dürfen. Sie lockt ihn wie die Weiten des Meeres, gerade weil sie ihm in Erinnerung ruft, wie unbedeutend er selbst ist. Daran lässt er sich gern erinnern, er ist gern der Liebling, der Angelpunkt von Gut und Schlecht, von liebevoller Aufmerksamkeit und Schmerz. Er will es so sehr …

Plötzlich werden seine Arme zurückgerissen, fort von ihr, und einen Moment lang glaubt er, sie würden angegriffen. Da aber spürt er einen vernichtenden Druck auf der Brust. Seine Füße lösen sich vom Boden, und obwohl es unmöglich erscheint, schwebt sein gesamter Körper in der Luft, festgekettet im Nichts, gefesselt mit nichts. Dann wird er nach hinten geschubst. Red wird merklich kleiner, bis er schließlich ungebremst gegen die Wand prallt. Der Druck auf der Brust hält ihn dort fest, die Füße mehrere Zentimeter über dem Boden. Es fühlt sich an, als sei er in Stein eingeschlossen.

Red hält ihn körperlich auf Distanz, außer Reichweite, eingeschnürt in diesen grässlichen Druck. So hilflos hat sich Wyll noch nie gefühlt. Schon der Wunsch, sich zu bewegen, ist lächerlich. Seine Lunge kann sich nicht einmal ausreichend weiten, um einen Atemzug zu nehmen. Ob er lebt oder stirbt, liegt nun ganz bei ihr.

Sicher hat sich Art auch so gefühlt, als er starb.

»Folge mir nicht«, befiehlt Red.

Dann verschwindet sie aus seinem schnell schrumpfenden Gesichtsfeld. Wyll konzentriert sich ausschließlich darauf, irgendwie genügend Luft zu bekommen.

Die Vordertür schlägt zu.

Sekunden oder auch Jahre später schwindet der Druck, auf den sich seine Wahrnehmung reduziert hat. Wyll fällt ungebremst zu Boden, landet auf allen vieren. Brennende Säure steigt ihm in die Kehle; am liebsten würde er sich jetzt übergeben, schon aus purer Erleichterung.

Schritte hallen durch den Raum.

»Geht es dir gut?«, fragt eine besorgte Stimme.

Wyll winkt ab.

Nachdem er noch ein paar Mal tief durchgeatmet hat, gelingt es ihm beim dritten Versuch, sich auf einen Diwan zu wuchten. Lillath steht vor ihm und beobachtet ihn wachsam. Zwei ihrer sonst nahezu unsichtbaren Leibwächter sind aufgetaucht und wandern nun überall herum, wohl um nach Gefahren Ausschau zu halten. Dabei ist die einzige wirkliche Gefahr gerade entkommen.

»Scheiße«, knurrt er schließlich. Eloquenz ist momentan unerreichbar für ihn.

»Stimmt«, nickt Lillath. »Gut gemacht. Ich dachte ja, du hättest sie falsch eingeschätzt, aber du hast wirklich gut gespielt.«

»Ja. Welch ein Wunder, dass sie den Wechsel von einem Gefängnis in ein anderes nicht gerade positiv aufgenommen hat«, stellt Wyll ironisch fest.

»Es gibt Schlimmeres«, befindet Lillath.

Müde schüttelt Wyll den Kopf. Sein gesamter Körper schmerzt, eine erste Einschätzung ergibt jedoch keine Anzeichen für einen bleibenden Schaden. Und doch … diese Macht, diese Kraft … Verfluchte Scheiße.

Fast scheint es, als könne Lillath seine Gedanken lesen, denn sie fragt: »Schafft sie so etwas auch ohne Tidal?«

»Ich habe ihr nur eine kleine Dosis verabreicht«, erklärt er. »Gerade so viel, dass sie sich öffnet. Sonst hätte sie es herausgeschmeckt.«

Lillaths Brauen wandern in die Höhe. »Dann lautet die Antwort also Ja.«

Schweigend sieht Wyll sie an.

»Tja, welch beruhigender Gedanke, dass wir sie soeben in die Freiheit entlassen haben.«

Wylls Schweigen wird spürbar trotziger. Das hatten sie alles schon.

»Wenigstens werden wir sie diesmal im Auge behalten«, stellt Lillath fest. »Meine Leute sind gut. Sie wird sie nicht bemerken, und sie greifen nur ein, wenn es absolut notwendig ist.«

Falls sie wirklich von Lillath handverlesen wurden, sind sie nicht nur gut, sondern die Besten. Bleibt nur zu hoffen, dass Viviane ehrlich war, als es um diese Möglichkeiten ging.

Hoffnung, Gefahr, Versuch, Scheitern, neuer Versuch – ein ewiger, schwindelerregender Kreislauf.

»Vermutlich hast du ihnen vorher gesagt, dass sie hier nicht eingreifen müssen«, erwidert er spitz. Durch diesen Vorwurf kann er hoffentlich von dem ablenken, was sich möglicherweise in seiner Miene abzeichnet.

»Es tut mir leid. Aber sie soll schließlich glauben, dass ihr die Flucht aus eigener Kraft gelungen ist.«

»Tja, alles andere hast du dir bereits angesehen, warum also nicht auch meinen Tod?«

Möglicherweise war davor allerdings noch etwas anderes geschehen … Hätte Red nämlich versucht, ihn zu verführen, hätte er es zugelassen und dann wären Lillath und ihre Wachen auch davon Zeuge geworden. Von allem, was er getan hat, um an diesen Punkt zu gelangen, stößt ihn diese von ihm mitverschuldete Störung seiner Privatsphäre am meisten ab. Er fühlt sich gedemütigt, ist von sich selbst angewidert.

»Sie hätte es sowieso nicht durchgezogen«, behauptet Lillath voller Überzeugung.

»Wenn man erst einmal den eigenen Vater umgebracht hat,

gibt es nicht mehr viele Grenzen, die man nicht zu überschreiten bereit wäre«, gibt Wyll zurück.

Interessiert hakt Lillath nach: »Sprichst du da aus eigener Erfahrung?«

Das bittere Lachen scheint ihm die Kehle aufzureißen. »Nicht gerade das schönste Gerücht, das über mich im Umlauf ist.«

»Nein, aber es ist äußerst nützlich. Wer dazu fähig ist, die eigene Verwandtschaft umzubringen, ist zu so ziemlich allem fähig.«

Irgendwie scheint dieser Feststellung noch eine zweite Bedeutungsebene innezuwohnen. Dieses Gefühl hat man im Umgang mit Lillath oft. Ständig vermittelt sie den Eindruck, dass sie mehr über einen weiß als man selbst.

»Ich habe getan, was du wolltest«, sagt Wyll knapp. »Also lass mich in Ruhe.«

»Für heute, ja.« Lillath steht auf. »Ruh dich aus. Möglicherweise brauchen wir dich schon bald wieder.«

Steif richtet Wyll sich auf. »Wofür?«

»Du bist ein äußerst begabter Lügner, Wyll. Ich würde dich bestimmt öfter einsetzen, wenn ich mir sicher sein könnte, dass du nicht immer nur deinen eigenen Vorteil im Blick hast«, erklärt sie ihm mit einem schmalen Lächeln.

»Soll ich mich dafür etwa schämen? Reiner Altruismus existiert nicht. Es gibt kein einziges selbstloses Tier auf diesem Planeten. Man sollte meinen, dass eine Spionagechefin das besser weiß als irgendjemand sonst.«

Nachdenklich neigt Lillath den Kopf. »Ich habe die Menschen schon die seltsamsten Dinge tun sehen. Nun entspann dich erst einmal, du hast deine Aufgabe erfüllt. Von jetzt an übernehmen wir.«

Sie steht da, als warte sie auf eine Verbeugung zum Abschied oder vielleicht einen Handschlag, eben irgendeine sinnentleerte Höflichkeitsgeste. Als Wyll sich nicht rührt, geht sie wortlos hinaus, begleitet von ihren Wachen, die sie umkreisen wie kleine Fische den Hai.

Die schwere Tür des Elektrizitätswerks fällt zu und das Schloss verriegelt sich mit einem Klicken.

Die Schatten werden länger, während Wyll reglos auf seinem Diwan sitzt, ganz in Selbsthass versunken. Dass er das Gefühl hat, keine andere Wahl gehabt zu haben, macht es nur noch schlimmer. Lillaths Verdacht ließ sich nur abschütteln, indem er seine ehemalige Geliebte – die zur Mörderin wurde – verriet. Das, oder er wäre selbst im Kerker gelandet. Schon oft in seinem Leben ist er von einem Gefängnis ins nächste gewandert, doch er ist schlau genug, um zu wissen, dass seine aktuelle Haft eine sehr angenehme ist.

Wie sagte Lillath so schön? Es gibt Schlimmeres.

In Reds Tasche ruht eine kleine Datenmünze, auf die Wyll eine Warnung aufgespielt hat. So erfährt sie wenigstens, dass sie beschattet wird, weil die Spinne hofft, dass Red sie zu ihren Mitverschwörern führt. Außerdem rät er ihr in dieser Botschaft, für ein oder zwei Tage unterzutauchen und sich am dritten Tag zu einer bestimmten Uhrzeit an einem bestimmten Ort mit einem gemeinsamen Freund zu treffen. Dieser Freund wird ihr dann dabei helfen, aus London zu verschwinden. Von da an ist sie auf sich gestellt. Was sie offenbar auch gar nicht anders will. Und Wyll möchte ihr schließlich geben, was sie will.

Mit einem stummen Gebet an die Heiligen hofft er, dass Viviane Red wirklich wegschaffen kann, bevor die Spinne zuschlägt.

Er selbst muss in der Zwischenzeit eine Karte besorgen.

KAPITEL 20

Garads Wohnung, Evrontown

Zwei Wochen zuvor

»Nach Moths Tod ging alles ziemlich schnell den Bach runter«, erzählt Ghost.

*

Leons Wohnung, Alaunitown

Zwei Monate zuvor

»Stoffeliger Bär«, zischt Ghost ungehalten.

Noch einmal klopft sie gegen die Tür, tritt dabei nervös von einem Fuß auf den anderen. Er ist bestimmt zu Hause, denn durch die abgedunkelten Scheiben seiner winzigen Wohnung dringt trübes Licht. Ghost ist sicher, dass der Käufer, der sich zum mordenden Dieb gewandelt hat, ihr nicht gefolgt ist. Dafür hatte er ja auch viel zu viel zu tun. Trotzdem sah für sie auf dem Weg hierher jedes Gefährt so aus wie das, in dem der Mann die gestohlene Testmaschine verstaut hat; es war eben einfach nur eine

Kiste auf Rädern, wie jeder andere Wagen dort draußen. Natürlich weiß Ghost, dass sie diese Paranoia dem verbliebenen Adrenalin in ihren Adern zu verdanken hat, und wenn Leon jetzt endlich mal aufmachen würde, damit sie nicht mehr hier im Freien herumstehen muss, könnte sie sich bestimmt so weit beruhigen, dass sie einigermaßen versteht, was an diesem Abend passiert ist.

Noch während ihre Faust das Holz berührt, wird die Tür unter ihrer Hand weggezogen. Im ersten Moment atmet Ghost erleichtert auf, doch ihr Puls schießt sofort wieder in die Höhe, als sie ein fremdes Gesicht vor sich sieht. Augen, so ausdruckslos wie die eines Hais, starren sie an. Instinktiv weicht Ghost einen Schritt zurück. Normalerweise gibt sie sich nicht so schnell geschlagen, aber bei drei gegen eine ... Hinter dem Kerl sind noch zwei weitere aufgetaucht, die sich nun durch Leons schmale Haustür auf die Straße hinausschieben.

Die drei Fremden sind zwar ziemlich unterschiedlich gebaut, haben aber eines gemeinsam – Kraft. Während die beiden größeren eine Art generelle Bösartigkeit ausstrahlen, sieht der kleinste – drahtig, Arme wie ein Seemann – eher aus, als würde er gleich noch das Grab ausheben, in das er dich anschließend befördert.

Sämtliche Alarmglocken beginnen zu schrillen. Ghost versucht es bei dem Drahtigen und schenkt ihm ihr freundlichstes Lächeln.

Der Kerl mustert sie eingehend.

»Miesen Abend gehabt?«, rät er.

Offenbar ist sie noch zu mitgenommen von den jüngsten Ereignissen, um überzeugend zu lächeln. Also gibt sie den Versuch auf und bleibt zugeknöpft.

»Könnte noch schlimmer kommen«, erwidert sie vage, während sie nun die drei Fremden mustert. Sie tragen legere Kleidung, strahlen aber trotzdem etwas Förmliches aus, so als würden sie nicht allzu viel Zeit in normalen Klamotten verbringen.

Der Drahtige zeigt auf Leons Tür. »Dein Freund ist drinnen.«

»Oh, wir sind nicht befreundet«, behauptet Ghost. »Ich wohne nicht einmal hier, sondern gehe nur von Haus zu Haus, für unsere Kampagne.«

»Welche Kampagne?«

»Die Kampagne für …«, verdammt, sie ist heute wirklich nicht ganz auf der Höhe, das dauert viel zu lange, »das Waffenverbot. Bestimmt habt ihr schon von uns gehört. Wir plädieren für ein generelles Schusswaffenverbot. Man sollte die Nichtregistrierten mit harmloseren, friedlicheren Methoden festsetzen: Betäubungspfeile oder … oder … Schlafmittel im Essen. Ihr wisst schon.«

»Mhm.« Der Drahtige wirkt skeptisch, aber offen. »Ja, ich glaube, ich habe tatsächlich schon von euch gehört.«

Ghost tut alles, um möglichst unschuldig zu wirken.

»Ist aber schon ganz schön spät, um wegen der Politik die Leute rauszuklingeln«, fährt er fort.

Achselzuckend erwidert Ghost: »Abends sind die Leute eher zu Hause. Tagsüber stehe ich viel öfter vor verschlossenen Türen.«

Der Drahtige nickt. »Cleverer Schachzug.«

»Man hat so seine Momente.« Gerade als sie sich ein wenig entspannt, weil sie sich in ihre Rolle hineingefunden hat und langsam das Gefühl bekommt, die Lage im Griff zu haben, entdeckt sie das Tattoo an seinem Hals. Es ist leicht zu übersehen, da es nur eines von vielen ist und noch dazu halb von seinem Kragen verdeckt wird.

Ein kleines Rad mit sieben Speichen, aus denen jeweils eine Rose hervorwächst.

»Nun, dann will ich dich nicht länger von deiner Bekehrungsmission abhalten«, versichert der Drahtige. »Nur noch eine kleine Warnung. Der Mann dort drin ist eine Waffe Gottes. Vermutlich eher eine harte Nuss.«

»Das sind mir die Liebsten«, behauptet Ghost.

Der Drahtige geht an ihr vorbei und tritt in die Dunkelheit hinaus; die beiden schweigenden Felsbrocken folgen ihm schwerfällig.

Ghost wartet einen quälend langen Moment ab, bis die drei hinter der nächsten Ecke verschwunden sind, und dann noch so lange, wie sie es aushält.

Schließlich geht sie hinein und schließt die Tür hinter sich.

Sie findet Leon in seinem Lieblingssessel vor, er starrt dumpf vor sich hin.

»Bin gerade deinen drei Freunden begegnet«, berichtet Ghost.

Er hebt kurz den Kopf. »Was?«

»Diese fiesen Typen, die soeben dein Haus verlassen haben.«

Leon verlegt sich wieder aufs Starren.

»Ist das deine wöchentliche Kartenrunde?«, bohrt Ghost nach.

»Was geht dich das an?«

Nachdem sie ihn eine Weile gemustert hat, resümiert Ghost: »Dann war das wohl kein Freundschaftsbesuch.«

Stille.

Ghost stößt einen tiefen Seufzer aus. »Na ja, so bist du wenigstens schon mies drauf. Schlechte Nachrichten sind immer besser zu verdauen, wenn der Karren sowieso schon im Dreck steckt, oder nicht? Das ist viel besser, als jemandem die gute Laune zu verderben, denn die hat man schließlich selten genug.«

Leon schlägt mit seiner Pranke auf die Armlehne des Sessels. »Nun spuck's schon aus!«

Also spuckt sie es aus und berichtet vom Verkauf der Maschine und von dem Kahlkopf, der anfangs so wirkte, als würde er anfangen zu heulen, wenn man ihn bloß zu laut anspräche, und der sich dann in einen Mörder und Dieb verwandelte.

Von dem Feuer, das erst da war und dann nicht mehr, sagt sie nichts. Entweder hat sie sich diesen Rauch bloß eingebildet oder der Käufer ist ein *thwimoren* mit unfassbar viel Talent. Eigentlich gibt es nur einen, der über diese Fähigkeiten verfügt, aber der Hexenritter wird sich bestimmt nicht in irgendwelchen schäbigen Antiquitätenläden mit durchgedrehten Aktivisten treffen. Jemand, der so wichtig ist, macht sich nicht selbst die Finger schmutzig, sondern schickt einen Trupp seiner besten Ritter, die das für ihn erledigen. Und ganz sicher keinen gestörten Buchhalter.

Nein. Es muss einen zweiten *thwimoren* geben, der mindestens so gut ist wie der Hexenritter. Egal, für wen er arbeitet – derjenige hat eine wirklich machtvolle Waffe an der Hand.

Sobald sie ihren Bericht beendet hat, wartet Ghost darauf, dass Leon explodiert; immerhin hat er gerade erfahren, dass er seinen Schlüssel zum Erfolg verloren hat.

Der aber reibt sich nur müde über das Gesicht. »Okay, dann ist das wohl erledigt. Am besten lassen wir die Sache auf sich beruhen und wenden uns dem nächsten Fall zu.«

Am liebsten hätte Ghost jetzt geschmollt. Der Abend ist für sie bisher höchst dramatisch verlaufen und sie muss offen zugeben, dass es ihr Spaß gemacht hat, eine spannende Geschichte zum Besten geben zu können. Aber der eigentliche Lohn hierbei wäre ein vollkommen gefesseltes Publikum gewesen, das an ihren Lippen hängt. Ihr Publikum allerdings ist ungefähr so gefesselt wie eine vergiftete Ratte während ihrer letzten Minuten.

»Hör mal, Leon«, setzt sie vorsichtig an. »Ich habe es wirklich versucht. Aber du hast nie erwähnt, dass noch andere Kandidaten mitmischen. Dieser Mann kam für mich absolut unerwartet. Er war schon vor mir dort und nun bin ich die einzige Zeugin von Moths Ermordung. Außerdem war ich sowieso nur da, weil du mich erpresst hast. Alles in allem war es eine echt beschissene Woche.«

»Und, was willst du jetzt von mir? Eine entspannende Rückenmassage? Du bist niemals dort gewesen und hast keine Ahnung von nichts, wer soll dir schon das Gegenteil beweisen?«

»Na ja, dieser Typ vielleicht«, merkt Ghost durchaus vernünftig an.

»Und wie soll er dich ausfindig machen? Lass es gut sein, Ghost. Die Sache ist gelaufen. Wir haben gespielt und verloren, Ende der Geschichte.«

Dieses *wir* hört sich für Ghost total falsch an, aber vermutlich ist jetzt nicht der richtige Zeitpunkt, um ihn darauf hinzuweisen.

»Ich habe bestimmt bald einen neuen Auftrag für dich.« Mit einem schlaffen Winken beendet Leon das Gespräch.

Dummerweise passt das Ghost noch weniger in den Kram, vor allem, weil sie das Gefühl hat, gerade von vorne bis hinten verarscht zu werden.

»Dann beende ich erst mal den Grenwald-Fall«, schlägt sie testweise vor.

»Nein, das wirst du nicht tun. Was habe ich dir gerade gesagt? Du kriegst bald einen neuen Auftrag von mir, aber in der Zwischenzeit wirst du den Ball hübsch flach halten. Schnapp dir ein paar Scheinchen aus dem Versteck in deinen Ersatzstiefeln und hau sie für Frauen und Wein auf den Kopf.«

Wie erschlagen steht Ghost vor ihm, beinahe schwankend. Das Adrenalin tanzt durch ihren Körper und bringt sie aus dem Gleichgewicht.

»Okay, sehen wir mal, ob ich das richtig verstanden habe«,

sagt sie schließlich gedehnt. »Ich jage eine Wahrsagerin, die sich dann als tot entpuppt. Irgendjemand ertränkt Gottgleiche. Ich bekomme von einer Frau, die über eine Maschine verfügt, mit der man Gottgleiche auch gegen ihren Willen aufspüren kann, einen Strick um den Hals gelegt. Ich lande auf einer Party, wo die führenden Köpfe dieser Stadt einen fröhlichen Handel mit Gottgleichenkörpern betreiben. Ich beobachte, wie besagte Maschine gestohlen und die Besitzerin umgebracht wird. Und dann, gerade als ich meinem erpresserischen Boss von dieser höchst verdächtigen Ereigniskette berichten will, sehe ich, wie einige private Sicherheitskräfte, die für Cass' Klienten arbeiten – der vermutlich auch ihr Mörder ist –, aus dem Haus von besagtem Boss spazieren. Dazu äußerst sich besagter Boss wenig später wie folgt: ›Diese ganze krasse Scheiße, die da passiert ist? Weißt du was? Vergiss das alles einfach. Vergiss es und lass dich flachlegen.‹ Wozu ich nur sagen kann, dass ich in letzter Zeit oft genug aufs Kreuz gelegt worden bin, Leon, vielen Dank. Und das war ganz bestimmt nicht in gegenseitigem Einvernehmen, also klärst du mich jetzt besser mal darüber auf, was hier wirklich vorgeht, denn bei mir läuft es zurzeit echt mies und ich würde nur zu gern jemandem die Schuld dafür geben.«

Leon mustert sie mit schmalen Augen. »Woher wusstest du, dass sie für Glapissant arbeiten?«

»Das Tattoo an seinem Hals, Leon. Ein Rad mit Blumen an den Speichen? Glapissant hat ebenfalls eins. Ich weiß nicht, zu wem es gehört, doch ich weiß, dass es aus Senzatown stammt. Aber wieso hat ein Vertreter der Senzatown-Oberschicht einen Geschäftsmann aus Alaunitown in seiner Gefolgschaft? Und warum sammeln sie Gottgleiche, um sie dann zu ertränken?«

*

»Stopp«, unterbricht Garad die Erzählung.

Ghost hält inne.

»Ein Rad mit sieben Speichen, aus denen Rosen wachsen. So sah das Bündnistattoo aus, das du an Glapissant und diesen Kerlen bei Leon gesehen hast?«

Ghost nickt und bemüht sich, den prüfenden Blick, mit dem sie Garads angespannte Miene entschlüsseln will, mit unschuldiger Neugier zu tarnen. Vielleicht entdeckt sie ja doch einen Hauch von Emotion, den xier nicht schnell genug unterdrücken kann.

»Kennst du dieses Tattoo?«, fragt sie vorsichtig.

Garad wirft ihr einen scharfen Blick zu. »Es gehört jedenfalls nicht zu mir, falls du das denkst.«

»Das weiß ich natürlich«, erwidert sie geduldig. »Aber du gehörst der Elite von Senzatown an – oder hast ihr zumindest einmal angehört, bevor du nach Blackheart gezogen bist, um ein Ritter der Caballaria zu werden, richtig? Vielleicht ist dir dieses Symbol also schon einmal untergekommen. Vielleicht weißt du sogar, zu wem es gehört.«

Garad schüttelt den Kopf. »Da liegst du falsch«, behauptet xier, allerdings mit diesem leisen Zittern in der Stimme, das immer dann auftritt, wenn man nicht ganz von dem überzeugt ist, was man sagt.

Ghost wartet schweigend, bis Garad es nicht mehr aushält und die Stille vertreiben muss.

»Fahre fort«, befiehlt xier knapp und Ghost gehorcht. Wenn sie ihre Geschichte beendet hat, wird noch genügend Zeit bleiben, um xien ordentlich unter Druck zu setzen.

Außerdem hat Ghost inzwischen eine ziemlich konkrete Ahnung, zu wem diese Tätowierung gehören könnte.

*

»Mich interessiert es einen feuchten Dreck, was irgendwelche Eliten mit Nichtregistrierten treiben oder auch nicht«, verkündet Leon mit der aufgesetzten Gleichgültigkeit jener, deren Geduldsfaden eigentlich schon gerissen ist. »Denn das ist nicht mein Job, verflucht. Das ist die Aufgabe der Vastos-Ermittler, und ich bin keiner von denen, korrekt? Ich spüre Nichtregistrierte auf und das Ziel meines letzten Auftrages ist tot. Job erledigt, aber leider ohne Bezahlung für Leon. In der Zwischenzeit flattern aber weiter Rechnungen und Probleme ins Haus und jetzt sitzen mir auch noch diese verdammten Ritter im Nacken, bloß weil *du* dich auf irgendeiner Party herumgetrieben und deren Arbeitgeber verärgert hast. Was stimmt bloß nicht mit dir? Ist dir denn nicht klar, dass es an diesem Punkt nur noch eine Möglichkeit gibt? Das war eine Warnung. Sie waren hier und haben ihre Muskeln spielen lassen, also sind wir jetzt raus, kapiert? Die Jagd auf Cass Grenwald ist beendet, es wird keine Einsätze auf schicken Partys mehr geben und auch keine Recherche zu irgendwelchen irren Aktivistinnen, die sich haben abknallen lassen. Es ist vorbei. Fertig. Finito. Was alles so viel bedeutet wie: Lass es sein! Verstanden?«

»Ich kann diese Scheuklappen abstreifen«, schäumt Ghost. »Ich kann herausfinden, was wirklich passiert ist, wenn du mir nur noch etwas Zeit …«

»Von deiner Position aus wirst du rein gar nichts erkennen und ich ebenfalls nicht«, prophezeit ihr Leon wütend. »So läuft das nun mal für unseresgleichen. Hör zu, es tut mir ja leid, dass ich dich da reingeschickt habe. Wolltest du das von mir hören? Bitte schön, da hast du deine Entschuldigung. Genieße sie, denn diese Erfahrung wirst du nur ein einziges Mal machen. Die Ansage war klar und deutlich. Entweder lassen wir die Dinge auf sich beruhen oder wir verabschieden uns von unserem liebsten Hobby, das da heißt Atmen.«

Das lässt Ghost dann doch kurz zögern.

»Es geht dabei nicht um dich«, fährt Leon mit Nachdruck fort. »Ich bin derjenige, der in der Schusslinie steht. Auf mich werden sie losgehen. Wenn du die Sache nicht ruhen lässt, sind wir beide tot. Natürlich willst du trotzdem nur das tun, wonach dir der Sinn steht. Aber bei allen Heiligen, wenn es mich erwischt, nehme ich dich mit. Hast du das verstanden? Ich nehme dich mit.«

Jetzt erst begreift Ghost, dass Leons Verbohrtheit nicht der Angst entspringt, sondern seinem Zorn. Er versucht mit aller Kraft, nicht die Beherrschung zu verlieren. Und sie selbst war durch ihre Wut ebenfalls verblendet, weshalb sie das nicht erkannt hat.

Die Situation ist kaum zu ertragen. Es war eine lange Nacht und eine Beinahe-Nahtoderfahrung kann eine Frau schon mal zur Unbesonnenheit verleiten. Leon hingegen ist so unnachgiebig wie ein Felsbrocken, weshalb sich hier wohl nichts mehr erreichen lässt.

Nachdem sie also Stein und Bein geschworen hat, die Finger von der Sache zu lassen, tritt sie in die Nacht hinaus, während der alte Feigling brütend in seinem Sessel zurückbleibt.

Sie braucht jetzt dringend einen Tapetenwechsel. Und einen Ort, an dem sie anderen wehtun kann.

KAPITEL 21

Privates Beinhaus, Blackheart

Zwei Monate zuvor

Zunächst ist da nur dieses Geräusch.

Ein Zischen, Klicken und Piepsen dringt durch die Tür. Fremdartige mechanische Wesen, eine riesige Heuschrecke, die den gesamten Raum ausfüllt und fauchend über die Fliesen gleitet …

Wyll zügelt seine Vorstellungskraft, nimmt sich zusammen und gibt den Code in das Schloss ein. Mit einem leisen Zischen öffnet sich die Tür.

Zum Wohle der Patientin ist der Raum dahinter lediglich schwach beleuchtet. Ihr Körper scheint nur aus dürren Zweigen zu bestehen, auch wenn die behandelnde Ärztin alles tut, um das zu ändern. Sie hat Wyll versichert, dass die Mangelernährung, der die Patientin während der ersten vierzehn Jahre ihres Lebens ausgesetzt war, hier ausgeglichen wird, soweit das noch möglich ist.

Im Moment ist ebendiese Ärztin, Nyma Parnere, ganz in einen der Leuchtschirme vertieft. Als Wyll hereinkommt, hebt sie kurz den Kopf; ihr freundliches Gesicht wirkt besorgt.

»Wie geht es ihr?«, fragt Wyll leise.

Nyma blickt zu dem Krankenbett hinüber, das zwischen den vielen zischenden und klickenden Maschinen beinahe untergeht. Die Patientin darin schläft, tief zwischen Decken und Kissen vergraben wie eine Maus in ihrem Nest.

»Besser«, antwortet die Ärztin. »Oder zumindest haben sich ihre Werte verbessert. Aber sie ist sehr schwach. Vermutlich war das schon ihr ganzes Leben lang so.« Mit einem hilflosen Achselzucken fügt Nyma hinzu: »Ehrlich gesagt, weiß ich nicht genau, was ihr eigentlich fehlt.«

Nyma ist nicht nur eine talentierte Ärztin, sondern auch erfrischend direkt – beides Gründe, warum Wyll sie so mag. Sie hat ihn schon nach diversen Kämpfen zusammengeflickt, nach offiziellen ebenso wie nach weniger offiziellen, und hat sich dabei stets loyal und diskret verhalten. Auch deswegen schätzt Wyll sie so sehr.

»Die Krankheit könnte mit ihrer Gabe in Zusammenhang stehen«, vermutet er. »Wenn das, was ich gehört habe, wahr ist, verlangen ihre Fähigkeiten ihr so viel ab, dass es die Funktionsfähigkeit ihres Körpers angreift.«

Nachdenklich hebt Nyma die Brauen. »Also eine Art Ungleichgewicht des Energiehaushalts«, vermutet sie. »Ihr wird zu viel entzogen, sodass sie sich nie ausreichend regenerieren kann, um ein gesundes Mittelmaß zu erreichen.« Fragend sieht sie Wyll an. »Wo haben Sie sie her? Ist sie ein Familienmitglied?«

Natürlich ist Nymas Direktheit manchmal auch eher gefährlich als förderlich.

»Nein, sie gehört nicht zur Familie«, versichert er ihr. »Ich passe nur vorübergehend auf sie auf.«

»Und wohin gehört sie dann?«, will Nyma wissen, aber Wyll hat keine Antworten parat.

In der hastig verfassten Nachricht, die ihm am Morgen von

einer äußerst nervösen Gennivy überbracht wurde, stand lediglich:

*

Habe dein Päckchen nicht erhalten.
Hast du meines bekommen?

*

Also hat die verfluchte Red das Angebot ausgeschlagen, sich von ihm aus London wegschaffen zu lassen. Wahrscheinlich spaziert diese Idiotin gerade durch Blackheart und erzählt allen, die es hören wollen, dass sie wegen Hochverrats hingerichtet werden soll.

Doch Red hin oder her, Viviane wird sicher bald auftauchen, um xiese kostbare Karte einzufordern. Wusste xier, dass es sich dabei um eine lebendige Gottgleiche handelt? Hat xier ihm das absichtlich verschwiegen? Möglich wäre es. Als er das arme Mädchen im Keller von Moths Laden sah, angeschlossen an diese Maschine … als er sich umsah und begriff, dass die Kleine dort unten *lebte* und dass Moth, ihre eigene Mutter, sie und ihre Fähigkeiten einfach verscherbelte …

In diesem Moment zerbrach etwas sehr Altes, sehr Empfindliches in ihm.

Wyll weiß, wie es ist, in einem Keller zu leben. Und er kennt Eltern wie Moth. Eltern, die in ihren Kindern lediglich einen Gebrauchsgegenstand sehen, nicht ein Lebewesen, das ihre Liebe braucht.

Viviane wird wütend sein, da Moth eigentlich nicht hätte sterben sollen. Doch er kann ebenso wütend sein, da xier xiesen Anteil des Handels nicht erfüllt hat. Natürlich wird xier einwenden, dass es nicht xiese Schuld sei, wenn Red sein Angebot nicht annehmen wolle, wogegen sich auch schwer etwas sagen lässt. Allerdings weiß Red nicht, dass er nun noch eine zweite Möglichkeit hat, sie aufzuspüren. Und sicherlich wird sie sich, genau wie Lillath es vorhergesagt hat, zu den einzigen Freunden geflüchtet haben, die ihr noch geblieben sind: zu ihren Mitverschwörern.

Er darf keine Zeit verlieren, dann erreicht er sie vielleicht noch vor Lillath. Nur so kann er selbst herausfinden, wer Arts Tod geplant hat. Dann kann *er* entscheiden, welches Schicksal diese Menschen erwartet – nicht die Spinne, nicht die Saith und auch sonst niemand, der möglicherweise vor dem Töten zurückschreckt, weil es ihn schlecht dastehen ließe.

Er wird töten. Für Art.

Allerdings nur, wenn diese »Karte« tatsächlich funktioniert. Denn falls Moth die Fähigkeiten dieses Mädchens korrekt beschrieben hat, grenzt es an ein Wunder.

Ein leises Rascheln sorgt dafür, dass Wyll sich dem Bett zuwendet. Feine, schweißverklebte Haarsträhnen gleiten über die Hügellandschaft aus Kissen. Zwei glänzende, unsicher blickende Augen schimmern in dem blassen Gesicht wie halb rohe Eier auf einem Teller. Der schmale Mund öffnet sich.

»Wo ist Mama?« Das zarte Geräusch ist kaum als Stimme zu erkennen.

Nyma wirft Wyll einen kurzen Seitenblick zu. »Mehr sagt sie nicht, immer wieder nur das. Ich konnte ihr bisher nicht einmal ihren Namen entlocken.«

»Wo ist Mama?«, will das Mädchen im Bett noch einmal wissen.

»Wie heißt du?«, fragt Wyll sanft.

»Wo ist Mama?«

»Deine Mutter hat mir erzählt, dass du etwas ganz Besonderes kannst. Ich möchte, dass du mir das zeigst, wenn du stark genug dafür bist.«

»Wo ist Mama?« Plötzlich beginnt das Mädchen zu schreien, der Blick wird wirr. »Wo ist Mama! Wo ist Mama! Wo ist Mama! Wo ist Mama! WO IST MAMA! WO IST MAMA!«

Die Worte verlieren ihre Bedeutung, werden zu einer Art animalischem Singsang, dem Heulen eines Hundes.

Nyma packt Wyll am Arm und schiebt ihn aus dem Zimmer; fast schon gebückt stapft sie zur Tür, um diesem akustischen Wirbelsturm zu entkommen. Ein wenig sieht es so aus, als müsse sie sich ohne Schirm durch einen Gewitterschauer kämpfen.

Die Tür fällt hinter ihnen zu, sodass die geistlosen Schreie des Mädchens zu einem gedämpften Hintergrundgeräusch verebben.

Die beiden sehen sich an. »Ich komme, wenn man mich ruft, und ich stelle keine Fragen«, beginnt Nyma dann.

»Ja, das schätze ich sehr an Ihnen.«

»Aber dieses Mädchen dort drin ist sehr krank. Wo ist ihre Familie?«

»Nicht verfügbar.«

»Wir können die Mutter also nicht herholen?«

»Wie interessant, dass Sie davon ausgehen, das wäre gut für sie. Als würde die Fähigkeit, sich fortzupflanzen, einen Menschen automatisch dazu qualifizieren, sich bestmöglich um diesen Nachwuchs zu kümmern.«

»Laut Gesetz ist das so, zumindest bis das Gegenteil erwiesen ist«, behauptet Nyma stur.

»Ihre Mutter hat das Gegenteil bewiesen.«

Offensichtlich fällt es Nyma schwer, ihm das zu glauben.

Mit einem resignierten Seufzer stellt Wyll fest: »Sie sind nicht nur wegen des Geldes so verschwiegen, nicht wahr?«

Nyma nickt mit einer Gelassenheit, als habe sie bereits mit diesem Schritt gerechnet. »Ich weiß, was ich Ihnen zu verdanken habe. Ohne Sie wäre ich jetzt im Gefängnis oder Schlimmeres. Aber wie lange soll das noch so laufen? Eines Tages stoße ich vielleicht an eine Grenze, die ich nicht überschreiten kann, ganz egal, was es mich kostet.«

»Und ist heute dieser Tag?«

Sekunden verstreichen, in denen Nyma sich das durch den Kopf gehen lässt. Wyll hat bereits verschiedene Szenarien vor Augen, zwingt sich aber, ihre Entscheidung abzuwarten. Sicherlich beruht Nymas Loyalität vor allem auf den finanziellen Zuwendungen und der erwähnten Schuld, aber da ist auch noch etwas anderes, das sich nicht so leicht benennen lässt. Vielleicht ist es Respekt. Sollte er sie jemals auch nur ansatzweise herablassend behandeln, könnte er vermutlich mit allem Geld dieser Welt nicht verhindern, dass sie sich schleunigst aus dem Staub macht.

»Nein«, entscheidet sie schließlich. »Nicht heute. Ich weiß, dass Sie Ihresgleichen helfen, wo immer Sie können. Das ist Ihr persönlicher Feldzug. Aber das Mädchen dort drin wird ohne dauerhafte Pflege nicht überleben. Sie wird niemals allein in der Welt zurechtkommen, verstehen Sie? Möchten Sie sich das wirklich zumuten?«

»Selbstverständlich nicht, sie ist lediglich ein Mittel zum Zweck. Sie werden eruieren, welche Art von Pflege sie braucht, und alles Notwendige in die Wege leiten. Besorgen Sie ihr die beste und verschwiegenste Hilfe, die Sie finden können. Geld spielt keine Rolle.«

Wieder wartet er ab, bis Nyma über ihrer beider Schicksal entscheidet.

Die Ärztin reibt sich die Stirn, sichtlich erschöpft von dem moralischen Kampf, der sich in ihrem Inneren abspielt. »Si«, gibt sie sich schließlich geschlagen. »Unter dem üblichen Namen, nehme ich an?«

Wyll nickt.

Sobald Nyma gegangen ist, um die notwendige Ausstattung zu besorgen, konzentriert sich Wyll wieder auf die lebende Karte, die er gestohlen hat.

Sie will Mama? Dann soll sie Mama kriegen.

Es dauert einen Moment. Er hat die Frau bei ihrem Treffen zwar genau studiert, aber ein oder zwei Stunden reichen nicht aus, um sich die vollständige Mimik eines Menschen einzuprägen, das Ganze wird also weniger ausgefeilt als seine üblichen Arbeiten. Schließlich betrachtet er sich im Spiegel. Ausreichend, vor allem bei der schwachen Beleuchtung dort drin und angesichts der Tatsache, dass dieses Kind nicht ganz bei Sinnen ist.

Wyll lässt zu, dass er noch ein wenig tiefer geht. Man kann sich einen anderen Menschen nicht einfach überstreifen wie ein Kostüm. Oder, anders gesagt: Kostümierungen wirken sich auch nach innen aus. Genau darum geht es ja eigentlich. Warum sollte man sich etwas anziehen, das keinerlei Veränderung bewirkt – ganz egal, ob es einen sittsam, stutzerhaft, freizügig, arrogant, niedlich oder geschmeidig wirken lässt?

Sobald er fertig ist, kehrt er in das Krankenzimmer zurück und nähert sich, begleitet vom Chor der Maschinengeräusche, dem Bett.

Die Kissen rascheln. »Mama«, sagt die Karte.

Dann schweigt sie wieder, als habe sie das eine Wort bereits erschöpft.

Wyll stellt sich neben das Bett und ruft sich in Erinnerung, wie Moth in seinem Beisein mit ihrer hilflosen Tochter gesprochen hat; mit welchen Worten sie ihre Karte dazu gebracht hat, ihr Talent unter Beweis zu stellen.

»Mein Mädchen«, beginnt er liebevoll. »Mein süßes Mädchen. Also, meine Kleine, können wir heute ein wenig arbeiten, was meinst du?«

Die Karte sieht mit großen Augen zu, wie er sich zu ihr ans Bett setzt.

»Kannst du für Mama jemanden aufspüren?«, fährt er schmeichelnd fort, beugt sich vor und greift nach der schlaffen kleinen Hand. »Das ist doch dein Lieblingsspiel, oder nicht? Leute finden? Mir zu zeigen, was du kannst?«

Wortlos starrt die Karte ihn an, saugt den Anblick in sich auf. Wyll zwingt sich zur Ruhe, unterdrückt jeden Zweifel daran, dass sie nicht an das glaubt, was sie sieht.

Schließlich deutet die Karte ein schwaches Nicken an und ihre Finger schließen sich kurz um seine.

Er hat sich vorher gefragt, ob er es wohl spüren wird, wenn die Karte in seinem Geist herumwühlt. Und was sie noch alles finden könnte, wenn sie einmal dort ist. Kann sie Dinge sehen, die er niemals jemandem zeigen würde? Wird sich je herausfinden lassen, wie sie funktioniert? Spielt das denn eine Rolle? Soll er es überhaupt versuchen?

»Wen?«, fragt die Karte und sofort schüttelt Wyll diese Ängste ab. Jetzt kann er keinen Rückzieher mehr machen.

Was hat Moth über diesen Teil gesagt? Man müsse sich nur auf die Person konzentrieren, die man finden möchte, und sich alles vor Augen führen, was man über sie weiß, alles, was man für sie empfindet. Je besser man denjenigen kennt, desto leichter kann die Karte ihn aufspüren. Bei Fremden dauert es länger.

Wyll sammelt sich, lässt Reds Gesicht vor seinem inneren Auge erscheinen. Dann stellt er sich ihre Mimik vor: mal wachsam, mal entspannt, sogar das Gesicht, das sie machte, als sie auf ihm war, als er die Hände um ihre Kehle schloss. Die geschmeidigen Bewegungen ihres Körpers in dem Video vom ersten Tag ihrer Ritterausbildung; der Moment, wenn sie sich ganz in den Kampf vertieft.

Niemand kann sich einen anderen Menschen mit hundertprozentiger Genauigkeit ins Gedächtnis rufen. Erinnerungen sind immer an Gefühle gekoppelt, eine sich stets wandelnde Einschätzung, und man hat dafür nur das zur Verfügung, was dieser Mensch in einem ausgelöst hat, nicht die reale Person. Wyll hüllt sich nun in seine persönliche Red, wird von ihr durchdrungen, er badet förmlich in der Erinnerung an ihren Duft.

Dann ist da ein leises Schaben in seinem Geist, als laufe ein Insekt über die zarten Windungen seines Gehirns. Ein äußerst merkwürdiges Gefühl, so fremdartig, dass Wyll nicht sicher ist, ob es nun unangenehm ist oder nicht.

Den Heiligen sei Dank, hält es nicht lange an.

Die Red in seinem Geist bekommt plötzlich ein Eigenleben und bewegt sich von allein, fort von seinen Erinnerungen. Also hat nun die Karte die Kontrolle über seine Fantasie-Red übernommen. Fasziniert sieht er zu, wie die Red in seinem Geist sich durch ein Zimmer bewegt, durch ein Haus.

Dann zeigt ihm die Karte, wer sich noch in diesem Zimmer aufhält.

Als Wyll begreift, wo sie ist, schließt sich die Furcht wie eine eisige Faust um sein Herz. Bei allen lebendigen Heiligen. Das steckt also hinter dem Mordanschlag? Von dieser Seite hat Red Hilfe bekommen?

Wenn Lillath das herausfindet, wird alles in sich zusammenfallen.

»Braves Kind.« Beruhigend streicht Wyll dem Mädchen über das feuchte Haar.

TEIL II

Kämpfe wie ein Hase,
gefangen in Schlinge und Netz,
wo doch am Ende du allein
hast diese Falle gesetzt.

– Blumen für Kain

KAPITEL 22

Garads Wohnung, Evrontown

Zwei Wochen zuvor

Ghosts Kehle brennt.

Sie sieht zu Garad hinüber, aber xier starrt an ihr vorbei an die Wand, wohl in ganz eigene, wüste Gedanken versunken. Vielleicht geht xier ihre bisherige Geschichte noch einmal durch, sucht nach bestimmten Hinweisen, da ein gewisses Kribbeln im Hinterkopf xiem verrät, dass man hier ein paar Verknüpfungen herstellen sollte.

Ghost tut schon der Hals weh, aber Garad wird sicher bald selbst die richtigen Schlüsse ziehen, also spart sie sich diesen Teil der Geschichte.

Dieser Teil der Geschichte gehört ihr allein.

*

Wardogs Bar, Alaunitown

Einen Monat zuvor

Suchend starrt Ghost auf die Kampftafel.

Sie kennt keinen dieser Namen. Kaum verwunderlich, schließlich sind das Wardogs-Kämpfer und sie bewegt sich nun einmal nicht in Kreisen, in denen deren Namen kursieren. Zumindest bisher nicht. Es braucht wohl noch etwas Zeit, bis sie so tief im Schlamm versunken ist.

In ihrer Hand befindet sich ein halb geleerter Krug mit Hochprozentigem; allerdings hat ihr Gespräch mit Leon einen wesentlich bittereren Nachgeschmack hinterlassen als der Alkohol. Immer wieder gehen ihr seine Worte durch den Kopf: *Entweder lassen wir die Dinge auf sich beruhen oder wir verabschieden uns von unserem liebsten Hobby, das da heißt Atmen.*

Ihr altes Ich war ein Denker. Ihr neues Ich, *dieses* Ich, schlägt lieber erst einmal zu. Dafür ist sie geschaffen – Gewalt. Wieder starrt sie auf die Tafel.

»Überlegst du, dich draufsetzen zu lassen?«, fragt ein alter Kerl, der neben der Tafel herumsteht. Mit einem abschätzenden Funkeln in den Augen mustert er sie, von oben nach unten und von rechts nach links.

Anders als in der Caballaria sind die Kämpfe der Wardogs nicht im Voraus festgelegt. Hier kann man nicht meditieren, trainieren und sich in einem Kloster verkriechen, um den ganzen Tag massiert und bekocht zu werden. Man setzt seinen Namen auf die täglich neu geschriebene Kampftafel und wird zufällig ausgesucht. In dieser Hinsicht herrscht eine brutalere Form der Gerechtigkeit als bei Caballaria-Disputen, da vieles dem Schicksal überlassen wird. Allerdings geht es abgesehen davon alles andere als fair zu. Wie überall treibt auch hier die Korruption wilde Blüten und die Verlierer zahlen einen wesentlich höheren Preis dafür.

Achselzuckend antwortet Ghost: »Vielleicht.«

Mit einem herablassenden Kichern stellt der Alte fest: »Aber ein heißes Ding wie du wird doch bestimmt von jemandem vermisst.«

Ghost greift nach der Kreide. »Sollte man meinen, nicht wahr?«

»Vorsicht«, warnt sie der Mann. »Das sollte nur ein Scherz sein. Lass dir nicht dein hübsches Gesicht zerschlagen.«

»Ich werde mich einfach ducken.« Zum Glück – oder eben auch nicht, je nach Sichtweise – ist es heute sehr ruhig und sie brauchen noch Kämpfer, sonst käme sie wahrscheinlich niemals rein. Auf der Tafel gibt es noch einige leere Felder, die auf neue Namen warten.

»Jetzt komm schon, du bist zu klein«, spottet der Alte. »Hier geht es um pure Körperkraft. Die Kerle, mit denen du es hier zu tun kriegst, walzen dich einfach platt.«

»Je größer sie sind, desto langsamer sind sie auch«, gibt Ghost zu bedenken.

»Klar, schneller bist du allemal, kannst also vor ihnen weglaufen. Aber was machst du, wenn sie dich erwischen?«

»Dann werde ich vermutlich in den Boden gerammt. Allerdings habe ich noch ein Ass im Ärmel.«

Grinsend fragt der Alte: »Und das wäre?«

»Die meisten Menschen bleiben liegen, wenn man sie plattmacht.« Sie beugt sich zu der Tafel und trägt ihren Namen ein. »Ich nicht.«

*

Vor langer Zeit einmal begegneten sich in einem Kloster zwei Ritter, obwohl sie sich dort nie hätten begegnen dürfen.

Eigentlich war es die Schuld dieses jungen Mönches, der während ihres Aufenthalts für sie zuständig war, erinnert sich Ghost. Offenbar war er gerade erst initiiert worden und entsprechend nervös. Und er kannte das Kloster noch nicht gut genug, um sich mit der blinden Gewissheit der Geübten durch die Flure zu bewegen. Also verlief er sich.

Eigentlich war es auch die Schuld ihres Gegners, erinnert sich Ghost. Obwohl dieses Gesicht in ganz London bekannt war, entschied sich der Ritter an jenem Tag, nicht die vorgeschriebene Haube mit dem Gesichtsschutz aus Gliederketten zu tragen, ohne die sich die Ritter eigentlich nicht von einem Gebäude zum nächsten begeben durften. Im Grunde ist das System fehlerlos; die aufwendigen Rituale vor einem Caballaria-Kampf sind vor allem darauf ausgelegt, eine Begegnung der Kontrahenten zu verhindern, obwohl sie ihre Klausur im selben Kloster abhalten. Sie dürfen ihr Zimmer nur in Begleitung eines Mönches verlassen, nutzen unterschiedliche Trainingsräume und nehmen ihre Mahlzeiten nicht im allgemeinen Speisesaal ein. Das Essen wird ihnen aufs Zimmer gebracht. Und sollte doch einmal ein Fehler passieren, sodass sich ihre Wege kreuzen, sorgt zumindest die Kapuzenmaske für Anonymität.

Aber Garad trug keine. Später behauptete xier, niemals zuvor darauf verzichtet zu haben und es sei eigentlich ohne Grund geschehen, es müsse wohl Faulheit oder Hochmut gewesen sein. Aber vielleicht steckte ja eine verborgene Absicht dahinter, vielleicht wollten die Heiligen einfach, dass sie sich trafen.

Zwei kleine Fehler hätten unabhängig voneinander wohl nicht viel ausgemacht, zusammen aber veränderten sie das Leben der beiden Ritter für immer.

Dem Mönch durfte man keinen Vorwurf machen, denn dieses spezielle Kloster verfügte über einen extrem verwirrenden Grundriss. Die Flure waren wie ineinander verschlungene Spiralen angelegt, um den Gedanken zu verdeutlichen, dass hier zwei Menschen demselben Pfad folgten, aber eben auf verschiedenen Wegen. Seite an Seite und doch getrennt, ohne sich des anderen bewusst zu sein, so blind wie die meisten Menschen durch ihr Leben liefen. Jedoch waren die Spiralen an verschiedenen Stellen mit Durchgängen versehen, damit die Mönche sich – anders als die ihnen anvertrauten Ritter – ungehindert bewegen konnten. Und an einem dieser Durchgänge erblickten sich die Ritter schließlich. Wieder so ein Zufall: Eine Sekunde später wären sie einfach an einem leeren Loch in der Wand vorbeigegangen. So aber passierten sie den Durchgang genau zeitgleich und konnten einander für eine Sekunde deutlich sehen. Eine Sekunde reichte aus.

Die aus dem Augenwinkel wahrgenommene Bewegung ließ beide innehalten. Sie sahen sich an – Ghosts Gesicht und Haar unter der dichten Kettenhaube verborgen, Garads hingegen unbedeckt, die schmalen, scharf umrissenen Züge wirkten im fahlen Licht der Korridore beinahe milchweiß.

Der Silberne Engel höchstpersönlich. Der Streiter des Königs. Das berühmte weiße Haar, der langgliedrige, vor Kraft strotzende Körper. Legendär, wunderschön, ikonisch.

»Ach, verdammt«, sagte xier mit einem gereizten Seufzer.

Die nächste klare Erinnerung hat Ghost an eine Situation einige Stunden später. Sie saß allein auf einer Bank, gut versteckt im üppigen Grün des klösterlichen Dachgartens. Es war Hochsommer, sodass die Sonne trotz der späten Stunde noch am Himmel prangte, wenn auch recht tief, und goldene Wärme verbreitete.

Der Dachgarten diente sowohl als elegant gestalteter Rückzugsort bei Hitze als auch der traditionellen Huldigung der Heiligen. Natürlich gab es auch drinnen jede Menge Altarräume, aber für Ghost war dieser Außenbereich der schönste Ort der Darbringung. Auf dem Rasen waren sieben Kunstwerke verteilt: ein kleiner Brunnen, dessen Stein in der Form von Evrons Gesicht behauen war, darunter seine Hände, die das Wasser auffingen und als Gabe an die Durstigen herabfließen ließen. Es gab ein siebenspeichiges steinernes Rad, von jeher das Symbol für Senza. In der Gartenmitte, wo das Licht am besten war, ragte eine hohe Säule mit einer Sonnenuhr auf, ein Zeichen des Rhyfen, der mit dem Feuer der Sonne assoziiert wurde. Iochi war ein kleiner Teich mit Fischen gewidmet, seinen ganz eigenen Agenten – schlüpfrig und schwer zu entdecken. Alaunis war in einer Kupferdrahtstatue in Gestalt eines Fuchses dargestellt, mit schwarzen Knopfaugen. Aus einer der Hecken streckte sich Gwanharas Hand in die Höhe; zarte Efeuranken wanden sich an ihr entlang wie Schmuck und in ihrer offenen Handfläche lag ein Schlüssel. Neben der Hand ragte ein steinernes Tor auf, das ins Nirgendwo führte – oder zumindest an keinen sichtbaren Ort, so wie Marvols Tor, durch das man in den Tod und die Ungewissheit gelangte.

Soweit Ghost sich erinnert, hielt sie einen kurzen, ordentlich gefalteten Brief in der Hand und starrte blind durch ebenjenes Tor, als Garad den Garten betrat. Wachsam beobachtete Ghost, wie xier sich gelassen ihrer Bank näherte.

»Tja«, begann der Silberne Engel, als er vor ihr stand. Das klang so vertraulich, als würden sie sich bereits kennen, weshalb auch eine formelle Begrüßung als Zeitverschwendung zu betrachten wäre. »Ich werde ausgetauscht. Und du?«

Anstatt zu antworten, hielt Ghost einfach ihren Brief hoch.

»Eine Absage in Papierform?« Überrascht zog Garad eine Braue hoch. »Wie altmodisch.«

»Öffentliche Ställe können sich den Zugang zum Netzwerk nicht leisten«, antwortete Ghost. »So die offizielle Version. Inoffiziell sind wir ein Haufen schlecht finanzierter Dinosaurier, die den neuesten Kommunikationstechnologien mit … wie soll ich das höflich ausdrücken? Mit apathischer Ratlosigkeit begegnen.«

Garad ließ sich neben ihr auf der Bank nieder; Ghost registrierte, wie sie Herzklopfen bekam. Natürlich waren sie sich auch früher schon begegnet, aber immer nur bei großen Caballaria-Events, umgeben von Menschen und einer strengen Etikette unterworfen. Diese unbeschwerte körperliche Nähe war neu und seltsam und, wenn sie ihrem Herzschlag glauben wollte, äußerst aufregend.

»Es ist meine Schuld«, erklärte Garad nun, »dass wir beide ausgetauscht werden. Nachdem wir uns gesehen hatten, habe ich direkt eine Nachricht geschickt und darauf bestanden.«

»Ich ebenfalls«, nickte Ghost.

Sie starrte immer noch zu dem steinernen Tor hinüber, oder sie tat zumindest so. Allerdings war Garads Überraschung auch nicht zu überhören.

»Tatsächlich?«

»Jawohl.«

»Dürfte ich nach dem Grund fragen?«

Nun sah Ghost xien doch an. »Was soll das heißen, nach dem Grund fragen? So steht es im Kodex, das ist der Grund. Die Kämpfer dürfen im Vorfeld weder erfahren, wofür sie kämpfen, noch gegen wen, da sonst die Reinheit und Lauterkeit des Kampfes nicht gewahrt werden können. Mir ist schon klar, dass die meisten das nicht sonderlich ernst nehmen, ich aber schon.

Außerdem wäre es doch pure Zeitverschwendung, diesen ganzen Aufwand zu betreiben, um eine Begegnung zu verhindern, wenn wir im Zweifelsfall einfach nur sagen: ›Ach ja, was soll's!‹ Warum sollten wir uns dann überhaupt noch all diesen Ritualen unterziehen? Dadurch wird das Ganze bedeutungslos.«

Garad stieß ein heiteres Lachen aus. »Gut gesprochen.«

»Ich lasse mich zu leicht anstacheln«, gestand Ghost sofort. Wie immer folgte auf den aufflammenden Zorn die Abwärtskurve voller Scham.

»Seine Leidenschaften zu verbergen, ist eine Sünde.«

Jetzt war Ghost überrascht. Der große, undurchschaubare Silberne Engel, der sein Privatleben fester unter Verschluss hielt als ein Geizhals seine Börse, trat für offen gelebte Leidenschaft ein?

Xier ließ den Blick durch den Garten schweifen und räusperte sich.

»Das gehört zu meinen liebsten Saith-Schreinen im Bezirk«, erklärte xier und deutete auf die Kunstwerke ringsum.

Ghost nickte. »Geht mir auch so. Vor allem, weil es hier so still ist. Die meisten Kämpfer, die ich kenne und die hier einquartiert waren, wissen nicht einmal davon. Kannst du dir vorstellen, so uninteressiert zu sein?«

»Dazu braucht es den Willen, weiter zu denken. Die meisten Menschen blicken einfach nur stur nach vorne.«

»Na ja, ich glaube, in mir steckt ein Entfesselungskünstler. So ein bisschen Iochi, auch wenn ich in Rhyfentown geboren und aufgewachsen bin.«

Die Sonne ging nun doch langsam unter und verteilte sich wie Kaki-Gelee am Horizont. Die Luft war warm und voller Leben.

»Wenn ich nach Hause komme, werde ich das wieder abtrainieren müssen«, stellte Garad fest. »Du kennst das sicher, vor einem Kampf peitscht man sich richtig hoch, es gibt nichts anderes mehr. Man versinkt förmlich darin, bis man selbst in den Hintergrund tritt und der Kampf alles übernimmt. Dieser Druck muss abgebaut werden, verstehst du? Und wenn das nicht geht …«

Xier beendete den Satz nicht.

Da ergriff Ghost die Chance: »Ich wollte schon immer gegen dich kämpfen. Okay, ich meine, wer nicht? Wir sollten die Gelegenheit nutzen, es sei denn, du musst jetzt gleich los?«

Wortlos lehnte Garad sich zurück. Fast schon widerwillig registrierte Ghost, wie sich dabei xiese Hose an den Oberschenkeln spannte.

»Ich werde erst in ein paar Stunden abgeholt«, antwortete xier schließlich. »Und du?«

»Mir wird auf Reisen keine Eskorte gestellt. Mein Bike steht draußen, ich kann gehen, wann immer ich will.« Ghost grinste breit. »Es hat eben auch Vorteile, ein Niemand zu sein.«

Mit einem spöttischen Lachen stellte Garad fest: »Du gehörst momentan zu Rhyfentowns bekanntesten Rittern.«

»Tja, und du bist einer der bekanntesten Ritter aller Sieben Königreiche.«

Sofort verdüsterte sich Garads Miene. »Erinnere mich bloß nicht daran.«

»Oje, wirst du etwa von der Last deiner diamantenbesetzten Schwerter niedergedrückt? Das Leben kann ja so hart sein, wenn es zu einfach wird – mit alldem königlichen Begleitschutz und den üppigen Gemächern im Palast.«

»Und das sagst ausgerechnet du? Ich habe dich in den vergangenen Monaten doch ständig in Cair Lleon gesehen. Bestimmt öffnen sich die Tore inzwischen schon automatisch, wenn dein Bike vorfährt.«

Das wiederum passte Ghost nicht in den Kram. »Stimmt nicht. Ich bin nur dort, wenn irgendeine nervige hochoffizielle Veranstaltung ansteht.«

Offenbar spürte Garad, dass xier einen Treffer gelandet hatte, denn grinsend setzte xier noch einen drauf: »Man könnte fast meinen, du hast einen Geliebten im Palast. Oh, wirst du etwa rot?«

Das Geplänkel zeigte Wirkung, denn Ghost sprang unvermittelt auf. »Eigentlich habe ich gerade das anregende Bild im Kopf, wie ich dich umhaue. Kannst du deinen Worten vielleicht auch Fäuste folgen lassen?«

Wenn sie sich richtig erinnert, war es ein guter Kampf, auch wenn beide sich zurückhielten, um den anderen nicht schwer zu verletzen. Heute glaubt sie, dass Garad sie geschont und ihr ein paar Treffer zugestanden hat, die xier leicht hätte abwehren können. Vor allem, wenn man bedenkt, was danach geschah. Schließlich schickte Ghost den Silbernen Engel mit einem anständigen Roundhouse-Kick ins Gras.

»Nett«, keuchte xier.

»Lass uns aufhören«, bat Ghost ebenfalls ziemlich atemlos, fürchtete aber gleichzeitig, dass xier das Angebot annehmen könnte.

»Ach, bist du etwa schon müde?«

»Das hättest du wohl gerne. Na los, ich warte.«

Doch anstatt aufzuspringen und weiterzukämpfen, blieb Garad prachtvoll hingestreckt im Gras liegen.

»Komm her«, sagte xier schlicht.

Und da wusste Ghost, dass sie nun genau das bekommen würde, was sie sich wünschte.

Später wurde ihr klar, dass es schon lange absehbar gewesen war.

Dass Garad sie mochte, wusste sie. Zumindest so weit, dass xier auf Veranstaltungen in ihrer Nähe auftauchte und sie mit wichtigen Persönlichkeiten bekannt machte, quasi als temporärer Mentor, wie ein alter Bock, der den Jährling anleitet. Allerdings war der Altersunterschied zwischen ihnen deutlich geringer, als man meinen sollte. Garad hatte mit unfassbaren neunzehn Jahren für xiesen König das Schwert von London errungen, während Ghost bereits recht alt gewesen war, als sie mit knapp dreißig der Caballaria beitrat. Eigentlich trennten sie also nur sieben Jahre, als Kämpfer lag aber beinahe eine ganze Generation zwischen ihnen.

Jemanden wie den Silbernen Engel machte man nicht an. Xier war quasi unerreichbar, selbst für andere Ritter, zumindest bis xier von seinem Podest herabstieg und sich die gewünschten Früchte vom Baum holte. Allerdings war Garad bekannt dafür, quasi niemals vom Obstbaum zu naschen. Auch wenn Ghost heute zu der Vermutung tendiert, dass xier in dieser Hinsicht einfach nur verdammt verschwiegen ist. Diesen Dachgarten würde jedenfalls so schnell niemand besuchen, zumindest nicht bis zum nächsten Kampf, der erst für die darauffolgende Woche angesetzt war. Und anders als sonst waren sie die einzigen Ritter, die momentan in diesem Kloster logierten. Das Wissen um die Vergänglichkeit dieser Freude, der berauschende Duft der Jasminblüten, das goldene Licht der Sonne, die wie ein zerschlagenes Ei vom Himmel glitt … All das erschuf diesen Augenblick, diese Möglichkeit, diese so seltene gesteigerte Wahrnehmung, die einen jeden einzelnen Moment in seiner ganzen Schönheit erfassen lässt. Einen Augenblick, wie es ihn in allen Leben, zu allen Zeiten nur ein einziges Mal gibt, da nur durch ihn zwei Menschen exakt diese Verbindung spüren.

Was für ein Idiot müsste man sein, sich eine solche Gelegenheit entgehen zu lassen?

Also sank sie auf die Knie und schob sich an Garads Körper entlang, bis sie über xiesem schweißglänzenden Gesicht schwebte, ihre Lippen nur Zentimeter von xiesen entfernt.

»Also?«, fragte sie leise. »Was gibt's?«

Garads Grinsen war erloschen. »Unser offizieller Kampf mag abgesagt worden sein, aber es gibt noch einen anderen Weg, um die Heiligen zu ehren. Eine ganz private Form der Ehrerbietung.« Xier schluckte. »Die ich mir sehr wünschen würde.«

»Du musst dich schon genauer ausdrücken«, murmelte Ghost, abgelenkt und erregt von dem warmen, festen Körper, den sie unter sich spürte.

»Genauer? Zieh dich aus, jetzt sofort«, befahl Garad.

Und so begann der aufregendste Kampf in Ghosts Leben.

Fröhlich und schelmisch waren sie, das weiß sie noch, wie man es nur sein kann, wenn man sich vorübergehend eine Welt ohne jede Verantwortung geschaffen hat, eine Welt mit nur zwei Bewohnern, die sich in der lauen Abenddämmerung gegenseitig ausziehen – hastig, leidenschaftlich, wild. Natürlich zerfallen solche Welten immer viel zu schnell, denn schon dringt das Leben von draußen mit all seinen Pflichten wieder zu einem vor. Doch sich diesem Wunsch für einen Abend hinzugeben, an dem man sowieso nichts zu tun hat, ist nicht nur verzeihlich, sondern geradezu eine Notwendigkeit.

Wenn es bloß dabei geblieben wäre.

Wenn dieser eine Abend genug gewesen wäre.

Aber so war es nicht.

Zu ihrer Verteidigung – falls es eine solche bei der letztlich eingetretenen Katastrophe überhaupt geben kann – sei gesagt, dass Garad die treibende Kraft war. Xier schickte Ghost Liebesbriefe und Nachrichten und teilte ihr die Adresse des Hauses mit, das xier in aller Stille erworben hatte – ausgerechnet in Alaunitown.

(»Warum da?«, hatte Ghost einmal völlig verblüfft gefragt. »Du bist in Senzatown geboren und arbeitest im Palast in Blackheart. Alaunitown ergibt mal so gar keinen Sinn.«

»Ganz genau, und deswegen funktioniert es«, war Garads Antwort gewesen. »Wie gesagt: Ich schätze meine Privatsphäre.«)

Diese Form der Huldigung glich mit Garad der völligen Hingabe und Ekstase eines wahrhaft Gläubigen. Die vorübergehende glückselige Loslösung vom Selbst und all seinen vergänglichen, fragilen Überbauten im Angesicht des endlosen Universums. Eine Möglichkeit, mit der Unendlichkeit in Berührung zu kommen und sich gegenseitig vor Augen zu führen, wie unglaublich animalisch und unglaublich menschlich sie beide waren.

Sie machten ihre Begierde einander zum Geschenk, wodurch sie sich mit jedem Zusammensein weiter steigerte, bis sie schließlich so übermächtig wurde, dass Ghost ihre Grenzen irgendwann nicht mehr erfassen konnte, obwohl sie versuchte, sie mit einer gewissen Distanz zu betrachten. Es war zu spät. Sie hatte zugelassen, dass ihre Sehnsucht größer wurde als sie selbst, so groß, dass sie daran zu zerbrechen und zu etwas ganz Neuem zu werden drohte.

Und sie wollte zerbrechen.

Im Tod entsteht das Leben, im Leben entsteht der Tod.

»Die Leute glauben, du hättest dich dem Zölibat verschrieben«, neckte sie Garad einmal, als sie nackt beieinanderlagen, noch ganz erschöpft von der letzten Runde. »Wenn die wüssten, was ich weiß …«

»Das stimmt nicht«, erwiderte Garad, »aber ohne Liebe kommt es für mich nicht infrage.«

Wäre Ghost xiem nicht bereits verfallen gewesen, hätte dieser Satz sie wohl in den Abgrund gerissen.

Doch sie war schon tief gefallen. Sie war verliebt. Glücklich, rückhaltlos, gefährlich verliebt.

Eine Sache allerdings verhinderte noch, dass sie sich diesem Gefühl wirklich hingeben konnte. Sie hatte ein Geheimnis, das sie seit Kindertagen hütete, und diese Liebe verlangte von ihr, sich voll und ganz zu öffnen, auch die dunkelsten Teile ihres Selbst ans Licht zu zerren.

Obgleich ihr Leben dadurch enden konnte.

*

Bei den Wardogs gibt es kein großes Brimborium. Man schlägt sich einfach auf gestampfter Erde herum, die unter den Stiefeln knirscht, umgeben vom sauren Gestank zu vieler Menschen auf zu engem Raum.

Ihr Gegner starrt sie lüstern an, während sie sich im Ring umkreisen. Er ist nur durchschnittlich groß, aber schwabbelig, wobei sich darunter sicher deutlich mehr Muskelmasse verbirgt, als Ghost aufbieten kann. Was für so ziemlich jeden gilt. Also wird sie Köpfchen beweisen und seine Kraft aushebeln müssen. Auf Taktiken zurückgreifen, die ihr in einem anderen Leben eingeimpft wurden.

Das alles fühlt sich so leicht an. Eben das können Menschen am besten, es entspricht voll und ganz ihrer Natur – dabei zuzusehen, wie ihre Artgenossen sich in Stücke reißen. Zuzusehen und es zu genießen.

Wir mögen Schmerz, denkt sie sich. Eine Welt ohne Schmerz können wir nicht begreifen. Wir sind auf Leid programmiert, und jedes Mal, wenn das Leiden nachlässt, langweilen wir uns, werden unruhig und fangen an, alles wieder zu zerstören. Wie ein Hund, der sich eine fast verheilte Wunde aufkratzt, nur um das Brennen zu spüren …

Die Faust schießt vor und trifft; er hätte sie voll im Gesicht erwischt, wenn sie sich nicht weggedreht hätte. Wenn sie sich nicht weggedreht hätte, dem Befehl der antrainierten Muskelinstinkte keine Beachtung geschenkt hätte, wäre dieser Kampf für sie jetzt schon vorbei.

»Ach, Scheiße«, schimpft sie, würgt etwas Schleim hoch und spuckt ihn in den Sand. »Dabei habe ich mich gerade erst geschminkt, Mann.«

Ihr Gegner wartet gar nicht erst ab, sondern schlägt sofort wieder zu, solange sie noch unten ist.

Wieder ein Unterschied zur Caballaria.

Diesmal dröhnt ihr gesamter Schädel, der Hieb lässt die Knochenplatten aneinander schaben, als wollten sie sich ablösen wie lockere Fensterscheiben bei einem Erdbeben. Ghosts Wahrnehmung schrumpft auf dieses Summen zusammen, alle anderen Sinne erleiden einen Kurzschluss. Geduldig wartet sie ab, zählt eine gefühlte Ewigkeit die Sekunden ab, bis sie wieder etwas sieht. Bis das Kreischen, Zischen und Brüllen ringsum wie zähflüssige Suppe in ihren Gehörgang tropft.

Sie sitzt auf ihrem Allerwertesten im Dreck, lüstern beäugt von ihrem Gegner, der sich ein Stück zurückgezogen hat.

Ghost zwinkert ihm zu und grinst. Dabei flammt ein beißender Schmerz in ihrer Wange auf.

»Du solltest nach Marvoltown ziehen, du Freak«, ruft ihr Gegner ihr über das Gejohle des Publikums hinweg zu.

»Ich war vor ein paar Monaten tatsächlich mal dort«, erwidert sie. Ihre Zunge ist taub, deshalb nuschelt sie ziemlich. »Tagesausflug. Echt hübsch da.«

Er schnaubt abfällig. »Dann macht es dir ja sicher nichts aus, zu Marvol zurückzukehren. Gib auf.«

»Ach, komm schon«, beschwert sich Ghost, während sie sich vorsichtig an der Wand hochzieht. »Ich dachte, bei den Wardogs wird bis zum Tod gekämpft.«

»Nur, wenn man es auch verdient hat.« Seine raue Stimme ist bei dem allgemeinen Gegröle kaum zu verstehen.

»Und wie kommst du darauf, dass ich es nicht verdient hätte?«

»Dumme Kuh. Von mir kriegst du nicht, was du willst, verstanden?«

»Aha.« Ghost strahlt ihn an. »Dann gibst du also auf?«

»Was?« Seine Brauen schieben sich zusammen wie eine Ziehharmonika. »Du bist raus, du hast verdammt noch mal auf dem Boden gehockt!«

»Stimmt, aber um zu gewinnen, musst du mich schon richtig umhauen. Und wenn du dazu nicht bereit bist, solltest du aufgeben.«

»Du willst offenbar sterben!«

»Und du bist hier falsch, wenn du nicht den Mumm hast, die Kugel in meinem Lauf zu sein.«

Ghost kann es genau sehen – das kurze Aufflackern von Panik, von Zweifel. Der harte Zug um den Mund, als die grimmige Entschlossenheit siegt. Dabei trifft er diese Entscheidung nicht allein, eigentlich wird sie von der Menge gefällt, von den Zeugen seines Lebens. Allein und in aller Abgeschiedenheit ein Feigling zu sein, ist eine Sache. Doch es ist etwas ganz anderes, wenn man dabei beobachtet wird.

Aber jetzt ist es für ihn zu spät, seine Unwilligkeit hat ihren Preis. Ghost umgeht taumelnd seine Deckung, dann scheint sich sein Bauch um ihre Faust zu schließen. Fest und präzise bohrt sie sich hinein, als hätte sie sich schon immer einen Handschuh aus Fleisch gewünscht. Ihm wird die Luft aus dem Körper gedrückt und er bricht wie eine kaputte Marionette zusammen. Sofort stürzt sich Ghost auf ihn, das aufgeklappte Rasiermesser bereits in der Hand, um ihm die Kehle aufzuschlitzen.

Der Mann erstarrt, als er die zarte Berührung an seiner so leicht zu durchtrennenden Haut spürt.

»Ich hatte dich schon«, empört er sich verblüfft. »Ich hatte dich …«

»Und jetzt nicht mehr«, erwidert Ghost, bevor sie das Rasiermesser zuklappt.

KAPITEL 23

Garads Wohnung, Evrontown

Zwei Wochen zuvor

»Du hast bei den Wardogs gekämpft«, stellt Garad mit der deutlich spürbaren Verachtung jener fest, die niemals auch nur in Erwägung ziehen mussten, so tief zu sinken.

»Jawohl«, bestätigt Ghost. »Solltest du auch irgendwann probieren. Sie nennen es den ›echten Kampf‹. Im Vergleich dazu seien Caballaria-Dispute nichts anderes als einstudierte Tanzchoreografien, behaupten sie.« Nach kurzer Überlegung gibt sie zu: »Also, eigentlich drücken sie es deutlich weniger höflich aus, aber du scheinst mir jemand zu sein, der gerne mal die Beherrschung verliert.«

Garads Kiefermuskulatur ist angespannter als jede Bogensehne.

Zum Glück schafft Ghost es gerade noch, sich ein Grinsen zu verkneifen.

*

The Dugs, Alaunitown

Drei Wochen zuvor

Ein langer Tag.

Ihre miesen Entscheidungen bringen sich ebenso in Stellung wie der Kater, der hinter dem Horizont auf Ghost wartet. Dazu die grimmige Erkenntnis, dass sie nichts weiter tun kann, als es abzuwarten. Weiter zu leiden und durch die tiefe Schlucht zu wandern, bis sie irgendwann wieder ins Licht tritt. Kater sind so gesehen eine Metapher für das ganze Leben. Manchmal fühlt es sich an, als hätte es überwiegend aus tiefen Schluchten bestanden. Aber hat sie das nun selbst so entschieden oder doch das Schicksal? Schwer zu sagen.

Ihr letzter Wardogs-Kampf war eigentlich zugunsten ihres Gegners manipuliert; wie sie später herausfand, war der Kerl mit den neuesten Nervenanheizern vollgepumpt, was auch erklärt, warum er die ganze Zeit schwitzte und seine Pupillen so groß waren wie Stecknadelköpfe. Dann waren das also die Drogen und keine Kontaktlinsen. Da sie den Kampf aber blöderweise gewonnen hat, kann sie ihrer Liste nun ein paar neue Feinde hinzufügen; wieder mehr Menschen, die von ihr Notiz genommen haben.

Es ist fast so, als wolltest du auffliegen, stellt ihr anderes Ich beleidigt fest, nur um dann wieder zu verschwinden, da es zu ausgelaugt ist, um sich gegen die totale Erschöpfung zur Wehr zu setzen.

Diese Erschöpfung ist so umfassend, dass Ghost nicht einmal das verräterische Knarzen ihres präparierten Türschlosses bemerkt. Sie geht hinein und hat das dunkle Labyrinth auf dem Boden schon zur Hälfte durchquert, bevor ihr die umgestoßenen Kerzen auffallen, die ihren Blick zu dem Sessel in der Ecke lenken: ein Paar Beine, darüber ein Pistolenlauf und noch ein Stück weiter oben zimtbraunes Haar, in dem das Laternenlicht von der Straße helle Strähnen aufblitzen lässt.

Ghost stößt einen tiefen Seufzer aus.

»Ach, du bist es.« Ihr Herz versucht tapfer, auf das warnende Adrenalin zu reagieren. »Ist das etwa meine Waffe?«

»Na ja, ich besitze so etwas schließlich nicht«, antwortet die von Kupfertönen durchzogene Dunkelheit.

Der Lauf senkt sich, allerdings nur ein Stück weit. »Bei allen Heiligen«, fährt der Schatten fort, »was ist mit dir passiert?«

»Bin in eine Schlägerei geraten«, erklärt Ghost.

»Mit wem?«

»Mit mir selbst.«

»Wie immer bist du ein Ausbund an Logik.«

Ghost wehrt sich gegen den Drang, einfach langsam zu Boden zu sinken. »Ich spare mir die langweilige Frage, wie du hier reingekommen bist, und erkundige mich gleich nach dem Warum«, beschließt sie.

»Hauptsächlich, weil ich zu den Menschen gehöre, die es nicht leiden können, wenn ihre Freunde ermordet werden.«

»Hauptsächlich? Gibt es denn noch andere Gründe?«

Die Waffe verharrt so reglos und stumm wie ihre momentane Besitzerin.

»Offensichtlich hat dich Moths Tod sehr erschüttert«, fährt Ghost also fort, »aber ich an deiner Stelle wäre erleichtert.«

»Erleichtert.«

»Weil ich nun nicht mehr nach deren Pfeife tanzen müsste.«

In den kupfergetönten Schatten über dem Pistolenlauf ertönt ein höhnisches Schnauben. »Ich tanze nicht nach ihrer Pfeife.«

»Und nun wirst du es auch niemals tun«, betont Ghost.

»Kaltherziges Miststück.«

Ghost schnalzt mahnend mit der Zunge. »Welch hässliche Worte aus einer so lieblichen Sängerkehle.«

Sie macht zwei Schritte in den Raum hinein, allerdings hübsch langsam, um keinen unbeabsichtigten Schuss zu provozieren.

»Warum hast du sie umgebracht?«, fragt Delilah. »Wegen des Tests? Sie hätte es niemandem gesagt. Nicht wirklich.«

Kopfschüttelnd erklärt Ghost ihr: »Ich habe sie nicht umgebracht.«

»Beweise es.«

»Na schön«, seufzt Ghost, »ich war's.«

Kurzes – ungläubiges? – Zögern.

»Warum?«, wiederholt Delilah so unbarmherzig wie die Kugeln in der Waffe in ihrer Hand.

»Diese Testmaschine oder Karte oder was auch immer es ist – sie wollte sie an den Meistbietenden verkaufen. Traurigerweise hatte der aber keine Lust zu bezahlen.« Ghost unterbricht sich kurz. »Ja, ich weiß von dem geheimen Verkauf. Du nicht?«

Zwei Schritte noch, dann ist sie in Reichweite …

»Stopp!«, schreit Delilah. »Keine Bewegung! Oder willst du sterben?«

»Vielleicht.« Ghost streckt den Arm aus.

Es folgt ein kurzes Handgemenge, aber die Sängerin ist nicht zum Kämpfen gemacht, und eigentlich will sie sowieso, dass es endet. Eine Niederlage birgt die erleichternde Erkenntnis in sich, keine Wahl mehr zu haben. Oder zumindest die Illusion davon. Delilah kämpft wie eine Katze, die ihren Gegner einzuschätzen versucht: Angriff, Rückzug, Angriff, Rückzug. Ihr Hals fühlt sich weich an, wenn man zudrückt.

Ghost lässt los, stößt Delilah weg und schleudert die Waffe von sich, sodass sie für beide unerreichbar ist. Mit einem Knall prallt der Lauf gegen einen Schrank und stößt anschließend einen Leuchter um.

Keuchend starrt Delilah sie an.

»Wenn du gehen willst, tu es jetzt«, befiehlt Ghost. »Verschwinde.«

»Und was passiert, wenn ich nicht gehe?«

»Willst du dich vielleicht noch mal als Attentäterin versuchen?«

»Du möchtest doch gar nicht, dass ich gehe«, behauptet Delilah. »Außerdem brauchst du jemanden, der dich zusammenflickt. Wo ist das Verbandszeug?«

Zum Glück nicht da, wo die Waffe gelandet ist.

Ghost lässt sich auf das Fußende ihres Bettes sinken und weist Delilah von dort aus an. In einer kleinen Nische hinter dem Waschbecken gräbt die dann das Verbandszeug aus. Plötzlich ist die Sängerin wieder ganz sachlich: Schnell und effizient macht sie Licht, füllt eine Schale mit sauberem Wasser und sucht geschickt Mullbinden und Desinfektionsstreifen heraus.

Dann baut sie sich vor Ghost auf. »Du musst dein Shirt ausziehen.«

Im ersten Moment will Ghost protestieren, aber ihr fällt einfach kein schlaues Gegenargument ein. Außerdem will sie sich ein wenig verhätscheln lassen und sie ist verdammt müde. Wenn Delilah sich das Skalpell aus dem Verbandskasten schnappen und sie damit erstechen will … tja, dann kriegt sie wenigstens ausreichend Schlaf.

Langsam und zögernd schält sie sich aus ihrem Oberteil. Ihr Oberkörper ist mit verkrustetem Blut und getrocknetem Schweiß verklebt, schwerfällig und derb im Vergleich zu der

Nymphe, die vor ihr aufragt. Als die Luft ihre Haut streift, würde sie sich am liebsten schützend zusammenrollen. Nackt fühlt sie sich, entblößt.

Delilah gibt unverständliche, bedrückte Laute von sich, als sie den Schaden begutachtet.

Dann nähert sich die Hand mit dem Tupfer. Weich und kalt drückt sie gegen Schmerzpunkte. Blutiges Wasser rinnt über die feinen Härchen auf Ghosts Haut und wird vom Hüftsaum ihrer Hose aufgesogen. Ihre Brustwarzen ziehen sich zusammen unter der Berührung, der kalten Luft, dem Wasser; grundlegende Stimuli. Delilah streicht, wischt, tupft.

»Warum gefällt es dir so?«, fragt sie, während sie arbeitet.

»Was denn?« Ghosts Gegenfrage klingt leicht erstickt, was ihr gar nicht passt.

»Der Schmerz.«

Fast hätte Ghost laut aufgelacht. »Keine Ahnung. Warum mögen wir Schmerz?«

»Wir? Ich stehe da nicht drauf.«

»Aber du stehst auch nicht auf Sicherheit, was Cass und ich beweisen. Und wer weiß, wen es davor noch gab. Eine andere Art von Schmerz, aber trotzdem Schmerz. Aua!«

Delilah entschuldigt sich nicht, murmelt nur etwas von verkrustetem Blut. Ghost spürt, wie sich die Finger unter der Gaze zu ihrer Wirbelsäule vorarbeiten. Seltsamerweise fühlt sie sich an den Schultern besonders verletzlich. Das Bett ächzt kurz, als die Sängerin hineinklettert und sich hinter Ghost schiebt. Die spürt den leichten Druck, die Nähe von Delilahs Körper, und plötzlich aufflammende Hitze im Lendenbereich macht ihr klar, wie sehr sie sich wünscht, Delilah möge sich an sie schmiegen. Langsam gleiten die streichenden Finger vom Rücken über ihre Rippen nach vorne.

»Wie kommst du darauf, dass ich auf dich stehe?«, flüstert es dicht an ihrem Ohr.

»Ich weiß ja nicht, wie das bei dir ist, aber ich würde nicht für jeden X-Beliebigen den Wundarzt spielen«, presst Ghost hervor. »Zumindest nicht ohne Bezahlung.«

»Na ja, du hast mir ein paar Drinks spendiert«, murmelt die Nymphe.

»Vielen Dank, dass du mich an die dümmste Entscheidung meines Lebens erinnerst.« Ghost drückt den Rücken durch und schmiegt sich so an die Finger, die nun zart über ihre Brust gleiten.

»Dann habe ich wohl noch etwas gutzumachen.« Plötzlich ist er da, dieser Körper, scheint sie von hinten zu umfangen, gleichzeitig drücken Delilahs Schenkel gegen ihre Hüften. Die suchenden Finger gleiten tiefer, über ihren Bauch bis hinunter zum Ansatz ihrer Oberschenkel.

Ghost lehnt sich zurück, legt den Kopf an Delilahs Schulter und spreizt bereitwillig die Beine. Die Finger gleiten noch tiefer, dringen sanft in sie ein. Dann kommt die Erleichterung – mitreißend, tröstlich, gefährlich.

»Cass ist tot, oder?«

Die Frage kommt in dem trüben Moment kurz vor dem Einschlafen, in dem die ganze Welt zu einer warmen, dunklen Höhle zusammenschrumpft.

Delilahs Kopf ruht an Ghosts Schulter, was die Worte beinahe in deren Knochen widerhallen lässt. Ineinander verschlungen und verdreht liegen sie unter der drückend warmen Decke.

Ghost antwortet nicht.

Irgendwann sagt sie dann doch etwas. »Ja.«

Delilah seufzt so schwer, dass ihr ganzer Körper bebt.

Eine Weile treiben sie stumm auf ihrem Bettenboot dahin. Die warme Luft riecht nach Sex.

»Ich glaube, es gibt einen Spion in Moths Gruppe«, fährt Delilah irgendwann fast schon verschlafen fort. »Und ich glaube, dass der Cass verraten hat.«

Ghost widersteht dem Drang, nach dem Namen der Gruppe zu fragen. Bestimmt ist es irgendetwas Vorhersehbares. Das Protektorat. Die Abwehr. Die Schwerter der Gerechtigkeit.

»Ein Verräter?«, hakt sie stattdessen nach. »Aber an wen sollte der Cass ausgeliefert haben?«

»An den, der hier in der Gegend Gottgleiche einsammelt und sie umbringt«, murmelt Delilah.

»Aber warum?«

»Wer weiß das schon? Also, zunächst einmal kann man sie ja für eine Menge Geld an den richtigen Käufer verscherbeln, richtig?«

Ghosts Gedanken wandern zurück zu dem Himmelspalast, zu Phiolen voller Blut, zu der Gier, mit der die dazugehörigen Körper begafft wurden, den wedelnden, magischen Händen.

»Aber warum sollte man das töten, was einem Geld bringt?«, überlegt sie weiter.

»Vielleicht hat Cass eine Zukunft vorhergesehen, die ihnen nicht gefallen hat.«

Es folgt wieder eine schläfrige Pause, bevor Delilah hinzufügt: »Ich glaube, du wirst die Nächste sein, Ghost.«

Blind starrt Ghost in die trübe Dunkelheit hinauf.

»Wie kommst du darauf?«

»Sie meinten, die Karte habe ihnen verraten, dass du eine sehr mächtige Gottgleiche seist. Selten. Und solche verschwinden dann.« Die Decke raschelt kurz. »Joln Chimes behauptet, du hättest Moth getötet und die Karte gestohlen, um dich zu schützen.«

»Da war noch jemand, ein Käufer. Er hat es getan. Ich bin

abgehauen, bevor er auf die Idee kommen konnte, die einzige Zeugin zu beseitigen.«

»Und wer war es?«

Ein grimmiger Ausdruck huscht über Ghosts Gesicht. »Ich weiß es nicht, und ich habe auch keine Ahnung, wie wir es herausfinden sollen. Also habe ich nichts in der Hand, um mich gegen Chimes' Vorwürfe zu wehren. Und selbst wenn, würde er nur das glauben, was er glauben will. Das ist bei Typen wie ihm doch immer so.«

Wieder wird es still.

Schließlich seufzt Ghost schwer. »Wir fassen also zusammen: Deine Freunde wollen mich entweder umbringen, weil sie mich für die Mörderin von Kartenkonstrukteurin Moth halten, oder aber sie wollen mich an den Kambionkiller des Viertels verfüttern.«

»Sie sind nicht meine Freunde«, protestiert Delilah.

»Ach nein?«

»Und wenn ich dir nun sage, dass ich aussteigen will?«

»Bin ich deswegen attraktiv für dich?«, überlegt Ghost. »Als eine Art Fluchthilfe?«

Delilah windet sich wie ein Fisch im Netz. Ghost spürt den Druck ihrer Hände, als sie ihr Gewicht verlagert, bis sie rittlings auf ihr sitzt. Mit beiden Händen stützt sie sich auf Ghosts Bauch ab. Die sanfte Einkerbung unterhalb ihres Brustbeins ist so wunderschön, dass Ghost am liebsten darüberstreichen würde, um ihren Schwung mit den Fingern zu ertasten.

»Ich brauche dich«, erklärt die Nymphe auf ihr schlicht. »Ich habe noch nie in meinem Leben einen anderen Menschen so gebraucht. Das macht mir Angst.«

Raffiniert, raffiniert, raffiniert, denkt Ghost.

Aber sie kann gar nicht genug davon kriegen.

»Das hängt alles zusammen«, flüstert Delilah. »Cass' Tod, Moth und ihre Karte. Wir können das zusammen aufdecken, bevor …«

»Bevor was passiert?«

»Bevor sie dich auch noch holen.«

»Ich habe keine Angst vor denen.«

Doch, hat sie.

»Selbst wenn ich mich irre, werden die anderen immer noch einen Disput gegen dich eröffnen«, beharrt Delilah. »Wegen Moths Tod.«

Verdammte Vollidioten. Auch wenn sie falschliegen, kann Ghost nicht riskieren, dass die Wache in ihrer Vergangenheit herumschnüffelt. Eigentlich hätte sie verschwinden sollen, sich vollkommen verwandeln, ihr altes Leben abstreifen wie die zarte Haut einer Erdnuss. Doch stattdessen läuft sie durch London und eckt ständig irgendwo an, was zu unerwünschter Aufmerksamkeit führt.

»Und was verlangst du im Gegenzug?«, will sie wissen.

»Ich versuche hier doch nicht, einen Deal auszuhandeln«, empört sich Delilah.

Ghost lächelt stumm. Wenigstens hat die Sängerin den Anstand, ihr einen durchtriebenen Blick zuzuwerfen.

»Was möchtest du denn?«, versucht Ghost es anders.

»Ich will einfach nur von der Bildfläche verschwinden«, erklärt Delilah. »Einen totalen Neuanfang. Bitte. Ich habe sonst niemanden, der mir hilft. Du bist meine beste Möglichkeit.«

»Dann bist du am Arsch«, stellt Ghost der Form halber fest. Die Antwort kommt ihr beinahe automatisch über die Lippen, denn natürlich wird sie dieser gewieften kleinen Hexe helfen. Natürlich wird sie alles tun, was in ihrer Macht steht. Spieler oder Spielstein, es ist eigentlich immer dasselbe.

Außerdem kann sie nicht abstreiten, dass sie sich in den letzten Tagen um einiges lebendiger gefühlt hat, als wäre ihr endlich Fleisch auf den Knochen gewachsen, als wäre aus ihr wieder eine vollständige Persönlichkeit geworden. Vielleicht hat der Name Ghost schon bald seine Bedeutung verloren und gehört nur noch zu einem obsoleten Ich, das sich eine Weile verstecken musste. Doch wenn sie sich jetzt abwendet, wird sie ein Geist bleiben und noch dazu wird dieses Schatten-Ich sie weiterhin auf Schritt und Tritt verfolgen.

»Ich habe den Mann, der Moth umgebracht hat, noch nie zuvor gesehen«, erklärt sie also. »Wie soll man einen völlig Fremden finden?«

»Ich kann ihn finden«, behauptet Delilah.

»Dann weißt du also, wer er ist?«

»Nein, aber ich kenne jemanden, der ihn aufspüren kann.«

»Wirst du mir auch verraten, wie das gehen soll?«

Delilahs Augen leuchten in dem kohlegrauen Zwielicht kurz auf. »Du musst mir einfach vertrauen.«

»Aha.« Mit einem Ruck hebt Ghost ihr Becken an, schleudert die heiße Sängerin so zurück auf die Matratze und schiebt sich über sie. »Und warum sollte ich etwas dermaßen Dummes tun?«

KAPITEL 24

Lheosne, Rhyfentown

Zwei Monate zuvor

Reglos sitzt Wyll auf seinem Motorrad, die Finger fest um den Lenker geschlungen, und mustert das Anwesen, das sich vor ihm erstreckt.

In den wohlhabenden Tiefen von Rhyfentown sprießt ein Feld voller Milchglaspilze aus dem Boden. Das von ihnen reflektierte Licht überzieht alles mit einem trüben Glanz; das kommt wohl dabei heraus, wenn man einer Maschine die Simulation eines stillen, tiefen Sees überlässt. Der gesamte Komplex ist von einer Mauer umgeben, die an der Vorderseite mit einem gläsernen Tor abschließt, ungefähr doppelt so hoch wie er und so dick wie sein Handgelenk.

Lheosne, der größte Bio-Dom Londons; in den Sieben Königreichen gibt es nur einen, der noch größer ist, nämlich der Dom der Königin unten in Kernow. Doch anders als der Bio-Dom dort, in dem alles außer Menschen zu Hause ist, war Lheosne ursprünglich der Familiensitz des heiligen Rhyfen, dessen Nachfahren noch immer dort leben.

Das Haupthaus ist unverändert geblieben, ein filigraner, insektoid anmutender Bau aus Prä-Lysander-Zeiten, vor der Rechenschaft des Saith. In späteren Jahren kam irgendwann der erste Dom hinzu, als Erweiterung des Haupthauses, und so breiteten sich die Kuppeln mit der Zeit über das gesamte Land der Familie aus wie Pilze. Im Laufe der Jahrhunderte setzte sich nach und nach Rhyfentown zusammen, während Lheosne zugleich harmonisch und voller Ungereimtheiten immer weiter wuchs – je nachdem, was die Architektur der jeweiligen Zeit verlangte. Aber wirklich verändert hat es sich nie.

Hier ist die Familie des Artorias Dracones beheimatet, soweit sie noch existiert. Und laut Moths Karte versteckt sich hier auch Arts Mörder.

Unruhig rutscht Wyll auf dem Motorradsattel herum, seine eigene Unentschlossenheit ist ihm zuwider. Eigentlich hatte er gehofft, sich auf dem Weg hierher einen Plan zurechtlegen zu können, irgendeinen Grund für seinen Besuch. Natürlich sagte er sich, dass er Arts wahre Mörder konfrontieren und so zu seiner Rache kommen wollte, aber selbst wenn es ihm gelang, in das Haus einzudringen und alle Dracones umzubringen, die ihm über den Weg liefen, würde er sich anschließend den Konsequenzen stellen müssen. Und die Folgen wären nicht nur für ihn, sondern für ganz London verheerend. Aber bedeutet das etwa, dass sie einfach davonkommen sollen?

Die einzig logische Erklärung für Reds Anwesenheit hier ist doch, dass Arts eigene Familie hinter dem tödlichen Anschlag steckt, auch wenn das keinen Sinn ergibt. Von Arts Aufstieg haben gerade sie profitiert. Vor seiner Thronbesteigung waren die Dracones quasi ruiniert – pleite und ohne Freunde – und klammerten sich verzweifelt an das bisschen Macht, das ihnen geblieben war. Es gab wohl keine kläglichere Familie in Londons elitären Kreisen. Da ist es doch merkwürdig, ausgerechnet die Quelle dieses wiedererlangten Status auszulöschen.

Ist er gekommen, um das alles zu begreifen, oder vielleicht doch eher, weil er Red wiedersehen will? Ist er wirklich schon so tief gesunken?

Ja, behauptet sein Vater.

Fahr einfach weg, raunt ihm seine Mutter zu.

Sie erscheint nicht oft in seinen Gedanken. Sie ist die Vorsichtige, Zurückhaltende, die ihre Impulse im Griff hat. Sein Leben lang war sie eine verschwommene graue Präsenz im Hintergrund und nun setzt er in seiner Vorstellung diese alte Tradition fort. Es ist ihm nie gelungen, herauszufinden, ob Furcht oder Gleichgültigkeit der Grund dafür war, dass sie kaum je erkennbare Sorge um ihr einziges Kind gezeigt hat.

Komm schon, drängt sein Vater. *Du bist doch nicht extra hergekommen, um dann einfach wieder abzuhauen! Du gehst jetzt da rein und lässt alle leiden, die dich derart benutzt haben. Nur so kannst du gewinnen.*

Seine Mutter schweigt, er glaubt allerdings, ihre stille Missbilligung zu spüren.

Das Hin und Her seiner Gedanken wird unterbrochen.

Piep.

Das gläserne Tor gleitet langsam auf, begleitet von einem feinen Zischen, nicht lauter als ein Windhauch im Gras.

Man hat ihn entdeckt.

Natürlich. Sicher gibt es hier diskret angebrachte Kameras, die auch das Umland im Blick haben, um mögliche Bedrohungen frühzeitig zu erfassen. Schon immer galten die Dracones als äußerst wachsam, in ihren mageren Zeiten ebenso wie in den fetten Jahren.

Wyll überprüft im Seitenspiegel sein Gesicht, um sicherzugehen, dass die Barochi-Illusion sitzt. Ihm blickt ein kahlköpfiger Mann mit freundlichen Zügen entgegen. Da noch immer finstere Vermutungen über seine Beteiligung an Arts Tod im Raum stehen, wäre es nicht gut, wenn der Hexenritter ausgerechnet bei jenen Menschen auftauchen würde, die das alles möglicherweise eingefädelt haben. Zwar ist das Bild eines kleinen Vastos-Beamten, der zu einer Budgetbesprechung bezüglich der Begrünung des örtlichen Springbrunnens auf einem Motorrad vorfährt, etwas unstimmig. Aber sollte die Lage eskalieren, kommt er mit eigenem Gefährt wesentlich schneller weg.

Der Weg ist frei. Beinahe im Schneckentempo fährt Wyll die schmale Zufahrt hinauf. Noch sind die Milchglastüren des zarten Anwesens geschlossen, doch während er auf einen der breiten Motorradparkplätze rollt – wie das verrostete Eisen zeigt, eine recht alte Konstruktion –, werden sie von einer maskierten Gestalt geöffnet. Ja, es ist tatsächlich eine Maske, keine Zweithaut; das starre Material lässt keinerlei erkennbare Regung zu. Beinahe unmenschlich treten die Augen daraus hervor, ein Mund ist nirgendwo erkennbar.

Wortlos starrt Wyll die Gestalt an. Der künstliche, insektenartige Kopf starrt zurück. Der dazugehörige Körper ist in sackartige schwarze Kleidung gehüllt, wodurch die Form der Glieder wohl absichtlich verschleiert werden soll. Der Gesamteindruck erinnert an eine behäbige Gewitterwolke.

»Ich muss mich entschuldigen«, beginnt Wyll schließlich, »dass ich im Vorfeld keinen Termin vereinbart habe. Ich möchte zu Julias Consilias Dracones o'Rhyfentown.«

Aus einem Ärmel schiebt sich eine fleischige – und zum Glück menschliche – Hand hervor. Die Finger öffnen sich, als wollten sie zugreifen, was Wyll als eine etwas merkwürdige Willkommensgeste deutet. Als er sich der Tür nähert, schießt die Hand vor und packt seinen Arm. Sofort bleibt er stehen – seine

Muskeln zucken, wollen zurückschlagen – und wendet sich der Insektenmaske zu.

»Stimmt etwas nicht?«, fragt er sanft, während sein Herz wie wild trommelt.

Aus der Nähe betrachtet, ist die Maske nicht ganz so glatt und ausdruckslos, wie es zunächst den Anschein hatte. Winzige Risse lassen auf langen Gebrauch schließen, überhaupt wirkt die Oberfläche etwas abgenutzt, so als wären der Vastos und die Maske von Geburt an vereint gewesen.

Einen verwirrenden Moment lang geschieht nichts, dann zieht sich die Hand zurück, die Finger deuten Richtung Eingangshalle. *Treten Sie ein.*

Wyll drückt kurz auf die pulsierenden Nerven in seinem Arm, um sie zu beruhigen. Dann betritt er den Kuppelbau. Sie gehen einen Flur entlang, der durch das transparente Dach mit viel Licht versorgt wird. Die schwarz gekleidete Insektengestalt gleitet lautlos vor ihm her.

In einiger Entfernung sieht Wyll noch andere düster gewandete Vastos umherwandern. Einer von ihnen zögert, als sie sich nähern, bleibt sogar stehen. Sein Gesicht besteht lediglich aus einem merkwürdigen kreisrunden Mund, in dem viele schmale Spitzen aufragen – Zähne. Reihenweise spitze Zähne.

Es ist nur eine Maske. Darunter verbirgt sich ein vollkommen normaler Mensch. Anders kann es nicht sein.

Der Insektenvastos führt ihn in eine große Glaskuppel, in der eine Art gezähmter Dschungel gedeiht; hier wurde die Wildnis an die Kandare genommen. Das weitläufige Atrium ist von ordentlich aufgereihten Bäumen und Büschen umgeben, dazwischen wachsen grell bunte Blumen mit dicken, gummiartigen Blättern, die ungefähr die Breite einer Hand haben. Stangen und Bögen bieten Halt für fleißig sprießende Ranken, die sich weit oben miteinander vereinen. Darüber gleiten zwitschernde Vögel unter der gigantischen Kuppeldecke entlang, bevor sie flügelschlagend und nickend überall dort Platz nehmen, wo sie ausreichend Halt finden.

In der Mitte des Ganzen befindet sich ein elegantes Tischchen, auf dem hübsch angerichtete Speisen und Getränke bereitstehen. Und an diesem Tischchen sitzt der Hausherr höchstpersönlich, neben sich eine anmutige, elegant gekleidete Blondine. In ihrem Haar schimmern winzige Perlen und sie trägt einen Fuchspelz um die Schultern.

Die Lady Orcade trinkt Tee mit dem Herrn von Rhyfentown. Wyll wusste nichts von deren Freundschaft; andererseits herrschen sie über einen Bezirk und stehen einer der großen Familien vor. Da hat man vermutlich einige Gemeinsamkeiten.

Julias hebt den Kopf, als der insektoide Vastos eintritt. Sein Blick bleibt an Wyll hängen.

»Wer ist das, Milio?«, will er wissen.

»Bitte verzeihen Sie mein Eindringen«, beginnt Wyll leicht näselnd, »mein Name ist Barochi.«

»Also wirklich, Julias«, rügt die Lady Orcade, »du hast gar nicht erwähnt, dass du heute Gäste erwartest.«

Fast schon übertrieben reckt Julias den Hals. Er sieht aus wie ein weises, altes Tierchen mit freundlichen Augen und federweichem weißem Fell.

»Das liegt daran, dass ich es selbst nicht wusste«, antwortet er stirnrunzelnd. »Kommt ja auch selten genug vor.«

»*Ich* bin doch hier«, erwidert Orcade.

»Du bist das ›selten genug‹, meine Liebe.«

Orcade quittiert das mit dem zufriedenen Lächeln eines Menschen, der mit genau dieser Antwort gerechnet hat. Dann richten sich ihre wachen Augen auf Wyll.

»Barochi?«, hakt sie nach. »Nur dieser eine Name?«

»Zu geschäftlichen Zwecken sehr wohl«, antwortet Wyll ergeben.

»Höchst mysteriös«, befindet die Lady. »Nun, Julias, du wirst mich entschuldigen. Ich denke, mein Besuch ist damit beendet.«

»Verzeihen Sie …«, beginnt Wyll noch einmal.

Orcade hebt abwehrend eine Hand, die in einem zarten, fingerlosen Handschuh steckt. »Schuldgefühle sind hier unangebracht, ich hätte sowieso längst gehen sollen. Zu meiner Schande muss ich gestehen, dass ich Julias' reizende Gesellschaft immer gerne zum Vorwand nehme, um mich vor meinen Pflichten zu drücken.« An Julias gewandt, fügt sie hinzu: »Ich denke, du solltest unserem Gast etwas von deinem Geißblatttee anbieten.«

Der alte Mann runzelt die Stirn. »Findest du?«

»Er zieht die Pflanzen selbst«, erklärt sie Wyll weiter. »Eine überaus besondere Züchtung. Ein solches Aroma findet sich im ganzen Bezirk nicht wieder, das garantiere ich Ihnen. Äußerst zarte Blüten.«

»Wie könnte ich eine solch einzigartige Gelegenheit ausschlagen?«, murmelt Wyll.

»Sie übertreibt«, wendet Julias ein.

»In Bezug auf den talentiertesten Botaniker, den London je hervorgebracht hat?«, rügt ihn Orcade. Ihr Geplänkel zeugt von behaglicher Vertraulichkeit. Sie sind in einem ähnlichen Alter, vermutlich kennen sie einander seit Kindertagen. Der Gedanke, dass schon in so frühen Jahren eine Brücke zwischen zwei Bezirken geschlagen wurde, ist irgendwie schön. Wyll fällt wieder ein, wie Julias ihr während der Konsiliumssitzung eine Nachricht geschickt hat, was ihn zu der Frage bringt, ob ihre Verbindung neben der privaten auch die politische Ebene umfasst.

Deshalb hört er genau hin, als sich die beiden nun voneinander verabschieden, doch dabei kommen nur Klatschgeschichten zur Sprache. Sobald Orcade gegangen ist, beordert Julias mit einem Fingerschnippen einen der maskierten Diener herbei, der mit geübten Handgriffen den Tisch abräumt.

»Und etwas Geißblatttee«, raunt Julias ihm zu.

Der Maskierte hält kurz inne, dann verschwindet er mit einer Verbeugung im Dschungel.

»Nun«, beginnt Julias, »Barochi, richtig? Was kann ich für Sie tun?«

Wyll zögert. Natürlich wäre es besser, zunächst sicherzustellen, dass Red tatsächlich hier ist. Sollte sie allerdings auftauchen und seine Illusion durchschauen wie bei ihrer Begegnung im Kerker, wäre er geliefert. Er braucht eine Bestätigung dafür, dass Julias an Arts Ermordung beteiligt war – aber wie anfangen?

»Die artorianische Ära hat der Familie Dracones gutgetan, nicht wahr?«, beginnt er also.

»Deutlich mehr als die Herrschaft seines Vaters«, stimmt Julias ihm zu. »Während der letzten zwanzig Jahre hat sich unser Schicksal eindeutig gewendet.«

»Sie sind äußerst freimütig, das ist angenehm.«

Julias winkt ab. »So freimütig nun auch wieder nicht, schließlich ist das allgemein bekannt.«

Wyll fällt auf, dass Julias Dreck unter den Fingernägeln hat, vermutlich Erde.

»Dann sind Sie also trotz seiner zweifelhaften Herkunft gut zurechtgekommen?«

»Das ist das Praktische am Erfolg. Er löscht Nachteile wie diesen oft vollkommen aus.« Lächelnd stellt Julias fest: »Als Art das Schwert errang und es ihm entgegen allen Erwartungen glückte, es zu halten, hat sich niemand mehr für seine Herkunft interessiert – ich am allerwenigsten.«

»Und doch gab es mehrere Versuche, ihm das Schwert wieder zu nehmen, richtig?«

»Allerdings. Mafelon zum Beispiel war für uns alle besonders traumatisch. Bedenken Sie nur, was passiert wäre, wenn dieser Versuch von Erfolg gekrönt gewesen wäre.« Julias schaudert voller Dramatik.

»Dann wären die Welyen an die Macht gekommen«, vermutet Wyll. »Vielleicht wären sie ja auch recht gute Herrscher geworden?«

»Ha! Sie haben Glück, dass die verehrte Lady Orcade das nicht gehört hat. Durch eine solche Bemerkung hätten Sie es sich ziemlich mit ihr verscherzt.« Mit einem belustigten Blick fügt Julias hinzu: »Es hat sie viel Zeit und eine Menge Arbeit gekostet, die Vorurteile abzubauen, mit denen ihr Bruder Agravain ihren Ruf befleckte. Er war der Machthungrige in der Familie, nicht sie. Natürlich ist sie viel zu diskret, um Details preiszugeben, aber ich denke, sie hatte sogar ihre Hand im Spiel, als Agravain gestürzt wurde.«

»Wofür sie zu Recht mit dem Amt der Herrin von Alaunitown belohnt wurde«, stellt Wyll fest.

»Vollkommen zu Recht, ja. Loyalität muss anerkannt werden, wo kämen wir denn sonst hin? Vermutlich würden wir uns dann ständig gegenseitig an die Kehle gehen, haha.«

»Haha.«

»Nein, die Welyen stellen keine Bedrohung mehr dar«, fasst Julias zusammen, »außer vielleicht für jene, die das Wohl Londons bedrohen, und so sollte es ja auch sein. Dann aber werden sie an die Decke gehen! Sorgen bereitet mir vielmehr dieser Kambion-Ritter.« Mit einem Lächeln registriert Julias, wie ein maskierter Vastos eintritt. »Ah, hier kommt der Tee.«

Verborgen unter der Tischplatte bohrt sich Wyll den Fingernagel in die Handfläche. Der feine Schmerz bringt ihn so weit zurück ins Lot, dass er Julias' achtlose Beleidigung übergehen kann. Fast fühlt es sich an wie ein Test, den es zu bestehen gilt.

Während ihm Tee eingeschenkt wird, wendet er sich wieder Julias zu. »Die Gottgleichen sind sicher eine problematische Spezies. Aber welchen Ritter meinen Sie genau? Heutzutage gibt es da ja mehr als einen.«

»Erinnern Sie mich bloß nicht daran! Natürlich meine ich damit den Mann, den unser König törichterweise zu seinem persönlichen Streiter ernannte. Glauben Sie nicht, ich hätte nicht versucht, ihn davon abzubringen, aber Art ... Nun ja. Manche Menschen haben eben ganz eigene Vorstellungen, nicht wahr?«

»Der Schutz der Gottgleichen war ihm immer ein echtes Anliegen«, stimmt Wyll zu. »Dann misstrauen Sie dem Hexenritter also?«

»Ich finde einfach, man sollte im eigenen Heim keinen wilden Tiger freilassen.« Julias deutet auf die dampfende Tasse. »Bitte, probieren Sie. Ich bin ehrlich gespannt auf Ihre Meinung.«

Genau in diesem Moment stößt der maskierte Vastos so ungeschickt gegen den Tisch, dass Wylls Tasse umkippt und ihr Inhalt sich auf den Boden ergießt.

»Verfluchte Scheiße!«, brüllt Julias vollkommen unvermittelt. »Idiot!«

Der Vastos hebt in einer unterwürfigen Geste die Hände, bevor er sich auf alle viere herablässt und anfängt aufzuwischen. Sind etwa alle Diener hier stumm? Was für eine merkwürdige Marotte.

»Ist schon gut.« Wyll versucht, sich nicht anmerken zu lassen, wie sehr ihn Julias' Wutausbruch überrascht. »Wirklich.«

»Nein, ist es nicht. Hör jetzt auf damit!« Ungeduldig hält Julias den knienden Vastos zurück und deutet auf Wyll. »Schenk ihm eine frische Tasse ein, sofort. Aber *langsam* und *vorsichtig*.«

Unter dem strengen Blick seines Herrn kommt der stumme Vastos dem Befehl nach. Julias spricht erst wieder, als Wylls Tasse erneut gefüllt ist. Dann aber entspannt er sich und schüttelt mit einem schweren Seufzer den Kopf, was wohl so viel heißen soll wie: »Ich gebe mir ja alle Mühe, aber was soll man machen?«

Um dem armen Vastos weiteren Ärger zu ersparen, nippt Wyll brav an seinem Tee.

»Die Lady Orcade hat recht«, stellt er fest. »Der Geschmack ist wirklich außergewöhnlich, als würde das Geißblatt direkt auf meiner Zunge erblühen.«

Das besänftigt Julias offenbar sofort, denn er lächelt.

»Ihrer Meinung nach war der Hexenritter also eine Gefahr für den König?«, nimmt Wyll den Faden wieder auf, nachdem er einen zweiten Schluck von dem köstlichen Tee getrunken hat. Ein Gefühl, als würde man einen warmen Sommerabend trinken, die Flüssigkeit gleitet wie träges Gold über seine Zunge.

»Wohl eher eine Waffe, die ein Ziel braucht. Richtig eingesetzt, kann er ein äußerst machtvolles Instrument sein.«

»Wie auch sein Schützling.« Wyll spürt, wie sich sein Herzschlag beschleunigt. »Dieses Mädchen, diese Red, macht ja ziemlich von sich reden.«

»Eine Pelleren!«, schwärmt Julias. »Wirklich ein herausragendes Talent.«

»Sind Sie ihr schon begegnet?«

»Heutzutage gehe ich kaum noch zu den Kämpfen.«

Was eindeutig kein Nein ist.

»Wirklich schade, dass es ihr nicht gestattet ist, ihr Talent einzusetzen«, findet Wyll.

»Gesetz ist Gesetz. Und unser König mag zwar eine Schwäche für Kambions haben, aber so dumm wird er ja hoffentlich nicht sein.« Lächelnd wechselt Julias das Thema. »Nun, mein guter Barochi, sosehr ich diese Unterhaltung auch schätze, wir sollten uns nun wohl dem Geschäftlichen zuwenden. Lassen Sie mich raten, warum Sie mich aufgesucht haben.«

»Aber bitte doch.« Wyll hat seinen Tee inzwischen zur Hälfte getrunken und genießt das angenehme Kribbeln, das er in ihm auslöst.

»Wie Sie ja sicher wissen, bin ich Botaniker«, beginnt Julias und kratzt sich nachdenklich am Kinn. »Und zwar kein schlechter, wenn auch nicht annähernd so brillant, wie die gute Orcade immer behauptet. Allerdings ist es mir gelungen, mein bescheidenes Talent zu einem recht lukrativen Geschäft zu machen – mein Versuch, die Familie in schwierigen Zeiten über Wasser zu halten. Notwendigkeit bringt Kreativität hervor, wie man in 'launitown gerne sagt. Nun, da Sie darauf bestehen, sich mit einem falschen Namen vorzustellen, und noch dazu unangekündigt hier auftauchen, gehe ich davon aus, dass Ihr Interesse mehr den, nun ja, weniger offiziellen Erzeugnissen in meiner Produktpalette gilt.«

Na, wenn das mal nicht interessant klingt. Wyll kommt plötzlich ein Gedanke.

»Tidal«, bringt er es auf den Punkt. »Sie stellen synthetisches Tidal her.«

»Genauer gesagt, habe ich es sogar erfunden.« In gespielter Bescheidenheit neigt Julias den Kopf.

»Wird dadurch nicht Magie verstärkt? Dabei dachte ich, Sie wären gegen den Einsatz dieser Talente.«

»Nicht grundsätzlich, nur die Umstände müssen stimmen. Jede Zivilisation braucht starke Waffen, um sich zu verteidigen.« Julias zieht eine Braue hoch. »Aber das scheint Sie zu überraschen. Sie wussten also nicht, dass ich im Tidal-Geschäft bin. Gut, dann schlagen wir einen anderen Weg ein. Wir haben schließlich Zeit, nicht wahr?«

Wyll nickt zustimmend. »Ich habe es nicht eilig.«

»Wunderbar! Ich hätte eine Frage an Sie, wenn es Ihnen nichts ausmacht. Und zwar wüsste ich gerne, warum Sie von unserem König in der Vergangenheit sprechen.«

Die drückende Stille wird nur von den Schreien der tropischen Vögel durchbrochen, die so gar nicht zu der kalten, windigen Landschaft draußen vor den Fenstern passen wollen. Hier drin ist es warm, dunstig und strahlend. Ein Sommertag in der Flasche.

»Nun, das liegt wohl daran, dass er tot ist«, sagt Wyll schließlich.

Irgendwo in seinem Hinterkopf beginnt eine leise Alarmglocke zu schrillen.

»Wie bedauerlich«, murmelt Julias ohne jede Überraschung. »Und wissen Sie, wie es passiert ist?«

»Durch die Hand Ihrer Attentäterin.«

»*Meiner* Attentäterin?«

Diese Vögel sind wirklich sehr laut. Wyll stellt fest, dass seine Lippen die Worte bereits formen, bevor sein Gehirn sie ausformuliert hat. Ein merkwürdiges Gefühl, wenn der Mund nicht mehr mit dem Hirn verbunden ist.

»Ihre Red«, nuschelt er. »Sie ist hier.«

»Nicht *meine*, aber nicht doch«, protestiert Julias. »Nein, nein. Das ärgert mich aber nun schon etwas, dass Sie glauben, ich hätte damit etwas zu tun.«

Seine Stimme scheint sich entfernt zu haben. Wyll nimmt sich vor herauszufinden, wo der alte Mann hingegangen ist, vergisst es dann aber wieder.

»Was ist hier los?«, hört er sich selbst fragen.

»Das ist der Tee«, erklärt ihm Julias. »Unterzieht man die Pflanze der richtigen Behandlung, entwickelt sie einige kuriose Eigenschaften. So sorgt sie zum Beispiel dafür, dass man quasi jegliche Wachsamkeit ablegt. Halluzinationen gehören ebenfalls dazu, ich sollte Sie also warnen. Versuchen Sie, es zu genießen. Die Reise wird um einiges angenehmer, wenn Sie einfach loslassen.«

Oh nein. Nein. Das würde Wyll gerne erwidern. *Bitte nicht.*

»Ihr Gesicht verändert sich«, stellt Julias fest, allerdings klingt seine Stimme nun irgendwie dumpf. »Passiert Ihnen das öfter?«

Nicht hinsehen. Sieh mich nicht an.

Die verdammte Tasse mit dem verdammten Gift ruht noch immer in seiner Hand, nun aber scheint sie unglaublich plump zu sein, dick wie ein Keil, breit wie eine ganze Treppenstufe. Ihm wird übel von diesem Gefühl.

Plötzlich hat er einen metallischen Geschmack im Mund.

Glänzende kleine Rehe quellen aus seinem Geist hervor und galoppieren ängstlich durch das Atrium. Illusion oder Halluzination? Die Frage, was sich noch berühren lässt, wird immer schwieriger zu beantworten, vor allem da Wyll sich nicht mehr sicher ist, ob Haptik überhaupt noch ein eindeutiger Indikator für die Realität ist.

Sein Vater erscheint, die Augen hypnotisch weit aufgerissen. Wenn er diese Miene aufsetzte, wusste der kleine Wyll immer, dass er einen schlechten Tag hatte. Nun schüttelt er den Kopf.

Diesmal bist du auf dich allein gestellt, Wyll.

Still und stumm taucht seine Mutter an Edlers Seite auf, das Gesicht in müde Sorgenfalten gelegt.

Hilf mir, fleht Wyll sie an. *Bitte, hilf mir, Mama.*

Doch sie wendet sich wortlos ab und verschwindet im Dschungel.

Wylls Hände kribbeln. Als er hinsieht, sprießen dickblättrige, fleischige Blumen aus seiner Haut. Sein linker Handrücken bringt ein wunderschönes Gewächs mit behaarten, fleckig orangefarbenen Blüten hervor, das sich sanft zu dem auf dem rechten Handrücken hinüberneigt, dessen silbrige Blätter so dünn sind wie ein Taschentuch.

Wie interessant, sagt die orangefarbene Blume. *Ist dir schon einmal aufgefallen, dass er ausschließlich tote Personen heraufbeschwört?*

Warum kann er es nicht bei Lebenden?, antwortet die silberne mit sanftmütiger Verblüffung.

Vielleicht geht es dabei um Schuld, überlegt die orangefarbene. *Oder vielleicht ist es einfacher, wenn die Person nicht mehr da ist und nichts gegen diese andere Version von sich sagen kann.*

Menschen sind merkwürdig.

Merkwürdig, aber berechenbar.

Du bist schlauer als ich, meine Liebe, gesteht die silberne, dann zerfällt sie zu Staub, der sich sanft auf Wylls Haut legt.

Nun ja, deswegen sind wir so ein gutes Team, antwortet die orangefarbene Blume, bevor auch sie sich auflöst.

KAPITEL 25

Lheosne, Rhyfentown

Zwei Monate zuvor

Als Wyll aufwacht, ist er nass.

Kalte, glitschige Decken drücken schwer auf seine feuchten Glieder. Er versucht, sie abzuschütteln, sie von seiner Haut abzuziehen. Seine Arme zittern. Bibbernd stemmt er sich auf die Ellbogen hoch. Man hat ihm seine Kleidung abgenommen, jetzt trägt er nur noch eine weite, schweißdurchtränkte Hose.

Nach und nach nimmt er seine Umgebung wahr: dunkel und opulent. Ein großer Raum, dem schon durch die Menge an Möbelstücken, die sich an den Wänden aufreihen und überall verteilt sind, eine gewisse Behaglichkeit zuteilwird. Vorhänge, Kissen und Teppiche sind in verschiedenen Rottönen gehalten, von der hellen Farbe frischen Blutes bis zu dem bräunlicheren Ton verschorfter Wunden. Hinzu kommen das leuchtende Orange eines winterlichen Sonnenuntergangs oder eines Tigerfells und das kräftige Gelb von Zitronen und Sandstein. Überall die klassischen Farben von Rhyfentown, bewusst altmodisch.

Wyll reibt sich über das Gesicht, um seine Gedanken zu klären. Er fühlt sich so schwach wie ein neugeborenes Fohlen, seine

Gliedmaßen sind nutzlos wie die gebrochenen Beine eines Insekts. Die durch die Droge hervorgerufenen Albträume von … vermutlich gestern … sind zum Glück sehr verschwommen: vage Erinnerungen an falsche Proportionen, zu dick und zu dünn, flüchtige Geister, die ihm den Rücken kehren.

Nein, Moment, der Albtraum ist noch nicht vorbei. An der lackierten Wand gegenüber entdeckt er ein schwarzes Loch, das sich mit jeder Sekunde weiter ausbreitet und bereits die Hälfte der kunstvoll gemalten Jagdszene verschlungen hat, in der es sich auftut. Dann ist es groß genug, um einen Menschen in den Raum zu entlassen. Die Schiebetür, durch die er gekommen ist, schließt sich lautlos hinter ihm.

Schlank, nicht allzu groß, in eine dunkle, adrette Robe gekleidet und mit einer Gesichtsmaske, die eine strahlende Sonne zeigt. Ihre dicken Strahlen rahmen den Kopf der Gestalt ein wie eine Krone.

Das muss wohl wieder einer dieser merkwürdigen Diener sein.

Was wiederum bedeutet, dass er sich noch immer in Lheosne befindet. Aber wie lange schon?

Während der wenigen Sekunden, die der Maskierte braucht, um an sein Bett zu treten, geht Wyll diverse Möglichkeiten durch: Er ist während seines Aufenthalts in Lheosne plötzlich krank geworden und hat das Bewusstsein verloren, weshalb man ihn ins Bett gesteckt hat. Er wird hier festgehalten, weil er verbotenerweise Magie angewendet hat. Er wurde entführt. Er ist eigentlich gar nicht hier, schläft noch, und das ist nur ein weiterer Albtraum. Er ist tot und befindet sich in einer der sieben Höllen. Berücksichtigt man die Ausstattung und die Sonnenmaske, vermutlich in Rhyfens Hölle.

An der Wand gegenüber flammt ein grelles Licht auf, das

schließlich Kopf und Schultern von Julias formt. Irgendwo über Wylls Kopf muss sich ein Projektor befinden.

»Ah, Sie sind wach«, stellt Julias erfreut fest. Um seine gütigen Augen bilden sich tiefe Falten. »Wie fühlen Sie sich?«

Es dauert eine Weile, bis Wyll sich für eine Antwort entschieden hat. »Mies«, sagt er schließlich.

Mitfühlend verzieht Julias die Lippen. »Das tut mir leid. Wir arbeiten noch an der genauen Dosierung. Da Sie ja ein ziemlich großgewachsener und kräftiger Kerl sind, hielten wir es für angebracht, die übliche Menge zu verdoppeln. Aber sorgen Sie sich nicht, der Tee wird keine bleibenden Schäden hinterlassen. Zumindest ist während der bisherigen Testphase nichts dergleichen geschehen. Und das Leben ist bekanntlich ein Glücksspiel, nicht wahr?«

In der einsetzenden Stille versucht Wyll verzweifelt, seine Gedanken zu ordnen. Normalerweise fällt es ihm um einiges leichter, sie in Worte zu fassen.

»Warum, zur Hölle, haben Sie mich unter Drogen gesetzt?«, bringt er schließlich mühsam hervor.

»Das hat mehrere Gründe. Zum wichtigsten kommen wir gleich noch.«

»Aber …« Wyll bemüht sich wirklich, zu Logik und Ratio zurückzufinden. »Mit welchem Recht greifen Sie mich überhaupt an? Zwischen uns gibt es keinen Disput.«

»Nun ja. Sie haben sich unter einem falschen Vorwand Zutritt zu meinem Haus verschafft.« Das freundliche Lächeln verschwindet aus Julias' Gesicht. »Sie haben sich als eine andere Person ausgegeben, Si Wyll. Das ist nicht nur in höchstem Maße illegal, sondern darüber hinaus ein äußerst bedenkliches Verhalten für einen derart berühmten Ritter, wie Sie es sind. Die Linke Hand Londons, die Geißel der Gottlosen, der Hexenritter höchstselbst – noch dazu der Streiter des Königs – drückt sich heimlich im privaten Familiensitz seines Königs herum? Zu welchem Zweck wohl?«

Beantworte eine Frage mit einer Gegenfrage, die dem Fragenden schmeichelt. Diesen Trick hat er von Art gelernt, der ihn gerne eingesetzt hat, wenn er möglichst wenig preisgeben, aber umso mehr herausfinden wollte.

»Woher wussten Sie, dass ich nicht der war, für den ich mich ausgegeben habe?«, krächzt Wyll.

»Nun, anfangs wusste ich es nicht. Aber ich habe äußerst talentierte Dienstboten.«

Wyll sieht zu dem Maskierten hinüber, der ihn reglos und mit bedrohlicher Ausdruckslosigkeit fixiert.

»Du kannst Illusionen durchschauen?«, fragt er.

»Zumindest Ihre«, antwortet Julias. »Aber Sie sollten sich dadurch nicht entmutigen lassen. Schließlich sind Sie in vielerlei Hinsicht der Erste Ihrer Art. Oder zumindest der Erste, der eine solche Berühmtheit erlangt hat, was in den offiziellen Annalen unserer Kultur ja das Einzige ist, was zählt.«

»Was wollen Sie von mir?«

»Mich interessiert viel mehr, was *Sie* wollen, Si. Sie sind eine ernst zu nehmende Bedrohung, und das schon eine ganze Weile. Darin sind sich alle einig, auch wenn jeder ganz eigene Gründe dafür findet.«

»Und welche Gründe haben Sie?« Langsam, aber sicher rutscht Wyll das Herz in die Hose. Plötzlich ertönt in seinem Kopf ein altes Volkslied, mit dem ihn Vivi früher oft geärgert hat.

*

Hast du nicht genug davon,
genug davon, genug davon?
Hast du nicht genug davon, dass alle dich so fürchten?

*

»Oh, in meinen Augen sind Sie keine Bedrohung«, versichert Julias. »Ich halte Sie vielmehr für einen Gewinn.«

»Und deshalb haben Sie mich betäubt und mir einen Wachhund auf den Hals gehetzt, der Ihnen genau sagen kann, wann ich versuche, Sie auszutricksen?«, presst Wyll mit rauer Stimme hervor.

»Ach du meine Güte.« Mehr sagt Julias dazu nicht.

Verwirrt mustert Wyll das projizierte Gesicht, in dem sich geduldige Erwartung widerspiegelt. Was genau soll er denn jetzt sagen oder tun? Soll er vielleicht versuchen, sich seine Freiheit zu erkämpfen? Selbst in diesem geschwächten Zustand ist er noch zu einigem fähig. Das ist immer so. Niemand dringt in derart tiefe Abgründe vor wie er – sie haben alle zu viel Angst davor –, aber nur wenn man weiter geht, als man selbst für möglich hält, wird man zum Champion.

Plötzlich scheint sich eine Hand in seine Brust zu graben, die Finger schließen sich um sein Herz und drücken zu.

Etwas Schlimmeres hat er in seinem ganzen Leben noch nicht gefühlt. Niemals zuvor hatte er solche Angst: Angst, dass nun langsam das Leben aus ihm herausgepresst wird; Angst, dass dieses Gefühl niemals aufhören wird, dass jeder noch kommende Augenblick so sein wird wie dieser, durchdrungen von einem ständigen Furcht einflößenden und namenlosen Schmerz, der entsteht, wenn das Herz kurz davor ist, zu zerplatzen. Kurz davor ist, es aber niemals tut.

Kraftlos sackt Wyll in sich zusammen, sein Kiefer hängt schlaff herab. Er ist zu keinem klaren Gedanken mehr fähig, ist vollkommen gefangen in dieser alles verschlingenden Furcht.

Dann hört es auf.

Keuchend wie ein Fisch auf dem Trockenen liegt Wyll auf dem Bett.

»Wie hat sich das angefühlt?«, fragt Julias. »Ich bin neugierig. Bisher haben wir es nur an Katzen getestet und die können natürlich keine Antwort geben.«

Entsetzt und beschämt, muss Wyll feststellen, dass er lediglich ein gequältes Heulen hervorbringt.

»Bei allen Heiligen«, murmelt Julias unbeteiligt, aber zufrieden. »Gut gemacht, meine Liebe.«

Der Maskierte tritt einen Schritt vor und hebt die Hände, als wollte er ihn beschwichtigen. Dann plötzlich zieht er sie wieder zurück, als wäre er verwirrt.

»Was haben Sie mit mir gemacht?« Am liebsten hätte Wyll ihn angeschrien, aber in jedem Wort schwingt noch immer diese schreckliche Furcht mit.

»Ich?«, erwidert Julias empört. »Überhaupt nichts. Das war sie.«

Und plötzlich begreift Wyll.

»Nimm die Maske ab«, befiehlt er dem Gesicht mit der Sonne.

Reglos bleibt der Maskierte stehen.

»Nimm sie ab oder bleib für immer ein Feigling.«

Die Gestalt zuckt kurz, mehr aber auch nicht. Dann wendet sich die Maske Julias zu, der zustimmend nickt.

Eine Hand greift tastend an den Hinterkopf, mit einem metallischen Klimpern lösen sich die Schnallen, dann gleitet die Maske vom Gesicht. Wie bei ihrer ersten Begegnung in der

Arena, damals mit einem lärmenden Publikum im Hintergrund, gibt sie sich zu erkennen. Allerdings hockt diesmal er im Dreck und sie hat die Oberhand, genau so, wie er es sich gewünscht hat.

Noch immer ist Red eher schmal, es fehlen die straffen Rundungen, an die Wyll sich erinnert und von denen er träumt. Aber die Tage ohne Kerker haben ihr gutgetan, sie wirkt ausgeruht und isst offenbar ausreichend. Reglos starrt sie ihn an, die Sonnenmaske noch immer in der Hand. Die andere Hand hängt leicht geballt herab, als wäre sie jederzeit bereit, darin wieder sein Herz zu zerquetschen.

Er hat solche Angst vor ihr.

Das Gefühl ist berauschend.

Jedoch kein Gefühl, auf dem sich etwas aufbauen ließe. Eher ein Lodern, ein sich selbst verzehrendes Gefühl, ein krank machendes Gefühl, das so oder so bald ein Ende haben wird. Doch die Verheißung eines grauenhaften Endes macht es nur umso verlockender.

»Nette neue Fähigkeiten hast du«, lobt er die Frau, die gerade aus einiger Entfernung eine unsichtbare Hand in seine Brust geschoben und von innen sein Herz zerquetscht hat.

»Überaus zufriedenstellend, Red«, findet auch Julias. »Da soll noch mal einer sagen, das wäre die toten Katzen nicht wert gewesen. Ha!«

Wyll legt eine Hand an die Brust, als müsste er sich versichern, dass sie unversehrt ist. Eigentlich sollte an der Stelle, wo sein Herz sitzt, ein blutendes Loch klaffen. Red beobachtet die Bewegung genau.

»Du hast also die ganze Zeit für Arts Familie gearbeitet«, stellt er fest. »Haben sie dich angeheuert, um ihn zu töten?«

Jetzt erst sieht Red ihm ins Gesicht. Abfällig verzieht sie die

Lippen. »Du beleidigst mich ja immer noch. Habe ich dich noch nicht genug verletzt?«

»Vielleicht sollte ich hier einmal zur Ehrenrettung beispringen«, schaltet sich die Projektion von Julias ein. »Wie ich Ihnen bereits erklärt habe, ist es mir unter der Herrschaft des werten Artorias recht gut ergangen, ich hatte also keinen Grund, mir seinen Tod zu wünschen. Unsere kleine Herzensbrecherin hier allerdings schon, und ich bin äußerst geneigt, ihren rechtmäßigen Anspruch anzuerkennen.«

Wyll kann sich gerade noch ein resigniertes Lachen verkneifen.

Julias wusste schon längst von Arts Tod. Red ist offenbar direkt zu ihm gerannt und hat ihm alles erzählt und mit Sicherheit hat Julias es an das gesamte Konsilium weitergegeben. Bestimmt haben sie sich in den vergangenen Tagen köstlich amüsiert, während er sich bei seinen erbärmlichen, ungeschickten Versuchen abgemüht hat, ein anderer zu sein. Amüsiert haben sie sich und gleichzeitig haben sie seine Scharade aufs Schärfste verurteilt.

Die eigentlichen Dummen waren aber Lillath, Brune und Lucan, weil sie ernsthaft geglaubt haben, sie könnten alle an der Nase herumführen. Dabei war ihr aus Panik geborener Plan von Anfang an zum Scheitern verurteilt.

»Wie fühlt sich das an, wenn man mit Drogen vollgepumpt und in eine Zelle gesperrt wird?«, fragt Red ihn sanft.

»Ich raube dir deine Illusionen nur ungern, aber ihr seid nicht die Ersten, die versuchen, mich einzusperren«, schießt Wyll zurück. »Und ihr werdet ebenso scheitern wie eure Vorgänger.«

Das war ein Treffer; ihre Augen werden schmal, was ihren Ärger über den wirkungslosen Tiefschlag verrät. Doch bevor sie etwas erwidern kann, meldet sich erneut Julias zu Wort.

»Wenn ich mir Ihre Vergangenheit ansehe, Si, binden Sie sich doch immer wieder gerne an einen Herrn. Das ist ein so wiederkehrendes Muster, dass sich fast schon eine bewusste Inszenierung Ihrerseits vermuten lässt. Vielleicht sehnen Sie sich tief in Ihrem Innersten ja nach einer Leine, auch wenn Sie sich oberflächlich dagegen wehren.«

Neugier blitzt in Reds Augen auf und sie wirft ihm einen abschätzenden Blick zu. Das gefällt ihm ganz und gar nicht. So etwas will er nicht sehen.

»Ich habe dir einen Ausweg angeboten«, sagt er zu ihr. »Keine Leine.«

Red schnaubt nur höhnisch.

»Es ist schon komisch«, fährt Wyll beinahe verzweifelt fort. »Wie kommst du nur darauf, dass es für dich anders wäre? Diese Maske ist genau wie jedes Halsband, das ich jemals getragen habe.«

»Und schon kommt die nächste Lektion«, erwidert Red abfällig. »Aber ich habe bereits alles von dir gelernt, was für mich von Nutzen ist. Du führst dich auf, als wäre ich ein ungezogenes Kind und du der geduldige Vater, der nur darauf wartet, dass ich meinen Trotzanfall beende und wieder zur Vernunft komme.«

Sie beugt sich zu ihm hinunter.

Wylls angeschlagenes Herz zieht sich schmerzhaft zusammen.

»Dabei vergisst du aber, dass ich dich auch schon ganz unten erlebt habe«, raunt sie ihm zu. »Wenn du könntest, würdest du mich jetzt töten. Lass es raus, nur zu. Hör auf, dich zu verstecken. Hör auf, dich zurückzuhalten. Ich will *dich* sehen.«

Ein schmales Lächeln huscht über ihr Gesicht, als sie ihm seine eigenen Worte um die Ohren haut. Worte, mit denen er sie bei einer ihrer privaten Trainingsstunden provoziert hat. Gerade mal ein paar Wochen ist das her. Zu diesem Privattraining hat er sich nicht als ihr Mentor bereit erklärt, sondern einzig und allein, weil er ein liebeskranker Idiot war. Schon seit ihrer ersten Begegnung in dieser schäbigen Bezirksarena wollte er sie, von dem Moment an, als er begriff, dass er in ihr einen Gegner gefunden hatte, der ihn schlagen konnte.

Wenn er es zuließ.

Wenn er es wollte.

Und er wollte es.

Ohne Vorwarnung katapultiert er sich vom Bett hoch. Zwei taumelnde, schwankende Schritte, dann ist er an der Kante, sein Arm schießt vor und packt sie an der Kehle. Krachend landen sie auf dem Boden. Von der Wand dringt ein alarmierter Schrei herüber – Julias, der zu spät begriffen hat, dass seine mordende Verwandte sich besser nicht in seine Reichweite begeben hätte. Aber die wilde Freude verpufft ebenso schnell, wie sie gekommen ist. Seine Kräfte verlassen ihn wie Strom aus einer löchrigen Batterie. Er fühlt sich wie ein Käfer, der auf dem Rücken liegt und kraftlos mit den Beinchen strampelt.

Red löst sich aus seinem Griff und steht auf.

Nun ist also der Moment gekommen. Nun wird sie sein Herz zum Stillstand bringen.

Er wartet.

»Grauenvoll, oder?«, sagt Red irgendwo über ihm. »Dieser ganze Mist, den sie im Kerker in mich reingepumpt haben. Versuch mal, etwas erscheinen zu lassen. Na los, irgendetwas.«

»Red«, mahnt Julias an der Wand sanft, »diese Art von Hohn ist unter deiner Würde.« Nach einer kurzen Pause fährt er fort: »Aber es freut mich, zu sehen, dass ihr so gut miteinander auskommt. Ich erwarte Großes von eurer Verpaarung.«

Ha.

Nun ja.

Bei jemandem wie Julias Dracones überrascht einen eine solche Entwicklung eigentlich nicht. Mühsam rollt sich Wyll auf den Rücken und lehnt den Kopf gegen den Fuß des Bettes, während Red sich zur Wand dreht.

»Was ist eine Verpaarung?«, fragt sie misstrauisch.

Julias' großes, aus Licht geschaffenes Gesicht glüht im Halbdunkel des Raumes. »Eine kontrollierte Verbindung von Aktivposten.«

Wyll stößt ein kraftloses Lachen aus. »So kann man es auch formulieren.«

Red ist still geworden. Vermutlich ist sie noch dabei, diesen plötzlichen Umschwung zu verarbeiten, die Verschiebung des Machtgefüges, die sie zwar spüren, aber nicht begreifen kann.

»Glauben Sie wirklich, das funktioniert?«, wendet sich Wyll nun an Julias.

Der übergroße Kopf mustert ihn prüfend. »Darf ich fragen, worauf Ihre Skepsis fußt?«

Diese neu ausgerichtete Situation hat etwas Beruhigendes an sich. Aber das ist nach einem Sturz in die völlige Absurdität oft der Fall.

Wyll rückt sich zurecht, bis er aufrecht sitzt. »Mein Vater hatte immer viel Freude daran, Gerüchte über die Dracones zu verbreiten, eigentlich über alle noblen Familien. Lange Zeit dachte ich, das wäre nichts als boshafter Klatsch. Mir ist nie der Gedanke gekommen, dass es wahr sein könnte … dieser angebliche Grund dafür, dass Ihre Familie im Lauf der Jahrhunderte so stark geschrumpft ist.«

»Die historischen Vorläufer waren bedauerlicherweise äußerst planlos«, gibt Julias zu. »Wirklich beschämend.«

»Jede Menge kränklicher Schwachköpfe, die jung gestorben sind«, fasst Wyll fröhlich zusammen.

»Das ist Vergangenheit. Das Experiment an sich ist valide, es braucht nur eine streng wissenschaftliche Herangehensweise«, verkündet Julias leicht gereizt. »Artorias war ein durchschlagender Erfolg, da werden Sie mir ja wohl zustimmen. Uther mit einer Gottgleichen von außen ins Bett steigen zu lassen, war mein Vorschlag – für den ich eine Menge Gegenwind bekommen habe, das dürfen Sie mir glauben. Aber es hat funktioniert, oder etwa nicht? Reds Mutter? Ebenfalls meine Idee. Ich habe zu ihnen gesagt: ›Besorgt ihm wieder eine Gottgleiche von außerhalb.‹ Das habe ich zu ihnen gesagt. ›Aus einer solchen Verbindung können wir bestimmt etwas Gutes züchten.‹ *Die* wollten ihm natürlich nur eine Falle stellen, damit er abdankt. Es ist wirklich frustrierend, wie kurzsichtig manche Menschen sind. Aber am Ende habe ich recht behalten, oder nicht?« Er deutet mit dem Kinn auf die völlig verdutzte Red. »Sie ist großartig. Eine wahrhaftige Dracones, eine starke Gottgleiche mit bemerkenswerten Fähigkeiten.«

»Was soll das alles?«, mischt sich Red abrupt ein. »Was redet ihr denn da? Was soll das bedeuten?«

»Wollen Sie es ihr sagen oder soll ich?«, fragt Wyll süffisant. Seine offensichtliche Belustigung macht Red nur noch wütender.

Julias zuckt gelassen mit den Schultern. »Sicher ist sie nicht so naiv, zu glauben, dass sie meinen Schutz ohne jede Gegenleistung genießen kann.«

Die nervöse Anspannung dringt Red aus jeder Pore, andererseits konnte sie es sich vermutlich schon sehr lange nicht mehr erlauben, in ihrer Wachsamkeit nachzulassen. Es braucht nicht viel, um sie ausrasten zu lassen. Also muss Wyll jetzt sehr behutsam vorgehen.

Oder vielleicht auch besser nicht …

»Hast du schon einmal etwas von den geheimen Zuchtprogrammen der Vorzeit gehört?«

Ihre Miene verrät ihm, dass es so ist.

Nach dem Lysander-Regime war das jahrhundertelang eine Art heimliche Mode. Viele der verbliebenen Gottgleichen tauchten natürlich ab, um der Hetzjagd und den Massenexekutionen zu entgehen, doch sobald sich die Lage wieder etwas beruhigt hatte, gab es Überlegungen, die Gaben der Gottgleichen sozusagen wieder heranzuzüchten. Nicht in der allgemeinen Bevölkerung, aber gewisse wohlhabende Eliten versuchten es hartnäckig. Schließlich gab es kaum eine bessere Möglichkeit, Reichtum und Macht zu mehren, als zum Beispiel einen geheimen Gedankenleser in der Familie zu haben oder vielleicht auch jemanden, der die trüben Nebel der Zukunft durchdringen konnte.

Dabei gab es nur ein Problem: Es funktionierte nicht. Schon bald stellte sich heraus, dass man Menschen nicht einfach in Gottgleiche verwandeln konnte. Die Gaben treten vollkommen zufällig auf oder eben auch nicht. Ein gottgleiches Elternteil garantiert noch keine gottgleichen Kinder. Oft erhöht es zwar die Wahrscheinlichkeit, doch daraus lässt sich noch keine eindeutige biologische Erbfolge ableiten; und gerade die Vererbungslehre erlebte damals eine Art Renaissance. Die Familien stellten also ihre eigenen Versuche an und benutzten jedes Mitglied, das auch nur den Hauch einer Gabe zeigte, als Zuchtvieh. Und da sie gleichzeitig verzweifelt bemüht waren, die angebliche Reinheit ihrer Blutlinie zu bewahren, wurden ausschließlich Blutsverwandte zum Opfer ihrer Experimente.

Was wiederum bedeutete, dass der immer kleiner werdende Genpool im Laufe der Zeit ebenfalls Teil der Gleichung wurde und ganze Generationen heranwuchsen, die von Krankheiten, Missbildungen und Geistesschwäche gezeichnet waren. Als die

Theorie schließlich die Realität einholte, war der Schaden schon angerichtet.

Eigentlich hätte das Ganze bereits vor langer Zeit auf dem Haufen der schlechten Ideen entsorgt werden sollen, doch es hielten sich hartnäckige Gerüchte, dass die Familie Dracones noch immer einige dieser Traditionen pflegt. Arts Vater, der König-gebettet-in-Frieden Uther Dracones, war die bärenhafte Ausnahmeerscheinung einer ansonsten vergifteten Blutlinie. Und tatsächlich kann Wyll sogar eine gewisse verdrehte Logik hinter Julias' Bestrebungen erkennen – immerhin haben sie sich bis jetzt einigermaßen ausgezahlt.

Red stößt ein schockiertes Lachen aus. »Das soll ja wohl ein Witz sein.«

Mit einem irritierten Stirnrunzeln fragt Julias: »Wieso das?«

»Sie glauben wirklich, Sie könnten mich … *verpaaren*? Mit *ihm*?«

»Na ja, im Bett waren wir ja schon«, meint Wyll gelassen. »Du kriegst das bestimmt noch mal hin, im Dienste der Wissenschaft.«

Möglichst unauffällig versucht er, sich zu bewegen, aber es bringt nichts. Aufstehen könnte er vielleicht, aber was dann? Soll er vielleicht seiner nicht mit Drogen vollgepumpten Gegnerin mit den Herzquetschfähigkeiten einen schwächlichen Schlag verpassen, um anschließend unter Garantie wieder zusammenzubrechen?

»Ein blöder Witz ist das«, behauptet Red noch einmal, als wolle sie die Dicke der Kerkermauern prüfen, die sie plötzlich gefangen halten.

»Also bitte«, erwidert Julias, »hast du wirklich geglaubt, ich würde dich nur brauchen, damit du ein paar Herzen zerquetschst? Deine Pelleren-Fähigkeiten lassen sich auf vielerlei Art einsetzen. Wenn man ein Huhn kocht, verwendet man schließlich auch nicht nur das Fleisch. Nein, man kocht auch den Magen und die Knochen, und man trocknet die Füße, um sie rituellen Zwecken zuzuführen.« Fast schon ungeduldig klingt er nun. Vermutlich kommt er sich bei diesem Gespräch vor wie ein Bauer, der seiner Kuh erklären muss, warum sie stillstehen und sich melken lassen soll.

»Ich habe dich gewarnt«, raunt Wyll Red leise zu. »Du bist hier genauso angeleint wie ich.«

»Genierst du dich etwa?«, fragt Julias weiter. »Wenn du möchtest, kann es ganz mechanisch ablaufen. Ein Kurzbesuch täglich, und das auch nur bis zur erfolgreichen Befruchtung. Dann ist es vorbei.«

Inzwischen atmet sie so laut, dass Wyll es noch am anderen Ende des Raumes hört; ein klares Paniksignal. Und Panik ist genau der Brennstoff, dem nur noch ein kleiner Funke fehlt …

Wyll beobachtet, wie sie aufgibt und zu der Tür geht, durch die sie gekommen ist.

»Die ist verstärkt«, ruft Julias über den einsetzenden Lärm hinweg. »Ein Eingang, aber kein Ausgang. Du wirst dieses Zimmer leider erst wieder verlassen, wenn die Arbeit getan ist. Sollte er dir Schwierigkeiten machen, kannst du seinem Herzen ja einen kleinen Stubs versetzen … Red, ich kann mich bei diesem Gewummere wirklich nur schwer verständlich machen …«

Red hält inne.

Dann explodiert der Raum.

Wyll rollt sich zusammen, um seinen Bauch zu schützen, und drückt beide Arme an den Kopf. Er kann nichts tun, muss einfach abwarten und hoffen, lebend hier rauszukommen. Etwas Schweres prallt gegen seinen Rücken, trifft die Wirbelsäule. Vermutlich das Bett. Bei allen Heiligen, diese Frau ist wirklich

Furcht einflößend. Trotz seines geschwächten Zustands spürt er ein forderndes Ziehen in der Lendengegend.

Ganz wie Julias es gerne hätte, denkt er zynisch und unterdrückt ein wahnhaftes Lachen.

Sekunden später wird es still.

Wyll horcht in sich hinein – abgesehen von den Schmerzen in Rücken und Schwanz scheint er unverletzt zu sein. Dann riskiert er einen Blick.

Red steht hektisch atmend in dem Chaos, das sie angerichtet hat. Anscheinend ist sie vollkommen ausgelaugt, womit er so schnell nicht gerechnet hätte. Sie ist blass, ihre Beine zittern und sie scheint sich der Zerstörung ringsum gar nicht bewusst zu sein. Als sie auf die Knie fällt, bohren sich Splitter in ihre Haut. Das Bild von Julias hat sich aufgelöst, wahrscheinlich ist der Projektor kaputt. Es könnte allerdings sein, dass er sie noch immer belauscht. Sie müssen sich also beeilen.

»Red«, zischt Wyll leise. »Hör mir zu. *Hör zu.* Musst du dein Opfer sehen, wenn du zudrückst?«

Völlig verwirrt blickt sie ihn an.

»Julias ist vermutlich irgendwo in der Nähe. Weißt du, wo er sich aufhält? Kannst du ihn von hier aus aufspüren? Kannst du sein Herz spüren, so wie du es bei mir gemacht hast?«

Er sieht, wie bei ihr der Groschen fällt.

Dann den inneren Kampf, die Entscheidung.

Eine vorübergehende Allianz.

Sie sackt in sich zusammen und schließt die Augen. Streckt den Arm aus. Mehrere Sekunden vergehen.

Schließlich ballt sie die ausgestreckte Hand zur Faust, so fest, dass ihr Arm zittert. Ihre Knöchel leuchten weiß.

Als sie schließlich die Augen öffnet, weiß Wyll, dass es vorbei ist.

Kraftlos lässt er den Kopf hängen; am liebsten wäre er einfach in Ohnmacht gefallen.

»Warum sollte ich dich nicht auch gleich umbringen?«, fragt Red leise.

Mit einem müden Lachen erwidert er: »Es muss ziemlich anstrengend sein, ständig mit dieser Wut zu leben.«

»Sagte der Mann zu seinem Spiegelbild«, schießt Red sofort zurück.

Zwei vom selben Schlag, denkt Wyll, während sie einander reglos anstarren. Wir sind uns so ähnlich. Vielleicht funktioniert es deshalb nicht zwischen uns. Wir hassen uns selbst, also hassen wir auch den anderen.

Doch für einen kurzen Moment gestattet er sich die Wunschvorstellung des Was-wäre-wenn: Was hätte sein können, wenn sie sich unter anderen Umständen begegnet wären, auf Augenhöhe.

Nein, stopp. Das alles gehört Versionen des Lebens an, die es nie gegeben hat und niemals geben wird. Sie müssen mit dem arbeiten, was sie haben, im Hier und Jetzt, und hier sind sie nun einmal wie Öl und Feuer. Es ist zu spät, für sie beide zu spät.

Niemals, erwidert die leise Stimme der Hoffnung in seinem Inneren, die das Leben bisher noch nicht töten konnte. *Es ist niemals zu spät …*

Irgendwo ertönt ein Knall, nah genug, um die Wände ihres luxuriösen Gefängnisses beben zu lassen.

Erschrocken sieht Red sich um. »Warst du das?«

Wyll schnaubt nur. »Momentan bin ich mir nicht einmal sicher, ob ich allein stehen kann, geschweige denn einen solchen Lärm produzieren.«

»Wer …?«

Sie tauschen einen Blick.

Keiner von ihnen hat die Kraft, sich selbst und den anderen zu retten.

Draußen vor der Tür knirscht etwas. Die unzerbrechliche Tür ihrer Zelle gleitet auf. Lillaths Kopf erscheint; sie sieht sich kurz um und entdeckt Wyll.

»Da bist du ja«, stellt sie ein wenig atemlos fest. Im Hintergrund sind brüllende Stimmen und immer wieder Knallgeräusche zu hören. »Wo steckt sie?«

»Wer?«, krächzt Wyll. Sein gesamter Körper zittert unter der Anstrengung.

»Die sagenumwobene Roboterkönigin von Kembri«, erwidert Lillath, während sie noch einmal den Raum absucht. »Red, du Idiot. Wo steckt Red?«

Direkt neben Lillath steht sie, macht große Augen und hält reglos den Atem an.

Wyll spürt, wie ihm der Schweiß den Rücken herabrinnt, spürt jeden einzelnen angespannten Muskel.

Mühsam schüttelt er den Kopf. »Keine Ahnung, habe sie nicht gesehen.«

Ganz bewusst blickt er nicht zu Red hinüber. Wenn sie so dämlich ist, die Chance zu vertun, für die er sich hier gerade an den Rand der Bewusstlosigkeit treibt, hat sie es verdient, geschnappt zu werden.

Doch das ist sie nicht. Aus dem Augenwinkel sieht er, wie sie sich langsam zurückzieht.

»Du klingst wütend«, stellt er an Lillath gewandt fest, um ihre Aufmerksamkeit auf sich zu lenken.

»Tja, das kann schon mal vorkommen, wenn man mich enttäuscht.« Lillath seufzt schwer. »Si Wyllt Caballarias Ambrosias o'Gwanharatown, ich nehme dich hiermit fest.«

Sie ist schon fast an der Tür, nur einen kleinen Moment noch …

»Auf wessen Befehl hin? Den des Königs?«, presst Wyll hervor.

Lillath ignoriert die Spitze. Kurz bevor sie sich umdreht und hinausgeht, schiebt sich Red durch die Tür; Lillath verpasst ihre getarnte Beute nur um wenige Zentimeter.

Direkt hinter Red geht sie hinaus.

Quälend langsam verstreichen die Sekunden.

Dann kehrt Lillath mit zwei grimmigen Wachen zurück.

»Festnehmen«, befiehlt sie und zeigt dabei auf Wyll.

Der schafft es nicht einmal, so zu tun, als wollte er sich wehren.

KAPITEL 26

Garads Wohnung, Evrontown

Zwei Wochen zuvor

Abgesehen von Leons Beteiligung am Schluss, gibt Ghost auch den folgenden Teil der Geschichte nicht an Garad weiter. Wie wir alle ist der Silberne Engel in mancher Hinsicht unglaublich schlau und in anderer unglaublich dumm.

Irgendwie ist es auch lustig, den einstigen Geliebten dabei zu beobachten, wie er einen mustert, ohne zu ahnen, wer man in Wahrheit ist. Als würde man an frisch verheiltem Schorf kratzen und auf verdrehte Art den Schmerz und den Rückschritt genießen.

Dieser Gesichtsschnippelarzt war sein Geld wirklich wert.

*

The Dugs, Alaunitown

Drei Wochen zuvor

Ein Werk der Knechtschaft oder Buße.

Ein Werk der Urteilsfindung.

Ein Werk der Neuerung.

Ein Werk der Kreativität oder Leidenschaft.

Ein Werk der Darbietung oder Wesensveränderung.

Ein Werk der Kraft oder Gewalt.

Ein Werk, dem ein Anfang oder ein Ende innewohnen.

Diese sieben rituellen Werke vollbringt der Ritter der Caballaria in den Stunden vor einem Kampf als Teil der im Kodex festgeschriebenen, schon immer so praktizierten Vorbereitung. Jede dieser Taten stellt die Verbindung zu einem der heiligen Saith her und soll daran erinnern, warum man kämpft, warum man sich für Schmerz, Aufopferung und Ruhm entschieden hat, aber auch für das Scheitern. Denn selbst der beste Ritter verliert oft genug, um irgendwann durchzudrehen, wenn er sich nicht mit dieser Tatsache abfindet.

Ein Ritter ist Ghost zwar nicht mehr, aber manche Dinge wird man einfach nicht los, sie gehen einem in Fleisch und Blut über. Und auch wenn ihr kein Kampf in einer Caballaria-Arena bevorsteht, so bereitet sie sich doch auf einen Kampf im Dienste der Gerechtigkeit vor; auf einen Kampf, der durchaus blutig werden kann, bis sie Antworten auf die Fragen bekommt, mit denen man sie konfrontiert hat.

Jeder braucht etwas, woran er sich festhalten kann.

Um Evrons Werk der Knechtschaft zu tun, wartet Ghost einen ruhigen Moment ab und putzt dann das Treppenhaus. Zwar wird das Gebäude dadurch nicht dauerhaft aufgewertet, aber zumindest können die Bewohner nun wieder durch den Flur gehen, ohne dabei in eingetrocknete Kotze zu treten.

»Es ist also vorbei«, hört sie Garads Stimme in ihrem Kopf. »Du wirst zu ihm gehen.«

»Ich will nicht zu ihm gehen«, hatte Ghost erwidert. Selbstsicher und überzeugt hätte es klingen sollen, wurde dann aber zum Greinen eines trotzigen Kindes.

»Du musst«, hatte Garad behauptet. »Es ist deine Pflicht. Wir alle dienen in erster Linie ihm, begreifst du das denn nicht?«

Ghost blinzelt und schrubbt noch kraftvoller, um die unliebsame Erinnerung zu vertreiben.

Um Senzas Werk der Urteilsfindung zu vollbringen, klopft sie bei der Nachbarin, die ständig ihre Schwester anschreit, und verbringt ein paar zermürbende und gleichzeitig langweilige Stunden damit, nach den Ursachen dieses Streits zu suchen. Sicher wird es kaum einen Unterschied machen, denn beide Frauen sind zu festgefahren, um einander entgegenzukommen, aber für diesen Zweck reicht es wohl.

Nachdem sie alles versucht hat, kehrt sie müde in ihre eigene Wohnung zurück.

»Du bist wütend«, hatte sie festgestellt. »Weil ich dir nichts von ihm erzählt habe.«

»Selbstverständlich nicht«, hatte Garad behauptet. Bei allen Heiligen, xier konnte einfach nicht lügen. »Wir haben uns nie etwas versprochen. Du konntest immer tun, was und mit wem du wolltest.«

»Aber?«

»Kein Aber.«

»Oh doch.« Ghost hatte nicht lockergelassen, hatte nach diesem Streit gegiert, nach all den nagenden, verborgenen Wahrheiten, die sie beide die ganze Zeit unter den Teppich gekehrt hatten. »Denn eigentlich wolltest du sagen: ›Du konntest immer tun, was und mit wem du wolltest, außer mit *ihm*.‹ Mit jedem, nur nicht mit *ihm*. Oder etwa nicht?«

Schmerz hasst es, vergessen zu werden, in eine dumpfe Leere

abgeschoben zu werden, wo er sich nicht mehr bemerkbar machen kann. Schmerz lebt von der Erinnerung.

»Er braucht dich mehr als ich«, betonte Garad. Für dieses dämliche Märtyrertum hätte Ghost ihm am liebsten eine verpasst.

»Nein, tut er nicht«, fauchte sie. »Ich werde sein Leben ruinieren.«

»Mach dich nicht lächerlich. Du wirst ihm Freude, Trost und Sicherheit bringen. Er braucht das. Er braucht das so sehr.«

»Und was wird aus *deinen* Bedürfnissen?«

Steif richtete Garad sich auf. »Ich komme schon klar.«

Anstatt sich weiter mit xiem zu streiten, tat Ghost an dieser Stelle etwas, was sie noch mit keinem ihrer Liebhaber je getan hatte.

Sie vertraute xiem genau das an, was sie um jeden Preis geheim halten wollte.

»Es tut mir leid«, sagte sie zu ihm. »Es tut mir ehrlich leid, Garad. Ich mag ihn. Aber er hat es mir vorher nicht gesagt. Er hat mich nicht gewarnt. Er hat mir eine Falle gestellt, und ich weiß nicht, wie ich mich daraus befreien soll.« Und noch etwas geschah, was sie niemals vor den Augen eines Liebhabers zugelassen hatte. Sie weinte, dicke, heiße, Tränen, weil sie sich so elend fühlte. »Ich will mir dir zusammen sein. Nur mit dir. Ich will das alles nicht. Es muss einen Weg geben, wie wir zusammen sein können. Es muss einen geben.«

Um Gwanharas Werk der Leidenschaft gerecht zu werden, setzt sich Ghost nackt in eine Ecke ihrer stillen Wohnung. Sie hat gefegt und einige Kerzen verrückt, um einen anständigen Platz für diesen Dienst an der Heiligen zu schaffen. Dort sitzt sie und erkundet ihren Körper und ihren Geist, lässt Finger und Vorstellungskraft auf Wanderschaft gehen. Eine volle

Stunde lang sitzt sie dort und in ihren Gedanken ist nur Platz für Garad, immer wieder Garad.

Wie xier sie an sich zieht und flüstert: »Ja, es gibt ihn – wir werden uns erklären. Wir müssen es ihm sagen. Das ist der einzige Weg. Mir ist egal, was danach geschieht, solange ich nur dich habe. Vollkommen egal. Verstehst du?«

Ja, das verstand sie. Garads Stolz, Garads Pflichtgefühl … all das würde xier für sie über Bord werfen. Würde eine neue, verletzliche Version von sich erschaffen. All das würde xier für sie tun.

Also musste sie genau das für xien tun.

Und während sie Garads gierige Lippen an ihrem Hals spürte, während sie einander mit verzweifelter Dringlichkeit entkleideten, traf sie ihre Entscheidung. Sie würde Garad die eine Wahrheit offenbaren, die sie niemals zuvor einem Menschen anvertraut hatte.

Sie würde xiem zeigen, wozu sie fähig war …

Nur mit gewaltigem Kraftaufwand schafft sie es, diese Erinnerung zu vertreiben. Fast taumelnd erhebt sie sich und beendet damit Gwanharas Ritual, ihr Unterleib ist völlig verkrampft und die weiche Haut zwischen ihren Beinen wund gerieben. Es folgt Iochis Werk der Darbietung. Hierfür rezitiert sie auswendig die berüchtigte Rede von Königin Petro aus dem Klassiker *Licht, Feuer, Schlange*. Mit klingenden Worten wird hier eine auf finstere Art überzeugende Rechtfertigung für den kembrischen Genozid geschaffen, den das reale Vorbild der Figur im Namen der Heiligen durchführen ließ. Diese nicht ganz unumstrittene Wahl hat sie auch vor vielen Jahren während ihrer Ritterausbildung getroffen und dieser Monolog ist zu einer der wenigen Konstanten ihrer wechselhaften Existenz geworden. Außerdem fehlt ihr die Geduld, um etwas Neues auswendig zu lernen, da sie es aus dem Gedächtnis rezitieren müsste. Und das Gedächtnis … das Gedächtnis ist ein wahrer Schelm.

Nun zum Beispiel zeigt es ihr wieder Garads Gesicht, als sie während ihres heißen Liebesspiels einen langen, glücklichen Seufzer ausstieß und vollkommen losließ. Aber diese Erinnerung könnte fehlerhaft sein. Möglicherweise hat sie das alles verzerrt, hat das blanke Entsetzen, das sie heute zu sehen glaubt, einfach übertrieben. Dieses Grauen im Gesicht jenes Menschen, den sie verzweifelt und mit ganzem Herzen geliebt hat. Das Entsetzen, aus dem von einem Moment auf den anderen pure Abscheu wurde.

Aber vielleicht war es auch keine Abscheu. Vielleicht war Garad bloß überrumpelt. Schließlich hatte sie xien nicht vor dem gewarnt, was sie xiem zeigen wollte.

Sich selbst.

Endlich ihr vollständiges Selbst.

Noch während Königin Petros letzter Schrei von den farblosen Wänden ihrer Wohnung widerhallt, geht Ghost ins Badezimmer.

Dort hat sie bereits die Utensilien bereitgelegt, die sie für Rhyfens Werk der Gewalt benötigt: eine dünne, gut geschärfte Rasierklinge, in medizinischen Alkohol getränkte Tupfer und ordentlich zurechtgeschnittene Pflaster.

Barfuß stellt sie sich auf die kalten Fliesen und setzt einen Schnitt knapp über der Hüfte, an einer Stelle, wo die Wunde nicht zu stark beansprucht wird. Sie macht ihn nicht zu tief, damit er sauber abheilt. Das Blut von der Klinge lässt sie auf den vorbereiteten Ritualplatz tropfen.

Der Schmerz an der Hüfte weckt wieder Erinnerungen: Garad, halb nackt, wie xier sie nach diesem Anblick so brutal von sich herunterstieß, dass sie gegen eine Kante schlug und taumelnd zu Boden fiel, mit einem scharf aufflammenden Schmerz in der Seite.

Als sie leicht benommen hochblickte, starrte sie auf Garads Schwertspitze. Mit zitternden Händen und großen, tränenfeuchten Augen blickte xier auf sie herab, xies wundervoller Löwenkörper verkrampfte sich vor Hass.

Was hast du da gerade getan?

WAS BIST DU, VERDAMMT?

Aber Ghost lag einfach nur da, durchdrungen von Schmerz und Angst, und dachte: *Ich weiß es nicht.*

Das letzte Ritual ist natürlich Marvols Werk des Anfangs … oder des Endes.

Ghost war diejenige, die das mit Garad beendet hatte.

Sie hatte ihre Karten ausgespielt und es hatte sich als der katastrophalste Spielzug ihres Lebens entpuppt, als die schlimmste Fehleinschätzung, die ihr je unterlaufen war.

Garad konnte Gottgleiche nicht ausstehen, das wusste jeder. Auch Ghost wusste das. Aber irgendwie … irgendwie hatte sie sich eingeredet, dass die überhöhende Kraft der Liebe das schon richten würde. Oder irgendein kindischer Mist dieser Art. Warum sie es getan hatte, spielte keine Rolle mehr. Nur, dass sie es getan hatte.

Doch sobald sie Garads vor Abscheu verzerrtes Gesicht gesehen hatte, war es vorbei.

Ihr Leben war vorbei, nun konnte sie nur noch weglaufen.

Nachdem sie Marvols Ritual beendet hat, lässt Ghost sich ein Bad ein und rekelt sich im Wasser wie eine Dampfnudel. Die Luft wird schwer und feucht und duftend, das Badewasser färbt sich zartrosa, da noch immer Blut aus dem Schnitt an der Hüfte quillt. Als sie sich schließlich rundum sauber fühlt, wickelt sie sich in ein Handtuch, setzt sich auf ihr Bett und blättert in dem großformatigen Buch, das durch ein Kissen gestützt wird.

Es ist das Einzige, was Ghost aus ihrem alten Leben behalten hat. *Zu belastend, um zurückgelassen zu werden*, hat sie sich gesagt. Das ist nicht falsch, aber auch nicht die ganze Wahrheit. Ebenso geht es dabei um Ehrfurcht. Selbst wenn einem die Heiligen nichts bedeuten, packt die Welt der Caballaria irgendwann jeden und macht aus ihm einen Büßer mit gebeugten Knien, der keine schwierigen Fragen mehr stellt. Das Buch, das man am Ende der Grundausbildung mit jungfräulichen Seiten überreicht bekommt, dient dazu, die eigene Reise auf dem merkwürdigen, chaotischen Fluss des Lebens zu dokumentieren. Es wird zu einer eigenen Version des Kodex, jener althergebrachten und bis zum heutigen Tag andauernden Sammlung philosophischer Schriften, die das Rückgrat der Caballaria bilden. Halb Tagebuch, halb persönliche Bibel, wird es mit Erinnerungen, Gedanken, Schmerz, Freude und Sehnsucht gefüllt. Das eigene Selbst, handschriftlich festgehalten, weshalb es Einblicke enthält, die Ghost nun wirklich niemandem gewähren möchte. Außerdem kann es nie schaden, noch ein wenig geheimnisvoll zu sein.

Immer wieder bleibt ihr Blick an dem einen oder anderen niedergeschriebenen Gedanken hängen. Stotternd und ohne Zusammenhang erscheinen sie ihr, als blättere sie im Tagebuch eines Fremden. Zwischen den persönlichen Einträgen stehen Zitate aus dem Kodex, sorgfältig abgeschrieben und in einem besserwisserischen Ton kommentiert, den Ghost inzwischen fast schon nervtötend findet. Trotzdem geht es ihr heute um die ursprünglichen Philosophien.

So findet Leon sie einige Stunden später vor: sauber und ohne Kriegsbemalung, in einem schlichten Bademantel, im Schneidersitz auf dem Bett hockend und in Worte und Gedanken vertieft, die eine Anleitung zum Leben geben sollen.

»Es ist offen«, ruft sie abwesend, als er an die Tür klopft.

Es folgt eine Pause, die sich so lange hinzieht, dass sie beinahe glaubt, er habe sie nicht gehört. Dann kommt er mit schweren Schritten herein. Sein gesundes Auge erfasst neugierig den gesamten Raum.

»Ich hätte irgendein Typ von der Straße sein können«, rügt er vorwurfsvoll.

Achselzuckend wendet sich Ghost wieder ihrem Buch zu.

Seinen bohrenden Blick nimmt sie nur am Rande wahr, sie ist momentan in ganz anderen Gewässern unterwegs.

»Dort draußen bricht alles zusammen«, erklärt Leon einen Moment später.

»In London bricht ständig alles in sich zusammen.«

»Und du verkriechst dich hier und meditierst vor dich hin wie ein Mönch.«

»Ein gewisses Zeremoniell muss sein, auch wenn man im Dreck herumkriecht.«

»Warum das denn? Du bist keine Ritterin mehr.«

Ghost antwortet nicht. Ritter bleiben auch fernab der Arena noch Ritter, würde sie ihm gerne sagen. Aber dann befördert sie diesen romantischen Anflug mit einem gedanklichen Fußtritt unter das Bett. Eine sinnentleerte Phrase ist das, nichts weiter. Der Ritter ist ein Konstrukt, eine Fassade, die der Mensch hinter dem Schwert der Welt präsentiert. Kaum mehr als sein Outfit. Und doch scheint es ihr noch etwas zu bedeuten.

»Was hast du vor?«, fragt Leon sie irgendwann misstrauisch.

Mit einem schweren Seufzer gibt Ghost auf. Sie hat ihn hereingelassen, da kann er vermutlich zumindest minimale Gesprächsbereitschaft von ihr erwarten.

»Kämpfen«, antwortet sie also knapp.

»Und heutzutage bereitet man sich wie ein Ritter auf einen Wardogs-Kampf vor, oder wie?«

»Wie kommst du darauf, dass ich zu den Wardogs will?«

Spöttisch stellt er fest: »Was meinst du denn, warum sich bei denen so viele Ex-Ritter einschreiben? Du musst kämpfen, das steckt dir einfach in den Knochen.«

»So wie du auch jetzt noch Menschen beschützen musst?«

»Was soll das nun wieder heißen?«

»Warum bist du hier?«, fragt Ghost gelassen.

Leon sieht sich um Raum um. »Bei allen Heiligen, ist schon recht trostlos hier.«

Vorsichtig klappt Ghost das Buch zu. »Ich muss bald los, Leon.«

Sie erhebt sich und schiebt sich zwischen den Kerzen hindurch, bis sie vor ihrer Kommode steht. Dort legt sie den Bademantel ab und zieht die extra für diesen Kampf ausgewählten Sachen an. Bindet sich einen Riemen so fest um den Oberschenkel, dass er auf der Haut drückt. Leon lässt sie nicht aus den Augen.

»Gegen wen kämpfst du?«, will er wissen.

»Gegen jeden, der meint, ich müsse für Moths Tod den Kopf hinhalten. Ich mag meinen Kopf und würde ihn gerne behalten. Und das werde ich mit meinen Messern verdeutlichen.«

Es folgt eine lange Pause.

»Dann weißt du also, wer der Mann ist?«, fragt Leon schließlich.

»Möglicherweise. Es könnte sich aber auch wieder um eine Falle handeln. Nach allem, was bisher geschehen ist, rechne ich auf jeden Fall mit Schwierigkeiten.«

Leon versucht es erneut. »Ich habe es dir schon einmal gesagt:

Das ist nicht dein Kampf. Wenn du nicht die Finger davon lässt, sind wir bald beide tot.«

»Diese Sache ist wie ein Wackelzahn«, erklärt ihm Ghost. »Ich muss einfach immer weiter daran herumziehen, bis er irgendwann draußen ist. Was wohl nicht ohne Blut und Schmerz passieren wird. Andererseits … wie sollten wir ohne das überhaupt wissen, ob wir noch am Leben sind?«

»Was aus mir wird, interessiert dich also nicht mehr als ein Rattenschiss, ja?«

Jetzt klingt Leon wie ein geprügelter Hund; geplatzte Hoffnungen, nicht unerwartet, aber noch immer unerwünscht.

»Ich habe dir gesagt, ich würde den Grenwald-Fall ruhen lassen, und das habe ich getan«, entgegnet Ghost. »Hierbei geht es aber gar nicht um sie, richtig?«

»Ach nein? Den Tod ihrer Kollegin zu untersuchen, hat meiner Meinung nach noch eine Menge mit ihr zu tun.«

»Anscheinend drehst du dich heute gern im Kreis«, seufzt Ghost.

»Was ist nur mit dir los?« Leon scheint wirklich neugierig zu sein. »Du könntest dich … verkriechen. Du könntest verdammt noch mal tun, was man dir sagt, und einfach weiterleben. Stattdessen wirfst du dich regelrecht in die Schussbahn. Wieso?«

Am liebsten hätte sie geantwortet: *Weil jeder von uns seine Geschichte hat und wir die Realität durch die Linse dieser Geschichte betrachten. Unser Leben, unsere Erinnerungen, die gesamte Geschichte unserer Spezies – alles nur Geschichten, die wir uns selbst erzählen. Und wie sollte ich damit leben, wenn meine Geschichte die eines Feiglings wäre? Welchen Wert hätte mein Leben dann noch?*

Und sie möchte ihm sagen: *Es gibt nicht vieles in dieser Welt, worauf man sich stützen kann. Aber Gerechtigkeit – selbst die ver-*

krüppelte, verfälschte Version davon, die bei uns vorherrscht – ist ein Wert, der Bedeutung hat. Fällt auch sie noch weg, was bleibt dann übrig? Das Leben muss eine Bedeutung *haben, wozu steht man sonst morgens auf? Und das hier ist meine Bedeutung. Diese Entscheidung, die eigentlich keine ist, denn entscheide ich mich dagegen, wähle ich dadurch eine Version von mir, mit der ich nicht leben kann.*

Aber Leons Frage ist ein reines Ablenkungsmanöver, denn er stürzt sich schon auf sie, bevor sie auch nur zu einer Antwort ansetzen kann. Im Ansatz keine schlechte Taktik, die sie tatsächlich überrascht. Aber er ist alt und erschöpft, während sie sich schon seit Stunden vorbereitet, weshalb Geist und Körper dieses eine Mal komplett verschmelzen – wenn auch nur vorübergehend. Außerdem will sie ihn eigentlich gar nicht verletzen. Er hat weder Schmerz noch Gnade verdient, da niemand überhaupt irgendetwas verdient, obwohl wir alle Tag für Tag Richter und Geschworene sind, bei jeder einzelnen Begegnung, seien es nun Fremde oder liebe Freunde.

Kurz gesagt: Ghost muss ihn ausschalten. Er keucht und tritt nach ihr, richtet aber nichts aus.

Schließlich lässt sie ihn los und weicht zurück. Leon stützt sich auf eine Hand, die andere drückt er an den Hals. Kampfbereit bleibt Ghost stehen, das Messer gezückt, mit dem Rücken zur Tür. So kann sie jederzeit gehen.

»Das heißt dann wohl, dass du doch noch beschlossen hast, mich auszuliefern, wie?«, stellt sie fest.

Leon antwortet nicht.

»Wen darf ich erwarten? Die Schläger von der Palastwache?«

Noch immer antwortet Leon nicht.

Ghost nickt. »Ist schon okay. Ich wäre sowieso nicht noch einmal hergekommen.«

Es gäbe eine Menge zu sagen. Sie würde ihn auch gerne fragen, warum er das tut – aber ist das wirklich wichtig? Schließlich kann er ihnen so ziemlich alles erzählt haben, um seinen Deal zu kriegen: dass sie die Schwester der berühmten, verschollenen und vermutlich toten Finnavair sei oder aber auch, dass sie eine illegale Gottgleiche sei. Ihm wäre durchaus zuzutrauen, irgendwie dahintergekommen zu sein, immerhin haben das in letzter Zeit eine Menge Leute geschafft. Warum er es getan hat, spielt also keine Rolle. Wichtig ist jetzt nur, dass sie wieder einmal verschwinden muss.

Im Grunde tut Leon ihr leid, da er schließlich nur versucht, trotz aller Beschränkungen klarzukommen, und so verzweifelt um ein besseres Leben kämpft, dabei aber leider nicht fähig ist, auch ein besserer Mensch zu werden. Jeder hat sein Päckchen zu tragen. Das Leben ist nicht leicht. Jeder Schritt auf diesem Weg kostet harte Arbeit und Anteilnahme, bringt Fehler und Fragen mit sich, immer wieder neue Fragen.

Natürlich könnte sie ihm von ihren Fehlern erzählen, damit er seine eigenen nicht mehr ganz so schwer nimmt. Sie könnte ihm sagen, dass sie sich eigentlich nie vollständig gefühlt hat, eher wie ein Schatten, der immer hinterherhinkt. Wie eine Schattengestalt, die nur hervorgeholt wird, wenn es brutal wird. Für die unüberlegte schnelle Nummer und den fiesen Mord. Jeder trägt diese Seite in sich; der Trick ist einfach, die böse Seite hinterher wieder mit der guten Seite zu verbinden, um zu einer vollständigen Persönlichkeit zu werden. Zu einer, die gut und böse ist oder eigentlich keins von beidem, sondern einfach nur menschlich.

Aber Ghost bleibt nicht genug Zeit, um Leon irgendetwas davon mitzuteilen, dafür hat er selbst gesorgt. Müde und irgendwie eingeschrumpft sitzt er auf seinem Hintern und sieht zu ihr hoch wie ein Kind, dem die Möwe gerade das Eis geklaut hat.

Ghost lässt ihn in ihrer Wohnung zurück, umgeben von umgestoßenen Kerzen und Wachspfützen. Zu spät fällt ihr das Buch wieder ein, das noch immer an ihrem Kopfkissen lehnt. Nun ja, er kann es haben.

Für sie fühlt es sich sowieso an, als hätte es jemand anders geschrieben.

KAPITEL 27

Garads Wohnung, Evrontown

Zwei Wochen zuvor

»Hast du den Mörder gefunden?«, fragt Garad.

An dieser speziellen Formulierung hat Ghost ganz besondere Freude. »Ja, habe ich.«

»In seinem Haus, schätze ich.«

»Oh, nein.« Sie lächelt. »Es gab eine Show dazu.«

*

Theater des Allsehenden Auges, Alaunitown

Drei Wochen zuvor

Als Gebäude kann man diesen halb zerlegten Korpus eigentlich kaum bezeichnen.

Eher ist es ein Metallskelett auf zerbrechlichen Beinen, dessen vergitterte Gerüste sich kreuz und quer durch den Himmel ziehen. Die Steinmauern des Hauses hinter diesem Konstrukt sind so deutlich zu erkennen wie freigelegte Knochen und auch hier befindet sich ein riesiges Loch in der Mauer. Ein einsamer, umgestürzter Turm ruht dahinter auf dem Boden, getragen von einem Haufen Ziegelsteinen und zerschmetterten dicken Glasscheiben. Ob dieser Zustand das Ergebnis von Aufbau oder Abriss ist, lässt sich schwer sagen; sicher und für Besucher sehenswert ist es jedenfalls nicht.

Warum also stehen die Menschen Schlange, um sich in dieses Skelett hineinzuwagen und sich einen Weg durch den Schutt zu suchen? Warum stehen Sicherheitsleute am Eingang und führen Kontrollen durch? Auch auf der Straße herrscht absurd viel Verkehr, denn dieser Teil des Flusses ist eigentlich recht abgeschieden. Anscheinend gilt es heute als Freizeitbeschäftigung, einem Gebäude Stück für Stück bei seinem Einsturz zuzusehen – und wenn man sich die Aufmachung dieser Leute ansieht, ist der Spaß nicht gerade billig.

Ghost drückt sich am Rand der Menge herum und behält die Schlange im Auge. Diese Menschen sind ungefähr so vertrauenerweckend wie eine alte Schindmähre, die leicht aufgehübscht zum Preis eines Rennpferds angeboten wird. Wenn sie die Kontrolle passiert haben, steigen sie eine Metalltreppe hinauf … und dann? Springen sie hoch oben von dem Gerippe? Ist das hier vielleicht ein Massenselbstmord?

»Das ist das Publikum«, erklärt Delilah.

Ghost hat sich absichtlich hier positioniert und versucht, sich durch nichts ablenken zu lassen. Doch obwohl sie hoch konzentriert ist und wusste, dass Delilah kommen würde, hat dieses schlüpfrige Wesen es trotzdem geschafft, sich unbemerkt anzuschleichen.

Ihr liegt bereits ein spitzer Kommentar zu diesem geisterhaften Auftritt auf der Zunge, als sie plötzlich sieht, wen Delilah mitgebracht hat.

Ein Schritt, noch ein Schritt, Hand ans Holster und schon liegt die Waffe in ihrer Hand. Das ungewohnte Gewicht fühlt sich beinahe tröstlich an.

»Es ist nicht so, wie es aussieht«, ruft Delilah irgendwo hinter ihrem breitschultrigen Begleiter.

Was Ghost nicht davon abhält, Sugar weiter ihre Pistole vor das Gesicht zu halten.

»Lass sie gehen«, befiehlt sie ihm.

Mit einem abfälligen Lachen stellt Sugar fest: »Haltlose Anschuldigungen, wie man es von einem Köter der Waffen erwarten kann.«

»Er ist auf unserer Seite, Ghost«, ruft Delilah drängend. »Wir brauchen ihn. Ich hatte dir doch gesagt, dass ich eine Möglichkeit wüsste, um Moths Mörder aufzuspüren, erinnerst du dich? Er ist diese Möglichkeit.«

»Nie und nimmer spiele ich nach seinen Regeln«, verkündet Ghost.

»Dann leck mich.« Sugar wendet sich ab.

»Nein, warte.« Drängend zerrt Delilah an seinem Arm. »Ohne dich können wir ihn nicht finden.«

Nun versucht es Ghost mit einem höflichen Lächeln. »Bitte, Delilah, was soll das?«

»Er ist ein Bluthund«, erklärt die Sängerin.

Sugar knurrt sie an.

»Ach bitte, sie muss es wissen«, winkt Delilah ungerührt ab, bevor sie sich wieder Ghost zuwendet. »Es ist allein ihm zu verdanken, dass die Gruppe dich wegen Moths Tod noch nicht in Stücke gerissen hat, okay? Er hat am Tatort einen fremden Mann gerochen. Deshalb wusste er, dass du an jenem Abend nicht der einzige Besucher dort warst. Er hat seine Fährte aufgenommen und ist ihr im Lauf der letzten Woche gnadenlos gefolgt. Und heute Abend«, sie zeigt auf die skelettartige Baustruktur, die über ihnen aufragt, »ist dieser Mann wohl hier.«

»Du bist ihm eine Woche lang gefolgt, nur anhand seines Geruchs?«, hakt Ghost nach.

»Willst du mich vielleicht auf die Probe stellen?«, entgegnet Sugar gelassen. »Ich kann dir genau sagen, wo du dich überall herumgetrieben hast, und das seit unserer allerersten Begegnung.«

Einen Moment lang herrscht angespannte Stille.

Dann lacht Ghost laut auf, was Sugar einen gereizten Blick entlockt.

»Unfassbar«, sagt sie trocken. »Zurzeit kleben mir so viele Leute an den Hacken, dass ich mich eigentlich nie wieder einsam fühlen dürfte.«

Ghost bemerkt Delilahs aufgebrachte Miene. Sie zumindest scheint das Ganze zu glauben. Ob Sugar mit seiner Supernase auch riechen kann, was für einen Scheiß er verzapft? Niemand ist zu Derartigem fähig. So etwas wie einen menschlichen Bluthund gibt es nicht.

So etwas wie dich gibt es allerdings auch nicht – was auch immer das sein mag, wendet die Stimme in ihrem Kopf ein.

Vielleicht ist er ja der Spitzel, der Cass an den Gottgleichen-Fänger verkauft hat. So viel demonstrative Selbstgerechtigkeit weist oft auf eine Überkompensation verborgener Schuldgefühle hin. Eigentlich hat Ghost ihn von Anfang an als Arschloch eingestuft, war sich ihrer eigenen Instinkte aber gleichzeitig nicht sicher. Es ist eben schwer zu glauben, wenn das Leben mit durchschaubareren Elementen arbeitet als jede Geschichte. Warum auch immer er sich in diese Suche einschaltet, sie sollte ihre Alarmglocken aktivieren. Okay, das hat sie sowieso längst getan.

Ghost lässt die Waffe sinken. Vorerst.

»Und was will unser Mann hier?«, fragt sie und deutet mit dem Kopf zu dem Metallgerippe hinüber. »Und was genau *ist* eigentlich hier los?«

»Hier findet diese neue Show statt, von der alle reden«, berichtet Delilah wenig hilfreich. »Eine Inszenierung direkt vor einer verfallenen Saith-Kirche, irgendwo dort hinten. Das wird gerade alles abgerissen, um ein neues Kraftwerk hinzustellen. Deshalb ist das Gebäude im vorderen Teil auch erst zur Hälfte fertiggestellt.«

»Eine Aufführung vor einer Kirchenruine?« Angewidert runzelt Sugar die Stirn. »Ziemlich traditionalistisch, oder? Da kommt man sich ja vor wie früher mit den Eltern in der Messe. Nicht einmal die Heiligen wissen noch, wie viele verdammte Maskenspiele ich mir als Kind in der Kirche ansehen musste. Das prägt einen fürs Leben.«

»Nihilisten«, erklärt Delilah achselzuckend. »Nutzen jede Chance, um der Religion in den Arsch zu treten.«

»Jetzt haltet mal beide die Klappe«, befiehlt Ghost. »Ihr macht die ganze Jagdstimmung kaputt. Lasst uns gehen.«

»Und wohin?«

»Zu dieser Show. Dort schnappen wir ihn uns.«

»Wir können da nicht einfach reingehen«, protestiert Sugar. »Ich würde sagen, wir warten hier und folgen ihm, sobald er rauskommt.«

Ghost zieht übertrieben skeptisch eine Braue hoch. »Was denn, reichen deine Fähigkeiten etwa nicht aus, um ihn in einer großen Menge zu erschnüffeln, in einem Gebäude mit einer Million anderer Gerüche?«

Mit wütendem Blick erwidert er: »Ich weiß, wie er aussieht, klar?«

»Das weiß ich ebenfalls«, schießt Ghost sofort zurück. »Wozu bist du also noch mal hier?«

Sie schiebt ihre Waffe ins Holster und marschiert auf den Eingang zu – oder das, was man wohl dafür halten muss. Warum auf weitere Beleidigungen warten, wenn man sie einfach stehen lassen kann?

Delilah läuft ihr hinterher.

»Bist du sauer auf mich?«, fragt sie atemlos.

»Hmmm, sollte ich etwa?«

»Ich konnte dir vorher nicht sagen, wie wir ihn aufspüren. Mir war doch klar, dass du ein Problem damit haben wirst.«

»Gut geraten. Halt ihn mir einfach vom Hals, während ich unseren mordenden Kartendieb suche.«

»Warte, Ghost, wir können da jetzt nicht reingehen!«

Irritiert bleibt Ghost stehen. »Warum nicht?«

Betreten starrt Delilah auf ihre Füße. »Einfach, weil es eine Aufführung ist. Wir sollten warten, bis es vorbei ist und er wieder rauskommt. Dann folgen wir ihm zu seinem Haus und schnappen ihn uns dort.«

»Oder wir könnten jetzt gleich mit ihm reden, vor all diesen vielen Zeugen, damit er keine Dummheiten macht. Manchmal ist es besser, einen Kampf vor Publikum auszutragen, das verschiebt das Kräftegleichgewicht.«

Vermutlich sucht Delilah nach weiteren Ausreden, denn sie öffnet bereits den Mund. Als nichts weiter kommt, schiebt sich Ghost entschlossen in das Gewühl und stößt ein stummes Stoßgebet aus, dass sie die beiden im Gedränge verlieren möge.

Der Großteil der Menge ist inzwischen hineingegangen, an der Kontrolle stehen nur noch einzelne Nachzügler. Ghost reiht sich hinter ihnen ein und schenkt den Kontrolleuren ein breites Lächeln; es wird nicht erwidert.

»Karte, bitte«, fordert einer der beiden gelangweilt.

»Ich bin nicht wegen der Show hier.« Ghost zeigt diskret auf ihr Pistolenholster. »Ich bin eine Waffe Gottes. Ihr habt heute einen Unregistrierten im Publikum, den ich abliefern muss.«

Die Kontrolleure tauschen einen ratlosen Blick. Offenbar arbeiten sie für die Theatertruppe, denn sie sehen aus, als wären sie bisher höchstens mit gespielter Bühnengewalt in Kontakt gekommen. Wie die meisten Menschen haben sie es nicht oft mit Waffenträgern zu tun, weshalb man sich fast immer darauf verlassen kann, dass sich niemand gegen die finstere Autorität der schweren Pistole auflehnt. Die Menschen fürchten sich davor, und das zu Recht.

»Die Show darf nicht gestört werden«, versucht einer der beiden es trotzdem. »Können Sie nicht warten, bis die Aufführung vorbei ist?«

»Ich werde ganz subtil vorgehen, versprochen«, behauptet Ghost und geht einfach hinein, ohne eine Erlaubnis abzuwarten.

»Hey«, ruft einer der beiden ihr verunsichert hinterher, aber niemand folgt ihr. Schon wesentlich entspannter, steigt sie die Metalltreppe hinauf wie die anderen Besucher vor ihr. Wirklich beeindruckend, wie manche das mit ihrem absurd ungeeigneten Schuhwerk geschafft haben, das sie wohl aus falschem Wagemut oder mangelnder Voraussicht gewählt haben, was ja beides oft Hand in Hand geht.

Als Ghost schnelle Schritte hinter sich hört, dreht sie sich um: Sugar und Delilah haben sie eingeholt. Pech.

Anscheinend läuft gerade eine Art Vorprogramm, denn hinter diversen Pfeilern tauchen immer wieder Schauspieler auf, klettern daran hoch und proklamieren dabei diverse Weisheiten.

»FORTSCHRITT«, brüllt einer. »ABER WAS VERLANGT ER UNSEREN SEELEN AB?«

»Wer in der Vergangenheit verharrt«, singt ein kleiner Chor auf einer Empore, »versinkt in Entropie.«

Zwischen den Pfeilern hinter dem Chor hängt an dicken Seilen ein riesiges rundes Auge, das offenbar aus Milchglas geformt ist. Prüfend starrt es in die herumwandernde Menge und fällt über jeden Einzelnen sein Urteil.

»Ein Schlag ins Gesicht wäre subtiler«, schnaubt Sugar hinter ihr, wofür Ghost ihm widerwillig ein paar Sympathiepunkte einräumen muss.

Sie bleibt auf einer breiten Aussichtsplattform stehen und lässt den Blick über die Menge wandern. Könnte schwierig werden, den Kahlköpfigen in diesem Chaos zu finden. Vielleicht kann Sugar sich doch noch als nützlich erweisen. Als sie sich zu ihm umdreht – dann soll er eben versuchen, ihre Skepsis zu entkräften –, streift ihr Blick ein vertrautes Gesicht.

Er steht einige Meter entfernt und sie sieht nur sein Profil, aber das ist unverwechselbar.

Ghost stößt einen leisen Fluch aus.

»Was ist los?« Beunruhigt folgt Delilah ihrem Blick. Als sie erkennt, wen Ghost gesehen hat, erstarrt sie.

»Sag mal, Herr Bluthund«, raunt Ghost möglichst unauffällig, »kennst du diesen Mann dort drüben?«

Sugar starrt in die angegebene Richtung.

»Das ist er«, stellt er dann zufrieden fest.

»Das ist der Mann, den du verfolgt hast? Der Mann, den du in Moths Laden gerochen hast?«

»Genau.« Als er merkt, wie angespannt sie klingt, wirft er ihr einen irritierten Blick zu. »Was ist denn, ist er dir vielleicht nicht hübsch genug?«

Zurückgeklebte Haare, teure, gepflegte Kleidung. Feuchter Glanz im Gesicht.

»Das ist der Falsche«, verkündet Ghost. »Der war es nicht.«

Sie mustert Delilah, deren Blick noch immer an Glapissant hängt.

»Aber den sollte ich erschnüffeln«, protestiert Sugar.

»Was meinst du damit: du *solltest*? Hattest du etwa einen Auftrag? Von wem?«

Sugar schweigt sich verbissen aus. Dann muss sie ihm wohl etwas auf die Pelle rücken, ihm die unmittelbare Bedrohung näherbringen. »*Von wem*, Specknacken?«

»Lass gefälligst die Finger von …«

»Er hat uns entdeckt.« Delilahs leise, aber ängstliche Warnung lässt sie innehalten.

Ghost sieht sich um.

Glapissant starrt zur ihr herüber, als wäre sie ein unerwünschter Überraschungsgast.

Was zur Hölle macht die hier? Ungefähr das steht ihm ins Gesicht geschrieben, was Ghost nicht nur verrät, dass er sich an ihre kurze, inzwischen eine ganze Weile zurückliegende Begegnung auf der Party erinnert. Es zeigt ihr außerdem, dass er Angst hat.

Sie schenkt ihm ihr gewinnendstes Lächeln.

Überraschenderweise wendet er sich daraufhin ab und schiebt sich durch die Menge.

Er will abhauen.

Ohne lange nachzudenken, nimmt Ghost die Verfolgung auf.

Kurz glaubt sie, einen wortlosen Schrei zu hören, vielleicht von Delilah, aber jetzt ist keine Zeit für Erklärungen. Das hier wird sie allein machen, scheiß auf Sugar und seine ruchlosen

Pläne, scheiß auf sie alle. Die sollen schön da bleiben, wo sie ihr nicht in die Quere kommen oder ihr womöglich noch ein Bein stellen können. Jetzt ist sie der Hund und sie muss das Kaninchen erwischen.

Ihr Ziel ist nicht leicht im Auge zu behalten – gegelter Hinterkopf und Schultern im Maßanzug zwischen lauter gegelten Köpfen und Schultern im Maßanzug –, aber schon bald sieht sie, dass er nicht auf dem Boden bleibt. Stattdessen klettert er in die Höhe, eine einsame Gestalt an einem der vielen Stützpfeiler, die ringsum aufragen. Ghost drängt sich durch die Reihen, schiebt weiche Körper so heftig beiseite, dass sie taumelnd fortkreiseln, was ihr teils wüste Beschimpfungen einbringt. Sie aber starrt angestrengt in die Gerüstbauten hinauf. Warum müssen sich solche Typen nur immer über alle anderen erheben? Und wer nimmt eine solche Metapher denn bitte schön wörtlich?

Doch je länger die Jagd andauert, desto mehr Spaß hat sie daran, sich dieser simplen Spannung hinzugeben.

Der Frosch flüchtet und Ghost verfolgt ihn über Gerüsttürme und Plattformen, bis er irgendwann auf eine runde Fläche hinabspringt, die sich gleich einem Ring um einen schmalen Turm schließt.

Dort verschwindet er hinter dem brüchigen Mauerwerk.

Als Ghost die Plattform erreicht, entdeckt sie im Inneren des Turmes eine schwindelerregend enge Wendeltreppe; jede Windung verbirgt die darauffolgende, sodass sie keine Ahnung hat, was hinter der nächsten Krümmung auf sie wartet.

Aber es hilft ja nichts.

Mit gezogener Waffe und eng an die Wand gedrückt, steigt Ghost die Stufen hinab.

Erst als ihre Schritte unten auf glattem Steinboden widerhallen, erkennt sie, wo sie sich befindet: in der verfallenen Saith-Kirche, die Delilah erwähnt hat und die demnächst abgerissen werden soll.

Wie die Tradition es vorschreibt, bildet der Kirchenraum ein Septagon mit einer siebenseitigen Nische an jeder Seite, die jeweils einem der Saith gewidmet ist – sichtbar gemacht durch ein Symbol, ein Bild, eine Statue oder eine Opfergabe. Ein Hauch von Jasmin steigt Ghost in die Nase, als sie weiterhetzt: die Blume des heiligen Iochi, deren vertrocknete Zweige in seinem Alkoven den Boden bedecken. Eigentlich verlangt das Ritual, dass sie vor jedem der Saith stehen bleibt, die Kehle entblößt und ihnen einen Kuss darbietet. Diese unterwürfigen Gesten sind so tief in ihr verankert, dass sie beinahe über ihre eigenen Füße stolpert, die automatisch innehalten wollen. Fluchend fängt sie sich ab und läuft weiter. Jetzt ist keine Zeit für Höflichkeiten, sie wird sich später mit einer kompletten Nacht der Anbetung entschuldigen. Ihr schießt der verräterische Gedanke durch den Kopf, dass Delilah ihr bei den Gebeten zu Gwanhara helfen könnte, der Heiligen der Leidenschaft und der Körperlichkeit. Jetzt rennt sie jedoch erst einmal weiter und …

… da ist die Beute. Fast schon verzweifelt tastet er die versiegelte Eingangstür ab, kann sie aber nicht öffnen, woraufhin er sich hektisch umdreht und nach seinem Verfolger Ausschau hält. Der bereits da ist.

Ghost greift sofort an.

Es dauert nicht lange; dieser Mann ist erstaunlich schwach.

»Sie sind ja mal ein verdammt schlüpfriger Geselle«, keucht sie, als sie schließlich auf ihm hockt und ihm eine Klinge an die Kehle drückt, damit er nicht länger um sich schlägt.

»Nehmen Sie das Messer weg!«, kreischt Glapissant.

»Warum sollte ich?«

Die Dreistigkeit dieser Frage überrascht ihn offenbar, denn er starrt sie nur wortlos an.

»Cassren Grenwald«, beginnt Ghost. »Haben Sie sie umgebracht?«

»Nein!«

»Wirklich nicht?«

Wieder versucht der Frosch, nach ihr zu schlagen, doch er erstarrt sofort, als das erste Blut die Klinge benetzt.

»Vorsicht, sonst schlitzen Sie sich noch selbst die Kehle auf«, warnt Ghost. »Würde mir allerdings Arbeit ersparen.«

»Aufhören«, fleht er. »Bitte … bitte … ich …«

Bei allen Heiligen, da quellen echte Tränen aus seinen glasigen Augen. Sie laufen in seinen sowieso schon feuchten Haaransatz und lassen sich auf seinen sorgsam toupierten Strähnen nieder. Es ist schon eine Weile her, dass Ghost einem derart überragenden Feigling so nahe gekommen ist. Dieser Mann musste in seinem Leben noch nie auch nur einen Kampf ausfechten. Wäre sie ein besserer Mensch, hätte sie in diesem Moment vermutlich Mitleid mit ihm. Zum Glück ist sie aber kein sonderlich guter Mensch.

Einfach so aus Spaß drückt sie noch ein wenig fester zu.

»Warten Sie! Warten Sie!«, schluchzt Glapissant. Sein Hals ist inzwischen so verkrampft, dass es beinahe komisch wirkt. »Sie sind doch eine Gläubige! Sie glauben an die Heiligen, Sie tragen die Münze!«

Seine verweinten, weit aufgerissenen Augen fixieren den Anhänger, der an einer dünnen Kette um ihren Hals hängt; wie ein Pendel schwingt er vor seiner Nase hin und her.

»Was ist damit?«, knurrt Ghost irritiert.

»Geweihter Ort«, stammelt er weiter. »Keine Gewalt an

einem geweihten Ort. In der Kirche der Heiligen darf niemandem ein Leid geschehen.«

»Rhyfen wird mir vergeben«, befindet Ghost. »Er mag Blutopfer.«

»Aber die anderen nicht! Die anderen nicht!«

Warum muss der verdammte Scheißkerl ausgerechnet ihre Schwachstelle finden? Sie kann das Raunen der Heiligen in ihrem Rücken regelrecht hören, kann spüren, wie sie ihren Arm packen, sie zurückhalten.

»Das wäre Ihre Verdammnis«, wimmert Glapissant. Seine feuchte Haut glänzt im rosigen Zwielicht der Kirche.

Ghost zögert. Mist. Man sündigt und zahlt später den Preis dafür. So läuft das doch in dieser Welt, oder? In letzter Zeit hat sie einige Sünden angehäuft und irgendwann einmal wird die Abrechnung kommen. Bis dahin muss sie mit der Last auf ihren Schultern leben und mit diesem plötzlichen Schmerz in ihrer Kehle, der alles andere ausschaltet …

Sie kann nicht einmal mehr Luft holen, als die Leine an ihrem Hals sie nach hinten zerrt. Wie eine widerspenstige, aber hilflose Katze wird sie mitgezogen. Schließlich landet sie auf dem Rücken und starrt blinzelnd zu dem Gesicht des heiligen Marvol hinauf, das die Decke ziert. Seine wohlgeformte Nase droht in Schwärze zu versinken, als ihr Gehirn vergeblich nach Sauerstoff schreit. Das Messer hat sie auch verloren, es ist ihr bei dem Angriff aus den tauben Fingern geglitten.

»Wo wart ihr so lange? Dieses verfluchte Miststück hat mich beinahe umgebracht!« In Glapissants zitternder Stimme schwingen Reste des Adrenalins und der Tränen mit.

Sofort kommt Delilahs ängstliche Antwort: »Ich hatte nicht damit gerechnet, dass sie sofort hinter Ihnen herrennt!«

Typisch.

So typisch.

Und weißt du, was die Sache noch schlimmer macht?, will das andere Ich von seinem Zuschauerplatz in ihrem Kopf aus wissen. Im Prinzip hast du genau so etwas erwartet und bist sehenden Auges in die Falle getappt. Vielleicht hatte der Wardog ja doch recht, was deine Todessehnsucht angeht? Schön, dein Problem. Meine Zeit ist jedenfalls noch nicht gekommen.

Sie versucht, sich zu bewegen. Es gelingt ihr, sich auf die Seite zu rollen, bevor der Mensch am anderen Ende der Leine zieht und sie würgt, bis sie wieder still liegt.

Nun folgt eine angenehm lange Pause, die Ghost genügend Zeit lässt, um sich vor Augen zu führen, warum sie sich selbst so sehr hasst. Irgendwann spürt sie eine vorsichtige Berührung.

Im nächsten Moment schreit der Frosch auf. »Halt sie verdammt noch mal ruhig! Du musst gar nicht fest anziehen, mit dieser Leine könnte selbst ein Kind sie lahmlegen.«

»Tue ich doch, ich …«

Ghosts Luftröhre wird zusammengepresst, bis sie nicht dicker ist als ein Bindfaden; zumindest fühlt es sich so an. Reglos bleibt sie liegen.

Vor ihr taucht der Frosch auf, in der Hocke zusammengekauert. Ihre Waffe hält er locker in der Hand, sodass sie zwischen seinen Beinen pendelt. Jetzt wirkt er nicht mehr wie ein greinendes Kleinkind, dem man den Kuchen geklaut hat. Gib einem Schwächling eine Waffe und schon schwillt ihm der Kamm. Und anderes.

»Sie haben gesagt, ich würde meine Schwester zurückbekommen«, meldet sich Delilah wieder zu Wort. Ihre Stimme klingt schrill vor Angst. »Wo ist sie?«

»Alles zu seiner Zeit.« Glapissant lässt Ghost nicht aus den Augen.

»Nein, ich will sie jetzt haben«, beharrt Delilah. »Das war die Abmachung. Ich liefere Ihnen Ghost, dafür bekomme ich meine Schwester zurück.«

Ghost hört die frustrierende Sturheit hinter ihren Worten, die bei dieser Frau ständig auf der Lauer liegt, um sich möglichst jedes Mal zu melden, wenn sie den Mund aufmacht. *Sie hat wirklich Mumm in den Knochen, das muss man ihr lassen.*

Glapissant reagiert nicht.

»Haben Sie sie mitgebracht?«, bohrt Delilah weiter. »Ja oder nein?«

»Wer nimmt schon ein lahmes Kind mit in die Oper? Nein, Delilah, ich habe sie nicht mitgebracht. Dein träges Schwesterlein kann ja nicht einmal selbstständig atmen. Glaubst du wirklich, hier gäbe es genügend Platz für dieses Gerät, an das man sie schnallen muss?« Glapissant sieht Ghost an und verdreht die Augen, als wolle er seine Frustration mit ihr teilen. Frauen, was soll man sagen?

»Außerdem hast du deinen Teil des Handels gründlich in den Sand gesetzt.« Er steht auf und klopft sich den Schmutz von der Hose. »Du hättest sie zur Menagerie bringen sollen, wo wir das Ganze mit einem Minimum an Gewalt hätten abwickeln können.«

»Sie wollte nicht!«, protestiert Delilah aufgebracht. »Sie hat darauf bestanden, dass wir uns bei der Show treffen, um Sie vor Publikum festzusetzen. So hat sie es gesagt!«

Na, das stimmt aber nicht ganz. Delilah hat Ghost mitgeteilt, dass sie sich bei der Show treffen würden. Hat sie das absichtlich so eingefädelt? Um ihr den Hauch einer Chance einzuräumen? Hat sie vielleicht sogar absichtlich zugelassen, dass Ghost ihr und Sugar entwischt und den Plan ruiniert, weil sie insgeheim gehofft hat, Ghost könnte ihre Beute tatsächlich zur Strecke bringen?

Glapissant hebt die Pistole und zielt. Ghost hört einen leisen Atemzug, der körperliche Ausdruck einer plötzlichen, grauenhaften Erkenntnis. Der Schuss hallt von den steinernen Wänden wider, die extra so gebaut wurden, dass sie jeden Laut überhöhen. Als ob möglichst viel Drama die Dinge automatisch heiliger machen würde.

Die Leine an Ghosts Hals erschlafft. Mit einem dumpfen Knall schlägt hinter ihr etwas auf dem Boden auf.

Nun wird sie diese Fragen nicht mehr stellen können.

»Was … was …?« Sugars tiefe Stimme klingt heiser.

Den Idioten fällt es immer schwer, Schritt zu halten.

»Was, was«, höhnt Glapissant. »Sie hat ihren Zweck erfüllt. Oh, schau nicht so besorgt, für dich habe ich noch Verwendung – es sei denn, an dir hat sich ein genetisches Wunder vollzogen und du bist plötzlich kein Gottgleicher mehr?«

Drückende Stille antwortet ihm.

»Also komm«, befiehlt Glapissant dann. »Und bring Gottes Köter mit.«

Die Pistole von Gottes Köter lässt er achtlos fallen, sodass sie klappernd auf den Steinfliesen landet. Ghosts Pistole. Die Waffe, mit der er soeben Delilah erschossen hat. Damit kann er Ghost nun wohl zwei Morde in die Schuhe schieben, mit denen sie nichts zu tun hat. Langsam kann sie eine Sammlung aufmachen.

Sie wird auf die Füße gezerrt, muss aufstehen, wenn sie nicht ersticken will.

Unsere Zeit ist noch nicht gekommen, beharrt ihr anderes Ich, als sie an Delilahs zusammengesunkener Leiche vorbeigezerrt wird.

Wenn man die Betroffenen fragt, kommt ihre Zeit niemals, denkt Ghost. Aber die Zeit kommt, wenn sie kommt, und zwar genau dann, wenn es so weit ist. Und jetzt halt die Klappe und fang an zu überlegen, damit wir hier irgendwie rauskommen, verdammt.

Die Stimme in ihrem Kopf schweigt.

»Du bist so was von nutzlos«, brummt Ghost noch, als man sie aus der Kirche schleift.

KAPITEL 28

Cair Lleon

Drei Wochen zuvor

»Der König ist tot! Der König wurde ermordet! Er liegt verborgen im Palast der dunklen Türme, während seine Untergebenen uns ins Gesicht lügen!«

Der Mann brüllt von einer wackeligen, aus alten Fischkörben errichteten Kanzel herab; seine Stiefel rutschen immer wieder von dem schlüpfrigen Drahtgeflecht ab. Das Vastos-Band an seinem Hals weist ihn als Untergebenen einer bekannten Reederfamilie aus Evrontown aus, allerdings ist es bereits alt und auch der ausgefranste Aufnäher an seiner verdreckten Jacke spricht nur von einer weit zurückliegenden Vergangenheit. Das abrasierte Haar an der einen Schädelseite ist längst nachgewachsen, auf der anderen Seite hängt es in langen, zotteligen Strähnen herab. Inzwischen mag er die Freiheit genießen, die Straße sein Zuhause zu nennen, aber das macht ihn nicht weniger laut. Wobei er jedoch nur eine Stimme unter vielen ist an der Oracle Row, der berühmten Prophetenstraße von Evrontown.

»Lailoken hat es schon lange vorausgesagt!«, kreischt er weiter, an seinen Lippen vereinen sich die Spuckefäden zu wahren Regenbögen. »In seinem Buch der Prophezeiungen steht es geschrieben, jenem Buch, das wegen seiner erschütternden Wahrheiten bis heute verboten ist! Aber ich habe ein Exemplar davon! Ich habe die Worte gesehen, meine Freunde, die Worte, die er vor über fünfzig Jahren niederschrieb und mit denen er den heutigen Tag vorhersah! Die Prophezeiung lautet: ›Das vergessene Kind wird kommen und das Schwert an sich reißen.‹« Dramatische Pause. »›Und London wird bluten!‹«

Sein geifernder Mund und seine aufgerissenen Augen verschwinden und werden durch ebenjenes vergessene Kind ersetzt: Red Caballarias o'Rhyfentown. Sie ist herausgeputzt, als wollte sie eine Schlacht in einem Ballsaal schlagen. Irgendwie haben sie es geschafft, dass sie gleichzeitig glamourös und brutal aussieht. Fernab des Bildschirms würde es lächerlich wirken.

Neben ihr steht – im Vergleich zu dieser Aufmachung sittsam und beinahe farblos – die Lady Orcade.

»Die Familie Dracones hat nachgewiesen, dass Red ihre Blutsverwandte und die Tochter unseres verstorbenen Königs ist«, verkündet sie ruhig. »Außerdem wurde laut Aussage der Familie ihr Recht auf *moldra lagha* bezüglich des Todes ihrer Mutter anerkannt und ratifiziert. Aus diesem Grund wird von jeglichen Vergeltungsmaßnahmen für ihre Beteiligung am Tod ihres Vaters abgesehen. Die Familie Welyen ist – wie viele andere prominente Familien diverser Bezirke – bereit, ihren Anspruch zu unterstützen …«

Brune schaltet den Projektor aus.

Stille senkt sich über den Raum.

»Heilige Scheiße«, stellt Fortigo schließlich ganz allgemein fest.

Lucan stößt ein verbittertes Lachen aus. Er sieht aus wie jemand, der in seinen Klamotten geschlafen hat. Nein, wohl eher wie jemand, der überhaupt nicht geschlafen hat. »An den Galdor-Wänden erscheinen überall Kommentare dazu, und das in sämtlichen Bezirken. Die Gerüchteküche explodiert regelrecht. Überall in London kriechen die Wahrsager aus ihren Löchern: Die eine Hälfte behauptet, genau diesen Moment vorhergesehen zu haben, die andere Hälfte verkündet, das seien alles Lügen und *sie* hätten schon viel früher gewusst, welche Familien versuchen würden, die Macht an sich zu reißen.«

»Die Hysterie greift rasend schnell um sich«, stellt auch Lillath fest.

»Schneller als Krankheiten in einer Schwitzhütte«, gibt Lucan ihr recht. Müde fügt er hinzu: »Das lässt sich jetzt nicht mehr eindämmen.«

»Was verlangen sie denn konkret?«, will Brune wissen.

»Sie wollen den Leichnam des Königs sehen, um seinen Tod zweifelsfrei zu verifizieren, außerdem wollen sie wissen, wann und wie es passiert ist. Anschließend werden sie einen Arena-Disput zwischen der Familie Dracones und dem Palast forcieren, wozu sich mindestens die Hälfte aller Elitefamilien Londons zusammengeschlossen hat.« Lucan unterbricht sich kurz. »Und sie wollen Red als Königin.«

Stumm beobachtet Wyll, wie die Gruppe ungläubige Schreie ausstößt.

»Das ist lachhaft«, behauptet Brune. »Sie haben bestenfalls einige wacklige Indizien, und selbst wenn sie genug Beweise hätten, um die Sache bis in die Arena zu tragen, wird niemand eine *Gottgleiche und Mörderin* auf dem Thron von London wollen. Sie ist ja nicht einmal ein voll qualifizierter Ritter, verdammt!«

Wenn Brune nervös wird, wird sie unhöflich, das hat Wyll schon öfter festgestellt.

»Dies kann nicht der ganze Plan sein«, bekräftigt sie. »Sie

wissen genau, dass niemand Red als Königin anerkennen wird. Was kommt also danach?«

Kopfschüttelnd gibt Lucan zu: »Ich habe keine Ahnung. Ich weiß allerdings, dass uns ein sehr hässlicher, viel beachteter Arenakampf bevorsteht: der Streiter, den sie für Red aussuchen, gegen den Streiter des Palastes, also Wyll. Selbst wenn wir gewinnen, könnte uns das hinterher noch das Genick brechen.«

»Ich werde ganz sicher nicht für euch kopflose Schwanzlutscher kämpfen«, empört sich Wyll, was sinnlos und kindisch ist, da sie ihn nicht hören können. Er sitzt allein in einem Verhörraum des Kerkertrakts und beobachtet durch den Einwegspiegel, wie Arts Saith sein Schicksal diskutieren – ohne dass er sich daran beteiligen könnte. Und weder sein Zorn noch seine Illusionen sind von Bedeutung, wenn sie nichts davon sehen.

»Wir müssen den nächsten Spielzug machen«, entscheidet Brune und stützt sich schwer auf den Tisch. Ihre knotigen Hände ragen wie ein Bergmassiv von der glatten Oberfläche auf. »Hier ist mein Vorschlag. Wir bestätigen Arts Tod, liefern gleichzeitig aber alle notwendigen Beweise dafür, dass er natürliche Ursachen hatte. Plötzlicher Herztod, wie bei seinem Vater. Liegt eben in der Familie, das wird auch der beste Mediziner bestätigen, den wir für Geld kaufen können. Dann ernennen wir Sirion Dracones zum Königsanwärter des Palastes.«

»Sirion Dracones?«, fragt Lucan ungläubig. »Was ist er … Arts Cousin vierten Grades?«

»Das ist doch der, der aussieht wie eine aufgekochte Warze«, meint Lillath. »Kann der überhaupt ohne Hilfe stehen?«

»Er ist etwas kränklich«, gibt Brune zu. »Hatte sein Leben lang mit dem einen oder anderen Leiden zu kämpfen, der arme Junge. Aber er wurde lange Zeit auf die Möglichkeit vorbereitet, eventuell einmal das Schwert zu ergreifen. Und was noch viel wichtiger ist: Er ist folgsam. Er wird tun, was immer wir von ihm verlangen.« Zufrieden lehnt sie sich zurück. Dabei wandert ihr Blick zu Wyll hinüber, besser gesagt, über seine Schulter hinweg. Sie kann ihn zwar nicht sehen, aber natürlich weiß sie, dass er dort sitzt und sich anhört, wie sie über seine Zukunft entscheiden. »Außerdem kann er ja gar nicht verlieren, wenn er den Streiter des Königs-gebettet-in-Frieden an seiner Seite hat … wenn der möglicherweise berühmteste Ritter in der Geschichte der Caballaria für ihn kämpft.«

Sie werden alles einfädeln. Selbst wenn Wyll den Kampf absichtlich verlieren sollte, werden sie es so hinbiegen, dass er trotzdem als Sieger aus der Arena geht. Brune denkt an alles. Brune ist ein verdammtes Strategiegenie.

»Etwas Besseres haben wir nicht?« Resigniert reißt Lucan die Arme hoch. »Mögen die Heiligen uns beistehen.«

»Aber was ist mit Red?«, fragt Fortigo.

»Was soll mit ihr sein?«, entgegnet Lucan.

»So wie es aussieht, ist ihr Anspruch auf den Thron berechtigt.«

»Habe ich gerade richtig gehört? Du willst eine Königsmörderin auf den Thron setzen?«

»Wäre ja nicht das erste Mal«, murmelt Fortigo stur.

»Wie bitte?« Jetzt wird Lucan wütend. »Was redest du denn da?«

»Vielleicht solltest du dein Geschichtswissen etwas auffrischen.«

»Warum in aller Welt sollte ich das tun, wenn ich mich um das Jetzt und das Morgen zu kümmern habe?«, brüllt Lucan. »Mir ist scheißegal, wie man es früher gemacht hat. Wir sind anders. Wir sind *besser* als jene, die vor uns kamen. Das müssen wir sein, denn was hätte das alles sonst für einen Sinn?«

Lautlos wie ein Schatten verlässt Lillath den Raum.

Sekunden später hört Wyll, wie hinter ihm das Schloss piept, wie die Tür sich öffnet und wieder geschlossen wird.

Hinter dem Einwegspiegel führen die Überreste von Artorias Dracones' Führungsstab ihre Diskussion weiter. Lucans Gesicht hat den Ausdruck nervlicher Erschöpfung angenommen, während Brune einfach nur stinksauer ist. Fortigo sitzt stumm da, die Arme vor der Brust verschränkt, und starrt ins Leere. Garad glänzt durch Abwesenheit. Tatsächlich wurde xier schon seit Wochen nicht mehr in Cair Lleon gesehen – zuletzt bei xiesem streitlustigen Angebot, den Leichnam von Finnavair zu identifizieren.

»Der Kopf ist bereits abgeschlagen«, stellt Wyll fest, »aber das Huhn weiß noch nicht, dass es tot ist.«

Lillath stellt sich neben ihn und mustert ihre Freunde. Sie sagt nichts und wie so oft ist ihre Miene vollkommen undurchdringlich.

»Bist du bereit für die Arena?«, fragt sie schließlich.

»Ich werde nicht für euch kämpfen.« Vollkommen nüchtern stellt Wyll das fest. »Für nichts und niemanden werde ich in diese Arena gehen und erst recht nicht für diesen kränklichen Warzenkopf, der offenbar euer Siegespferd werden soll.«

»Wirklich nicht? Nun, wenn du nicht für ihn kämpfen willst, dann vielleicht für London?«

Die leise Ironie ihrer Frage zeigt, dass sie selbst nicht an diese Möglichkeit glaubt.

»Für London?«, höhnt Wyll prompt. »Wohl eher für einen Mythos, den ihr alle krampfhaft bewahren wollt. Die Realität ist ein Haufen Dreck.«

»Die Realität ist immer ein Haufen Dreck«, erwidert Lillath. »Aber unsere Geschichten formen aus diesem Dreck etwas Sinnvolles. Sie verarbeiten und ordnen diesen Dreck, bis er sich anfühlt wie etwas Wahrhaftiges. Und das müssen sie auch, sonst würden wir alle wahnsinnig werden. Wir sind nicht dazu gemacht, dem Chaos offen ins Gesicht zu blicken.«

Wyll stößt einen resignierten Seufzer aus. »Macht mit mir, was ihr wollt. Werft mich in den Kerker, droht mir, foltert mich. Ich werde nicht mehr für euch kämpfen.«

»Also schön.« Lillath zeigt sich umgänglich. »Und wenn ich dir nun sage, dass mein Interesse gar nicht dir gilt?«

»Ich weiß, es geht dir um Red. Aber in dieser Hinsicht wirst du wohl langsam deine Niederlage eingestehen müssen. Immerhin hast du selbst sie dem Feind auf einem Silbertablett serviert.«

Drückende Stille macht sich breit. Wyll weiß, dass er ein gefährliches Spiel treibt, aber das ist ihm inzwischen egal. Lillath hat verloren. Es ist ihr nur noch nicht klar geworden.

Mit einem kleinen, enttäuschten Seufzer stellt sie schließlich fest: »Red interessiert mich nicht. Eigentlich ging es nie um Red, Wyll. Nein, es geht um einen Mann, den ich nun schon eine ganze Weile beobachte. Eine wirklich faszinierende Person. Ich habe jede Menge Geschichten über ihn gehört, darüber, wie viel Macht er angeblich hat. Natürlich reden die Leute eine Menge dummes Zeug, weil wir alle an etwas glauben wollen, was über die Banalität des Lebens hinausreicht. Jedenfalls ist dieser Mann insgeheim schon seit Jahren überall in London tätig und hat sich ein Netzwerk von … nennen wir sie einmal Gleichgesinnten aufgebaut. Er selbst wirkt eher unscheinbar, aber das ist bei den wahrhaft Mächtigen ja oft der Fall.« Lillath holt eine Datenmünze aus der Tasche und aktiviert den Schalter. Aus der glänzenden Münzoberfläche steigt ein körniges, durchscheinendes Bild auf: eine schlanke, farblos wirkende Gestalt, von hinten aufgenommen. Der Mann blickt halb Richtung Kamera, sodass sein Profil und der beinahe kahle Kopf zu sehen sind.

»Sein Name ist Barochi«, erklärt Lillath. »Auch wenn ich mir sicher bin, dass sämtliche Nachforschungen dazu im Sande verlaufen würden. Zumindest hier in London.«

Wieder drückt sie den Knopf. Das nächste Bild ist etwas größer und zeigt den Mann erneut im Profil, allerdings steht er diesmal an einem Schlachtplatz und scheint ganz in ein Gespräch mit der Gestalt an seiner Seite vertieft zu sein. Einer unverwechselbaren Gestalt.

Viviane.

Wie durch eine Maschine ausgelöst, steigt Panik in Wyll auf. Der Reigen der Projektionen führt durch mehrere Jahre, viele Gesichter, Kontakte, Aufnahmen von Treffen diverser Art. Lillaths klug eingefädeltes Spiel bricht über ihn herein wie eine Flutwelle, und er begreift, dass in Wahrheit er der Verlierer ist.

Lillath hat während all dieser Zeit nicht Red überwacht.

Sie hat ihn überwacht.

»Wie gesagt, dieser Mann hat einige sehr interessante Freunde.« Lillaths Blick scheint sich regelrecht in ihn hineinzubohren. »Ganz unten ebenso wie ganz oben. Er steht einigen merkwürdigen Organisationen vor, deren Hauptzweck der Schutz und die Verteidigung Gottgleicher zu sein scheint. Manche werden das löblich finden, andere wiederum gefährlich. Aber welchem Zweck dient das Ganze? Zum Beispiel spendet er regelmäßig Geld an eine geheime Einrichtung in Gwanharatown, die Nichtregistrierten Obdach bietet und sie im natürlich höchst illegalen Gebrauch ihrer Talente schult. Und dann gäbe es da noch diese über Bezirksgrenzen hinweg agierende Gruppe von Adjudikatoren, die er dafür bezahlt, dass sie gewisse Dispute in seinem Sinne entscheiden. Da fragt man sich doch: Worauf läuft das alles hinaus? Welches Ziel verfolgt dieser Mann? Solche Fragen rauben einer Spinne nachts den Schlaf, das kannst du dir ja sicher vorstellen. Diese Fragen muss ich ihm dringend stellen – und auch seinen Verbündeten.«

Wie konntest du nur so blöd sein, zu glauben, dass du dich unbeobachtet durch diese Stadt bewegen kannst? Von Anfang an, Wyll. Von dem Moment an, als Art dich vom Schlachtfeld deiner Kindheit gerettet hat. Von dem Moment an, als er dich das erste Mal gemustert hat.

Von da an warst du keine Sekunde mehr unbeobachtet.

»Wenn du dich weigerst zu kämpfen, betrifft das nicht allein dich«, fährt Lillath mit gedämpfter Stimme fort. »Nein, es betrifft auch Barochi und alle, die er zu schützen versucht. Denn ganz egal, was du dir einreden magst: Er ist kein guter Mensch. Aber er ist ein Mensch, dessen Pläne mich äußerst nervös machen.«

Mehrere Sekunden verstreichen, in denen Wyll einfach nur gegen seine Panik ankämpft. Selbst wenn sie das jeden glauben lassen will, sie kann nicht alles wissen. Oder etwa doch? Anscheinend bleibt ihm nur noch ein Ausweg, er muss seinen lang gehegten Verdacht als Trumpfkarte ausspielen.

»Ich bin hier nicht der Einzige, der ein Leben am Rande des Gesetzes führt«, verkündet er deshalb fast schon verzweifelt.

Das scheint Lillath zu amüsieren. »Ich bin eine Spionin, da lebt man schon von Berufs wegen am Rande des Gesetzes.«

»Das meine ich nicht. Hat sich denn nie jemand gefragt, wieso du immer zu wissen scheinst, was dein Gegenüber gerade denkt? Waren sie tatsächlich alle zu blöd, um sich ein paar Fragen zu dem besten Spion zu stellen, den es in London je gegeben hat?«

Lillath tut bescheiden. »Hör auf mit der Speichelleckerei, es hat auch schon Bessere gegeben als mich.«

»Beweise es. Nicht einmal dein geliebter Art hat es gewusst, stimmt's? Was denn, warst du nie in Versuchung, es ihm zu gestehen? So ein bisschen Bettgeflüster? Ja, er hat mir erzählt, dass ihr früher einmal etwas miteinander hattet.«

»Halt den Mund.« Plötzlich ist Lillaths Blick hart wie Stahl.

»Wie hat das angefangen, dein Geschick im Umgang mit anderer Leute Gedanken? Was war der Auslöser? Hat es bei deinen Liebhabern angefangen? Du warst auf einmal richtig gut im Bett, nicht wahr? Hast ihnen immer genau das gegeben, was sie wollten. Der beste Sex, den sie je hatten. Und wenn man einmal eine solche Macht über andere Menschen hat, lässt sich das nur schwer wieder ablegen, oder? Und … na ja … die Welt ist sowieso nicht fair … dann hast du eben einen gewissen Vorteil. Niemand spielt immer offen und ehrlich. Alles gut, das ist der natürliche Lauf der Dinge.« Wyll unterbricht sich kurz. »Aber je länger es andauert, desto schwieriger wird es, den Menschen in deinem Umfeld davon zu erzählen. Immerhin hast du jahrzehntelang ihre Privatsphäre mit Füßen getreten. Wie würden sie reagieren? Könnten sie dir jemals wieder vertrauen?«

Lillath verzieht das Gesicht zu einem Lächeln, doch es brennt ungezügelte Wut darin. »Du hast doch keine Ahnung, wovon du redest.«

»Du bist eine Gottgleiche«, schleudert Wyll ihr entgegen. »Genau wie ich.«

Angespannt beugt Lillath sich zu ihm hinunter. »Beweise es«, fordert sie.

Glühende, verzehrende Hilflosigkeit erfasst ihn, gepaart mit loderndem Zorn. In seinem Innern scheint eine Ratte zu sitzen, die sich nun durch seine Eingeweide nach draußen nagt.

Ein mitfühlendes Lächeln huscht über Lillaths Gesicht. »Du gehst jetzt besser zurück in deinen Zwinger«, verkündet sie und ruft mit einem Fingerschnippen die Wache herbei.

KAPITEL 29

Garads Wohnung, Evrontown

Zwei Wochen zuvor

»Wo haben sie dich hingebracht?«, will Garad wissen.

Ghost zieht an ihrem Sicalo. Für das, was jetzt kommt, braucht sie Nervennahrung.

»Ich bin in der Menagerie aufgewacht«, beginnt sie schließlich, eingehüllt in eine dicke Rauchwolke. »Zumindest hat er es so genannt.«

*

Die Menagerie, Alaunitown

Drei Wochen zuvor

Aus der Badewanne steigt Dampf auf.

Ghost treibt entspannt im Wasser, spürt weder die Hitze noch die Nässe. Nein, sie ist ganz in dieser trüben Schwerelosigkeit gefangen, die auch jene Phase eines Rausches begleitet, in der die Zeit plötzlich irgendwie merkwürdig verläuft und das

Gehirn die Lücken und Schleifen mit trägen Hüpfern auszugleichen versucht. Ihre Knie ragen aus den milchigen Tiefen, feine Tropfen rinnen über ihre Oberschenkel.

Da ist etwas in der Ecke des Badezimmers. Ein dunkler, wabernder Schatten. Hat die Umrisse eines Menschen. Während Ghost in Helligkeit getaucht ist, bleibt diese Gestalt schwarz und formlos, als käme sie direkt aus den dunkelsten Tiefen ihres Geistes. Als hätte sie noch nicht entschieden, was sie sein möchte.

Auf pelzigen Beinen schiebt sich die Gestalt an sie heran.

Ghost fragt sie, wer sie ist.

Die Gestalt fragt, wer sie denn sein soll.

Obwohl Ghost sich nicht daran erinnert, etwas gesagt zu haben, kommt plötzlich Delilah auf sie zu, Delilah mit den Rehaugen und dem zornigen Schmollmund. Mit ihren schmalen, runden Schultern und ihren kleinen runden Brüsten, die perfekt in eine Hand passen und so wunderbar nachgeben, wenn man sie drückt.

Ghost beobachtet sie. Angst hat sie. Furchtbare Angst, während sie sich gleichzeitig nichts mehr wünscht, als Delilah bei sich zu haben.

Die Sängerin erreicht die Wanne, setzt sich auf einen bereitstehenden Hocker und beugt sich über die reglose Ghost, drückt sanft ihre Schenkel auseinander.

Dann schiebt sie eine Hand ins Wasser.

Eigentlich sollte das Wasser Ghost schützen, sie vor allen Eindringlingen bewahren. Darunter ist sie nackt, weich, angreifbar. Unsichtbare Finger tasten sich vor, dringen langsam in sie ein, lassen ihren ganzen Körper ekstatisch erschauern. Ghost windet sich unter dem Druck dieser Finger wie ein Fisch am Haken.

Sie fragt Delilah, ob sie nicht tot sei. Denn eine leise Stimme in ihrem Hinterkopf sagt ihr genau das – irgendwo dort draußen ist Delilah gestorben, da ist sie sich sicher.

Delilah antwortet nicht. Stumm beugt sie sich über die Wanne, ihr Haar hängt lose herab, sie stützt sich mit einem Arm am Rand ab, während der andere zur Hälfte im Wasser verschwunden ist. Ihr Hals streckt sich direkt vor Ghosts Augen, doch ihr Gesicht ist nach oben gereckt, sodass es kaum zu erkennen ist.

Noch immer benommen beobachtet Ghost, wie sich die Muskeln an Delilahs Schulter zusammenziehen, als sie den Arm bewegt, schneller und schneller. Jedes Zucken begleitet die ansteigende Hitze zwischen Ghosts Beinen, während diese Finger zustoßen, fester und fester …

Ghost befiehlt ihr aufzuhören, denn irgendetwas stimmt hier nicht, irgendetwas Wichtiges läuft völlig falsch. Wenn sie sich nur daran erinnern könnte, was es ist.

Delilah achtet nicht auf sie, und es wäre ja auch so leicht, einfach nachzugeben. Bei allen Heiligen, sie ist so kurz davor. Ihr Körper ignoriert die Warnungen ihres Gehirns und rast verzweifelt auf den Höhepunkt zu. Das ist einfach zu viel, sie wird in verschiedene Richtungen gezerrt, wird von zwei auseinanderstrebenden Pferden in Stücke gerissen. Getrieben von ihrer krampfhaften Zurückhaltung, schießt ihr Arm aus dem Wasser und ihre Finger schließen sich um den Hals ihrer Foltermeisterin. Ghost drückt zu, einfach, damit es aufhört.

Keuchend versucht Delilah zurückzuweichen, das Wasser spritzt durch das Badezimmer wie Blut aus einer offenen Arterie. Aber Ghost hält sie fest und drückt weiter zu. Du bist tot, zischt die Stimme in ihrem Kopf. Du bist tot, hör auf. Der Körper über ihr schlägt wild um sich, versucht die unnachgiebigen Finger von seinem Hals zu lösen.

Dann gibt es plötzlich kein Wasser mehr und auch keine Wanne. Nur blanken Boden, kahle Wände und grelles, kaltes Licht.

Als Ghost zu sich kommt, liegt sie auf einer Matratze. Die Matratze wiederum liegt auf dem Boden eines Gebildes, das wie ein riesiger Wassertank aussieht. Um sie herum ragen vier durchsichtige Wände auf, dahinter erstreckt sich ein großer Raum.

Knapp außerhalb ihrer Reichweite steht ein einfacher Stuhl, auf dem eine weißhaarige Gestalt sitzt, die eindeutig nicht Delilah ist, sich aber verzweifelt windet. Ihr sonst wohl blasses Gesicht hat eine violette Färbung angenommen und sie fasst sich immer wieder hektisch an den Hals.

Ghost beobachtet das alles reglos, völlig erstarrt in ihrer Verwirrung. Langsam scheint sich die weißhaarige Gestalt etwas zu beruhigen, sie holt schaudernd Luft.

»Holt mich hier raus«, kreischt sie dann. »Holt mich hier raus, holt mich hier raus, sie versucht, mich umzubringen.«

An dem Stuhl sind Seile befestigt, sodass Ghost nun träge beobachten kann, wie er daran in die Höhe gezogen wird, immer weiter hinauf und dann über die Wände des Tanks hinweg. Die weißhaarige Gestalt klammert sich verzweifelt an den Seilen fest. Kaum ist der Stuhl über die Wand hinweggeglitten, setzt ein lautes Surren ein. Verblüfft sieht Ghost zu, wie sich ein Dach über den Tank senkt und ihn wie eine riesige Kiste verschließt. Türen gibt es hier keine. Drei Wände bestehen aus makellosen Scheiben, während die vierte – von der Ghost am weitesten entfernt ist – ein rundes Loch in der Mitte hat. Auf der anderen Seite ist das Loch mit einem riesigen Rohr verschlossen, das in der Mauer dahinter verschwindet. Es sieht ein bisschen so aus, als wolle sich ein gigantischer Wurm in den Tank hineingraben.

»Was zur …« Ghost versucht es noch einmal. »Was zur Hölle …?«

Hinter den Glaswänden bewegt sich etwas. Der Stuhl hat seine weißhaarige Fracht sicher ans Ziel gebracht, sodass diese nun absteigen kann und sich missmutig zu einer zweiten, ziemlich geleckt wirkenden Gestalt umdreht, die gelassen die Hände hinter dem Rücken verschränkt hat.

Der Hass lodert schlagartig in Ghost auf.

Glapissant.

Mühsam stemmt sich Ghost von der Matratze hoch.

Inzwischen haben die beiden Gestalten offenbar eine Diskussion begonnen, die merkwürdigerweise vollkommen stumm verläuft. Ihre Lippen bewegen sich, doch es ist kein Ton zu hören. Wäre Ghost nicht von der Todesangst einer gefangenen Ratte überwältigt, hätte sie sich bei diesem komischen Anblick bestimmt kaputtgelacht.

Glapissant neigt den Kopf, als hätte er eine Bewegung wahrgenommen. Mit erhobener Hand bringt er die weißhaarige Gestalt zum Schweigen und tritt näher an die Glaswand heran, um Ghost zu mustern. Seine Miene entspricht der eines interessierten Zoowärters, der eines seiner Tiere untersucht.

Dann drückt er von außen gegen die Glaswand und fängt an zu sprechen.

Seine Stimme klingt flach und blechern, ist aber gut zu verstehen. »Du kannst gerne schreien, wenn du das möchtest«, erklärt er ihr, »aber das ist ein Einweglautsprecher, zumindest solange ich nicht den anderen Knopf betätige. Du kannst mich hören, aber ich kann dich nicht hören. Ich würde mir meine Energie also aufsparen und zuhören.«

Ghost ist gar nicht bewusst gewesen, dass sie lauthals brüllt. Sofort verstummt sie.

»Vermutlich fragst du dich, wo du hier bist«, fährt Glapissant fort. »Am besten stellst du es dir als eine experimentelle Forschungseinrichtung vor. Wir nennen sie die Menagerie. Hast du schon davon gehört?«

Ganz langsam schüttelt Ghost den Kopf.

»Schön.« Die blecherne Stimme klingt zufrieden. »Dann hat Delilah also doch nicht alles ausgeplaudert. Manchmal war sie schwer zu kontrollieren, trotz aller Drohungen, ihre Schwester auszulöschen.« Glapissant schnalzt irritiert mit der Zunge. »Nun denn, Ghost. Du befindest dich, wie du sehen kannst, in einem Tank. Dies ist sozusagen dein Zimmer in dieser Einrichtung. Der Tank besteht aus … ach, der Name von diesem Zeug ist langweilig und lässt sich nur schwer aussprechen. Jedenfalls ist es extrem robustes Polymer, galt aber bis vor ein paar Jahren als nutzloses Abfallprodukt bei der Waffenherstellung. Seine faszinierendste Eigenschaft wurde dann rein zufällig entdeckt: Es kann die Magie von Gottgleichen einschließen und andere abschirmen.« Leicht belustigt stellt die Blechstimme fest: »Welch eine Ironie, nicht wahr? Eine Waffe Gottes wird von etwas festgehalten, das bei der Waffenherstellung entsteht?«

Reglos mustert Ghost seine makellose, feucht glänzende Haut, die zurückgekämmten Haare, die teure Kleidung. *Das* ist er? Einer von diesen abergläubischen Irren, die sich mit einer Mischung aus Rehblut und Fledermauskot einreiben – oder was auch immer in diesen Kreisen gerade angesagt ist –, um sich davor zu schützen, dass die bösen Gottgleichen in ihr Hirn eindringen? Wer hätte das gedacht.

»Ich weiß, was du jetzt denkst«, fährt Glapissant fort. »Du hast noch nie etwas von einem solchen Material gehört. Das gibt es doch gar nicht. Der Kerl lügt. Warum probierst du es nicht einfach aus und wartest ab, was passiert?«

Die Stimme verstummt. Glapissant beobachtet sie mit unerschütterlicher Sicherheit.

Zumindest glaubt er selbst also an das, was er da erzählt.

Reglos erwidert Ghost seinen Blick.

Irgendwann drückt er wieder auf seinen Knopf und im Tank ertönt seine Stimme. »Nein? Sind wir ein wenig schüchtern? Egal. Obwohl ich zugeben muss, dass ich schon ziemlich neugierig bin, über welches Talent du verfügst. Es wäre wirklich enttäuschend, wenn es eines von den offensichtlichen wäre. Immerhin hat Delilah mir versichert, du wärst etwas Außergewöhnliches. Was genau es ist, konnte sie mir nicht sagen, aber angeblich hast du bei ihrer Schwester eine starke Reaktion ausgelöst. Du weißt schon, das ist die Gottgleiche, die dich getestet hat. Sie ist eine Art … Karte. Mir ist noch nie ein derart zuverlässiger Mechanismus untergekommen, um den Status und den Aufenthaltsort eines Gottgleichen zu bestimmen. Wirklich erstaunlich präzise.«

Die zarte Berührung in diesem Keller.

Zu weich, zu fingerartig, um von einer Maschine zu stammen.

Das Bündel, mit dem der Kahlköpfige aus dem brennenden Laden geflohen ist. Groß genug, um ein Mädchen sein zu können.

Die Testmaschine … die Karte … das ist ein Mensch.

Eine Schwester.

Delilahs Schwester.

Und Moth? War die dann vielleicht ihre Mutter? Hat Delilah gewusst, dass ihre Schwester einfach verkauft werden sollte? Hat sie gedacht, Glapissant hätte sie gekauft?

Ein pochender Schmerz breitet sich in Ghosts Schädel aus. Das ist alles so krank.

»Angeblich bist du ein seltener Fang«, hört sie Glapissant sagen. »Was für mich natürlich eine besondere Freude wäre. Allerdings weiß ich das erst, wenn sich gezeigt hat, wozu du fähig bist, nicht wahr?«

Fröhlich lacht er sie an.

Er lacht.

Hilflose Wut erfasst sie, scheint ihr Innerstes zu zerquetschen, lässt ihre Venen anschwellen, bis sie am liebsten explodieren würde. Allein das unbeugsame, eiserne Gerüst ihres widerspenstigen, rebellischen Willens verhindert das. Dieser monströse Frosch will etwas von ihr. Ihm das zu verwehren, ist das letzte bisschen Macht, das ihr noch geblieben ist.

Glapissant nickt, als hätte er nichts anderes erwartet.

»Nun ja.« Er seufzt. »Hoffentlich denkst du später daran, dass wir es im Guten versucht haben. Der arme Wallans hier hat nur versucht, dir eine Freude zu bereiten.«

Noch immer trotzig, weicht der Weißhaarige ihrem Blick aus. Schon während des ganzen Gesprächs war er nicht in der Lage, ihr in die Augen zu sehen. Stattdessen blickt er starr in eine Ecke.

Ein Dremen.

Ghost ist bisher noch nie einem begegnet. Die Traumweber sind angeblich so schwer zu finden wie ein ehrlicher Dieb und doch war gerade eben noch einer in ihrem Kopf und hat sich als Delilah ausgegeben. Hat versucht, sie so scharfzumachen, dass sie ihre Magie einsetzt.

Es hat sich angefühlt wie ein Traum. Und es war auch ein Traum. Doch das unbefriedigte Ziehen in ihrem Unterleib und die Art, wie der Dremen schützend eine Hand an seinen Hals legt, lassen vermuten, dass die Geschichten wahr sind: Die Gefühle, die ein Dremen im Traum in einem weckt, sind so real, dass sie auch in der wirklichen Welt Bestand haben. Für ihn müssen Albträume noch einmal deutlich mehr Schrecken beinhalten als für normale Menschen.

Sicher ist Wallans nur unter Zwang derart brutal in ihren Geist eingedrungen. Der schmächtige Dremen scheint hier ebenso ein Gefangener zu sein wie sie selbst. Trotzdem tut es ihr irgendwie leid, dass sie ihm die Kehle nicht vollständig zerquetschen konnte.

Glapissant lässt sie nicht aus den Augen. Jetzt, wo er sich sicher fühlt, hat er einen ekelhaft selbstzufriedenen Zug um den Mund und stolziert regelrecht auf und ab. Dabei erinnert sich Ghost noch sehr gut daran, wie er sich in der Kirche mit verzerrtem Gesicht vor ihr zusammengekauert und sie mit greinender Stimme angebettelt hat, als ihr Messer an seiner Kehle ruhte.

Da hat er ihr deutlich besser gefallen.

»Dir ist sicher bewusst, dass es noch andere Wege gibt, um dir eine Kostprobe deiner Fähigkeiten zu entlocken«, stellt er nun fest. »Nahtoderfahrungen funktionieren da am besten. Siehst du das Rohr dort oben?«

Er zeigt auf das schwarze Loch in der Glaswand, an das sich das Rohr anschließt. Das Ding ist so breit, dass ein Mensch hindurchkriechen könnte, zumindest solange er nicht übermäßig groß ist.

»Durch dieses Rohr wird Wasser eingeleitet«, erklärt Glapissant. »Das Wasser füllt dann langsam den ganzen Tank aus. Funktioniert immer. Diese Tanks waren meine Idee und wurden genau nach meinen Vorstellungen konstruiert. Und sie haben sich, wenn ich das in aller Bescheidenheit sagen darf, als äußerst effektiv erwiesen.«

Cass' aufgequollener Leichnam. All die anderen Toten, die während der letzten Monate im Fluss aufgetaucht sind.

Er ertränkt sie.

Ist das nicht schön?, stellt die andere Ghost zynisch fest. Endlich bekommen wir Antworten auf all die Fragen, die uns während der vergangenen Wochen solches Kopfzerbrechen bereitet haben. Nur blöd, dass es erst kurz vor dem Ende geschieht.

Von wegen, faucht Ghost sie an. Das hier ist nicht das Ende, zumindest nicht für dich.

Inzwischen scheint ihr Entführer in sentimentalen Erinnerungen zu versinken. »Das waren teilweise wirklich sensationelle Ergebnisse. Die Kombination aus Wasser und diesem speziellen Material«, er klopft gegen die Glaswand, was einen merkwürdig dumpfen Ton erzeugt, »bewahrt die Ergebnisse dann. Bisher ist kein einziger Tank zerbrochen!« Achselzuckend gibt er zu: »Bei den Gedankentricksern funktioniert es natürlich nicht ganz so gut, aber für die haben wir spezielle Vorrichtungen. Bei jemandem wie dir … nun ja. Delilah war felsenfest davon überzeugt, dass deine Fähigkeiten nicht auf dem Gebiet des Geistes liegen, und man hat mich darüber informiert, welch ein Gewaltpotenzial in dir schlummert. Da ließen sich ein paar logische Schlüsse ziehen.«

Noch immer starrt sie ihn reglos an. Wahrscheinlich steht sie einfach unter Schock.

Glapissant lacht, als er ihre Miene bemerkt. »Jetzt schau doch nicht so besorgt drein! Das Wasser ist wirklich nur der letzte Ausweg. Wenn du kooperierst, wird alles gut. Schließlich gibt es noch andere, nicht tödliche Methoden, auf die wir zurückgreifen können. Elektrische Stimulation, zum Beispiel. Wusstest du das? Vor ungefähr hundert Jahren gab es so einen Fall. Ein Pelleren wurde vom Blitz getroffen und hat mit der daraus resultierenden magischen Schockwelle eine ganze Häuserreihe plattgemacht. Er ist dabei natürlich gestorben. Nicht einmal ein Gottgleicher kann ohne Folgen solche Mengen Energie durch seinen Körper leiten. Aber die sich daraus ergebenden Möglichkeiten sind herausragend. Stell dir das einmal vor: Man müsste nur ein oder zwei Menschen opfern, um ganze Straßenzüge oder sogar Städte zu zerstören. Sie wären wie mobile Bomben und niemand würde auch nur etwas ahnen.«

Um so etwas wie diese Anlage zu bauen, braucht es eine Menge Geld. Dazu kommen noch die Wachen: An der einzigen Tür, die sich hinter ihrem Tank befindet, stehen zwei und draußen gibt es vermutlich noch mehr. An allen Wänden hängen Kameras zur Überwachung. Unmöglich, dass ein einziger Irrer mit einem abgedrehten Fetisch hinter dem Ganzen steckt. Es muss noch andere Drahtzieher geben.

Das ist eine regelrechte Operation.

Ghost spürt, wie Übelkeit in ihr aufsteigt.

Inzwischen quakt der Frosch irgendetwas über neuartige Drogen, die interessante Dinge mit der Physiognomie anstellen, sich bedauerlicherweise aber noch in der Testphase befinden wegen einiger vertrackter Nebenwirkungen. Aber im Namen des Fortschritts müssen schließlich immer Opfer gebracht werden. Währenddessen sollte sie eigentlich ihr Gefängnis untersuchen, ihn untersuchen, jeden Quadratzentimeter ihrer Umgebung untersuchen, um Schwachstellen und einen Fluchtweg zu finden. Wenn sie das alles gelassen, logisch und rational durchdenkt, wird sie bestimmt noch einmal die Sonne sehen, dann wird sie nicht für immer hier drin festsitzen ... Aber in ihrem Kopf ertönt nur das panische, unartikulierte Fiepen eines Hasen, der in einer Schlinge festhängt.

*

»Er hat mich eine Weile schmoren lassen, damit ich mir alles durch den Kopf gehen lassen konnte, wie er es nannte«, erzählt Ghost.

Wieder zieht sie an ihrem Sicalo, aber das Zittern in ihrem Inneren will einfach nicht verschwinden. »Sie haben das Licht ausgeschaltet und mich im Dunkeln zurückgelassen. Ich weiß noch, wie ich dachte, der Raum müsse unterirdisch liegen, weil es vollkommen finster war.«

»Wie lange haben sie dich dort gelassen?«, fragt Garad leise.

»Ein paar Tage.« Ghost zögert. »Sie haben mich gefüttert, aber das Licht blieb die ganze Zeit aus. Hört sich eigentlich nicht so schlimm an, ein paar Tage im Dunkeln. Aber wenn man nichts zu tun hat, sich durch nichts ablenken kann … Weißt du, was ein Geist, der so gestrickt ist wie meiner, dann tut? Er fängt an, sich selbst zu zerfleischen.«

Garad schweigt.

»Als sie endlich wiederkamen, schien es mir, als hätte ich mein gesamtes Leben in diesem Tank verbracht und wäre dort drin gestorben. Ich hätte alles getan, einfach alles.« Wieder unterbricht sich Ghost. »Und das wusste er.«

*

»Bereit für eine kleine Vorführung?«, fragt Glapissant mithilfe des Lautsprechers.

Ghost nickt. Sie versucht, nicht zu diensteifrig auszusehen, weiß aber eigentlich schon, dass ihr das nicht gelingen wird.

»Hervorragend!« Ein strahlendes Lächeln erscheint auf dem Gesicht des Frosches. »Also, was brauchst du dazu? Wir haben das beste und reinste Tidal in ganz London und auch alles andere, was vielleicht nötig sein könnte, sei es nun Mädchen, Junge oder Spielzeug.«

Und ohne jeden Zweifel wird er dabei zusehen – allerdings ohne jedes erotische Interesse, vielmehr mit der Einstellung eines

Anthropologen. Für ihn ist das nicht anders als für den Zoowärter, der die Affen bei gewissen Vergnügungen beobachtet. Voyeurismus könnte sie ja noch verstehen. Hin und wieder hat sie das auch schon ausprobiert, natürlich in gegenseitigem Einvernehmen, wer auch nicht? Aber darum geht es diesem Typen nicht. Und irgendwie findet sie es dadurch noch abstoßender.

Ghost streckt den Arm aus und ballt die Hand zur Faust. Dabei achtet sie genau darauf, nicht direkt auf ihn zu zeigen, damit er es nicht als Todesdrohung versteht. Vor ihrem inneren Auge sieht sie allerdings, wie sie ihm die Kehle zerquetscht.

»Du musst jemanden töten?«, rät Glapissant.

Töten nicht unbedingt, kämpfen reicht. Aber wen interessiert das jetzt noch? Sie befindet sich nicht mehr in der Realität, sie ist in einem Albtraum gefangen. Und in Albträumen tut man alles, um zu überleben.

»Irgendwelche Vorlieben optischer Art?«, fragt er weiter.

Jemand, der dir möglichst ähnlich sieht, wäre nett.

Stumm schüttelt Ghost den Kopf.

Das scheint ihn zu enttäuschen, offenbar hätte er gerne mehr anthropologische Details.

Es dauert nicht lange, bis alles vorbereitet ist, was beweist, dass Glapissant zu den Menschen gehört, denen man besser gehorchen sollte. Ghosts eigene Vorbereitungen werden unterbrochen, als ihr Gegner eintrifft: ein kleiner, aber zäh wirkender Söldner, der wahrscheinlich einfach passend zu ihrer Körpergröße ausgewählt wurde. Das Dach des Tanks wird angehoben – hätte sie doch nur riesige Sprungfedern unter den Füßen – und der Mann zu ihr heruntergelassen. In einer Hand hält er ein Kurzschwert, in der anderen eine Pistole.

Ha. Man hält sich also die Option offen, sie schnell auszuschalten, falls etwas schiefgehen sollte.

»Darfst du die Ware denn überhaupt beschädigen?«, fragt sie ihren Gegner.

Der Söldner mustert sie stumm unter seinem Helm hervor. Das Treuezeichen an seinem Kragen zeigt einen eckigen Halbmond, was eindeutig ein privates Symbol ist. Daneben entdeckt Ghost einen Fuchs, das Zeichen für Alaunitown. Daran erkennt Ghost, dass sie vermutlich noch immer im selben Bezirk sind … und da anscheinend ausreichend Wasser zur Verfügung steht, um Riesentanks damit zu befüllen, kann der Fluss nicht weit sein.

Außerdem bemerkt sie an seinen Handgelenken etwas, was aussieht wie dünne gläserne Armbänder. Interessant, aber nutzlos – zumindest für ihn. Aber nun weiß sie, dass er sich vor Gottgleichen fürchtet; jenseits der antrainierten Kämpferfassade tut dieser Mann alles, um seine Urängste im Zaum zu halten. Bei allen Heiligen, wie sieht der Mann aus: die Augen weit aufgerissen, sämtliche Muskeln angespannt, als müsse er sich bereits verteidigen. Schon jetzt verliert er an Boden, weil er keine Ahnung hat, was ihn erwartet, und er sich das immer wieder bewusst macht. Was muss er schützen – Körper oder Geist?

In diesem Moment begreift Ghost, vielleicht zum ersten Mal in ihrem Leben, über wie viel Macht sie als Gottgleiche verfügt. Bis jetzt war es lediglich eine Art schmutziges Geheimnis, das Tag für Tag bewahrt werden musste. Eine Schwäche, die auf keinen Fall bekannt werden durfte. Aber irgendwann kommt der Moment, wo man es einfach nicht mehr verbergen will. Der Augenblick, wo man aufhört, die aufgezwungene Kontrolle mitzutragen, und ihnen das Einzige nimmt, wodurch sie diesen Zwang aufrechterhalten können.

Die Macht entsteht, wenn man die Scham ablegt. Und es fühlt sich herrlich an.

Es klickt, dann ertönt wieder Glapissants blecherne Stimme.

»Anfangen.«

Ghost versucht gar nicht erst, die Zurückhaltende zu spielen. Sobald der Söldner sie belauert, taucht sie direkt hinter ihm auf und tippt ihm auf die Schulter.

Hektisch fährt der Mann herum.

Das blanke Entsetzen in seinem Gesicht ist wohl das Lustigste, was sie seit Jahren gesehen hat. Die andere Ghost lacht auf, zieht die Pistole aus seinen schlaffen Fingern und schießt ihm in die Eier.

Wie in Zeitlupe bricht er zusammen.

Dann hallen seine Schmerzensschreie von den Wänden wider.

Ghost sieht ihr anderes Ich an.

Es ist immer merkwürdig, sich selbst so von außen zu betrachten, ohne einen verfälschenden Spiegel oder die Filter der Eigenwahrnehmung. Interessiert stellt sie fest, dass die chirurgischen Veränderungen nun auch auf dem Gesicht des anderen Ichs zu finden sind. Sie hat so lange keine Zweitversion von sich selbst mehr heraufbeschworen, dass sie nicht sicher war, wie sie aussehen würde. Das letzte Mal liegt Monate zurück. Damals ist sie gestorben und zu Ghost geworden, dem Geist.

Das andere Ich nickt zustimmend, hebt die Waffe, zielt und schießt auf Glapissant.

Die Kugel prallt von der Wand ab und schlägt dicht neben Ghosts Füßen in den Boden ein, was ihr einen derben Fluch entlockt. Das andere Ich hört auf zu schießen, wirft ihr einen mitfühlenden Blick zu und zuckt mit den Schultern.

Glapissant, der zunächst wie erstarrt war, erholt sich erstaunlich schnell. Geschützt von den Wänden, die aussehen wie Glas, aber eigentlich aus diesem mysteriösen Polymer bestehen, tritt er wieder an den Lautsprecher heran.

Sein Blick fliegt zwischen den beiden Ghosts hin und her, während er den Knopf drückt.

Es dauert einen Moment, dann stellt er fest: »Das ist keine Illusion.«

Das kommentiert Ghost lediglich mit einem Achselzucken. Natürlich nicht. Illusionen können niemandem den Schwanz wegschießen.

»Helfen Sie mir«, stöhnt der Söldner, der sich noch immer in Embryonalstellung auf dem Boden windet. »Verfluchte Scheiße, helfen Sie mir! Holen Sie mich hier raus! Holen Sie einen Arzt!«

Der Stuhl wird in den Tank herabgelassen und der Söldner klammert sich daran fest wie an einem Rettungsanker. Was er eigentlich sogar ist, denn wenn sie ihn nicht aus dem Glaskäfig rausholen, wird Ghost ihn vielleicht aus purer Wut doch noch umbringen.

Gierig lässt Glapissant den Blick über die beiden Frauen wandern. Erst zwei Mal in ihrem Leben hat Ghost jemandem offenbart, was sie in Wahrheit ist. Beim ersten Mal hat es sie ihre große Liebe gekostet, beim zweiten Mal ihr Leben. Diesmal ist es ihre einzige Trumpfkarte. Und wie wertvoll die ist, kann sie an der unverhohlenen Berechnung in den glänzenden Froschaugen erkennen.

»Ganz außergewöhnlich«, haucht Glapissant. »Eine wie dich habe ich noch nie gesehen. Kann ich mit der anderen sprechen? Versteht sie mich?«

Die andere Ghost verdreht gereizt die Augen und reagiert mit einer obszönen Geste. Daraufhin lacht er begeistert und klatscht in die Hände – wie ein fröhliches, geistesgestörtes Kind.

Weiß der Frosch eigentlich, dass sein Tank die Magie eines Gottgleichen nicht nur eindämmt, sondern sie auch verstärkt, genau wie es bei Hitze unter einer Isolationsschicht geschieht?

Noch nie ist es ihr gelungen, ihre Doppelgängerin so schnell zu manifestieren. Ghost fühlt sich, als hätte sie eine Handvoll Pillen geschluckt. Am liebsten würde sie die Zähne fletschen und jemanden zerfleischen. Und es macht sie wütend.

Sobald sie aus diesem Tank rauskommt, ist der Mann tot. Dann sind sie alle tot.

Das andere Ich grinst.

»Wie funktioniert das?«, will Glapissant wissen. »Agiert diese Kopie unabhängig von dir oder kontrollierst du sie? Weiß sie alles, was du weißt? Verfügt sie über dieselben Erinnerungen? Dieselben Fähigkeiten? Existiert ihr parallel?«

Ghost macht ihm pantomimisch klar, dass er seine Antworten bekommt, wenn er sie hier rauslässt. Schließlich muss sie dazu mit ihm sprechen. Innerlich macht sie sich bereit. Es sollte jetzt passieren, solange sie noch derart unter Strom steht. Wenn sie erst aus dem Tank raus ist, verfliegt die Wirkung wahrscheinlich gleich wieder.

Doch Glapissant zieht nur eine Braue hoch. »Das ist nicht nötig, ich habe hier einen zweiten Knopf. Wenn ich den drücke, kann ich dich hören.«

Wütend starrt Ghost ihn an.

Er drückt etwas und ergänzt: »Rede mit mir, dann wirst du es schon sehen.«

»Leck mich«, sagt Ghost.

»Ah.« Er nickt verstehend. »Du wolltest aus dem Tank raus. Bedauerlicherweise läuft das hier ein wenig anders. Aber wenn du dich gut benimmst und Vertrauen zu unserer Arbeit gefasst hast, werden wir dich möglicherweise ab und zu rauslassen, damit du etwas Bewegung bekommst. In ein paar Wochen vielleicht. Und nun beantworte bitte meine Fragen und verdiene dir so dein Abendessen. Wann hast du das erste Mal bemerkt, dass …?«

Bei den »paar Wochen« ist es vorbei, und zwar für sie beide. Wortlos fällen sie ihre Entscheidung, beide Ghosts gemeinsam. Das ist nicht weiter schwer, denn ihnen bleibt nur noch eine Möglichkeit. Das Design des Tanks weist eine Schwachstelle auf: Beim Entwurf wurde nicht berücksichtigt, dass er möglicherweise *zwei* Gottgleiche beherbergen würde.

Die beiden Ghosts rennen auf das Rohr zu. Eigentlich ist es außer Reichweite, es ist so hoch angebracht, dass nicht einmal ein Akrobat es durch einen Sprung erreichen könnte. Aber Ghost stützt sich mit beiden Händen an der Wand ab und die Doppelgängerin springt auf ihren Rücken, hält sich an ihren Schultern fest und zieht sich in die Höhe. Wie ein Käfer hängt sie an ihrem Rücken, während Ghost selbst sich mit aller Kraft aufrecht hält, sich quasi in einen Baum verwandelt, an dem man hinaufklettern kann. Mit etwas Mühe gelingt es der Doppelgängerin, ihre Füße auf Ghosts Schultern zu platzieren, und nun sind sie beinahe doppelt so groß wie vorher. Es folgt ein plötzlicher Druck, das Gewicht scheint sie zerquetschen zu wollen, als die andere Ghost in die Knie geht, um besser abspringen zu können. Springen, den Rand des Rohrs packen, hochklettern …

Das Gewicht verschwindet. Ghost fühlt sich federleicht. Nur vage nimmt sie das dumpfe Geschrei im Hintergrund wahr, während sie zusieht, wie die Füße ihrer Doppelgängerin über ihr in dem Rohr verschwinden. Wenig später taucht ihr Kopf auf und sie streckt Ghost beide Arme entgegen.

Nun geht Ghost in die Hocke.

Sie legt sämtliche Kraft, die sie jemals in sich gespürt hat, in diesen Sprung.

Und verfehlt die wartenden Hände ihrer Doppelgängerin um Längen.

Scheiße.

Es gibt keinen Tisch hier, nichts, was sie benutzen könnte, um näher heranzuklettern.

Irgendwo über ihr ertönt ein dumpfer Knall, gefolgt von einer Art Rauschen. Zunächst ist es leise, wird aber schnell lauter; wie ein starker Wind, der durch die Baumkronen fegt.

Die Doppelgängerin ruft ihr etwas zu.

Dann bricht eine Wasserfontäne aus dem Rohr und trifft Ghost mit voller Wucht am Kopf.

Der Schmerz zwingt sie in die Knie, sie hört nur noch dieses Rauschen, ihr Körper wird von dem Wasser erdrückt. Mühsam rollt sie sich zur Seite, um sich von dem Druck zu befreien, und steht auf. Fassungslos starrt sie auf die endlose Flut, die aus dem Rohr herabprasselt und anfängt, den Tank zu füllen.

Das Wasser reicht ihr schon bis zu den Knöcheln.

Man kann über eine Kampfausbildung sagen, was man will, aber sie fördert auf jeden Fall die Entschlusskraft. Wer zögert, verliert.

»Du musst verschwinden!«, ruft Ghost ihrer Doppelgängerin zu.

»Wir warten einfach, bis das Wasser dich zum Rohr hinaufträgt«, brüllt die über das laute Tosen hinweg.

Mit voller Kraft strömt das Wasser um sie herum und versucht, sie aus dem Rohr zurück in den Tank zu drücken. Krampfhaft klammert sie sich an der Öffnung fest. Doch es wird nicht mehr lange dauern, bis sie den Halt verliert und zurück in den Tank gespült wird. Und dann sind sie beide am Arsch.

Außerdem können sie nicht wissen, wie hoch der Wasserspiegel jenseits des Rohres ist und wie viele Wachen schon jetzt an den Ort geschickt werden, wo es endet.

»So viel Zeit haben wir nicht«, erklärt Ghost. »Du musst diese Chance ergreifen, jetzt sofort.«

Aber die Doppelgängerin will davon nichts wissen. »Auf gar keinen Fall, du blöde Kuh! Ich werde dich nicht zurücklassen. Du bist ich, das kann ich gar nicht.«

»Ich habe es getan«, ruft Ghost zu ihr hinauf. »Ich musste es tun. Und sieh mich an: Ich bin ein vollständiger Mensch, aus Fleisch und Blut. So wird es bei dir auch sein.«

Noch immer schüttelt die Doppelgängerin den Kopf.

»Wenn du nicht fliehst, werden wir beide sterben«, schreit Ghost. Eiskalte Nässe kriecht an ihren Schienbeinen hinauf. »Wenn du jetzt gehst, werden wir beide weiterleben.«

»Nein, ich kann nicht. Ich kann nicht loslassen.«

»Du hast Angst, das verstehe ich. Aber genau darum geht es doch. Angst macht dich lebendig und Angst lässt dich leben. Verstanden?«

Die Doppelgängerin stößt einen lauten Schrei aus, als das Wasser sie beinahe aus dem Rohr schiebt.

Dann nickt sie und verschwindet.

Einfach so.

Lange Abschiede habe ich noch nie gemocht, stellt Ghost resigniert fest.

Dann setzt der Schmerz ein, ein scharfer, durchdringender Stich in der Brust. Sie fühlt sich verlassen, bis ihr wieder einfällt, dass beim letzten Mal ja sie diejenige war, die gegangen ist. Das hilft. So lebt der Mensch am besten. Wir alle streifen immer wieder unsere alte Hülle ab und wachsen in eine neue hinein. Ghost ist noch nicht bereit für den Tod, aber das ist schon in Ordnung. Für jemanden, der erst wenige Monate alt ist, hatte sie ein gutes Leben.

Draußen vor dem Tank scheucht Glapissant seine Leute herum; sein Gesicht ist knallrot angelaufen. Ein verstohlenes Schmunzeln huscht über Ghosts Züge. Wirklich schade, dass sie nicht Zeuge seiner Todesqualen werden wird, aber vielleicht hat ihre Doppelgängerin ja das Vergnügen. Wer weiß? Wenn man keine Ahnung hat, was als Nächstes kommt, lohnt sich das Spiel umso mehr.

Sie spürt ihre Beine nicht mehr. Das Wasser ist zu kalt. Das ständige Rauschen dröhnt in ihrem Kopf.

KAPITEL 30

Kloster Cair Stour, Blackheart

Zwei Wochen zuvor

Der Scheinwerfer sieht aus wie ein Kometenschweif, wie ein blinkender Geist, der über den dunklen Asphalt huscht.

Auf seinem summenden Motorrad folgt Wyll ihm in eine erstickend unabänderliche Zukunft.

Wäre es auf der Straße ruhiger, würde der tanzende Motorradscheinwerfer vor ihm wohl seine ganze Aufmerksamkeit fesseln, aber in diesem Teil von Blackheart ist immer eine Menge los. Und so konkurriert er mit blinkenden Schildern und in den Himmel hinaufstrahlenden Projektionen, die alle beachtet werden wollen. Was Wyll aber nicht tut. Wenn man nichts kaufen möchte und man sich nicht für den tagesaktuellen Absturz der Menschheit in Elend und Verderbnis interessiert, ist es leicht, nicht hinzusehen.

Der Lärm lässt sich allerdings nicht so einfach ignorieren. Die ihn flankierenden Wachen scheinen von einer wahren Mauer aus Geschrei, Gebrüll, Gekreische, Geratter, Gestampfe, Gehupe und Geklopfe umgeben zu sein. Die Menschenmengen, an denen sie vorbeifahren, sind deutlich näher als der Himmel, aber ebenso unberechenbar. Man kann nie sicher sein, ob diese Kakophonie nun gute Laune ausdrücken soll oder von einem wütenden Mob stammt. Das Klappern von Münzen und Schwertamuletten trägt nur weiter zur Verwirrung bei: Sind sie nun für den Hexenritter oder haben sie sich gegen ihn gewandt? Die Stadt ist gespalten, ein wahres Pulverfass, das jederzeit einen Krieg entfachen kann.

Wird er die Lunte dazu zünden?

Ein Schwertamulett schafft es durch die Lücke zwischen zwei glänzenden Maschinen seiner Eskorte und trifft Wyll am Oberschenkel. Das Ding ist zwar nicht einmal so lang wie sein kleiner Finger, wurde aber offenbar angespitzt. So hätte es sich durch seine Lederkluft bis in sein Fleisch bohren können, möglicherweise eine so schwere Verletzung hinterlassend, dass er morgen nicht hätte antreten können. Irgendein Arschloch dort draußen hält also eindeutig zu diesem mordenden Weibsstück und will für Chancengleichheit sorgen.

Du hast dieses mordende Weibsstück laufen lassen, ruft ihm die Stimme seines Vaters ins Gedächtnis. *Zwei Mal sogar.*

Vielleicht ist es ja am besten so. Er gehört nun einmal in die Arena. In der Arena ist die Welt geordnet, das Chaos unter Kontrolle. Wer die Regeln der Caballaria untergräbt, untergräbt das Fundament von Vernunft und Gesetz. Und ohne dieses Fundament sind Menschen nicht besser als Schweine, die im Dreck wühlen. An den Kampf kann er glauben, wenn schon an sonst nichts. Ein Streiter gegen den anderen. Red hat ihre Rache in Blut eingefordert und nun wird durch Blut entschieden, ob das tatsächlich als *moldra lagha* zu werten ist.

Und sie wird verlieren.

Das Motorrad vor Wyll verlangsamt seine Fahrt; es ist kaum mehr als ein Fleck vor der hoch aufregenden Festung, auf die sie zufahren.

Das Kloster der legendären Arena von Cair Stour ist ein monströser Bau aus Lavaglas: Die undurchdringlichen Mauern glänzen wie schwarze Spiegel, angeordnet zu einem riesigen siebenzackigen Wurfstern. Die einzige Delle in dieser makellosen Rüstung ist das Eingangstor, das sich nun öffnet wie eine surreale Blüte. Sie gleiten die breite Zufahrt hinauf und tauchen in das Heiligtum ein. Als das Tor hinter der letzten Wache zufällt, wird der Lärm von draußen fast vollständig erstickt.

Erst jetzt löst sich ein Teil der drückenden Knoten in Wylls Magengrube, allerdings macht er sich sofort daran, ein paar neue zu knüpfen. Auch wenn er schon unzählige Male in der Arena gestanden hat, auch wenn er sich immer wieder sagt, dass alles nur Show und Brimborium ist – die drückende Stille dieses Tempels zeigt jedes Mal aufs Neue Wirkung.

Hier kann er sich leicht einreden, dass es dort draußen höhere Mächte gibt, dass die Welt einer glorreichen Ordnung folgt und alles so ist, wie es sein sollte.

*

Er hält sich gerade im Gebetsraum der Ersten Klinge auf, als der Mönch an ihn herantritt.

Als Erste Klinge wird der Zacken des Wurfsterns bezeichnet, der dem Streiter des Königs vorbehalten ist. Und auch wenn angeblich jeder Flügel des Klosters vollkommen identische Räume aufweist, sind die Zimmer entlang des langen, erhabenen Korridors der Ersten Klinge trotz aller Schlichtheit ein wenig opulenter ausgestattet, und sei es nur, weil dieser Zacken des Sterns ganz in den königlichen Farben Silber und Schwarz gehalten ist.

Wyll hat sein Hemd abgelegt und lässt die leichten Keulen in seinen Händen locker vor und zurück schwingen, während er schwitzend über den dunklen Holzfußboden tänzelt, immer wieder einen aggressiven Angriff vortäuschend.

»Wie ich sehe, sind Sie ganz ins Gebet vertieft, Si Wyll«, stellt der Mönch fest.

Wyll ist so überrascht, dass er beinahe eine der Keulen nach ihm geworfen hätte. Stattdessen gleitet ihm die Waffe aus der Hand und landet mit einem lauten Knall auf dem Boden. Wie die Tradition es vorschreibt, hat der Mönch die weite schwarze Kunststoffkapuze übergestreift und so zurechtgezogen, dass sie sein Gesicht vollständig verbirgt.

Eine Mischung aus dem durch das Training angeregten Adrenalin und seiner Wut über diese Dreistigkeit sorgt dafür, dass Wyll die Worte fehlen. Mönche treten *niemals* mit den Rittern in Kontakt, ohne vorher dazu aufgefordert worden zu sein, und sie nähern sich ihnen auch nicht ungefragt, vor allem nicht in den Gebetsräumen, deren Türen genau deshalb immer geschlossen bleiben.

»Es ist schön, zu sehen, wenn die Gläubigen richtig ins Schwitzen geraten«, fährt der Mönch fort. »Da hat man gleich das Gefühl, dass die eigene Berufung von Bedeutung ist.«

Dann streift er die Kapuze ab.

Als Wyll begreift, wen er vor sich hat, ist er im ersten Moment vor allem erleichtert. Noch vor Kurzem hätte er sich für diese Reaktion geschämt, aber hinter all den Mauern nun ein vertrautes Gesicht zu sehen, kommt ihm vor wie eine Art Erlösung.

»Das ist die schlechteste Verkleidung, die ich je gesehen habe«, stellt er fest, während er sich mit Mühe ein Grinsen verkneift.

»Wir können eben nicht alle anderer Leute Gesichter überstreifen«, entgegnet Viviane.

»Ich wollte sagen, dass du nie und nimmer als Mönch durchgehen würdest.«

»Ich beherrsche die Kunst des Schauspiels geradezu bravourös.«

Wyll deutet ein versöhnliches Nicken an, bevor er mit einer gewissen Schärfe fragt: »Wie, bei allen sieben Höllen, bist du hier reingekommen?«

»Oh, bitte.« Viviane rümpft empört die Nase. »Klöster sind wie Kaninchenbauten, es gibt unzählige Eingänge. Die Annahme, dass Mönche nicht bestechlich wären, ist totaler Quatsch.« Xies Blick huscht zur geschlossenen Tür des Gebetsraums. »Ich kann allerdings nicht lange bleiben.«

»Falls du wegen der Topografie hier bist«, erwidert Wyll prompt, »kann ich dir nur so viel sagen. Ich habe sie und ich werde sie dir überlassen, aber momentan habe ich anderes zu tun.«

Mit einem belustigten Schnauben stellt Viviane fest: »Davon habe ich schon gehört, ja. Keine Sorge, ich weiß, dass du die Karte sicher verwahrst.«

»Es hätte wohl keinen Sinn, dich zu fragen, woher du das weißt, oder?«

Ein schmales Lächeln huscht über Vivianes Gesicht. »Eines Tages werde ich dich vielleicht in all meine Geheimnisse einweihen.«

Xier macht sich nicht einmal die Mühe, xiese Anspannung zu verbergen. Selbst für jemanden wie Viviane ist das hier ein enormes Risiko, und auch wenn xier es so unbeschwert abtut: Dafür muss xier einen hohen Preis gezahlt haben – entweder monetär oder aber durch eingeforderte Gefälligkeiten, Bestechung oder Erpressung. Welches Anliegen ist also so wichtig, dass es nicht warten kann?

Wyll mustert xien durchdringend. »Du hättest mir auch eine Nachricht schicken können.«

Viviane stößt ein überraschend scharfes Lachen aus. »So war es einfacher. Ehrlich. Die Sicherheitsmaßnahmen in Cair Lleon sind in den letzten Wochen zu einem echten Problem geworden.« Die folgenden Worte wählt xier offensichtlich mit Bedacht. »Der Palast zieht dein Halsband recht ordentlich zu, mein Lieber.«

Nun ist es Wyll, der verbittert auflacht. Wortlos breitet er die Arme aus und umfasst damit sowohl den Raum als auch seine Situation: *Wie man hier deutlich sehen kann.*

»Das mit deiner Kleinen tut mir leid«, fügt Viviane voller Mitgefühl hinzu.

Wyll wartet geduldig, bis der stechende Schmerz aus seiner Brust verschwindet.

»Sie war nie meine Kleine«, antwortet er dann schlicht.

Viviane nimmt das so hin. »Aber ein herzloses Miststück ist sie. Schlägt sich einfach auf die andere Seite. Es ging immer nur um das Schwert. Konnte nicht abwarten, bis Daddy den Löffel abgibt, also hat sie ihm den einfach weggenommen.«

»Es gibt keine gegnerischen Seiten.«

»Oh doch, die gibt es.« Viviane sieht ihn ruhig an. »Und ich stehe auf deiner.«

»Du stehst immer auf deiner eigenen Seite.«

»Das kannst du dir gerne einreden, wenn es dadurch leichter für dich wird.«

»Komm schon, Vivi.«

»Nein, komm du doch«, spottet xier. »Warum sonst tauche ich wohl ständig auf, um dich zu retten? Und riskiere dabei Kopf und Kragen, wenn ich das mal sagen darf.«

»Deswegen bist du hier? Um mich zu retten? Vor einem Kampf?« Jetzt ist Wyll endgültig verwirrt. »Vor einem Kampf, den ich gewinnen werde?«

»Glaubst du wirklich, es ist so einfach? Sie werden dich gegen einen absoluten Niemand antreten lassen, der noch grün hinter den Ohren ist.« Als Wyll das Gesicht verzieht, fährt xier irritiert fort: »Ach, bitte. Versuch bloß nicht, mir weiszumachen, du wärst einer dieser deprimierend glaubenstreuen Ritter, die vor dem Kampf nicht wissen wollen, wer ihr Gegner sein wird.«

»Sei nicht albern. Natürlich weiß ich, wer es ist.«

Lillath hat ihn vollständig aufgeklärt über den Streiter, dem er in der Arena gegenüberstehen wird. Frömmlinge wie Garad hätten sich wohl den Kopf abgeschnitten, wenn die oberste Spionin so etwas bei ihnen ausgeplaudert hätte. Doch egal, was man sonst über Lillath behaupten mag: Sie weiß genau, welche Knöpfe sie bei Wyll drücken muss.

Was natürlich Teil des Problems ist.

Viviane atmet erleichtert auf. »Den Heiligen sei Dank. Nur Idioten kämpfen fair, weil sie da die Einzigen sind.«

»Das hast du von mir.«

»Und ich habe es niemals vergessen. Dieses Duell ist jedenfalls so unausgewogen, dass du es als grobe Beleidigung sehen müsstest, wenn es nicht gleichzeitig der größte Kampf der letzten Jahrzehnte wäre. Was haben die vor?«

Er weiß es nicht und er wird es auch nicht mehr herausfinden. Beunruhigenderweise ist das nicht einmal Lillath gelungen. Caradoc Whitetongue, Streiter der mordlustigen Bastardtochter und vorgeblichen Schwertanwärterin – ein Schöngeist aus Lady Orcades Privatstall –, ist mehr für sein gutes Aussehen denn für seine Kampfkraft bekannt. Ritter wie er dienen Kritikern oft als Beweis dafür, dass die Caballaria nichts weiter ist als ein glitzerndes Spektakel für die gierige Medienmeute.

»Wenn ich das Ganze eingefädelt hätte, würde die kleine

Mordred selbst antreten, als ihr eigener Streiter«, überlegt Viviane. »Immerhin hat sie dich einmal fast geschlagen.«

»Punkt eins: Nein, hat sie nicht. Punkt zwei: Sie hat damals verbotenerweise Magie eingesetzt, was den Kampf ungültig gemacht hat. Punkt drei: Niemand kann sein eigener Streiter sein.«

»Spielverderber. Jedenfalls dürfte es dich interessieren, dass ich einen Wahrsager hinzugezogen habe, um das Ergebnis zu erfahren.« Viviane sieht ihn ernst an. »Ich weiß also, wer gewinnen wird.«

Wylls Herz macht einen unangenehmen Satz, doch er stellt nur höhnisch fest: »So wie mindestens die halbe Stadt, nehme ich an. Treibst dich in irgendwelchen Gassen herum, um eine schäbige Voraussage zu einer Fifty-fifty-Chance zu bekommen.«

»Ich habe natürlich eine bessere Quelle angezapft. Und eine wesentlich kostspieligere.«

»Dann sollte es dir um dein Geld leidtun – nicht nur wegen der Ausgaben für den Wahrsager, sondern auch wegen der dicken Wette, die du anschließend sicher platziert hast.« Abwehrend verschränkt Wyll die Arme vor der Brust. Für Viviane ist alles immer ein Spiel, das sich einzig allein um xien selbst dreht. »Du bist also gekommen, um nachzusehen, wie es um deine Investition steht?«

»Bei meinen Wetten geht es um Größeres als nur um ein bisschen Geld, du Idiot«, faucht Viviane wütend. Dann wendet xier beinahe verlegen den Blick ab. »Willst du gar nicht wissen, wie die Prophezeiung lautet?«

»Ich gehe nicht zu Wahrsagern«, antwortet Wyll. »Die Dinge passieren so oder so, egal ob man sie kommen sieht oder nicht.«

»Laut ihm wirst du gewinnen, Wyll.« Eine solche Vorhersage lässt niemanden kalt, ganz egal, woran man glaubt, und so spürt auch Wyll die Hoffnung in sich aufkeimen. »Aber er sagte auch, dass der Preis für diesen Sieg zu hoch sei. Dass du daran zerbrechen wirst.«

Viviane ist eindeutig besorgt – was bei xiem fast schon widernatürlich ist, wie ein in edle Kleidung gehüllter Hund.

»Glaubst du wirklich, ich überlasse ihr das Schwert einfach so? Ausgerechnet ihr?«, fragt Wyll fassungslos.

»Ich denke, genau das solltest du tun«, erwidert Viviane hitzig. »Wen interessiert das schon? Es kostet dich doch nichts, wenn du verlierst. Aber ein Sieg … Bei einem Sieg würdest du deine Freiheit einbüßen und das weißt du auch.«

»Du wünschst dir also eine gestörte Mörderin ohne Impulskontrolle als Königin?«

Das scheint Viviane zu verblüffen. »So waren all die anderen doch auch. Warum also mit der Tradition brechen?«

»Weil durch Veränderung manchmal auch Gutes bewirkt wird! Art war nicht so, Art war ein guter Mensch, wie man ihn in dieser beschissenen Welt vielleicht ein Mal in einer Million findet. Mit ihm hatten wir endlich einen anständigen …«

»Oh ja, ein guter, anständiger Kerl, der erst mit einer Meretrix ein Kind gezeugt und die Mutter dieses Kindes anschließend umgebracht hat!«

Die Gebetsräume verfügen grundsätzlich über eine gute Schallisolierung, denn nichts stört die heilige Ruhe so sehr wie die gellenden Schreie, das schmerzerfüllte Stöhnen und das Scheppern der Waffen, das mit den Gebetsritualen der Ritter einhergeht. Trotzdem hallen Stimmen doch immer recht laut.

Das wird nun auch Viviane klar. Xier atmet einmal tief durch, was xien seltsam verletzlich wirken lässt.

»Jeder Mensch macht Fehler«, fährt xier leise fort, »und das sollte auch jedem gestattet sein. Sonst dürfen sie nicht mehr Mensch sein und das wäre unfair. Dann verlangt man von ihnen, wie ein Heiliger zu sein, und niemand ist heilig. Nicht einmal die verdammten Heiligen selbst.« Mit einer ausholenden Geste deutet xier auf die Wandbilder, wo die Gesichter der Saith in all ihrer leblosen Schönheit verewigt sind. »Als Kind ist das ganz nett, weil man noch nicht begreift, wie wankelmütig die Menschen sind. Aber wenn man erwachsen wird, muss man die Kinderspiele hinter sich lassen, sonst wird man auf seinem Weg durchs Leben ständig enttäuscht – von den Menschen um einen herum, aber vor allem von sich selbst.«

Viviane sackt in sich zusammen und sieht sich suchend um, als könne xier hier irgendwo Hoffnung oder Inspiration finden.

»Das mit Red tut mir wirklich leid«, sagt xier dann noch einmal. »Ich hätte ihr geholfen, und zwar nicht nur wegen unserer Abmachung. Ich würde alles tun, worum du mich bittest. Warum tauche ich wohl immer wieder in deinem Leben auf … mit so billigen Ausreden wie Topografien, die vermutlich gar nicht existieren, oder Weissagungen, die nichts am Lauf der Dinge ändern?«

»Die Karte existiert und sie funktioniert auch«, widerspricht Wyll, wobei er genau auf xiese Reaktion achtet. »Willst du sie immer noch haben?«

Betont gleichgültig zuckt Viviane mit den Schultern. »Mein Auftraggeber ist tot.«

»Für wen solltest du sie überhaupt besorgen?«, hakt Wyll nach, ohne wirklich zu glauben, dass xier es ihm verrät.

»Julias Dracones«, lautet die von einem lauernden Blick begleitete Antwort.

Offiziell hat Julias Dracones – dessen Tod vermutlich von Lillath orchestriert wurde – einen Herzinfarkt erlitten. Ganz plötzlich und angeblich schmerzfrei sei er auf seinem Familiensitz verstorben, während er sich um seine Pflanzen kümmerte.

Das Chaos, das Lillaths Wachen bei ihrem Sturm auf das Anwesen anrichteten, wurde sicherlich entfernt, bevor weniger bedeutende und der Öffentlichkeit zugewandte Zeugen eintreffen konnten.

Erst Red, jetzt Viviane. Julias war offenbar ein sehr tiefes, sehr stilles Wasser.

»Was genau machst du heutzutage eigentlich so, Viviane?«, fragt Wyll gedehnt.

»Habe ich dir bereits gesagt. Ich beschaffe Dinge.« Xier tritt von einem Fuß auf den anderen, als wolle xier mithilfe dieses Körpereinsatzes zu einer Entscheidung gelangen. »Ich habe als Vermittler zwischen Julias und einer Geschäftspartnerin fungiert, die Tidal von ihm bezogen hat. Eigentlich war sie es, die diese Karte wollte. Sie leitet etwas, was sie ›die Menagerie‹ nennt.«

»Und was ist diese Menagerie?«

Viviane schüttelt den Kopf. »Das weiß ich nicht. Ich weiß auch nicht, wer diese Frau ist, ich bin ihr nie begegnet.«

»Ich schon, glaube ich.« Plötzlich hat Wyll wieder das Bild von Julias Dracones und Lady Orcade bei ihrer Teestunde im Dschungel vor Augen.

Erst stellt sie sich an Reds Seite und nun noch diese Menagerie. Ganz zu schweigen von ihrer Verbindung zu einem irren Botaniker, Tidal-Dealer und Initiator von Gottgleichen-Zuchtprogrammen. Sie hält sich sorgfältig im Hintergrund, aber wenn man genauer hinsieht, ist sie überall.

Möglicherweise steckt ja dieses verschlagene Miststück hinter allem.

»Also, was wird wohl passieren, wenn ich die Karte einfach behalte?«, spekuliert Wyll.

Viviane mustert ihn durchdringend.

»Ich habe Julias nie gesagt, wen ich mit der Beschaffung beauftragt habe«, erklärt xier dann gedehnt. »Er musste davon ausgehen, dass sie mit dem vorherigen Besitzer zusammen verbrannt ist.«

Orcade darf diese Karte auf keinen Fall in die Finger bekommen. Niemand außer ihm darf diese Karte besitzen.

Viviane streckt den Arm aus und greift nach Wylls Hand. Der wehrt sich nicht dagegen. Jede Berührung spendet ihm in diesem Moment Trost, verspricht Sicherheit.

»Du hast Pläne mit dieser Karte, richtig?«, fragt xier.

Wyll antwortet nicht.

»Ich kann helfen.«

Kopfschüttelnd lehnt er ab. »Das lässt sich allein besser regeln.«

»Aber du willst nicht allein sein«, drängt Viviane. »Du wolltest noch nie allein sein. Ich kenne dich, Wyll. Wie sollte es auch anders sein? Und ich kenne mich selbst. Mein Leben lang habe ich nach jemandem gesucht, der mir das Wasser reichen kann. Immer wieder habe ich geglaubt, diesen Menschen gefunden zu haben, in Carr, in Titon. Doch am Ende haben sie mich alle enttäuscht. Nach außen hin wirkten sie stark, aber sie waren schwach. *Du* bist wahrhaft stark. Als wir uns kennenlernten, schienst du mir so jung, deshalb war ich misstrauisch. Aber heute bist du nicht mehr jung. Du bist in den besten Jahren und wirst noch mächtiger werden – wenn du jemanden wie mich an deiner Seite hast. Ich hoffe aufrichtig, dass du mir verzeihen kannst, Wyll. Das hoffe ich wirklich. Denn ich bin hier, um dir zu dienen, in jeder erdenklichen Weise.«

Verwirrt sieht Wyll xien an. Das ist neu. So hat Viviane noch nie mit ihm gesprochen, so unverblümt und ehrlich.

»Ich werde mir immer einen Herrn suchen«, erklärt xier schlicht und sieht ihn offen an. »Und jetzt möchte ich dich zu meinem Herrn machen. Du glaubst, es wäre genau andersherum, aber nicht ich halte die Zügel in der Hand, denn du führst mich. Ist dir nicht klar, welch ein Segen eine Untergebene wie ich sein kann? Nichts verschafft mir mehr Befriedigung, als dir zu gefallen. Und wenn ich keine Möglichkeit finde, dich zufriedenzustellen, werde ich die Welt vor Zorn aus den Angeln heben, bis ich meinen Willen kriege. All der Zorn in mir dient allein dazu, dich glücklich zu machen, Wyll. Gib mir einfach ein Ziel vor, eine Richtung. Ich bin die mächtigste Waffe, die du jemals haben kannst.«

Verletzlichkeit ist eine starke Droge. Und dass sie nun ausgerechnet von Viviane offeriert wird, macht sie noch wirkungsvoller. Reglos steht xier vor ihm, bietet ihm quasi die Kehle zum Biss dar. Bettelt ihn an, xien zu benutzen.

Ja, er könnte es tun.

Viviane könnte ein Ausweg sein. Offen gesagt, der einzige, der ihm jetzt noch bleibt. Sein lächerlicher Stolz hat ihn daran gehindert, zu erkennen, wie selten xiese Gabe ist, ganz zu schweigen von xieser Beharrlichkeit, xiesen vielen Verbindungen und der Fähigkeit, immer wieder auf den Füßen zu landen. Aber woher kommt diese plötzliche Loyalität? Diese zweckmäßige Liebe, soweit Viviane überhaupt zu so etwas fähig ist? Er traut xiem nicht eine Sekunde lang.

Was allerdings nicht heißt, dass sich das nicht nutzen ließe.

Wyll trifft eine Entscheidung. Er zieht Viviane an sich, spürt, wie xier sich mit einem leisen Seufzer an ihn schmiegt.

»Ich habe ebenfalls Pläne geschmiedet«, flüstert xier ihm ins Ohr. »Pläne, um dir zu helfen. Und Verbündete, die bereits auf dich warten.«

»Lass mich erst diesen Kampf überstehen«, raunt er ebenso leise.

Vivianes Hände gleiten sanft über seine erhitzte Haut. »Ich habe es dir doch gesagt. Schmeiß hin, lass sie gewinnen.«

»Das kann ich nicht. Es würde lächerlich wirken, und jeder wüsste, dass es fingiert ist. Dann würde ein Disput eingeleitet und …« *Lillath wird mich an den Eiern aufhängen und jeden in meinem Umfeld gleich mit dazu, wobei du ganz oben auf der Liste stehst, Vivi.* »… das würde alles eine Ewigkeit dauern, ohne erkennbaren Nutzen.« Er streicht xiem über das Haar. »Ich habe lange genug gewartet und dadurch ist alles immer schlimmer geworden. Aus diesem Gefängnis kann ich mich nur befreien, indem ich siege. Außerdem weiß ich nicht, ob es so günstig für mich wäre, Red das Schwert auch noch zuzuspielen.«

»Die Alternative ist für dich auf keinen Fall günstig«, murmelt Viviane. »Es wird dich ruinieren.«

»Ich hätte nicht gedacht, dass ausgerechnet du an Prophezeiungen glaubst.«

Schweigend lässt Viviane die Finger weiter nach unten gleiten. Schon immer hat xier das Körperliche als letzten Joker im Arsenal xieser Überzeugungswaffen gezogen. Zwar zeigt das heute wesentlich weniger Wirkung als früher, aber Wyll hat nicht vor, xien das merken zu lassen.

Falls er verliert, wird Lillath eine Möglichkeit finden, ihn für den Rest seines Lebens als Verräter wegzusperren. Außerdem wird sie Barochis Netzwerk zerstören, sodass er vollkommen hilflos und ohne Freunde zurückbleibt. Falls er gewinnt, zementiert er damit seine Stellung als Lilliths neuestes Lieblingsspielzeug.

Doch vielleicht … vielleicht gibt es noch eine dritte Möglichkeit.

Sie wollen den schwächlichen Sirion Dracones als Marionettenkönig? Na schön. Aber dabei werden ganz sicher nicht diese kranken, maroden, kopflosen Möchtegern-Saith die Fäden ziehen. Nun sind es nicht mehr nur Vivianes Finger, die in Wylls Hose für drängende Härte sorgen. Es ist auch die Vorfreude darauf, endlich die Rolle des Feiglings abstreifen zu können. In dieser Welt gibt es nur einen Weg, um einen solchen Missbrauch zu beenden.

Der Schoßhund muss zum Herrn werden.

Braver Junge, lobt sein Vater anerkennend.

»Du verschwindest jetzt besser«, raunt er Viviane zu. »Sie werden mich bald abholen und in die Arena bringen.«

»Sehen wir uns hinterher?«

Nun ist zum ersten Mal er derjenige, der das entscheidet.

»Komm und such nach mir«, antwortet er, woraufhin ein erleichtertes Lächeln über Vivianes Gesicht huscht.

»Mögen die Heiligen dich segnen«, wünschen sie einander zum Abschied, dann geht xier.

Ja, den Segen der Heiligen wird er brauchen.

Aber welcher Heilige wird ihn gewähren und was wird er dafür verlangen?

KAPITEL 31

Cair Stour Arena, Blackheart

Zwei Wochen zuvor

Caradoc Whitetongue ist unglaublich hübsch, unglaublich elegant und kann unglaublich schlecht mit der Peitsche umgehen.

Was umso bedauerlicher ist, da es sich um die Waffe seiner Wahl handelt.

Wyll beobachtet, wie er zunächst seinen Gegner verfehlt, dann zu weit nach vorne hechtet, sich daraufhin ungeschickt abrollt und mit einem schiefen Grinsen im Gesicht aufspringt, bevor er seine Peitsche in der Luft schnalzen lässt und sich selbst dabei fast mit den Widerhaken an der Spitze das Ohr abreißt. Und das Monster namens Publikum jubelt und pfeift und klatscht, als wäre mangelndes Talent etwas, was gefeiert werden muss.

Wyll schaltet den Leuchtschirm aus und seufzt. Der gebeugte Kopf vor ihm hebt sich ein wenig, der Pinselschwung setzt kurz aus.

»Nervös?«, fragt der gebeugte Kopf.

»Wie kannst du es wagen?«, erwidert Wyll in gespielter Arroganz. »Der Hexenritter kennt keine Nervosität!«

Lee DeCyng, umjubelter Ausstatter der Prominenz, grinst.

»Das ist natürlich richtig«, stellt er mit seinem schweren Iochitown-Akzent fest. »Aber meine Frage richtete sich ja auch an Wyll.«

Der spürt, wie der feuchte Pinsel wieder über seinen Unterkiefer gleitet, und versucht, möglichst still zu halten. Lees Kunstfertigkeit muss gewürdigt werden. Außerdem gehört das zu den Ritualen, die er vor jedem Kampf aufs Neue genießt. Lee und er sind allein in der Garderobe. Es ist nichts zu hören außer Lees leisen Atemzügen, er spürt nichts außer dem sanften Druck von Lees Pinseln auf der Haut. Diese Kombination hat etwas sehr Intimes, beinahe Meditatives an sich.

»Wyll ist jedes Mal nervös«, gibt er zu, sobald der Pinsel verschwindet. »Auch wenn er gegen jemanden antritt, der offenbar schon bei der Grundausbildung auf Bestechung zurückgreifen musste.«

»Ich habe gehört, dass sie ganz gut sein soll«, entgegnet Lee und taucht den Pinsel in das nächste Farbtöpfchen. Ihm sind die Kämpfer der Caballaria wesentlich weniger präsent als ihre Outfits. Stoffe bleiben ihm mit erstaunlicher Detailtreue im Gedächtnis haften, aber alberne Kleinigkeiten wie Namen oder Gesichter bereiten ihm oft Probleme. Deshalb wundert sich Wyll nicht über das falsche Pronomen.

Am liebsten hätte er so etwas geantwortet wie: »Diesen Vollidioten Whitetongue kann man auf so viele verschiedene Arten niedermachen, dass die Hauptschwierigkeit wohl darin bestehen wird, das Spektakel lange genug andauern zu lassen.«

Doch stattdessen entscheidet er sich für etwas Diplomatischeres: »Ich habe schon bessere Kämpfer gesehen, aber manchmal erlebt man ja eine Überraschung.«

Es ist nicht das erste Mal, dass er es mit einem Gegner zu tun bekommt, der weit unter seinem Niveau kämpft. Außerdem ist alles möglich, wenn man dort draußen steht, geblendet von den Scheinwerfern, halb taub vom Gebrüll der Menge, und der eigene Schweiß versucht, einem die Waffe aus der Hand zu ziehen. Dort können Helden fallen und Nichtskönner zu Ruhm aufsteigen. Ein verpatztes Täuschungsmanöver, ein schwacher Wurf kann hier Geschichte schreiben, Kraft und Geschick müssen sekundengenau eingesetzt werden.

»Also, ich finde das nicht richtig«, fährt Lee fort. »Ich wusste gar nicht, dass das überhaupt erlaubt ist.«

Wyll zuckt nur mit den Schultern. »Natürlich ist es beleidigend, aber falls Whitetongue die letzten Jahre nicht in einen unglaublich vorausschauenden und langwierigen Plan investiert hat, bei dem er sich absichtlich zum Narren macht, um alle an der Nase herumzuführen, habe ich keinen Grund zur Klage.«

Nun hebt Lee doch den Kopf. Er runzelt verwirrt die Stirn.

»Si …«, beginnt er, doch in diesem Moment wird die Tür zu Wylls Garderobe so heftig aufgestoßen, dass sie mit einem dumpfen Knall gegen die Wand prallt.

Der Cheftrainer des königlichen Caballaria-Stalls erscheint im Türrahmen. Dauntless o'the Dead nannte man ihn während seiner aktiven Zeit, da der Furchtlose ursprünglich aus Marvoltown stammt, dem Bezirk des Heiligen, der über die Toten wacht. Heute ist Daunt vor allem für seine scharfen Gesichtszüge und seine undurchdringliche Miene bekannt.

»Der Kampf wird möglicherweise verschoben«, verkündet er nun.

Das hört kein Kämpfer gern. Es kostet eine Menge Arbeit, sich in den Zustand der disziplinierten Ruhe zu versetzen, der an diesem Punkt nötig ist. Und dann, wenn man bis zum Anschlag aufgeheizt ist, soll man warten? Am liebsten hätte Wyll laut geschrien. Aber er tut es nicht. Er verkneift sich jede Reaktion, erstickt die Emotionen, bis wieder Ruhe in ihm herrscht.

»Wieso?«, fragt er Daunt gelassen.

»Ein Unfall. Whitetongue ist raus.«

Zwar ist Daunt nicht leicht zu durchschauen, aber Wyll hat mehr als ein Jahr lang bei ihm trainiert, wodurch er ihn eine Weile studieren konnte. Und vor allem ein Wort in seiner knappen Erklärung lässt ahnen, dass mehr dahintersteckt.

»Was für ein Unfall?«, hakt er also nach.

Daunts Lippen zucken kurz. »Auf dem Weg zur Arena ist jemand mit einem Quad in seine Eskorte gebrettert. Wurde vor knapp einer Stunde bekannt gegeben.«

»Hat er überlebt?«

»Schon, aber kämpfen kann er nicht.«

»Ein Unfall also«, betont Wyll nachdenklich.

Daunt grunzt bestätigend.

»Was für ein Pech«, fügt er gedehnt hinzu und lässt Daunt dabei nicht aus den Augen. Der stößt wieder einen nichtssagenden Laut aus, um dann kurz zu Lee hinüberzusehen.

Das Gute an lakonischen Menschen ist, dass sie selbst subtile Hinweise richtig deuten, ohne dass man große Worte machen muss.

Lee nickt Wyll freundlich zu.

»Lass einfach nach mir schicken«, sagt er. »Ich bleibe in der Nähe.«

Damit geht er hinaus und zieht die Tür hinter sich zu.

Wyll dreht sich zu Daunt um. »Inszeniert?«

»Ich habe mir Whitetongue angesehen, ist ja unser Recht. Ist auch von unabhängigen Ärzten bestätigt worden. Er ist raus. Sein rechtes Bein ist total zerquetscht.« Nach einer kurzen Pause fügt er hinzu: »Er wird vielleicht nie wieder kämpfen können.«

Wyll seufzt mitfühlend. Bei allen Heiligen. Ein Caballaria-Kämpfer weniger. Auch wenn er mies war, wird er sich nur schwer davon erholen.

»Und deshalb wollen sie den Kampf verschieben«, fasst er knapp zusammen.

Daunt schüttelt den Kopf. »*Ich* will den Kampf verschieben, denn *die* wollen ihn trotzdem durchziehen, mit einem Ersatz.«

Stirnrunzelnd lehnt sich Wyll zurück. »Das verstehe ich nicht. Es wirkt schon verdammt inszeniert, aber warum sollte man einen sowieso schon miesen Streiter aus dem Rennen nehmen, um dann in letzter Minute die zweite Wahl …«

Und plötzlich begreift er.

Ich habe gehört, dass sie ganz gut sein soll.

In Wylls Magengrube tut sich ein bodenloses Loch auf.

»Wer ist dieser Ersatz?«, fragt er.

Aber eigentlich weiß er es längst.

*

In dem Korridor, der in die Arena hinausführt, hallt der Lärm der Menge wider. Hier unten in den Eingeweiden des Gebäudes äußert er sich als dumpfes Dröhnen, das die Luft vibrieren lässt. Wyll scheint in diesem unterirdischen Tunnel gefangen zu sein, dazu verdammt, hilflos auf das bevorstehende Unheil zuzuwandern, eingehüllt in das Echo seines nahenden Todes. An diesem Ort kann man die Furcht riechen, sie scheint mit jedem Kämpfer, der jemals hier entlangging, in die Wände eingedrungen zu sein, sodass nun dauerhaft der Gestank von Angstschweiß in der Luft hängt.

Normalerweise löst Furcht vor allem Wut in ihm aus, eine Waffe, die er stets mit kühler, unnachgiebiger Präzision geführt hat. Andere hüllen sich in ihre Emotion und halten das für Stärke. Wyll hingegen schnürt seine Gefühle ein und behält sie fest im Griff. Ebendas hat ihn zu einem so berühmten Ritter gemacht. Wenn er kämpft, gleicht sein Herz einer fest geballten Faust.

Das Tape an seinen Händen ist schön geschmeidig – er trägt es bereits den ganzen Tag; ein Trick, den er vor langer Zeit von Garad gelernt hat – und gleitet beruhigend rau über seinen Schwertgriff. Das schwere Metall wurde auf eine angenehme Temperatur erhitzt, damit seine Finger nicht zu kalt und steif werden. Noch so ein Trick von Garad. Eigentlich vermisst er seinen ersten richtigen Trainer nicht – Garad hat nie einen Hehl aus xieser Abneigung ihm gegenüber gemacht –, aber dessen Stolz hat zumindest dafür gesorgt, dass Wyll vermutlich nie einen besseren Lehrer haben wird.

Dieser Lärm. Immer lauter wird es, das Geräusch scheint den schmalen Flur vollkommen auszufüllen und ihm die Luft zum Atmen zu nehmen.

»Der Palast wünscht keine Verschiebung«, hat Daunt ihm erklärt. »Sie befürchten, das könnte sie schwach wirken lassen, und die Lage ist ja ziemlich … heikel.«

Wie viel Bedeutung in dem Wörtchen »heikel« mitschwingen kann. Cair Lleon beginnt dieses Spiel in der Defensive. Der Auftritt des Hexenritters als Streiter des Palasts ist ihr einziger Trumpf, ihre einzige Chance auf den Sieg. Und auch wenn dieser Sieg durch die Verunglimpfung von Arts Erbe leicht besudelt wäre, bliebe es doch ein Sieg. Wyll hat also keine Wahl. Er muss kämpfen, und zwar jetzt. Muss einen eindeutigen, sauberen Sieg in der Arena einfahren, um zu beweisen, dass ihnen die Heiligen gewogen sind, und um dem Gegner die Möglichkeit zu nehmen, Profit aus seinem cleveren Überraschungsangriff zu ziehen.

Eigentlich hätte er es ahnen müssen.

Warum hat er das nicht kommen sehen?

Wyll erreicht das Tor zur Arena, das zu beiden Seiten von reglosen Wachen flankiert wird. Dahinter wartet der tosende Sturm. Sein Herz hämmert gegen seine Rippen wie ein verzweifelter Gefangener.

»Si Wyll«, beginnt Daunt in seinem Rücken.

Wyll blickt über die Schulter. Zwar ist Daunts Miene unergründlich wie immer, aber in all den Jahren hat dieser Mann ihn noch nie auf diese Weise angesprochen.

»Sie sind der Hexenritter«, betont Daunt nun. »Die Geißel der Gottlosen, Londons Linke Hand. Der Streiter des Königs.«

Mein König ist tot. Ich habe ihn getötet.

Für den Bruchteil einer Sekunde verrät Daunts Blick, dass er seinen Fauxpas bemerkt hat.

»Des künftigen Königs«, korrigiert er sich.

Wyll nickt. Sie wissen beide, dass er nicht wirklich für diesen jämmerlichen Cousin vierten Grades kämpft, sondern für eine selbstverliebte Spinne, die bereits eine Hand am Schwert von London hat. Und dank Wylls Hilfe wird es am Ende des Tages quasi mit ihren Handflächen verschmolzen sein.

Daunt tritt einen Schritt zurück und verbeugt sich. »Mögen die Heiligen Sie segnen.«

»Mögen die Heiligen Sie segnen«, erwidert Wyll.

Dann wendet er sich ab; den Rest muss er allein schaffen.

Einen schier endlosen Moment später öffnet sich das Tor und der Lärm der Menge bricht über ihn herein. Während er die Rampe zur Hölle hinaufsteigt, umtost von seinem wieder und wieder gebrüllten Namen, von den vielen grandiosen Ehrenbezeichnungen, die fast schon zu einem Teil seiner Rüstung geworden sind, spürt Wyll, wie sich ein wildes Grinsen auf seinem Gesicht ausbreitet.

Wenigstens wird es diesmal nicht langweilig, denkt er sich, während er das Hochgefühl genießt, es wie einen kreischenden Vogel zum Himmel aufsteigen lässt.

Als er das Schwert zieht, rastet die Menge endgültig aus. Ein wilder, ungezähmter Mob ist das, der am Rand einer Klippe tanzt und nur darauf wartet, hinabgestoßen zu werden. Eine über zwei Meter hohe und fast drei Zentimeter dicke Wand aus Spiegelglas umgibt die Arena, um die Menge auf Abstand zu halten und sämtliche Wurfgeschosse abzufangen, die eventuell eingeschmuggelt wurden. Zudem schieben sich die Arenawachen durch die Menge und ziehen die schlimmsten Unruhestifter heraus, um mögliche Brandherde im Keim zu ersticken.

Wyll sieht zunächst nur die überhöhte Version seiner Gegnerin.

Auf den Leuchtschirmen über den Rängen waren bis jetzt sein Gesicht und Großaufnahmen von ihm in peinlichen, angeberischen Posen zu sehen. Diesen Anblick vermeidet er immer, wenn er die Arena betritt, da er befürchtet, sonst bereits vor dem Kampf den Glauben an diesen ganzen Zirkus zu verlieren. Nun werden sie schwarz.

Dann erscheint dort ihr Gesicht, übermenschlich schön wie sie alle, glorifiziert und perfektioniert für den Bildschirm. Es folgen ihre besten Angriffe, besten Manöver, ihre Tänzerpose.

Ihr Name.

»DAS ROTE PHANTOM«, verkündet die dröhnende Stimme des Nuntias über die Lautsprecher.

Das Tor am anderen Ende der Arena öffnet sich und eine hochgewachsene, schlanke Gestalt tritt heraus, sofort getragen von Jubel. Jeder Schritt ist rasch und entschlossen. Sie sieht gut aus. Sie sieht aus, als gehöre sie hierher.

Dieses Spiel beherrscht sie eindeutig besser als er, was bedeutet, dass sie ihm von Anfang an etwas vorgemacht hat.

Diese Erkenntnis schmerzt ihn mehr als Arts Tod. Er wünscht sich wirklich, er wäre ein besserer Mensch. Ein Mensch, dem es nur um seine aufrichtige Trauer geht. Aber so ist es nicht. Es geht um seinen Stolz, den diese Frau mit Füßen getreten hat. Wenn er diese Wunden jemals heilen will, wenn er jemals wieder ein bedeutungsvoller Mensch sein will, dann reicht es nicht aus, einfach nur zu gewinnen. Dann muss er sie niedermachen, sie bis aufs Blut demütigen. Es darf kein Raum für Zweifel bleiben. Und er muss es aussehen lassen, als wäre es so einfach, dass es schon langweilig ist.

Ihre gemeinsame Geschichte darf ihm dabei nicht im Weg stehen.

Er darf nicht daran denken, wie sich ihre dunklen Augen zu schmalen Halbmonden verziehen, wenn sie lacht, was selten genug vorkommt, sodass es ihn jedes Mal wieder begeistert. Wie sie dabei den Kopf in den Nacken legt und den Mund schon beinahe komisch weit aufreißt.

Er darf nicht daran denken, wie sich ihre Schenkel um seine Leisten schließen, wie diese kraftvollen Muskeln ihn zu ihrem Gefangenen machen.

Er darf nicht daran denken, wie sie blutend und gebrochen vor ihm stand, wie die Leere und der Schmerz in ihren Augen ihn zu dem heimlichen Schwur veranlassten, alles und jeden auszulöschen, der ihr wehtun wollte.

Jetzt muss *er* sie bluten lassen.

Red bleibt in der Mitte der Arena stehen und blickt Wyll in Kampfstellung entgegen.

Sein Herzschlag dröhnt überlaut in seinen Ohren.

»Netter Trick«, ruft er ihr über den Lärm hinweg zu.

Als sein eigener Streiter anzutreten, ist nicht neu, in den raueren, dunkleren Zeiten hat es bereits solche Fälle gegeben, da die Fähigkeit zu töten damals als Merkmal eines guten Herrschers angesehen wurde. Heutzutage aber gilt es eigentlich als undenkbar.

An einem Arm trägt Red den Cestus, ihre bevorzugte Waffe. Die Spitzen der in den Handschuh eingearbeiteten Klingen ragen gut dreißig Zentimeter weit über ihre Knöchel hinaus. Reglos steht sie da, lässt den Lärm der Menge über sich ergehen – Jubelrufe, Todesdrohungen, Bewunderung, Begehren, Zorn.

Dann schieben sie sich langsam aneinander heran und warten auf das Signal, das ihnen befiehlt, sich wieder voneinander zu lösen und Blut fließen zu lassen.

Das Monster auf den Rängen ist so laut, dass man den Nuntias nur mit Mühe verstehen kann. Wyll registriert kaum, wie sich das Vorspiel des Kampfes um ihn herum entfaltet. Er hat nur Augen für sie.

»Du wolltest also so dringend gegen mich antreten, dass du deinen eigenen Streiter ermordet hast«, brüllt er.

Das entlockt Red dann doch eine Reaktion, denn sie ruft: »Es war ein Unfall. Und Whitetongue ist nicht tot.«

»Aber so gut wie, und das weißt du auch. Er wird nie wieder ohne Schmerzen leben. Da wäre es besser, du hättest ihn gleich getötet.«

Red will etwas erwidern, aber in diesem Moment schwenken die Scheinwerfer herum und die Glocke ertönt.

So fängt es an.

Der Lärm tritt in den Hintergrund, wird zu einem leisen, aggressiven Summen. Red weicht zurück, Wyll genauso, am Ende liegen zwei Schwertlängen zwischen ihnen. Er kann sie selbst mit größerem Abstand noch erwischen, sämtliche Vorteile liegen auf seiner Seite, er kann das …

»Ich hatte mit Caradoc nichts zu tun«, erklärt Red, während sie sich wachsam duckt.

»Das ist sogar noch schlimmer«, höhnt Wyll, der im Kopf bereits drei verschiedene Angriffe durchgeht. »Du hattest nicht einmal genug Mumm, um es selbst zu tun.« *Provoziere sie, vielleicht macht sie dann einen Fehler.* »Du tanzt wirklich nur nach der Pfeife anderer!«

»Dann wirf mal einen Blick in den Spiegel, *Streiter des Königs …*« Noch bevor sie den Satz beendet hat, schießt ihr Arm vor, mit genügend Wucht, um ihm die Schulter zu zertrümmern. Die Ausweichbewegung macht seinen geplanten Angriff zunichte, also verwirft er ihn. Scheiße, neuer Plan.

Und dann trifft ihn die Erkenntnis, so heftig, dass ihm regelrecht übel wird: Er will nicht vor aller Augen gegen Red kämpfen. Er will nicht, dass sie wie hilflose Marionetten gegeneinander ausgespielt werden, missbraucht von skrupellosen Puppenspielern.

Er will das nicht tun.

Er will das nicht tun.

»Stopp!«, schreit er es heraus. »Red, hör auf, bitte!«

Und dann, beinahe hasserfüllt: »Ich liebe dich!«

Es funktioniert. Red weicht zurück, Schmerz flammt in ihrem Blick auf. Diesen Schmerz hat er bereits an ihr gesehen, aber es ist nicht so befriedigend, wie er es sich erhofft hat. Denn das hier ist keine Täuschung mehr, es ist die Wahrheit, und diese hinter Täuschung verborgene Wahrheit fühlt sich plötzlich schäbig und mickrig an, zerfetzt durch das Streben nach bedeutungslosem Ruhm, den er niemals wollte.

Er will einfach nur wieder neben ihr im Bett liegen. Mehr

nicht. Nur das: Wärme, Haut an Haut. Dieser zufriedene Dämmerzustand. Eine traurige Erkenntnis ist das, und während er das noch zu verarbeiten versucht, verschwindet der Schmerz aus ihren Augen und Red stürmt mit gezückten Klingen los.

Sie verfehlt sein Herz nur knapp. Trotz allem jubelt ein Teil von ihm, bis sich eine warnende Taubheit unterhalb seines Nabels ausbreitet. Es war ein Täuschungsmanöver. Während sie angeblich auf sein Herz zielte, hat sie ihm ihre zweite Klinge in den Bauch gerammt.

Er fällt in sich zusammen wie ein löchriger Ballon. Ungläubig und nach Luft schnappend, sinkt er auf die Knie.

Sie versucht, dich umzubringen. Sie versucht tatsächlich, dich umzubringen.

»Verdammte Scheiße«, flucht er.

Das Grölen der Menge, das zwischenzeitlich wieder aufgebrandet ist, wird zu einem dumpfen Rauschen. Farblose Geister erscheinen, schweben flackernd um ihn herum – die Geister all jener, die er verloren hat.

Es ist vorbei.

Und dann ist Red da, streckt die bloßen Hände nach ihm aus. Irgendwo hinter ihr funkelt der abgestreifte Cestus im Sand. Sie kniet so dicht vor ihm, dass er ihre schweren Atemzüge hört, die leise Litanei, mit der sie sämtliche Heilige anfleht.

»Red.«

»Nicht sterben«, fleht sie. »Du darfst nicht sterben. Es tut mir leid, es tut mir so leid!«

»Red«, beginnt er noch einmal. Sie redet so viel. Woher nimmt sie die Kraft für so viele Worte? Ihm fällt es schon schwer, nur ihren Namen über die Lippen zu bringen. Er darf also keine Worte vergeuden, muss alles genau so sagen, wie er es meint. »Liebst du mich?«

Red sieht sich hektisch um, als wolle sie fliehen. »Dafür ist es jetzt zu spät.«

»Nein«, erwidert er geduldig. »Ist es nicht. Liebst du mich?«

»Es ist zu spät, sage ich.«

»Red. Liebst du mich?«

Völlig verstört sieht sie ihn an.

Aber sie streitet es nicht ab.

»Wyll ...« Zögernd klingt das, als traue sie sich nicht, seinen Namen auszusprechen. »Ich glaube, ich ... ich habe alles falsch gemacht. Ich wünschte ...«

Ein scharfer Knall hallt durch die Arena.

Red krümmt sich zusammen, sackt seitlich weg. Einen Moment stemmt sie sich schwankend auf die Knie, sucht mit ausgebreiteten Armen nach Halt. Dann kippt sie um, landet auf der Seite im Sand.

Wyll kniet einfach nur da, starrt blind auf ihren reglosen Körper. Sein Geist zieht sich von der Realität zurück: Die grellen Schreie, das Gebrüll, alles ist nur noch weißes Rauschen. Reds Körper scheint weit, weit weg zu sein, umgeben von schwarzer Leere, so als würde er die Szene auf einem winzigen Leuchtschirm beobachten.

Auch dass eine der Weißjacken zu ihm kommt, bemerkt er kaum; genauso gut könnte der Mann eine Gestalt aus einem Traum sein. Der Mediziner sagt nichts, presst nur die Lippen zusammen.

Irgendwann später wird Wyll sich daran erinnern, dass er zitterte.

Stumm sieht der Mann ihn an, mit dem wirren Blick eines scheuen Kaninchens, dann wendet er sich hastig dem leblosen Körper neben ihm zu. Wyll beobachtet, wie er sich vielleicht einen halben Meter von ihm entfernt hinhockt und den Arm ausstreckt. Wieder knallt es und Reds Körper zuckt. Auch Wylls Körper zuckt, vielleicht aus Mitgefühl, vielleicht reagiert er aber auch nur auf den Knall. Was es ist, weiß er nicht, aber er spürt es. Leicht verzögert, wie aus weiter Ferne. Die Weißjacke hebt die Pistole und schiebt sie sich in den Mund.

Dann folgt der letzte Knall.

KAPITEL 32

Garads Wohnung, Evrontown

Zwei Wochen zuvor

An die Flucht aus der Menagerie kann sich Ghost nur dunkel erinnern, wie das bei Albträumen der Vergangenheit oft der Fall ist.

Für sie fühlt es sich an wie etwas, was ihr vor langer Zeit zugestoßen ist, obwohl es gerade einmal wenige Stunden zurückliegt: die scharfen Kanten der Rohre, durch die sie gekrochen ist; das eiskalte Wasser, das sie Schwall für Schwall zurückdrängen wollte; die Furcht vor dem, was sie erwartete, die zusammen mit dem Druck des Wassers dafür sorgte, dass sich irgendwann jeder einzelne Muskel ihres Körpers verkrampfte. Selbst jetzt spürt sie ein Ziehen in Armen und Beinen, als wären ihre Gliedmaßen zu straff gespannte Bögen.

Sie weiß noch, wie sie am Ende des Rohrs, das in den Tank führte, auf einen schmalen Tunnel stieß – so niedrig, dass sie sich auf den Ellbogen durch den feuchten Dreck ziehen musste und verzweifelt versuchte, sich mit den Zehen voranzuschieben. Dabei saß ihr die ganze Zeit die Angst im Nacken, dass als Nächstes dieser Tunnel geflutet werden und sie dort drin ertrinken könnte wie eine Schnecke in ihrem Haus.

Sie weiß noch, wie sie plötzlich in einem vollkommen trockenen Tunnel landete, in dessen Boden Luftschächte eingelassen waren. (Das war ein schwieriger Moment, denn bis dahin war sie einfach dem Wasser gefolgt, in der Hoffnung, es würde sie nach draußen führen, und nun suchte sie verzweifelt danach.) Die Schächte waren mit Gittern verschlossen, doch aus den Räumen darunter strömte Licht in den Tunnel. Sie weiß noch, wie sie in diese Räume hinabblickte, während sie vorsichtig über die Gitter hinwegkroch. Sie weiß noch, wie viele Tanks sie dort sah, und in jedem saß ein Gefangener.

Irgendwann hörte sie auf zu zählen.

Sie weiß noch, dass sie keine Ahnung hatte, in welche Richtung sie musste, dass sie sich zwischen verschiedenen Rohren entscheiden musste, immer gegen die Strömung kroch in der Hoffnung, das Wasser zu seiner Quelle zurückverfolgen zu können. *Bitte, bitte, lass es aus dem Fluss kommen.*

Sie weiß noch, wie sie neben einem Loch hockte, das komplett mit Wasser vollgelaufen war. Wie groß ihre Furcht vor der nahenden Erschöpfung war, davor, geschnappt zu werden, wenn sie nicht bald einen Ausgang fand. Mit angezogenen Knien saß sie da und beobachtete die kleinen Kräuselwellen auf dem Wasser, verzweifelt hoffend, sie mochten ein Zeichen dafür sein, dass es nun nicht mehr weit sei. Ganz langsam ließ sie sich in das Wasser gleiten, holte tief Luft. Ihr schoss der Gedanke durch den Kopf, dass es ihr letzter Atemzug sein könnte. Dann tauchte sie ab, schwamm.

Aber Marvol wollte sie nicht, zumindest nicht an diesem Tag. Hastig schob sie sich durch das trübe Wasser, suchte nach einem Lichtschimmer. Der Druck auf ihre Lunge wurde stärker und stärker. Als sie endlich auftauchte, begrüßte sie das Funkeln unzähliger Lichter am Flussufer. Kalte Luft glitt über ihr nasses

Gesicht. Halb schwimmend, halb von der Strömung getragen, erreichte sie das Ufer, wurde in das dichte Schilf getrieben. Zitternd und steif vor Kälte, wankte sie von dort aus weiter. Ihre Glieder waren schwer, so schwer. Aber wenn sie sich jetzt ausruhte, würde sie vielleicht nie wieder aufstehen.

Es dauerte lange, bis sie zu Garads Haus kam.

Natürlich hätte sie sich selbst als Närrin beschimpfen können, weil sie wieder hier gelandet war. Aber sie konnte einfach nirgendwo anders hin.

Garad sitzt so reglos da, als wäre xier unbemerkt gestorben.

»Wie?«, fragt xier schließlich. »Wie …?«

»Entweder Kanalisation oder ein altes Flutausgleichssystem«, erklärt Ghost. »Das Rohr führte zu den Tunneln, die Tunnel führten mich zum Fluss. Und von dort aus bin ich hierher gelaufen.«

Stunden ist das nun her. Stunden, ein ganzes Leben, nur einen Augenblick.

Und nun wird sich zeigen, ob xier den entscheidenden Teil der Geschichte verstanden hat.

»Du kannst … eine Kopie von dir selbst erschaffen«, sagt Garad langsam.

Oh, gut. Xier hat es begriffen.

»Es ist eher eine Art Doppelgänger mit begrenzter Haltbarkeit«, antwortet sie. »Je länger sie von mir abgelöst sind, desto eher fangen sie an, eigene Wege zu gehen. Bis ich ihnen Gestalt verleihe, sind sie einfach ein Teil von mir. Die Stimme in meinem Kopf.« Achselzuckend fügt Ghost hinzu: »Soweit ich weiß, hat jeder so eine Stimme im Kopf. Meine ist eben ein bisschen substanzieller.«

Stille breitet sich aus.

»Vermutlich hatte sie also eine Schwester«, setzt Garad schließlich neu an.

Damit hat Ghost gerechnet – die verzweifelte Suche nach anderen Erklärungsmöglichkeiten. Wenn sie möchte, kann sie Garad in diesem Glauben lassen. Aber es ist ermüdend, als eine andere zu leben. Letztlich ist sie nun direkt am Abgrund gelandet, doch weder Höhenrausch noch Angst erfüllen sie, sondern einfach nur Erschöpfung. Sie wickelt sich fester in ihre Decke, wünscht sich ein Dutzend Sicalos und mindestens fünf Shots herbei.

»Finnavair o'Rhyfentown hatte nie eine Schwester«, sagt sie müde. »Überhaupt keine Familie. Nicht einmal, als sie berühmt wurde, kam jemand aus seinem Loch gekrochen, um etwas von alldem Glanz für sich zu beanspruchen. Ich bin nie jemandem begegnet, der das konnte, was ich kann, und ich habe auch nie von jemandem gehört, der dazu in der Lage wäre. Obwohl ich lange gesucht habe, das kannst du mir glauben.«

»Ich verstehe das nicht.« Garad sieht nun beinahe gequält aus.

»Doch, das tust du.«

Schließlich teilen sich xiese Lippen und Garad flüstert: »Du bist Fin.«

Ghost schließt die Augen.

Dieses Flüstern ist in ihrem Gedächtnis verankert, aber nicht direkt; eher so, als hätte es jemand anders erlebt. Und so ist es ja auch, denn das sind Fins Erinnerungen. Fin hat auf dem Dach des Klosters mit Garad geschlafen, Fin hat sich auf eine heimliche Affäre mit xiem eingelassen, Fin hat sich in dieser halsbrecherischen Liebe verloren. Aber diese Fin ist tot.

*

Nachdem Fin ungefähr ein Jahr mit Art zusammen war, erklärte er ihr: »Mir ist egal, mit wem du dich sonst noch triffst, solange du am Ende zu mir zurückkommst. Ich will nur das, was zwischen uns ist. Alles andere existiert für mich nicht. Ich will es nicht wissen.«

Also sagte sie es ihm nicht. Sagte ihm nicht, dass sie sich mit Garad traf. Und Garad – wie immer auf Privatsphäre und ihren Schutz bedacht – wollte es sowieso geheim halten. Wurde es öffentlich, gehörte es allen. Solange es ihr Geheimnis blieb, gehörte es allein ihnen.

Doch irgendwann änderte sich das. In dem Moment, als Art seine Beziehung zu Fin öffentlich verkündete, schnappte die Falle um sie herum zu. Und er tat das mit voller Absicht, er wusste genau, was das für sie bedeuten würde – dass er es trotzdem tat, war schon schlimm genug. Noch schlimmer aber war, dass sie verstehen konnte, warum er es tat. Dass er ihr seine Gründe so ehrlich darlegte, nötigte ihr sogar Bewunderung ab.

Ihm war klar, dass eine öffentliche Beziehung ihr einen Teil ihrer Freiheit rauben würde; doch wie weit das gehen würde, war ihm nicht bewusst gewesen. Sein Leben war ein ständiger Balanceakt und oft war es einfach nur grauenvoll. Ein solches Leben wollte sie nicht. Hatte sie nie gewollt. Doch erst als sie gezwungen wurde, sich dieser Wahl zu stellen, wurde ihr das so richtig bewusst. Und erst durch Garad hatte sie erfahren, dass die Art von Leben, nach der sie sich sehnte – und die sie bereits als Hirngespinst abgetan hatte –, möglich war.

Art war nie besonders gläubig gewesen. Für ihn war eine Andacht nicht mehr als ein bisschen Herumhantieren zwischen zwei Terminen oder ein schnelles Gebet am späten Abend, wenn er vor Müdigkeit kaum noch stehen konnte, geschweige denn leidenschaftlichen Sex haben. Fin verzieh ihm das immer. Schließlich war er der König von London, verdammt noch mal, und das war es, was seine Prioritäten bestimmte. Aber auch sie hatte ihre Prioritäten. Ihre Aufgabe in seinem Leben bestand darin, diese Last für ihn zu mildern. Aber welche Aufgabe hatte er in ihrem Leben?

Sie hätte Art von Garad erzählen sollen, das war ihr klar. Aber er hatte ihr zwei Jahre lang verboten, auch nur einer Menschenseele von ihren sorgsam bewachten und streng geheimen Treffen zu erzählen, und Garad verlangte dasselbe in Bezug auf sie beide. So hing Fin völlig verunsichert in der Mitte und versuchte, es Art und Garad recht zu machen. Dass dies zu einer solchen Krise führen würde, hatte sie sich nicht vorstellen können – vor allem, da sie nicht wusste, was Art in Wirklichkeit empfand. Zumindest nicht, bis er bei ihrem Kampf diese öffentliche Liebeserklärung zelebrierte.

Ein cleverer Zug von einem Meister des Spiels. Wäre ihre Geschichte als bedeutungslose Waise doch nur das einzige Risiko gewesen, das der König von London auf sich nahm, als er beschloss, der Welt seine Beziehung zum Straßenköter unter den Rittern mitzuteilen.

Völlig verwirrt, flüchtete sie sich an jenem Tag zu Garad. Sobald xier die Tür öffnete und sie xiesen Gesichtsausdruck sah, war es klar.

»Du hast es also schon gehört.«

Stumm sah Garad sie an und deutete dann zum Himmel hinauf, wo unzählige Projektionen wieder und wieder den Moment präsentierten, als der König von London seine Maske abgenommen und sie vor tausend jubelnden Menschen geküsst hatte.

»Wie auch nicht?«, antwortete xier leise.

Und in diesem Moment erkannte Fin trotz aller Scham und aller Bestürzung, dass für xiem eine Welt zusammengebrochen war. Steif aufgerichtet, sprach xier über Pflicht und Opferbereitschaft, darüber, dass die Bedürfnisse des Königs von London über allem anderen stehen müssten. Aber zwischen den Zeilen hörte Fin vor allem eines heraus: dass sie das Herz des einen Menschen eingefangen hatte, für den Garad jederzeit das eigene Glück opfern würde – xieses Bruders, xieses Königs. Und dass dadurch nun für xien alles vorbei war.

Aber Garad verstand es einfach nicht. Es gab zwei Gründe, warum sie trotz all seiner Anstrengungen niemals mit Art zusammen sein konnte. Zum einen liebte sie Garad. Doch der andere Grund war um vieles schlimmer. Sollte Art oder irgendjemand anders jemals herausfinden, dass sie eine Gottgleiche war, wäre nicht nur sie ruiniert, sondern auch er. Er könnte dadurch das Schwert verlieren und sie ihr Leben.

Ihr blieb also keine andere Wahl. Nicht, wenn sie Garad halten wollte.

Xier musste es erfahren.

*

»Fin?«, hakt Garad beinahe ängstlich nach. »Das kann nicht sein.«

Ghost seufzt schwer. »Du brauchst noch mehr Beweise? Okay. Erinnerst du dich daran, wie Fin in jener Nacht zu dir kam? Nachdem Art seine große Nummer durchgezogen hatte? Das kannst du nicht vergessen haben. Sie hat es jedenfalls nicht vergessen. Völlig verängstigt und aufgewühlt kam sie zu dir und hat dir in ihrer maßlosen, lächerlichen Naivität ihr letztes Geheimnis anvertraut. Hat dir das eine Mittel an die Hand gegeben, mit dem du sie vernichten konntest. Und du«, übertrieben bedauernd schüttelt Ghost den Kopf, »hast sie als Monster bezeichnet und sie rausgeworfen.«

»Ich habe das Wort Monster niemals …«, empört sich Garad.

»Meine Erinnerung sagt da etwas anderes«, fällt ihm Ghost ins Wort. »Aber die genaue Wortwahl spielt auch keine Rolle, denn Taten sagen bekanntlich mehr als Worte.«

Nun sollte Garad eigentlich alles abstreiten und ebenfalls Anschuldigungen erheben. So funktioniert das mit Schmerz. So läuft ein Streit ab. Doch xier bleibt stumm.

»Hast du es je irgendwem erzählt?«, will Ghost von xiem wissen.

»Was erzählt?« Garad hat das Gesicht abgewandt.

»Dass Finnavair o'Rhyfentown, Liebling der Caballaria und offizielle Geliebte des Königs, eine nicht registrierte Gottgleiche war. Dass sie ihr Leben lang gelogen hat. Dass sie ein lebender Skandal war, der nur auf seinen Auftritt wartete.«

Diesmal zieht sich das Schweigen besonders lange hin.

»Nein«, sagt Garad schließlich.

»Nein?« Ghosts Herz beginnt wieder zu schlagen.

»Nein«, bekräftigt Garad.

»Warum nicht?«

Jetzt erwartet sie irgendeine selbstgerechte Begründung.

»Weil ich sie zu sehr geliebt habe, um ihr Leben zu zerstören.«

Damit hat sie nicht gerechnet.

»Obwohl sie dich belogen hat?« Ghost bleibt skeptisch.

»Jawohl.«

Höhnisch stellt sie fest: »Das war dumm von dir.«

Ohne darauf einzugehen, entgegnet Garad: »Du sagst also, du wärst eine Kopie von Fin. Ihre Doppelgängerin, meine ich.«

Achselzuckend erklärt Ghost: »Eigentlich nicht, nein. Fins direkte Doppelgängerin ist in dem Tank gestorben. Ich bin die Kopie von *ihr*.«

Nicht zu lange darüber nachdenken, sonst treibt es dich in den Wahnsinn, warnt das andere Ich.

»Aber dein Gesicht sieht anders aus«, stellt Garad fest. »Und die Haare ebenfalls.«

»Mein Gesicht habe ich operieren lassen, die Haare abrasiert.«

»Wieso?«

Ghost lacht nur, was allerdings eher einem Krächzen gleicht, nachdem sie so lange gesprochen hat.

Verschiedene Emotionen huschen über Garads Gesicht. »Ich habe Fins Leiche gesehen«, beharrt xier trotzdem.

»Ich auch.«

»Wie bitte?«

»Ich habe meinen eigenen Leichnam gesehen«, wiederholt Ghost geduldig. »In dem stillgelegten Bahnhof.«

»Was ...« Inzwischen ist Garad die Verwirrung deutlich anzusehen. »Bei allen Heiligen, was ist passiert?«

»Das ist einfach.« Zitternd holt Ghost Luft. »Red.«

*

Bis Fin an jenem Abend nach dem Streit mit Garad ihre Wohnung erreichte, hatte sie bereits die haiverseuchten Gewässer von innerem Aufruhr und Zurückweisung durchschwommen und dümpelte nur noch im seichten Teich der Resignation vor sich hin. Zumindest machte es die Sache leichter, dass sie von dem einen Menschen, den sie jemals wirklich geliebt hatte, mit so viel Abscheu abgewiesen worden war. Garad würde Art erzählen, dass sie eine Gottgleiche war. Also hatte es keinen Sinn, abzuwarten, bis die Palastwache sie holen kam. Sie musste verschwinden, und zwar schnell.

Zwei Stunden später bekam sie von Red die perfekte Gelegenheit serviert.

Sie hatte gerade die Wohnung betreten und war gedanklich an dem Punkt angelangt, an dem diese bestimmte Flasche ganz hinten im Schrank extrem verlockend auf sie wirkte. Jene Flasche, deren Inhalt einem das Gefühl gab, er würde einem die Augen wegbrennen. Das und ein langes, heißes Bad. (Ein Abend wie dieser schrie geradezu nach dieser Form der Betäubung.) Plötzlich hörte sie etwas.

Ein Klappern, dann eine leise Stimme.

Fin erstarrte.

Da war jemand – oder etwas – in ihrer Wohnung.

Und sie hatte keine Waffe zur Hand. In den Satteltaschen ihrer Maschine waren noch ein paar Wurfsterne vom letzten Training, aber hier hatte sie nichts. Sie hatte Garad nicht noch weiter verunsichern wollen, indem sie zu der großen Enthüllung auch noch bewaffnet erschien. *Eine Waffe führt man nur, wenn man sich voll unter Kontrolle hat,* hatte ihr Trainer immer gesagt. Sonst sollte man die Finger davon lassen. Im Prinzip war das ein guter Rat. Andererseits sollte man immer noch etwas in Reserve haben.

Vorsichtig schlich sie den Flur hinunter. Das Gemurmel wurde lauter. Hinter dieser Tür dort. Einen Spalt weit aufschieben und …

… erleichtert aufatmen. Es war nur ihr guter Freund Roben. Sie hatte ihm vor einigen Monaten den Zugangscode gegeben, doch bisher hatte er ihn nie benutzt. Nun hockte er vor der Zimmerwand, schrieb und murmelte dabei vor sich hin.

»Oh, prima«, stellte Fin trocken fest. »Eigentlich wollte ich ja Bilder aufhängen, aber das ist viel besser.«

Die bislang leere Fläche hatte sich in eine Galdor-Wand verwandelt. Nun prangten dort Worte, halb angefangene Landkarten, Tiere, Pflanzen, Gesichter und angedeutete Albtraumgestalten – alles in verschmiertem Schwarz, was vermutlich auf den Kohlestift in Robens Fingern zurückzuführen war.

Offenbar saß Roben wieder einmal in seiner ganz persönlichen Achterbahn. Bei wirklich begabten Wahrsagern gehörte das dazu. Fin hatte gelernt, ihn diese Phasen einfach ausleben zu lassen, anstatt gegenzusteuern. So arbeitete sein Gehirn nun einmal. Es war ein verstörender Anblick, aber andererseits war es bestimmt auch nicht schön, Zeuge davon zu werden, wie sich ein Mensch duplizierte. Widerstrebend stellte Fin fest, dass sie für einen Moment Mitleid mit Garad hatte, das aber sofort wieder von Zorn verdrängt wurde. Entschlossen schob sie beides beiseite und hockte sich neben ihren Freund, um ihm beizustehen.

»Roben?«, fragte sie leise, achtete aber darauf, ihn nicht zu berühren.

»Sie ist ein boshafter Engel des Marvol«, sagte er, ohne Fin wirklich wahrzunehmen. »Sie wird London im Würgegriff halten, bis es in die Knie sinkt.«

»Wer wird das tun?«, hakte Fin vorsichtig nach.

Ungeduldig zeigte er auf die Wand. Im Zentrum seines Werkes stand in übergroßen Buchstaben ein Name.

Red.

Davon sprach er bereits seit Wochen, es war seine neueste Obsession. Er war davon überzeugt, dass diese mysteriöse Red furchtbare Schrecken über London bringen würde. Manchmal traf er mit seinen Ahnungen voll ins Schwarze, manchmal allerdings auch nicht. So war das nun einmal, wenn man versuchte, etwas so Ungreifbares wie die Zukunft vorherzusehen.

Trotzdem war es besser, Robens Prophezeiungen zumindest als Möglichkeit in Erwägung zu ziehen, weshalb Fin sich schon aus Neugier mit der geheimnisvollen jungen Kämpferin angefreundet hatte, die in ganz London für eine Sensation gesorgt hatte, indem sie den Hexenritter besiegte. Bislang hatte sie allerdings nur in Erfahrung gebracht, dass Red verschlossener war als eine Auster und offenbar ein Geheimnis mit sich herumtrug, das mit zu viel Scham, Furcht oder Zorn behaftet war, um es jemandem anzuvertrauen.

Fin war nicht sicher, wer Red war oder was sie beabsichtigte – zumindest nicht, bis sie vor ihrer Tür auftauchte. Fast hätte man meinen können, Roben habe die vollkommen verstörte junge Frau herbeigezaubert.

Von da an lief dann wirklich alles schief.

*

»Als Fin starb, war ihre Doppelgängerin bereits draußen«, erklärt Ghost. »Also außerhalb ihres Körpers. Wenn sie den Körper erst verlassen hat, wird die Kopie zu einem vollwertigen Doppelgänger aus Fleisch und Blut. Red hat zwar Fin getötet, aber nicht die Kopie. Die ist später neben ihrem eigenen Leichnam aufgewacht. Außer mir weiß vermutlich niemand, wie sich das anfühlt. Eine wahrhaft einzigartige Erfahrung, was bin ich doch für ein Glückspilz. Es ist verflucht merkwürdig. Und wenn es geschieht, begreift der Doppelgänger es anfangs gar nicht. Man ist da noch nicht … vollständig ausgebildet, verstehst du? Nicht mehr ganz das tote Ich, aber auch noch nicht das neue. Es ist eine Art Zwischenstadium, wie bei einem frisch geborenen Kälbchen. Und es gibt niemanden, der einem sagt, was los ist, was man denken oder tun soll. Als die Doppelgängerin aufwachte, war da also ihr Leichnam und Reds Leichnam. Da ist sie durchgedreht und abgehauen. Verständlich, oder?«

Ein trostloses Lächeln huscht über Ghosts Gesicht.

»Erst nachdem sie eine Weile blind durch die Tunnel gestürmt war, kam sie so weit zur Ruhe, dass sie begreifen konnte, welch ein Geschenk das war. Ganz plötzlich hat es sie getroffen, wie drei Shots auf einmal. Die meisten Menschen können dem Schwert der Heiligen nicht entkommen, wenn es auf sie niedergeht – sie schon. Also ließ sie die beiden Leichen dort liegen, ging nach Hause, packte ihre Sachen und floh mit all ihren Ersparnissen aus London. Störende Überlegungen ließ sie nicht zu, sie tat es einfach. Hätte sie genauer darüber nachgedacht, wäre sie wohl zusammengebrochen. Sie reiste in ein anderes Königreich und suchte sich dort den besten Gesichtsspezialisten. Das ist eine ganze eigene verrückte Geschichte, aber der Mann wurde seinem Ruf gerecht. Danach musste sie sich ein paar Wochen verstecken, bis alles verheilt war. Anschließend kehrte sie nach London zurück und machte sich auf die Suche nach Leon.« Ghost lässt den Kopf gegen die Wand sinken und schließt die Augen. »Den Rest der Geschichte kennst du.«

Müde. Sie ist so müde. Gleichzeitig ist ihr Kopf jetzt klarer, als ob sie durch die eigene Enttarnung den ganzen Dreck aus ihrem Inneren gekehrt hätte, sodass er nun nicht mehr vor sich hin modern und sie irgendwann vergiften kann.

Reglos wartet sie auf das unausweichliche Warum. Warum ist sie nach London zurückgekehrt, sie hätte doch einfach fortbleiben können. So hätte niemand ihr Geheimnis aufdecken können. Und sie hätte tatsächlich zu einem vollkommen neuen Menschen werden können. Im Prinzip möchte sie sogar, dass xier diese Frage stellt, denn die Antwort darauf hat sie längst parat: Auch wenn sie bereits zwei Stufen von der eigentlichen Fin entfernt ist und obwohl sie sich dafür schämt und es sie unglaublich wütend macht, geht ihr Garad noch immer nicht aus dem Kopf. Das ist schrecklich unfair, aber das Leben ist nun mal ein schlechter Witz, außerdem lieben Masochisten den Schmerz und Menschen tun sich generell schwer mit dem Loslassen.

Doch anstelle eines offenen Gesprächs folgt nur quälende Stille.

Ghost spürt, wie sich ihre Hoffnungen in eine Ecke verkriechen und langsam auf den Tod vorbereiten.

»Glaubst du etwa, ich wäre heute gerne hier aufgetaucht?«, faucht sie schließlich. »Mir blieb einfach keine andere Wahl. Leon hat mich hingehängt und Glapissant macht Jagd auf mich. Alle anderen sind tot. Aber der König muss davon erfahren. Das ist eine ganze Gruppe, begreifst du das nicht? Die Menagerie wird von einer Gruppe mächtiger Leute betrieben, die alle aus *unterschiedlichen Bezirken* stammen. Zumindest die Mächtigen von Senzatown und Alaunitown arbeiten zusammen, und wer weiß, wer sonst noch.« Ein Schauder überläuft sie. »Die machen Waffen aus uns. Ich kenne dich, Garad. Ich weiß, dass du meinesgleichen verabscheust, aber ich weiß auch, dass du so etwas niemals zulassen würdest. Ich *kenne* dich. Alles, was Arts Herrschaft bedroht … und genau das tut es. Da geht irgendetwas Großes vor, und Art vertraut dir mehr als irgendjemandem sonst.«

Sie hat die Augen wieder geöffnet, versucht aber zunächst, Garad nicht anzusehen. Als sie es nun doch tut, sieht sie, wie xiem Tränen über die Wangen laufen.

»Oh, ihr Heiligen«, sagt xier leise. »Es tut mir so schrecklich leid, Fin.«

Ghost spürt, wie es ihr den Boden unter den Füßen wegzieht; die altbekannte Alarmglocke in ihrem Innern beginnt zu schrillen. Irgendetwas läuft hier extrem falsch. Garad weint.

Garad weint niemals.

»Okay«, sagt sie mühsam. »Nicht zu fassen, dass ich immer noch nicht zynisch genug war. Ausgerechnet ich! Das Tattoo an Glapissants Knöchel und bei diesen privaten Sicherheitsleuten, die uns wegen Cass bedroht haben – das ist ein Senzatownzeichen. Und wer stammt aus Senzatown? Die ursprünglichen Vier, jene tatkräftigen jungen Leute, die vor fast zwanzig Jahren wie aus dem Nichts aufgetaucht sind und sich das Schwert von London gekrallt haben: der Trickreiche König, der Silberne Engel, der Sprecher und die Spinne. Also, wer von euch ist es? Bist du es, Garad? Lucan? Lillath? Dass Art es nicht sein kann, weiß ich, der hat keine solche Tätowierung an seinem Körper. Aber ich weiß, dass ich dieses Symbol schon einmal gesehen habe. Das weiß ich mit Sicherheit.«

Garad hält den Kopf gesenkt, salzige Spuren ziehen sich über xiese Wangen.

»Du machst mir langsam Angst, Garad. Bist du es? Ist das deine Menagerie?«

»Nein!«, wehrt xier sich trotz aller Erschütterung vehement. »Was denkst du denn von mir? Der Ort, den du beschrieben hast, ist einfach nur widerlich.«

Voller Erleichterung atmet Ghost auf. Einen Moment lang hat sie wirklich befürchtet, dass Garads Vorurteile sich zu einer solchen Monstrosität ausgewachsen haben könnten. Aber der Silberne Engel hat offenbar noch immer einen moralistischen Stock im Arsch stecken.

»Hör mal«, beginnt sie nun wesentlich ruhiger. »Du hast mich jetzt am Haken. Du weißt, wer ich bin; das heißt, ich bin dir ausgeliefert. Ich bin daran gewöhnt, zu sterben, und ich bin daran gewöhnt, abzuhauen. Wenn du willst, kann ich ihm das alles erklären – wer ich bin, was mit Fin passiert ist. Ich tue alles, was nötig ist. Aber nur du kannst Art über diese Sache informieren, und zwar am besten unter vier Augen, denn anscheinend ist ja jemand in Cair Lleon darin verwickelt …«

»Fin«, unterbricht Garad sie. »Art ist tot.«

Gelassen wartet Ghost auf die Pointe. »Nein, ist er nicht.«

»Fin.«

»Ich bin nicht Fin.« Sie stößt ein hilfloses Lachen aus. »Und ich bin verflucht müde, du solltest mir also besser erklären, was dieser Scheiß soll.«

»Art ist schon seit Wochen tot. Red hat ihn umgebracht. Wyll hat vorgegeben, er zu sein, bis wir wussten, was wir tun sollen. Ich habe das alles nicht ertragen, es war ... wie ein modriger Baum, der langsam in sich zusammenfällt. Also bin ich gegangen. Ich habe den Palast verlassen. Und seitdem habe ich mich hier versteckt wie ein Feigling.« Garad wischt sich die Tränen ab, xies Blick wandert ziellos umher. »Alles ist schiefgegangen. Alles, seit ... seit ich dir das angetan habe. Es tut mir so leid. Mein Verhalten dir gegenüber war sündhaft und seitdem zahle ich den Preis dafür. Ich bin vom Weg abgekommen. Erst habe ich dich verloren, dann Art. Die beiden Menschen in meinem Leben, die ich am meisten geliebt habe. So schnell nacheinander habe ich euch verloren und seitdem ist alles kaputt.«

»Nein.« Ghost ist vollkommen ruhig. »Nein. In diesem stillgelegten Bahnhof waren zwei Leichen. Sie lagen beide dort, Red und Fin. Sie war tot. Sie war *tot* ...«

Hast du ihren Puls geprüft?

Hast du sie angefasst?

Oder hast du nur gedacht *sie sei tot, und bist wie ein verängstigtes Häschen abgehauen, ohne irgendetwas zu überprüfen?*

Garad steht auf und sofort verkrampft sich Ghost. Aber xier geht nur zu einem Schalter und aktiviert einen Leuchtschirm. Dann durchsucht xier die Projektion an der gegenüberliegenden Wand, bis das Gewünschte erscheint.

Red. Und neben ihr steht – ausgerechnet – die Lady Orcade. Über der Aufnahme prangt eine Schlagzeile.

*

RECHTMÄSSIGE ERBIN
MOLDRA LAGHA
WIRD SIE DAS SCHWERT ERRINGEN?

*

»Das wurde vor ein paar Tagen bekannt gegeben«, hört sie Garad sagen. »Wie lange haben sie dich in der Menagerie gefangen gehalten?«

Tage, Wochen, ein ganzes Leben, zwei Sekunden. Aus diesem schier endlosen Albtraum ist sie noch immer nicht ganz erwacht.

Und hier wartet schon der nächste.

»Das ist nicht echt.« Nun ist es ihre eigene Stimme, die von weither an ihr Ohr zu dringen scheint. »Das ist ein Trick.«

Oder aber eine andere Welt, die sich in die Realität gedrängt hat, während sie in einem Tank unter der Erde saß. Sie ist in der falschen Realität herausgekommen, mehr nicht. Also muss sie nur wieder in die Dunkelheit hinabsteigen und in die richtige zurückkehren, fertig.

»Es tut mir so leid«, sagt Garad erneut. Von xieser kraftvollen, selbstsicheren Stimme, die jedes Wort laut und klar hervorbrachte – egal, ob xier den Sieg über einen Gegner in der Arena verkündete oder eine ehemalige Geliebte von xieser Türschwelle verwies –, ist nur ein schwaches, unsicheres Flüstern geblieben. »So schrecklich leid.«

Das Schwert hat Garad beiseitegelegt, nun kommt xier mit ausgestreckten Armen auf sie zu. Was will xier ihr damit sagen? Offenbar ist sie einem Irren entkommen, um direkt beim nächsten zu landen.

»Halt!«, ruft sie schnell. »Komm nicht näher.«

»Fin. Fin, es tut mir wirklich leid …«

Aber sie ist nicht Fin. Fin ist tot. Warum versteht das keiner? Fin ist tot, sie wird nicht zurückkommen, alle sind tot, alles stirbt, jeder stirbt, verdammte Scheiße, Garad kommt immer näher, gleich wird xier sie berühren, umarmen, küssen, als wäre alles gut, als könnte jemals alles wieder gut werden …

Und dann hält Garad abrupt inne. Es ist aber auch schwer, weiterzugehen, wenn man ein Messer an der Kehle hat.

Fassungslos starrt Ghost auf ihre Doppelgängerin, die hinter Garad aufgetaucht ist. Ihr Messer reflektiert das Licht so wunderschön, dass es aus einem Gedicht stammen könnte. Diese Kopie von ihr scheint aus reiner Gewalt zu bestehen, aus Gewalt und Furcht. Ist das alles, was sie jemals sein kann?

Garad steht reglos da, mit weit aufgerissenen Augen. Das Schwert ist außer Reichweite. Wäre sowieso keine kluge Wahl gewesen, xier hat die Symbolkraft schon immer über das Praktische gestellt.

»Warum bist du gekommen?«, will xier von ihr wissen.

Ghost antwortet nicht.

Garad macht Anstalten, weiterzugehen, doch die Doppelgängerin reagiert sofort. Die Klinge streift Garads Kehle, daraufhin hält xier gleich wieder inne.

Ghost bemerkt, dass ihre Kopie genauso stark zittert wie sie selbst.

»Fin«, beginnt Garad wieder. »Ich muss dich um etwas bitten.«

Stumm wartet Ghost ab.

»Ich muss dich um Verzeihung bitten.«

Das Zittern lässt nicht nach, trotzdem wartet Ghost weiter ab.

»Ich habe dir Unaussprechliches angetan und ich habe seitdem versucht, Wiedergutmachung zu leisten. Dann erfuhr ich von deinem Tod und eine Welt brach für mich zusammen. Ich wusste, dass ich nun bis an das Ende meiner Tage mit dieser Sünde würde leben müssen. Mit der schrecklichen Last dessen, was ich dir angetan habe.«

»Was hast du mir denn angetan?«

»Ich habe dich beschämt.«

Garads Worte sind wie Messerstiche.

»Ich habe gesagt, niemand könne dich lieben. Aber ich liebe dich, Fin. Ich liebe dich immer noch. Ich habe nie aufgehört, dich zu lieben. Deshalb weiß ich jetzt, dass ich mich geirrt habe. Es war der größte Irrtum meines Lebens. Es stimmt nicht, dass niemand dich lieben kann, denn ich liebe dich.«

Ghost beginnt zu weinen – eine Reaktion, die sie vor allem wütend macht. So sollte das nicht laufen. Okay, eigentlich weiß sie nicht, wie es laufen sollte. In den kindischeren Szenarien, die sie sich während der vergangenen Monate ausgemalt hat, drückt sie Garad zwar eine Klinge an den Hals, aber xier heult sich dabei vor Reue die Augen aus. Diese Gelassenheit ist einfach zu viel für sie. Ausgerechnet xier spricht von Scham, von der einen Sache, die sie ihr Leben lang verfolgt hat und die sie um jeden Preis loswerden wollte.

»Ich … bin … nicht … Fin«, stößt sie zwischen zwei Schluchzern hervor.

»Egal wer du bist«, erwidert Garad unerschütterlich. »Ich liebe dich. Bitte, leg das Messer weg. Du hast genug durchgemacht. Ich möchte mich um dich kümmern, selbst wenn es nur für diese eine Nacht ist. Bitte.«

Die Doppelgängerin ist weg. Verdammt. Aber bei dieser ganzen Heulerei war sie einfach nicht aufrechtzuerhalten. Wie soll sie denn hart bleiben, wenn sie nichts außer einer riesigen Erleichterung in sich finden kann?

Nun spürt sie Garads Arme. Diese starken, festen Arme schließen sich um sie. Diese Hände, die sie so geliebt und überall an ihrem Körper gespürt hat – damals, in einem anderen Leben. Sie wird aufgehoben und in einen anderen Raum getragen. Wird auf kühlen Fliesen abgelegt. Wasser rauscht, heißer Dampf breitet sich aus, es duftet nach Seife.

»Versuchst du, mich lahmzulegen?«, krächzt sie.

»Du stinkst«, stellt Garad nüchtern fest. »Also hör auf, dich zu wehren, und steig in die Wanne.«

Ghost stößt ein zittriges Lachen aus, während sie aus ihren mit Flussschlamm verklebten Klamotten geschält wird. Mithilfe einer stützenden Hand lässt sie sich in das tröstlich warme Wasser sinken.

Als sie sauber ist, trägt Garad sie zu xiesem riesigen Bett und legt sie auf einem Berg aus Kissen und Decken ab.

»Geh nicht weg.« Eigentlich wollte Ghost das nicht laut aussprechen. Irgendwie hat dieses Bad ihre Zunge gelockert.

»Du bist hier sicher.« Sanft dringen Garads Worte durch das wohlige Halbdunkel des Schlafzimmers. »Versprochen.«

»Geh nicht weg.« Etwas anderes bringt sie nicht mehr über die Lippen.

Garad hält inne.

Einen Augenblick lang befürchtet sie, zu weit gegangen zu sein. Vielleicht war doch alles nur Lüge.

Dann aber spürt sie, wie Garad sich zu ihr legt.

»Du musst nur fragen.«

»Wonach?«, murmelt Ghost müde.

»Ganz egal, was immer du willst«, erwidert Garad ebenso leise. »Ich werde alles für dich tun, was in meiner Macht steht.«

Ghost atmet einmal tief durch.

Bleib tapfer. Du darfst nicht auf der letzten Stufe zusammenbrechen.

»Ich will, dass du mir Trost spendest«, sagt sie dann.

In der kurzen Stille, die auf diese Worte folgt, stirbt Ghost gefühlt tausend Tode.

»Fin hat mit dieser Formulierung immer etwas ganz Bestimmtes gemeint«, entgegnet Garad vorsichtig.

»Ich weiß.«

Erst als sie spürt, wie xiese langen, warmen Finger über ihren Körper gleiten, fühlt sie sich sicher genug, um wirklich loszulassen.

Denn so berührt Garad nur das, was xier aufrichtig liebt.

TEIL III

Möge Gwanhara dir ausreichend Leben spenden,
bis Marvol es wird in Frieden beenden.

– Sprichwort gläubiger Saith-Anhänger

KAPITEL 33

Menagerie, Alaunitown

Eine Woche zuvor

»Willkommen!«, flötet der Mann, dessen pomadisierte Haartolle im grellen Licht ölig glänzt. »Willkommen in der Menagerie!«

Er ist unter dem Namen Glapissant bekannt, der äußerst gut zu ihm passt. Sein schlanker Körper ist in teure, fast schon prüde Kleidung gehüllt und er trägt einen Hauch zu viel Parfüm. Während er sie in das Gebäude hineinführt, plaudert er mit routiniertem Charme weiter.

»Es ist mir eine Ehre, einer solch illustren Persönlichkeit wie Ihnen unsere Anlage zeigen zu dürfen«, versichert er über die Schulter hinweg.

»Und ich fühle mich geehrt, eine solche Gelegenheit zu bekommen«, erwidert Wyll ebenso höflich.

»Ein wahrer Glücksfall, dass wir es dank dieser vortrefflichen Vermittlung in die Wege leiten konnten.«

Viviane, dier sich gelassen bei Wyll eingehakt hat, schenkt Glapissant ein strahlendes Lächeln. »Nun ja, der gute Julias hat immer von diesem Ort geschwärmt. Er meinte, es sei momentan das wichtigste Projekt von ganz London.«

»Der gute Julias«, wiederholt Glapissant mechanisch. Fast könnte man meinen, er hätte Zuneigungsbekundungen wie diese aus einem Mathematikbuch gelernt. »Kaum zu glauben, dass er nicht mehr unter uns weilt.«

»Ja, es ist schwer begreiflich«, stimmt Viviane ihm zu, um dann mit einem angedeuteten Lächeln hinzuzufügen: »Vor allem, da ich dadurch nun arbeitslos geworden bin.«

»Aber nicht doch!«, versichert Glapissant. »Wir benötigen für unsere Operation auch weiterhin eine verlässliche Versorgung mit Tidal, und die Vereinbarung, die von der Menagerie mit ihm ausgehandelt wurde, überträgt sich im Falle seines Todes automatisch auf die Erben seines Bio-Doms. Das hat der Eigentümer der Menagerie vertraglich festgelegt. Immerhin war Julias, wenn auch noch bemerkenswert agil, doch schon in einem recht fortgeschrittenen Alter. Und man weiß schließlich nie, wann Marvol einem einen Besuch abstattet, nicht wahr?« Er schenkt Viviane ein strahlendes Lächeln, das so kalt und scharfkantig ist wie ein Diamant. »Ich sollte an dieser Stelle betonen, dass die Menagerie auch weiterhin gerne mit Ihnen verhandelt und nicht direkt mit dem Bio-Dom.«

Viviane deutet ein erfreutes Nicken an. »Dann bin ich Ihnen wohl zu Dank verpflichtet.«

»Dieser Dank gilt dem Eigentümer der Menagerie«, betont Glapissant. »Zum Glück dienen wir hier einer Herrin, die ebenso klug wie großzügig ist.«

»Ich würde ihr gern kurz meine Aufwartung machen«, verkündet Wyll. »Natürlich erst nach der Führung.«

Glapissant zögert. »Ich bin mir nicht sicher, ob sie heute im Hause ist. Immerhin ist sie eine viel beschäftigte Frau.«

»Davon habe ich schon gehört, ja.«

Einen Moment lang starrt Glapissant ihn verblüfft an, dann

beginnt er zu kichern. »Aber natürlich, natürlich, Sie wissen da bestens Bescheid, nicht wahr?«

Wyll lächelt still.

Während sie nun die eigentliche Einrichtung betreten, zeigt ihnen Glapissant mit großer Geste und weitschweifigen Erklärungen verschiedene Bereiche. Dabei bewegen sie sich auf einem breiten, hohen Gerüst entlang, das bis zur halben Deckenhöhe des gigantischen Lagerhauses aufragt und ihnen sozusagen einen Blick aus der Vogelperspektive ermöglicht. Unter ihnen erstrecken sich viele durch Trennwände unterteilte Sektionen, reihenweise Räume ohne Decke, in denen die unterschiedlichsten Leute arbeiten: Mediziner beraten sich vor Bildschirmen oder sind mit filigran aussehenden Instrumenten und Maschinen beschäftigt; Vastos wuseln wie Ameisen zwischen den unterschiedlichen Räumen hin und her und überbringen Gerätschaften und Nachrichten; in jedem Raum und in den Gängen dazwischen stehen Wachen.

Und dann sind da noch die Säle mit den Tanks. Es sind eine Menge Tanks und keiner davon ist leer.

Wyll versucht zu ergründen, warum ihm dieser Ort so vertraut vorkommt. Schließlich begreift er: Das hier fühlt sich an wie ein Viehmarkt.

Plötzlich scheint ihre Führung ins Stocken zu geraten. Glapissant mustert ihn erwartungsvoll.

»Wirklich außergewöhnlich«, versichert ihm Wyll schnell.

Das scheint Glapissant zu freuen. »Vielen Dank! Ja, wir sind sehr stolz auf das, was wir bereits erreicht haben. Jahrhunderte des unterdrückten Fortschritts werden bald hinweggefegt werden. Wir schreiten in einem nie da gewesenen Tempo voran und zerreißen den Schleier der Fehlinformation und des Aberglaubens. Medizin, Technik, Rüstungsproduktion – es gibt berauschend viele Anwendungsgebiete. Wenn ich unserer Spezies ein Geschenk machen kann, dann ist es Wissen. Schon als kleiner Junge habe ich es gehasst, wenn ich das Gefühl hatte, mir würde Wissen vorenthalten. Neugier rettet Leben. Ohne sie wären wir kaum mehr als Tiere, die sich für ein paar Münzen gegenseitig abschlachten, nicht wahr?«

»Absolut«, bestätigt Wyll. Gleichzeitig fragt er sich, ob unter dem eingepferchten Vieh hier auch Menschen sind, die er kennt.

Konzentriere dich, ermahnt er sich schnell. Du bist nicht ihretwegen hier. Heute nicht.

Er wendet sich wieder an Glapissant: »Nun, das war äußerst erhellend, vielen Dank. Und jetzt würde ich gerne mit der Herrin dieser Einrichtung sprechen.«

Offenbar ist Glapissant hin- und hergerissen zwischen seinem Pflichtgefühl gegenüber besagter Herrin und dem Bestreben, es der »illustren Persönlichkeit«, der er gegenübersteht, recht zu machen. Zögernd schlägt er vor: »Ich werde ihr eine Nachricht zukommen lassen. Dann kann sie jemanden schicken, der …«

»Aber das wird doch sicher nicht nötig sein«, unterbricht ihn Viviane geschickt. »Warum bringen Sie uns nicht einfach direkt zu ihr? Das wäre doch eine nette Überraschung, immerhin sind wir ja gut befreundet.« Wieder schenkt xier Glapissant ein strahlendes Lächeln.

Wyll beobachtet das Ganze neugierig. Bislang war er noch nie Zeuge, wie sich Vivianes Talent bei anderen auswirkt, da während ihrer gemeinsamen Geschichte meist er die Zielperson war. Es ist ein faszinierender Anblick. Zunächst runzelt Glapissant die Stirn, als wüsste sein Gehirn, dass irgendetwas nicht stimmt, ohne es genauer benennen zu können. Dann – als Vivianes Geist sich sanft um sein Bewusstsein legt und es liebevoll hätschelt – wird seine Miene für einen Moment merkwürdig leer, bevor er sich quasi wie ein glücklicher Hund diesen Streicheleinheiten ergibt.

»Aber natürlich«, pflichtet er xiem bei. »Die Lady Orcade liebt Überraschungen.«

Viviane lacht. Glapissant lacht ebenfalls, dann führt er sie zu einem schicken Aufzug aus getöntem Glas, der sie in einen deutlich privateren Teil des Gebäudes bringt.

Hier sind die Flure mit dicken Teppichen ausgelegt, Licht und Einrichtung erinnern eher an ein stilvolles Heim und es ist erstaunlich still. Glapissant bleibt vor einer Tür stehen und will auf den Klingelknopf drücken, aber Viviane hält ihn zurück.

»Das würde doch die Überraschung verderben«, säuselt xier. »Lassen Sie uns einfach so hineingehen.«

Wieder zögert Glapissant, ringt mit sich, dann lacht er fröhlich. Er holt eine Schlüsselmünze aus der Tasche und betätigt den Schalter; ein kleines stilisiertes W erscheint über der Münze. Die Tür reagiert sofort und gleitet geräuschlos auf.

Wyll rüstet sich gedanklich für die überzeugendste Show seines Lebens, dann geht er hinein.

Hinter der Tür erwartet sie ein elegantes Empfangszimmer, das selbst den erhabensten Gästen gefallen dürfte. Viel interessanter sind allerdings die geöffnete Tür am anderen Ende des Raumes und die Stimmen, die dahinter zu hören sind.

»Ah.« Nun klingt Glapissant eindeutig angespannt. »Ich denke, sie hat gerade einen Gast.«

Wyll wirft Viviane einen fragenden Blick zu. Nun haben sie es also mit einer dritten Person zu tun; eigentlich sind sie davon ausgegangen, Orcade allein zu erwischen.

»Verzeihen Sie mir«, flüstert Glapissant weiter, »aber es scheint sich hier um ein privates Treffen zu handeln, bei dem wir nicht stören sollten. Dürfte ich Sie wieder nach unten bringen, damit Sie dort warten können?«

Durch die offene Tür dringen nun Laute, die sogar auf ein extrem privates Treffen schließen lassen.

Gefangen in seiner Unentschlossenheit – oder möglicherweise auch seinem Schicklichkeitsempfinden –, steht Wyll da. Viviane allerdings kennt nichts dergleichen oder wird vielleicht sogar von der Situation angezogen wie ein Jagdhund vom Hasen, denn bevor irgendjemand xien aufhalten kann, marschiert xier auf die offene Tür zu. Mit einem leisen Fluch lässt Wyll den verunsicherten Glapissant stehen und folgt xiem. Eigentlich gibt es auch keinen Grund zur Panik. Bisher sind Viviane und er einfach nur unhöflich, es handelt sich lediglich um einen Verstoß gegen die Etikette, sodass sie das Ganze vielleicht noch ohne viel Aufsehen hinter sich bringen können. Vor allem, wenn man bedenkt, mit wessen Gesicht er im Moment herumläuft …

Doch als sie den angrenzenden Raum betreten und sehen, wer sie dort erwartet, zerfallen all ihre Pläne mit einem Schlag zu Staub.

Viviane steht wie erstarrt in einem kleinen, hell erleuchteten Badezimmer, vor ihr eine stöhnende Orcade, deren Kleidung mehr als nur verrutscht ist und deren blonder Dutt so aussieht, als wäre er leidenschaftlich zerrupft worden.

Und daneben steht, beide Hände mit dem Körper der Lady beschäftigt und kleidungstechnisch ebenso derangiert, jene Frau, die offensichtlich für das zerrupfte Haar verantwortlich ist: Lillath, mit vor Leidenschaft geröteten Wangen. Lillath, die voll bekleidet ist und doch nie so nackt gewirkt hat. Lillath mit dem scharfen Blick und der Aura wohlwollender Allwissenheit – zumindest so lange wohlwollend, bis man sein Leben auf eine Art und Weise zu führen versucht, die ihr missfällt. Und bedauerlicherweise ist ausgerechnet Lillath jene illustre Persönlichkeit, als die sich Wyll Zugang zu der Menagerie verschafft hat. Schließlich ist sie der Schlüssel, der jede Tür öffnet, denn wer würde es schon wagen, der Spinne von London den Zutritt zu verwehren?

Es war ein Spiel mit überschaubarem Risiko, Lillath als Maske zu wählen. Dummerweise ist nun der unwahrscheinlichste Fall eingetreten.

Die beiden Lillaths starren sich reglos an.

Sie schlafen miteinander.

Lillath und Orcade schlafen miteinander. Die Spinne geht mit der Frau ins Bett, die den Untergang ihrer eigenen Saith orchestriert. Sie stecken da gemeinsam drin, und bei allen Heiligen – plötzlich ergibt alles auf eine kranke Art sogar Sinn. Die beiden sind ein Paar …

Viviane reagiert sofort und rettet sie dadurch. Xier lässt Glapissants Geist los und stürzt sich mit aller Kraft auf Lillath. Deren mentale Barrieren sind gerade außer Kraft gesetzt, da sie voll und ganz auf etwas anderes konzentriert ist, und so trifft es sie vollkommen unerwartet. Wahrscheinlich war die Chance, sie zu schlagen, noch nie so groß.

Lillaths Lippen öffnen sich, sie zuckt kurz. Viviane tritt einen Schritt vor.

Drückende Stille senkt sich über den Raum.

Orcade beweist eine bemerkenswerte Selbstkontrolle, denn sie entzieht sich wortlos Lillaths nun schlaffem Griff und streicht sich die losen Strähnen aus dem Gesicht.

»Wer sind Sie?«, fragt sie Wyll dann erstaunlich höflich. »Lillath sind Sie nicht, also: Wer sind Sie?«

Er lässt die Illusion fallen. Es macht keinen Unterschied mehr. Bei einem Wettstreit darum, wer die echte Lillath ist, würde er sowieso verlieren.

»Ah.« Orcade nickt, als Wylls Gesicht erscheint. »Ich verstehe.«

Sie wirkt vielleicht ein wenig nachdenklich, doch abgesehen davon verbirgt sie ihren Schrecken so gut, dass er ihr beinahe Applaus spenden möchte. Viel eher erweckt sie den Anschein wie jemand, der hundert verschiedene Varianten der Situation durchspielt, um letztlich bei der Auflösung zu landen, die ihm am meisten einbringt.

»Lillath?« Fragend sieht sie zu ihr hinüber. »Was geht hier vor?«

Lillaths Blick hat sich an Viviane festgesaugt und andersherum. Beide stehen sich vollkommen reglos gegenüber.

»Sie fechten einen Kampf aus«, erklärt Wyll. »Einen Kampf unter Gottgleichen.«

Orcade wirft erst ihm einen scharfen Blick zu, dann Lillath, über deren Körper nun ein kaum merklicher Schauer läuft. Im nächsten Moment tritt die Lady einen Schritt zurück, distanziert sich von ihrer Geliebten. Ein Blick in ihr Gesicht verrät Wyll etwas ganz Entscheidendes, eine winzige Information, die zu einem wichtigen Druckmittel werden kann: *Sie hat es nicht gewusst.*

Orcade hatte keine Ahnung, dass Lillath eine Gottgleiche ist.

Und nun beginnt sie alles infrage zu stellen, analysiert jede ihrer Begegnungen, zweifelt an ihren Empfindungen und durchforstet ihr Gedächtnis nach Hinweisen darauf, dass ein anderer Geist die Kontrolle übernommen haben könnte. Wyll kennt das gut, denn genau das passiert, wenn man herausfindet, dass die eigenen Gefühle letztlich nicht ganz aus einem selbst heraus geboren wurden.

Sie beginnt, an Lillath zu zweifeln.

»Vivi?«, fragt Wyll vorsichtig.

Viviane stößt ein angespanntes Grunzen aus, mehr nicht.

Es ist also ein harter Kampf, und es besteht die Möglichkeit, dass xier ihn verliert.

Alles klar, dann muss Wyll jetzt handeln.

Ohne sich weiter um Orcade zu kümmern – es ist ein kleines Bad mit nur einem Ausgang, den er momentan sehr effektiv blockiert –, dreht er sich zu Glapissant um, der nervös an ihm vorbei in den Raum späht.

»Ich hoffe doch sehr, dass Sie ihn nicht getötet haben«, stellt Orcade einen Moment später fest.

Wyll richtet sich auf. Der Mann ist zusammengeklappt wie eine Pappfigur.

»Ich habe ihn lediglich betäubt«, behauptet er und lässt den reglosen Glapissant einfach im Türrahmen liegen. Ganz sicher ist er sich da allerdings nicht, denn manchmal ist das schwer zu sagen. Aber er hat es zumindest versucht.

»Gut, vielen Dank«, erwidert Orcade gelassen. »Er ist äußerst nützlich.«

Angewidert blickt Wyll auf den schlaffen Mann herunter. »Inwiefern?«

»Er hat einen erstaunlich robusten Magen.«

Orcade hat sich möglichst weit von Lillath entfernt an die Wand gelehnt und die Arme vor der Brust verschränkt. Obwohl sie äußerlich ruhig wirkt, verrät ihr hektisch zwischen den drei Gefahrenquellen im Raum hin und her huschender Blick ihre Anspannung: Es sind keine Wachen in Rufweite, es gibt keine erreichbaren Alarmknöpfe, ihr aalglatter Untergebener blockiert in seiner Bewusstlosigkeit den Ausgang, ihre stärkste Waffe ist anderweitig beschäftigt und sie wäre Wyll in einem Kampf eindeutig unterlegen.

Zunächst konzentriert er sich nun auf Lillath.

Wyll schiebt sich vorsichtig an sie heran, wobei er sie nicht aus den Augen lässt: Jedes Zucken könnte eine Muskelregung, eine Bewegung, eine Entscheidung andeuten. Schließlich steht er so dicht vor ihr, dass er den Duft ihres Haares riechen kann.

Und noch immer rührt sie sich nicht.

Kurz sieht er über Lillaths Schulter hinweg zu Viviane.

Dann sorgen wir mal für noch mehr Chancengleichheit.

Das Mitführen von Waffen ist in der Menagerie verboten, aber seine Körperkraft kann ihm niemand abnehmen. Für eine Vastos hält sich Lillath erstaunlich fit, aber gegen Wylls Muskelmasse hat sie keine Chance. Mit einem Arm fixiert er ihre Hände am Körper, den anderen schlingt er um ihren Hals und drückt zu. Ihr Körper reagiert sofort. Sie beginnt, nach ihm zu treten und um sich zu schlagen.

»Lass sie einschlafen, Vivi!«, keucht er angestrengt.

Der Körper in seinen Armen windet sich wie ein durchgedrehter Fisch.

»Vivi!«

Viviane kämpft verbissen, dann fletscht xier die Zähne und stößt einen Schrei aus wie ein Ritter, der sich mit seinem ganzen Körper in einen Schlag hineinlegt. Wyll versucht, Orcade nicht aus den Augen zu verlieren und irgendwie alles unter Kontrolle zu behalten …

Kraftlos sinkt Viviane erst auf die Knie, dann auf alle viere wie ein Hund. Gleichzeitig hält der Körper in Wylls Armen abrupt inne und wird zu einer schlaffen Puppe, die ihn mit ihrem Gewicht von den Füßen zu reißen droht.

Er legt die bewusstlose Lillath vorsichtig auf dem Boden ab und richtet sich auf.

Dann wendet er sich höflich an die Lady Orcade: »Ob ich

mir wohl das Seil ausborgen dürfte, das Sie praktischerweise an Ihre Toilette gebunden haben?«

*

Am Ende liegen zwei reglose Körper in dem Badezimmer, von denen einer an die Toilette gefesselt ist. Viviane behält sie im Auge; xier hat sich auf einen Stuhl im angrenzenden Empfangszimmer zurückgezogen und stützt erschöpft die Ellbogen auf die Knie. Trotz der noch immer anhaltenden Müdigkeit scheint xier doch fit genug zu sein, um die Aufpasserin zu geben.

Wyll und Orcade sitzen sich im selben Raum auf zwei hübschen Diwanen gegenüber. Die Lady hat das Haar und die Kleidung gerichtet und die Hände sittsam im Schoß verschränkt.

»Soll ich Tee bringen lassen?«, fragt sie.

Lächelnd entgegnet Wyll: »Natürlich nicht.«

»Wie unzivilisiert«, rügt ihn Orcade. »In der Karaffe dort drüben müsste noch Wasser sein. Dürfte ich davon etwas haben? Ich möchte mir zumindest die Kehle befeuchten, bevor das Verhör beginnt.«

Sie deutet mit dem Kopf auf ein Beistelltischchen, das gerade genug Platz für einen hohen, schlanken Glaskrug und ein Trinkglas bietet.

»Ich werde es Ihnen holen«, sagt Wyll.

Orcade lacht nur. »So alt bin ich nun auch wieder nicht.« Sie steht auf und durchquert das Zimmer. Sofort wirkt Viviane angespannt und beobachtet aufmerksam, wie Orcade ihnen den Rücken zuwendet und nach der Karaffe greift. Schließlich wirft sie Wyll einen reumütigen Blick zu – es ist nur Wasser.

Nachdem sie sich eingeschenkt hat, kehrt Orcade mit einem

gefüllten Glas in der Hand zu ihrem Diwan zurück. Dort macht sie es sich zunächst einmal gemütlich – ein wenig zu lange, denkt Wyll; als wäre das der einzige kleine Akt der Rebellion, der ihr momentan noch bleibt. Anschließend trinkt sie einen großen Schluck der trüben Flüssigkeit.

»Nun gut«, verkündet sie gelassen. »Was wollen Sie wissen?«

»Haben Sie Arts Ermordung eingefädelt?«, fragt Wyll sofort.

»Nein. Das war allein Ihre furchterregende Geliebte Red.« Dass sie ebenfalls über Hintergrundwissen verfügt, das sie nun preisgeben kann, scheint die Lady in gewisser Weise zu befriedigen. »Ich habe mir lediglich eine Wendung des Schicksals zunutze gemacht. Schließlich sind wir alle dem Chaos des Universums unterworfen. Deshalb ist Wahrsagerei auch vollkommen sinnlos. Eine von Hunderten möglicher Zukunftsversionen vorherzusagen, die möglicherweise eintreten könnten, ist wohl kaum von echtem Nutzen. Allerdings wird es lästig, wenn sie die Geheimnisse der Gegenwart erkennen. Diese eine … das war ein wirklich außergewöhnliches Mädchen. Sie hätte sich noch als wertvoll erweisen können.«

»Was ist passiert?«

»Glapissant lässt sich hin und wieder ein wenig zu sehr mitreißen von seinen Spielchen.« Sie wirft ihm einen amüsierten Blick zu, wohl als Reaktion auf seine angewiderte Miene. »Sie sollten ihn diese Einrichtung auch weiterhin führen lassen. Bei ihm wiegt der Nutzen die Kosten eindeutig auf.«

»Wie, bei allen sieben Höllen, kommen Sie darauf, dass ich das hier weiterlaufen lasse und nicht einfach alles niederbrennen werde?«, entgegnet Wyll.

»Ich bin zwar keine Wahrsagerin, aber ich habe ein hervorragendes Gespür für Menschen. Das hat mir stets gute Dienste geleistet.« Resigniert zuckt sie mit den Schultern. »Zumindest bis heute. Sie waren immer ein schwer zu kalkulierender Faktor, Si Wyll, genau wie Ihre Red. Ich hätte nicht gedacht, dass sie Art tatsächlich umbringt. Solch unberechenbaren Persönlichkeiten bringe ich aufrichtigen Respekt entgegen, auch wenn sie in der Regel nicht besonders klug handeln. Allerdings lassen sie sich auch nur schwer kontrollieren, weshalb bedauerlicherweise irgendwann der Punkt kommt, an dem sie ausgeschaltet werden müssen.«

Fassungslos starrt Wyll diese durch und durch beherrschte Frau an. Er sieht wieder vor sich, wie Red in der Arena zusammenbrach, direkt vor ihm mit leerem Blick zur Seite kippte, erschossen von einem schwitzenden, verzweifelten Mann in einer weißen Jacke, der die Pistole anschließend gegen sich selbst richtete.

Einen Augenblick lang muss er sich extrem beherrschen, um nicht dem mörderischen Impuls nachzugeben, den ihre Worte in ihm auslösen. Vermutlich sieht Orcade ihm seine Gefühle deutlich an, denn sie wirkt belustigt. Als wäre seine Reaktion albern und bemitleidenswert.

»Aber Sie wollten Red doch auf den Thron setzen«, sagt er schließlich.

Achselzuckend erklärt Orcade: »Das hatten wir nie vor. Sie war nur eine Abzweigung auf dem Weg, ein einzelner Hieb im Kampfgeschehen.«

»Mit ›wir‹ meinen Sie sich selbst und Lillath.«

Orcade deutet ein Nicken an.

Allein die Heiligen wissen, wie sie sich begegnet sind und alles seinen Anfang nahm. Ein gefährlicher, leidenschaftlicher Funke, der übersprang? Oder hat jede ihr eigenes Spiel gespielt? Vielleicht ist auch beides zusammengekommen. So läuft das ja meistens.

»Lillath will die Kontrolle über den Thron nicht verlieren und Sie wollen ungestört weiter die Menagerie betreiben«, fasst Wyll zusammen. »Die irgendwann möglicherweise sogar vom Palast finanziert und unterstützt wird. Red war Ihr bester Trumpf, um zu bekommen, was Sie wollten, denn durch sie ließ sich Cair Lleon auf Ihre Bedingungen ein. Aber nachdem das erledigt war, wollte keine Seite der unberechenbaren Bastardtochter die Macht überlassen. Nein, sie wollten jemanden, den sie auch kontrollieren können. Also lässt sich Lillath auf einen Deal ein: Sie sorgt dafür, dass ein formbarer Kandidat auf dem Thron landet – sagen wir mal, ein Weichei wie Sirion Dracones. So kann sie im Hintergrund die Fäden ziehen. Und im Gegenzug wird sie Ihnen in allen Angelegenheiten Gehör schenken. Im Klartext heißt das also, Lillath darf den schwierigen Job erledigen und London am Laufen halten, während Sie sich ganz auf die Gründung Ihres neuen Tech-Imperiums konzentrieren können, in dem Gottgleiche zu Waffen umfunktioniert werden. Langfristig gesehen dürften Sie dadurch mehr Macht anhäufen als Cair Lleon. Was Lillath sicherlich auch weiß, aber bestimmt hat sie bereits einen Plan in der Hinterhand, um Sie später noch auszubremsen. Eine wahrhaft perfekte Partnerschaft, solange Sie einander nicht vorher gegenseitig auffressen.«

Nun ist Orcades Lächeln echt. »Das ist ein Teil davon«, stimmt sie zu. »Wissen Sie, mir war schon immer klar, dass viel eher Ihr Ehrgeiz als Ihre Magie der Grund für Arts Niedergang sein würde.«

»Tja, da haben Sie sich getäuscht.«

»Ach ja?«

»Ich hatte nichts mit seinem Tod zu tun.«

»Wirklich nicht?«

Geziert nippt Orcade an ihrem Wasser, lässt ihn dabei aber nicht aus den Augen.

»*Thwimoren*«, sagt sie dann. »Wirklich faszinierende Persönlichkeiten.«

»Und das einzige Talent, das in Ihrer kleinen Farm dort unten nicht vertreten zu sein scheint«, stellt Wyll fest.

»Was aber nicht daran liegt, dass wir nicht ausreichend gesucht hätten«, gibt Orcade zu. »Sind Sie jemals einem Menschen begegnet, der Ihnen gleicht?«

»Nein«, gesteht Wyll. »Was aber nicht daran liegt, dass ich nicht ausreichend gesucht hätte.«

»Für Sie ist das sicher eine Erleichterung. So sind Sie einzigartig in dieser Form der Macht. Man sieht schließlich, was mit gewöhnlichen Talenten wie den Wahrsagern geschieht. Die Leute nehmen sie nicht ernst. Teilweise wird sogar auf sie herabgeblickt.« Mit einem schweren Seufzer fügt sie hinzu: »Wissen Sie, warum ich nie versucht habe, Sie meiner Sammlung hinzuzufügen?«

»Weil es vielleicht jemandem aufgefallen wäre, wenn der Hexenritter von jetzt auf gleich verschwindet?«

Ungeduldig winkt Orcade ab. »Seien Sie nicht albern, man kann fast jeden Menschen problemlos verschwinden lassen. Man muss sich nur eine Geschichte zurechtlegen, die man den Leuten erzählen kann. Die Menschen mögen keine Konflikte, sie gehen ihnen grundsätzlich lieber aus dem Weg. Die wenigen, auf die das nicht zutrifft … nun ja. Sie landen oft ganz oben, wenn auch manchmal nicht lange.« Orcade unterbricht sich kurz, bevor sie beinahe nachdenklich fortfährt: »Nein, es liegt vielmehr daran, dass Sie im Grunde keinerlei Zweck erfüllen, Si Wyll. Die Projektionstechnologie wird bald so weit fortgeschritten sein, dass Echt und Falsch nicht mehr zu unterscheiden sein werden. Wir entwickeln gerade ein tragbares Gerät, mit dem sich eine Illusion erzeugen lässt, die man wohl am besten als Ganzkörperzweithaut beschreiben kann. Und dadurch wird Ihre Gabe im Grunde obsolet.«

»Und doch hat sie mich hierher gebracht«, erwidert Wyll gereizt.

Das schmale Lächeln, das über Orcades Züge huscht, ist gerade durch seine Unbestimmtheit besonders Furcht einflößend. »Aber eben nicht lange.«

In einem Zug leert sie ihr Glas und mustert es dann nachdenklich, als erwäge sie, sich mit seiner Erlaubnis nachzuschenken. Schließlich entscheidet sie sich dagegen und stellt das leere Glas auf dem Boden ab.

»Ich würde Sie gerne etwas fragen, wenn es Ihnen nichts ausmacht«, bittet sie höflich.

Wyll wartet schweigend ab.

»Halten Sie sich für einen guten Menschen, Wyll?«

Nein.

»Ich weiß gar nicht genau, was einen guten Menschen ausmacht«, antwortet er.

»Meiner Erfahrung nach haben gute Menschen meist eine sehr klare Vorstellung davon. Und auch wenn sie nicht sicher sind, ob sie diesem Anspruch gerecht werden, versuchen sie es zumindest. Sie hingegen haben jeglichen Versuch in dieser Richtung aufgegeben, habe ich recht?«

»Ich verstehe nicht, was Sie meinen.«

»Wie schade.« Plötzlich sieht Orcade beinahe erschöpft aus, sie lehnt sich schwerfällig zurück, als wäre der Diwan ihre letzte verbliebene Stütze. »Und was geschieht nun? Sind Sie mit der Absicht gekommen, mich zu töten?«

»Nein.«

»Das war wohl doch ein wenig naiv. Aber haben sich Ihre Pläne geändert? Wollen Sie mich jetzt töten?«

»Nein«, wiederholt Wyll mit Nachdruck, obwohl er am liebsten das Gegenteil gesagt hätte. Und er weiß, dass sie es ihm anmerkt. »Ich will, dass Sie entlarvt werden. Alle sollen wissen, was für ein Spiel Sie hier spielen. Ganz London soll sich von Ihnen abwenden. Sie sollen einsam und allein zurückbleiben und Ihre verfluchte Familie soll zu Staub zerfallen.«

Orcade nickt steif. »Ich fürchte, in dieser Hinsicht muss ich Sie enttäuschen.«

Mühsam ringt sie nach Luft.

Plötzlich keimt ein schlimmer Verdacht in Wyll auf.

»Viel Glück«, haucht Orcade atemlos. »Es gibt wesentlich mehr Spieler, als Sie ahnen.«

Dann beugt sie sich vor und erbricht sich.

Wyll springt auf und weicht zurück. Er ist entsetzt, angewidert, wütend. Auch Viviane ist sofort auf den Beinen und kommt angelaufen. Wozu?, denkt sich Wyll. Es ist zu spät.

Orcade krümmt sich, spuckt immer weiter, krampft und windet sich. Die Augen treten ihr aus den Höhlen, ihre Fingerknöchel sind weiß durch die Anspannung.

Wenig später ist es vorbei.

Als Orcade erschlafft, bückt sich Viviane und hebt das Glas auf, in dem noch ein paar trübe Wassertropfen hängen. Vorsichtig schnüffelt xier daran. Dann rümpft xier angewidert die Nase und schleudert das Glas mit einem Schaudern von sich.

»Gift?«, vermutet Wyll.

Viviane nickt. »Eindeutig, es stinkt.«

»Warum, bei allen sieben Höllen, hat man einen Krug mit vergiftetem Wasser herumstehen …« Dann begreift er. »Möglicherweise war es ja für jemand anders gedacht.« Dabei denkt er vor allem an Lillath. Eine so gefährliche Partnerschaft hat selten eine hohe Lebenserwartung. »Obwohl es unauffälligere Wege gibt, jemanden loszuwerden.«

»Vielleicht sollte es möglichst schmerzhaft sein.« Viviane atmet einmal tief durch. Xier wirkt ein wenig angeschlagen.

»Alles in Ordnung?« Plötzlich macht Wyll sich Sorgen. Wird er seine gerade erst erworbene und extrem nützliche Waffe etwa schon wieder verlieren?

Es dauert einen Moment, bis Viviane antworten kann; xier ringt nach Worten wie jemand, den soeben ein heftiger Schlag getroffen hat.

»Ich habe es gespürt«, erklärt xier schließlich. »Oder zumindest einen Teil davon. Wie sie starb.«

Wyll fängt Viviane gerade noch auf, als xier zusammenbricht.

*

Aus dem Gebäude zu fliehen, ist einfach.

Wen kümmert es schon, wenn die Tidal-Lieferantin der Menagerie ein wenig schwach auf den Beinen und bleich im Gesicht ist? Mit der Spinne an der Seite ist man vor sämtlichen Fragen geschützt. Und die bewusstlose Lillath, die Wyll über der Schulter trägt, sehen die Menschen nicht, weil Wyll es sie nicht sehen lässt.

Glapissant wurde die neue Lage recht schnell klar, als er beim Aufwachen Lillath bewusstlos und Orcade tot vorfand. Weder Wyll noch Viviane sind überrascht davon, wie problemlos er sich ihren Plänen gefügt hat. Glapissant ist vor allem Geschäftsmann, was bedeutet, dass er einen guten Deal sofort erkennt. Er wird dafür sorgen, dass der Übergang möglichst reibungslos erfolgt.

Wenn Orcades Leiche gefunden wird, werden viele Fragen folgen. Doch sämtliche Zeugen werden aussagen, dass die Spinne von London in der Menagerie erschienen und zu Lady Orcade hinaufgegangen ist – die während dieser Zeit das Gift trank – und dass die Spinne wenig später wieder gegangen ist.

So oder so ist Lillath damit ziemlich am Arsch.

Das Schoßhündchen ist letztendlich doch noch zum Herrn geworden.

KAPITEL 34

Garads Wohnung, Evrontown

Eine Woche zuvor

Als Ghost die Augen aufschlägt, glaubt sie im ersten Moment, wieder von gläsernen Wänden umschlossen zu sein, dahinter eine Halle voller herumhüpfender, quakender Frösche, die sie mit dumpfer Neugierde anstarren.

Dann verblasst dieses Bild zum Glück. Sie befindet sich in einem elegant eingerichteten Schlafzimmer mit großen Fenstern, die zartes Frühlingslicht zu ihr hereinlassen. Die blassen Strahlen zeichnen ein Muster auf die zerwühlte Decke, unter der ihr nackter Körper verborgen ist. Hier und jetzt fühlt Ghost sich sicher, warm und zufrieden. Einerseits kann sie sich dunkel an einen solchen Zustand erinnern, andererseits scheint er aber auch vollkommen neu zu sein, was sie verunsichert. Nicht ganz Fin, nicht ganz Ghost … nicht mehr. Aber Ghost muss vorerst ausreichen. Nun ist sie der Geist eines Geistes.

Plötzlich durchdringt ein Klappern die friedliche Stille, dann hört sie, wie sich jemand nähert.

Nachdem sie ihre Nacktheit durch ein Minimum an Kleidung eingeschränkt hat, folgt sie dem Geräusch durch den Flur bis zur Küche, wo Garad mit gezücktem Quirl am Herd steht.

Ghost räuspert sich laut.

Aus der Drehung heraus wirft Garad den Quirl nach ihr. Der verfehlt sein Ziel, prallt scheppernd von der Wand ab und verteilt eine Ladung Soßenspritzer auf dem Boden.

»Mist«, fasst Garad es betrübt zusammen.

»Tut mir leid.« Ghost findet es eher lustig.

»Ist schon gut. Ich bin es einfach noch nicht gewohnt, dass jemand hier ist.«

Xier wirkt herrlich unbeholfen bei diesem Tanz durch die Küche.

»Was soll das werden?«, erkundigt sich Ghost.

»Frühstück.«

»Bist du sicher?«

»Du bist viel zu dünn«, verkündet Garad und zeigt mit dem inzwischen geretteten Quirl auf sie. »Ich werde dafür sorgen, dass du mehr Fleisch auf die Rippen bekommst.«

»Sehr sexy. So etwas sagt der Bauer zum Schwein, bevor er es in den Ofen schiebt.«

»Setz dich.«

Ghost nimmt zufrieden Platz, das hier macht Spaß.

»Wie hast du geschlafen?«, fragt Garad.

»Wie eine Tote.«

Das entlockt xiem einen angespannten Seufzer. Ghost ärgert sich über sich selbst. Wäre sie ein besserer Mensch, würde sie xiem etwas mehr Zeit geben, sich an all das zu gewöhnen, bevor sie die schlechten Witze auspackt.

»Also … seit wann kochst du? Früher bist du vier Mal am Tag essen gegangen.«

»Stimmt«, bestätigt Garad, während xier pikst, wendet und rührt. »Aber ich bin in letzter Zeit kaum rausgegangen. Ich brauchte einfach mal Abstand von allem, zumindest für eine

Weile. Also hatte ich die Wahl: entweder kochen lernen oder jeden Tag rohe Austern schlürfen.«

Ja, Ghost ist hier nicht die Einzige, die zu viel Gewicht verloren hat. Allerdings liegt das bei Garad wohl weniger an xiesen ungeübten Kochkünsten, sondern vielmehr an der drückenden Schwere, die sich in xiesem Blick abzeichnet und auf xiesen Schultern lastet wie eine fette Katze.

Trauer nennt sich das.

Art war immer schon eine Art Steuerruder für xien. Jetzt ist er fort und Garad treibt emotional ziellos umher.

»Es tut mir so leid«, sagt Ghost leise.

»Was genau?«

»Das mit Art.«

Garad hat ihr den Rücken zugekehrt, sodass sie xies Gesicht nicht sehen kann. Doch xiese verkrampften Schultern sagen alles.

»Du hättest es nicht verhindern können«, befindet xier. »Du bist bei dem Versuch gestorben, das ist mehr als genug.«

»Ich weiß. Trotzdem tut es mir leid.«

Garad stößt einen langen Seufzer aus. Er klingt leicht angeschlagen, aber nicht so, als würde xier gleich zusammenbrechen. »Mir auch.«

»Er war ein guter Mensch«, fährt Ghost ruhig fort. »Aber es sieht ganz so aus, als hätte sie einen Anspruch auf sein Leben gehabt.«

Es ist besser, die Karten offen auf den Tisch zu legen. Nur so können sie herausfinden, wo sie stehen.

Nach einer gefährlich langen Pause nickt Garad. »Sieht ganz so aus, ja.«

Niemand ist vor den Konsequenzen seiner Taten geschützt, nicht einmal Könige. Auch wenn Red durch ihre Tat eine ganze

Stadt in die Knie gezwungen hat. Beweist das nicht ein für alle Mal, wie falsch die *moldra lagha* ist?

»Wegen Roben war ich ihr allerdings noch etwas schuldig«, stellt Ghost fest. »Und eigentlich auch meinetwegen, obwohl ich ihr kaum übel nehmen kann, dass sie sich auf diesen Kampf eingelassen hat. Ist schon blöd, dass man von den Toten nichts mehr einfordern kann.«

Ein paar Tage zuvor haben sie über Garads Leuchtschirm mitverfolgt, wie Red im Kampf um das Schwert von London den Hexenritter geschlagen hat, nur um im nächsten Moment von einem Auftragsmörder getötet zu werden.

Trotz allem, was sie getan hatte, war es beinahe beschämend. Ghost musste zugeben, dass sie eine brillante Kämpferin war. In einem anderen Leben hätte sie es vermutlich bis an die Spitze der Caballaria geschafft. In einem anderen Leben hätten Fin und sie vielleicht sogar Freundinnen werden können, wenn auch Rivalinnen im professionellen Bereich. Hätten Triumphe feiern und gemeinsam auf Partys lachen können. Sie hätten alles gehabt: Geld, Ruhm und die beruhigende Gewissheit, nie wieder um ihr Überleben kämpfen zu müssen.

Klingt öde, stellt ihr anderes Ich fest.

Garad bringt einen vollen Topf zum Tisch. Ghost beobachtet, wie xier sorgfältig einen Batzen klebrigen Reis in ihre bereitstehende Schale löffelt. Anschließend folgt ein Teller mit angebrannten Fleischstreifen. Ghost beschließt, das Essen aus reiner Höflichkeit zu genießen.

»Und welche der vielen Theorien zu Reds Ermordung bevorzugst du?«, fragt sie, während Garad ihr gegenüber am Tisch Platz nimmt.

Xier stößt ein verbittertes Lachen aus. »Die Weißjacke wurde eindeutig erpresst, um die Tat auszuführen und sich anschließend das Leben zu nehmen. Vermutlich wurde ihm versprochen, dass seine Familie hinterher gut versorgt würde. Könnte also der Palast gewesen sein. Oder die Überreste von Arts Familie. Orcade. Oder Wyll.«

»Nicht Wyll.« Ghost ist skeptisch. »Er schien vollkommen fertig zu sein.«

»Er ist ein guter Schauspieler«, brummt Garad.

Achselzuckend widmet sich Ghost ihrem Reisgericht. Auf sie hat Wyll gewirkt, als wäre er am Boden zerstört. Derart verletzlich hat er sich in der Öffentlichkeit tatsächlich noch nie gezeigt. Um so etwas vorzutäuschen, muss ein Mensch schon ziemlich zerrüttet sein. Andererseits ist am Ende alles möglich.

Garad beißt in einen Streifen Fleischkohle. »Oh, das gelingt mir von Mal zu Mal besser. Kann gut sein, dass es zu meinem Spitzengericht wird.«

Ghost kaut angestrengt vor sich hin, in Gedanken noch immer bei Wyll. »Ich hoffe jedenfalls, dass er doch kein so guter Schauspieler ist«, stellt sie schließlich fest. »Denn wir werden mit ihm reden müssen.«

»Worüber denn?«

»Über die Menagerie, Garad. Und die Verschwörung, die dahintersteckt.«

Langsam lässt Garad die Gabel sinken.

»Und was genau soll er dann tun?« Xier wirft Ghost einen prüfenden Blick zu.

»Das Ding dichtmachen natürlich. Er ist der Einzige, der jetzt noch die Macht dazu hat. Du hast es selbst gesagt: Er steht mit Cair Lleon auf Kriegsfuß. Falls also jemand im Palast in die Sache mit der Menagerie verstrickt ist, wäre das kein Hindernis für Wyll. Er verfügt über die nötigen Mittel – und er wird entsprechend wütend sein.« Diese Vorstellung gefällt ihr. »Ich möchte jedenfalls nicht dabei sein, wenn er erfährt, was seinesgleichen angetan wurde. In Stücke reißen wird er sie.«

Als von der anderen Seite des Tisches nur Schweigen kommt, dämpft das ihren Enthusiasmus allerdings ein wenig.

»Was ist los?«, will sie wissen.

Garad antwortet nicht.

»Du willst ihn gar nicht auf die Drahtzieher loslassen, stimmt's? Weil du mit ihnen befreundet bist.«

»Ich *war* mit ihnen befreundet«, betont Garad. »Es ist lange her, dass ich mich mit Lillath verbunden gefühlt habe. Sie hat ihren eigenen Weg gewählt, so wie wir alle.«

Ghosts Herz setzt einen Schlag aus. Das Rad mit den Blüten an den Speichen – das ist das Symbol der Familie De Havilland. Daher kennt sie es also.

Sie hat es auf der Haut der Spinne von London gesehen.

Die Spinne hat also das Netz gewebt, zu dem die Menagerie gehört. Hat Garad dem Palast deswegen den Rücken gekehrt? Wie weit reicht das Ganze? Und wer ist sonst noch involviert?

»Lass uns einfach verschwinden«, schlägt Garad plötzlich vor. »Lass uns fortgehen.«

Fassungslos starrt Ghost ihn an. »Fortgehen? Was meinst du mit fortgehen?«

»Du hast das doch schon einmal geschafft. Lass es uns noch mal tun.«

»Garad, ich … ich verstehe nicht …«

»Dann lass mich das ein für alle Mal klarstellen, Fin. Mein Leben hier ist vorbei. Während der vergangenen Monate musste ich mitansehen, wie alles, was ich mir in den letzten zwanzig Jahren aufgebaut habe, in Flammen aufgegangen ist Mein König ist tot, meine Karriere ist beendet, meine Saith sind zerbrochen. Ich erkenne meine ältesten Freunde nicht wieder. Mir ist nichts geblieben. Gar nichts.«

Dieser Feststellung wohnt keinerlei Zorn inne, kein Selbstmitleid. Vollkommen ruhig sieht Garad sie an. »Ich möchte London verlassen, obwohl ich nie eine andere Heimat kannte. Ich möchte gehen, bevor es zu spät ist und ich mich mit derselben Krankheit infiziere, die Art getötet hat und die Lillath, Lucan und jeden anderen, der nach Cair Lleon kommt, bis zur Unkenntlichkeit entstellt.«

»Welche Krankheit soll das sein?«

»Rechtschaffene Verblendung.«

Stille breitet sich aus.

Nachdem sie eine Weile nach den richtigen Worten gesucht hat, erklärt Ghost entschlossen: »Es tut mir ehrlich leid, dass du so empfindest, Garad. Wirklich. Aber ich kann das nicht einfach auf sich beruhen lassen. Ich war dort. Ich habe das alles *erlebt.* Du beklagst dich über eine Krankheit, über Verderbnis? Die Menagerie ist ein Symptom davon. Eine offene, infizierte Wunde.«

»Aber wir müssen uns damit nicht an Wyll wenden«, erwidert Garad. »Ich habe jede Menge Medienkontakte, wir können das auch so publik machen.«

»Soll das ein Witz sein?«, empört sich Ghost. »Du willst diese Entscheidung in einer öffentlichen Debatte fällen lassen? Wie gut das funktioniert, müsstest du doch am besten wissen. Sie werden alle nur die Hände wringen und sich die Köpfe darüber heißreden, ob das vertretbar ist. Im Namen des Fortschritts, bla, bla, bla. Oje, oje, aber man muss doch auch mal verstehen, wie diese Wesen funktionieren, nur für den Fall, dass sie die Weltherrschaft an sich reißen wollen oder so. Und in der Zwischenzeit werden Menschen gefoltert und ertränkt, wenn sie nicht mehr von Nutzen sind, und ihre Leichen werden wie Abfall im Fluss entsorgt! Weil es einfach niemanden *kümmert*!« Wütend beugt Ghost sich vor. »Hierbei geht es verdammt noch mal nicht um eine Moraldebatte. Jemand muss da reinmarschieren und alles plattmachen. Und zwar sofort. Er würde das tun. Ihm wäre die Politik scheißegal. Du weißt, dass er uns beschützen kann. Du weißt, wie viel Macht er hat. Er würde den Laden dichtmachen und genau das muss passieren. Denn es ist das, was *ich* will.«

»Weil du dich davor fürchtest«, stellt Garad mit leiser Stimme fest.

»Ja! Du etwa nicht?«

Garad setzt zu einer Antwort an, doch es kommt kein Ton über xiese Lippen.

Geschlagen lehnt Ghost sich in ihrem Stuhl zurück. Mit einem verbitterten Lachen stellt sie fest: »Beim Arsch aller Heiligen, du kannst Gottgleiche *wirklich* nicht ausstehen, was?«

»Das ist es nicht«, erwidert Garad scharf. »Komm mir bloß nicht so.«

»Aber du würdest lieber abhauen, als mir dabei zu helfen, etwas zu vernichten, was beinahe mich vernichtet hätte. Und dir wird ja wohl klar sein, dass ich die Tatsache, noch am Leben zu sein, einzig und allein dem Teil meines Wesens verdanke, den du so sehr verabscheust. Zu was macht mich das in deinen Augen? Was bin ich? Fürchtest du dich vor mir?«

Garad wartet geduldig ab, bis Ghost sich ausgetobt hat.

»Ja, manchmal fürchte ich mich vor dir«, gibt xier dann offen zu, was Ghost ruckartig den Kopf heben lässt. »Was erwartest du von mir? Meiner Meinung nach sind Menschen ausnahmslos zu allem fähig. Ich habe genug Beweise dafür gesehen, bei Gewöhnlichen wie auch bei Gottgleichen. Aber du verfügst noch dazu über diese Macht. Natürlich fürchte ich mich davor. Gleichzeitig finde ich es aber auch unglaublich anziehend. Das ist deine ganz eigene Magie.« Garad streckt eine Hand über den Tisch. »Ich verstehe deine Beweggründe, wirklich. Aber Rache kann niemals wahrhaft befriedigend sein.«

»Hier geht es nicht um Rache …«

»Doch, das denke ich schon.« Noch immer bleibt Garad geduldig. »Sonst würde es dir reichen, diese Machenschaften auffliegen zu lassen, und du müsstest nicht selbst alles zerstören. Aber ich glaube nicht, dass du kriegen wirst, was du dir erhoffst, Fin. Du wirst dich dadurch nicht besser fühlen.«

Ghost ist nicht sicher, ob ihr diese bisher unentdeckte Geduld und Gelassenheit ihres alten und neuen Geliebten gefällt. Ruckartig entzieht sie xiem ihre Hand.

»Du bist nicht ich und trotzdem scheinst du mich ja verdammt gut zu kennen«, giftet sie xien an.

»Wären wir alle Einsiedler, würde es wohl keine Rolle spielen, wie ich dich sehe, Fin. Aber da sich unser Wesen nicht nur über unser Selbstbild, sondern auch über die Vorstellung definiert, die andere von uns haben, habe ich wohl ein gewisses Mitspracherecht.«

Ghost beschließt, nicht darauf einzugehen, dass xier ständig ihren abgelegten Namen verwendet. Und auf den Rest auch nicht. Das können sie später immer noch ausdiskutieren. Falls sie das Glück hat, ein Später zu erleben.

Natürlich würde sie Garad jetzt gerne einen Feigling nennen, doch das kann sie nicht. Das klingt nicht nach Feigheit, es ist etwas anderes. Aber sie erkennt nicht völlig, was es ist.

Wieder beugt sie sich vor. »Ich muss das einfach tun, Garad«, erklärt sie schlicht. »Ich werde mich an den einen Menschen wenden, der genügend Macht hat, um dieser Sache ein Ende zu bereiten. Ich werde ihn darüber aufklären, und ich werde lächeln, wenn alles vorbei ist. Und du kannst mir entweder dabei helfen oder mir aus dem Weg gehen. Aber bitte, bitte versuch nicht, mich daran zu hindern.« Unter der Tischplatte verborgen, faltet Ghost die Hände zu einem stummen Gebet. »Also, wofür entscheidest du dich?«

Garad lässt die Gabel mit dem verkohlten Fleischstreifen sinken und seufzt schwer.

»Ich werde dir helfen«, verkündet xier dann leise. »Aber wir machen es auf meine Art.«

KAPITEL 35

Cair Lleon, Blackheart

Gestern

Es ist einfach nur hässlich hier.

Kann die Energie eines Herrschers seine Umgebung so beeinflussen, dass sie das widerspiegelt? Sein Auftreten und die Art, wie er sein Umfeld behandelt, zieht wie eine Infektion immer weitere Kreise, wie ein Stein, der in einen Teich geworfen wird.

Falls es so ist, hat der aktuelle Herrscher von Cair Lleon eine Vorliebe für Furcht. Hätte Furcht einen Geruch, würde hier alles danach stinken. Man spürt sie in der drückenden Stille, in den hastigen, leisen Bewegungen. Überall auf den Fluren begegnet man umhereilenden Menschen, aber es fehlt die übliche Geräuschkulisse. Hier gibt es kein … kein Leben.

Und fast hätte Fin als Königin über all das geherrscht, denkt sich Ghost.

Als Königin geherrscht? Nein. Königin schon, aber ohne Herrschaft. In diesem Spinnennest hat noch nie eine Königin geherrscht und am Ende wäre sie wie die Spinnen bei lebendigem Leib aufgefressen worden.

Da scheint sie ja noch einmal Glück gehabt zu haben. Fin wäre wohl nicht dazu in der Lage gewesen, ihre Schuldgefühle abzulegen und erleichtert zu sein, dass sie diesem Ort durch ihre Entscheidungen entronnen wäre. Ghost aber kann das – auch wenn sie erst sterben musste, um dieses Band endgültig zu durchtrennen. Heute lebt sie vielleicht in einer spürbar unsichereren und eindeutig weniger luxuriösen Welt, aber was sie in diesen Mauern zurückgelassen hat, kommt ihr wie eine viel größere, schleichende Gefahr vor. Wenn ihr dort draußen jemand nach dem Leben trachtet, macht er wenigstens keinen Hehl daraus. Hier drin scheint der Tod sich verstohlen anzuschleichen und kommt stets als unliebsame Überraschung daher.

Die stattliche Eskorte, die man ihr zur Seite gestellt hat, tut zwar einiges für Ghosts Ego, aber kaum etwas für ihr Sicherheitsempfinden. Diese Ritter sind so mit Waffen beladen, dass sie sich vorkommt, als wäre sie von menschlichen Igeln umringt. Man führt sie zu einer imposanten Tür, hinter der sich ein kleines, gemütlich eingerichtetes Vorzimmer befindet, dessen Wände beunruhigenderweise verspiegelt sind.

Der Anführer der Eskorte dreht sich zu Ghost um und deutet in den Raum hinein.

»Sie warten hier, bis die andere Tür geöffnet wird«, weist er sie an.

»Sie kommen nicht mit rein?« Ghost mustert die Spiegelwände. »Ist nicht leicht, so ganz allein mit sich selbst zu sein.«

»In diesem Palast ist man niemals allein«, erwidert der Ritter grimmig. Damit haben sich die restlichen Witze, die Ghost noch auf Lager hatte, schlagartig erledigt.

Die Tür fällt hinter ihr zu.

Ghost wendet sich den Spiegeln zu. Eigentlich vermeidet sie es inzwischen, sich zu sehr in ihr eigenes Abbild zu vertiefen; es kann verwirrend werden, wenn man sich erst daran erinnern muss, mit welchem Gesicht dort zu rechnen ist. Aber da ihr hier nichts anderes übrig bleibt – solange sie sich nicht den Hals verrenken und an die Decke starren oder wie ein gescholtenes Kind den Boden zwischen ihren Stiefelspitzen fixieren will –, kann sie genauso gut eine Einschätzung der Frau im Spiegel vornehmen.

Nicht schlecht. Ein bisschen zu dünn vielleicht. Dadurch hat sie auch an Kraft eingebüßt; es wird einige Arbeit kosten, sie sich zurückzuholen. Das liegt am Stress der vergangenen Wochen. Und vielleicht an dem ganzen Sex der vergangenen Tage. Ghost grinst breit. Schon besser. Immer schön an Garad und xiese starken, geschickten Hände denken.

Mit einem leisen Klicken schwingt die Tür zu ihrer Linken auf.

»Komm herein«, ruft eine vertraute tiefe Stimme.

Ghost fährt sich mit der Hand über den rasierten Schädel; das feine Kitzeln der Stoppeln wirkt beruhigend auf sie. Dann geht sie hinein. Sie landet in einem spärlich beleuchteten Raum. Warm ist es hier. Zu warm. Die Einrichtung ist spartanisch, von der sonst in Cair Lleon allgegenwärtigen Pracht fehlt hier jede Spur. Doch die Hitze und Kargheit sind schnell vergessen beim Anblick dessen, was sie dort drin erwartet.

Der ihr wohlbekannte Si Wyllt Caballarias Ambrosias o'Gwanharatown – auch bekannt als der Hexenritter, Geißel der Gottlosen und Londons Linke Hand – sitzt scheinbar gedankenverloren auf einem schlichten Stuhl am kalten Kamin. Außerdem blickt er ihr ein paar Schritte weiter mit vor der Brust verschränkten Armen und prüfender Miene entgegen. Am Fenster warten noch einmal zwei. Am Waffenregal gegenüber der Tür stehen weitere drei. Insgesamt befindet sich geschätzt ein Dutzend Wylls in diesem Raum, jeder in einer anderen Pose. Doch sie alle halten in ihrem Tun inne und wenden sich ihr zu, als sie eintritt.

Ghost schluckt schwer.

»Da leck mich doch einer«, flüstert sie, vollkommen überwältigt.

»Er wird das wohl nicht tun, aber ich vielleicht.«

Die weiche, singende Stimme ertönt irgendwo in Ghosts Rücken. Sofort fährt sie herum. Rechts und links neben der Tür stehen zwei weitere Wylls, stumm und wachsam. Und neben einem von ihnen lehnt eine schlanke, ihr unbekannte Gestalt an der Wand. Das weiche Haar fällt ihr fast über die faszinierenden dunklen Augen und auf ihrem Gesicht breitet sich ein freches, genüssliches Lächeln aus.

Plötzlich werden Ghosts Gedanken merkwürdig träge, als hätte jemand ihr Gehirn mit Honig verklebt. Vielleicht liegt es an der Hitze – offenbar wurden sämtliche Heizwände voll aufgedreht – oder aber an den verstörend vielen Hexenrittern, die hier um sie herumschleichen. Jedenfalls will ihr einfach keine schlaue Erwiderung einfallen.

»Aber nicht doch, Vivi«, rügt Wyll – beziehungsweise alle Wylls. Er klingt, als ertöne ein Dutzend Stimmen beinahe synchron.

Die schlanke Gestalt zuckt bloß mit den Schultern.

Ghost versucht zu entscheiden, an welchen Wyll sie sich wenden soll, aber für sie sehen sie alle wie der echte aus. Irgendwann huscht ihr Blick von einem zum anderen wie eine aufgescheuchte Fliege, die sich einfach nicht auf einem der verfügbaren Misthaufen niederlassen will. Das tut ihrem sowieso schon schlappen Gehirn nicht gut. Dabei wäre es doch schön, wenn sie das unfassbare Wunder genießen könnte, das sie hier gerade erleben darf. Gab es in ganz London jemals einen mächtigeren *thwimoren* als ihn?

»Du wolltest mit mir sprechen«, fährt Wyll fort. Bis auch der letzte der vielen Münder den Satz vollendet hat, dauert es eine Millisekunde länger als gewöhnlich. Der Effekt ist verstörend.

»Ja, Si, aber ich habe nicht damit gerechnet, auf so viele zu treffen«, gibt Ghost zu. »Das ist ein bisschen so, als wollte man sich mit einem Bienenschwarm unterhalten.«

»Sicherheitsmaßnahme«, erwidert der Chor knapp. »Ich habe dir diese Audienz nur gewährt, weil Si Garad sich für dich verbürgt. Wie könnte ich meinem ehemaligen Mentor so eine Bitte abschlagen? Allerdings bin ich etwas enttäuscht darüber, dass xier dich nicht begleitet.«

Enttäuscht ist in diesem Fall wohl mit misstrauisch gleichzusetzen.

»Anscheinend hat xier sich mit ein paar Leuten hier im Palast überworfen und ist nicht mehr ganz so gern gesehen, wie es xiem lieb wäre«, erklärt Ghost.

»Also bist du allein gekommen«, folgert der Chor von Wylls. »Mutige Entscheidung.«

»Ganz und gar nicht. Garad wartet draußen am Tor auf mich. Es war xiem sehr wichtig, mich zu unterstützen.«

Und alle sieben Höllen zu entfesseln, falls Ghost nach dem Gespräch nicht wie erwartet zurückkehrt. In diesem Punkt hat sich Garad sehr deutlich ausgedrückt. Anfangs hat Ghost sich noch über xien lustig gemacht, weil sie das für übertrieben hielt. Jetzt ist sie sich da nicht mehr ganz so sicher.

»Das wäre nicht nötig gewesen«, stellen die Wylls nun fest. »Die Personen, mit denen xier aneinandergeraten ist, stellen keine Bedrohung mehr dar.«

Interessante Feststellung. Bei jedem anderen wäre das kaum mehr gewesen als lächerliche Angeberei, aber immerhin ist dies wohl der mächtigste magisch begabte Ritter, den London jemals gekannt hat.

»Ehrlich gesagt, war ich überrascht, als es hieß, wir würden uns hier im Palast treffen«, entgegnet Ghost. »Ich hatte mit einem anderen Treffpunkt gerechnet. Mit etwas weniger ... Protzigem.«

»Ich verlasse Cair Lleon in letzter Zeit nicht mehr oft.«

Also ist er entweder ein Gefangener oder einfach paranoid. Was ist es wohl? Verfügt dieser Mann überhaupt noch über nennenswerten Einfluss oder ist das alles hier für die Katz?

»Zeig mir deine Gabe«, verlangt der Chor der Wylls und beendet damit Ghosts skeptische Grübelei.

»Schon beim ersten Date? Du gehst aber ran. Ich wollte mit dir sprechen, Si, und keine Präsentation abhalten.«

»Als du über Si Garad an mich herangetreten bist«, erwidern die sich überlagernden Stimmen, »habe ich klargestellt, dass ich nur Gottgleichen eine persönliche Audienz gewähre, und xier hat mir versichert, dass dies auf dich zutrifft. Zeige mir deine Gabe, danach kannst du reden.«

Die verstorbene Finnavair Caballarias o'Rhyfentown war immer äußerst bedacht darauf, nicht als Gottgleiche entlarvt zu werden, und ihre Bekanntschaft mit Wyll ging nie über einen höflichen Plausch bei offiziellen Caballaria-Empfängen hinaus. Er hat keine Ahnung, wer Ghost früher einmal war. Für dieses Treffen hat sie sich als Schülerin von Garad ausgegeben, die einen Rat braucht. Sie ist als Ghost hier, nicht als Fin, und ihr neues Gesicht scheint seinen kritischen Blicken standzuhalten.

»Wegen der Magiegesetze brauchst du dir hier keine Gedanken zu machen«, versichert ihr der Chor. Offenbar hat Wyll ihr Zögern missverstanden. Voller Ironie breitet einer aus dem Dutzend die Arme aus, um sich und seine Freundesschar zu präsentieren. Die anderen lachen. Es klingt furchtbar laut.

»Das tue ich nicht«, erwidert Ghost. »Ich bin bloß etwas schüchtern.«

»Jemand, der so mächtig ist wie du, dürfte das wohl kaum nötig haben.«

»Woher willst du wissen, wie mächtig ich bin? Du hast doch noch gar nichts gesehen.«

»Es wurde bereits eine Einschätzung vorgenommen«, behauptet der Chor. »Zwar konnte man mir nicht sagen, wozu du genau in der Lage bist, aber ich habe erfahren, dass deine Gabe sehr stark und äußerst ungewöhnlich ist.«

Oha, merkt ihr anderes Ich auf. Kommt uns diese Umschreibung nicht bekannt vor?

Könnte auch Zufall sein, findet Ghost.

»Du hast etwas, womit das möglich ist?«, fragt sie direkt. »Eine Art Testverfahren?«

Wyll mustert sie reglos, ohne zu antworten.

Okay, wenn sie bei diesem Treffen weiterkommen will, wird sie ihn wohl irgendwie beeindrucken müssen. Dann sollte sie vielleicht etwas wagen.

»Dieses Testverfahren gehörte nicht zufällig einmal einer Frau namens Moth, oder?«

Guter Zug. Einige der Wylls zucken deutlich sichtbar zusammen. Anderen entgleist das Gesicht.

Damit hat sie sich eindeutig seine Aufmerksamkeit gesichert.

Verfluchte Scheiße – der adrette Kahlkopf, der Moth an jenem Abend die Karte abkaufen wollte … Das war der Hexenritter. Anfangs hielt er das geheimnisvolle Objekt für eine Topografiemaschine, unten im Keller begriff er aber schnell, dass es ein Mädchen war, eine Gottgleiche. Er erkannte, dass Moth ihre eigene Tochter an den Meistbietenden verscherbeln wollte. Und offenbar gefiel ihm diese Entdeckung nicht sonderlich. Er schnappte sich das Mädchen und tötete Moth. Ghost hätte er vermutlich ebenfalls umgebracht, wenn sie nicht rechtzeitig abgehauen wäre.

Da hat sie nun Moths Mörder doch noch gefunden. Bedauerlicherweise gibt es niemanden mehr, dem sie ihre Unschuld beweisen müsste: Delilah ist tot, Sugar hat sich anscheinend für die falsche Seite entschieden, und der Rest der Aktivistengruppe – falls es überhaupt einen nennenswerten Rest gibt – ist untergetaucht. Was verständlich ist, wenn man bedenkt, wie sehr sich ihre Reihen gelichtet haben. Egal was noch geschieht, von denen hat sie wohl nichts mehr zu befürchten.

Auch die Wylls sind zu einer Erkenntnis gelangt: »Ich kenne dich. Du bist das Mädchen, das sich an jenem Abend in dem Laden herumgetrieben hat. Sieh mal einer an. Plötzlich bist du um einiges … interessanter geworden.«

Ghost läuft ein eisiger Schauer über den Rücken.

Du verdammte Idiotin. Musstest du ihm unbedingt einen Grund liefern, um dich mundtot zu machen?

»Vivi?«, raunen die vielen Stimmen fragend.

Die schlanke Gestalt in Ghosts Rücken – die diese schon beinahe vergessen hat – meldet sich zu Wort.

»Sie verfügt über Informationen, die sie dir dringend mitteilen möchte«, behauptet Vivi nun voller Überzeugung. »Diese Sache macht sie wütend und es jagt ihr Angst ein. Und sie glaubt, dir wird es genauso gehen.«

Dieses Gefühl von Sirup im Gehirn … Vivi ist in ihrem *Kopf*.

Erst jetzt bemerkt Ghost, dass sie zu schwitzen begonnen hat. Vielleicht ist es sogar gut, dass sie keine Ahnung hatte, worauf sie sich hier einlässt, denn sonst wäre sie wahrscheinlich gar nicht erst gekommen.

»Und ihre Gabe?«, will der Chor wissen.

»Ich bin nicht sicher«, gibt das verdammte Gedankenorakel

zu. »Es ist wie … Gezanke. Zwei Stimmen, die eine endlose Debatte führen. Als könnte sie …«

Wie immer geschieht es von einem Moment auf den anderen. Ihre Doppelgängerin erscheint und schlingt Vivi von hinten den Arm um den Hals. Dann drückt sie zu. Nachdem Vivi verstummt ist, übernimmt Ghost das Reden.

»Wo ich herkomme, nennt man das Hirnvergewaltigung, und ich habe langsam echt keine Lust mehr auf solchen Scheiß.«

Vivi kämpft und tritt um sich. Ghosts Doppelgängerin muss sich richtig anstrengen, um nicht den Halt zu verlieren.

»Das reicht«, beschließt der Chor. »Vivi, hör auf. *Hör auf.*«

Der Befehl ist so zwingend, dass sogar Ghost automatisch gehorchen will. Vivi erstarrt; Ghosts Doppelgängerin drückt allerdings weiter zu. Reglos wirft Vivi Ghost einen giftigen Blick zu.

»Dann bin ich also nicht der Einzige, der Kopien von sich erschaffen kann«, stellen die Wylls fest. Durch die vielen Stimmen geht jede emotionale Nuance verloren, weshalb seine Reaktion nur schwer zu deuten ist.

»Mein Trick ist besser«, behauptet Ghost.

»Ja, allerdings. Kein Wunder, dass du für unsere kleine Testerin so hell gestrahlt hast.«

»Das hier war nicht unsere erste Begegnung«, erklärt Ghost. »Vermutlich hat sie sich einfach gefreut, ein vertrautes Gesicht zu sehen.«

»Du kannst nicht anders, oder? Ständig musst du ausgerechnet denen auf den Sack gehen, die für dich die größte Gefahr darstellen«, mischt sich ihre Doppelgängerin trocken ein.

»Halt die Klappe«, befiehlt Ghost. Bei allen Heiligen, was für ein Rhyfentown-Akzent. Klingt sie wirklich so? Ist ja peinlich.

Sie bemerkt, wie sich der Wyll, der ihrer Kopie am nächsten ist, vorsichtig dichter heranschleicht.

»Bei einer solchen Gabe hätten wir uns eigentlich schon früher begegnen müssen«, behauptet der Chor nun.

Bald wird sich ihr großer Vorteil in Luft auflösen.

»Ich möchte dir einfach nur etwas mitteilen, deswegen bin ich hier«, versichert Ghost. »Mehr will ich gar nicht. Anschließend kann jeder wieder in sein glückliches kleines Leben zurückkehren, hübsch vom anderen getrennt. Okay?«

»Okay«, raunen die Wylls. Wieder muss Ghost einen kalten Schauer unterdrücken. »Lass Vivi los, dann kannst du reden.«

Ghost lässt die Doppelgängerin verschwinden. Sie längere Zeit herauszulassen, kostet einiges an Kraft, außerdem wird sie ihre Kopie vielleicht später noch einmal brauchen, wenn das hier weiterhin so mies läuft.

Vivi taumelt und wäre beinahe gestürzt, als das stützende Gewicht im Rücken plötzlich fehlt. Es mag kleinlich sein, aber dieser Anblick verschafft Ghost eine gewisse Befriedigung. Bestimmt mangelt es Vivi nicht oft an Grazie.

Schließlich reißt sich Ghost wieder zusammen. »Gibt es hier Lauscher an der Wand?«

»Ich kann es nicht ganz ausschließen.«

Genau deshalb wollte sie dieses Treffen eigentlich nicht in der Höhle des Löwen abhalten, aber in diesem Punkt hat Wyll ihr keine Wahl gelassen.

»Es gibt ein großes Experiment«, beginnt sie trotzdem.

»Und womit wird experimentiert?«

»Mit uns.«

Stille.

Verfluchte Scheiße. Jetzt gibt es keinen Grund mehr, sich zurückzuhalten oder in Rätseln zu sprechen. Sollten sie wirklich von Palastvertretern belauscht werden … Nun ja, dann war sie schon in dem Moment geliefert, in dem sie diesen

Raum betrat. Sie will gerade alles ausspucken – jedes hässliche Detail, jede Grausamkeit, die sie während der letzten zwei Monate zu sehen bekommen hat –, als die Wylls ihr das Wort abschneiden.

»Aber natürlich«, sagen sie nachdenklich. »Das Mädchen, das seinen eigenen Zwilling erschaffen hat, der dann geflohen ist. Glapissant sucht überall nach dir.«

Er weiß es, begreift Ghost, als ihr Herz sich endlich entschließt, weiterzuschlagen. *Man kann dir sicher nicht vorwerfen, du wärst nicht zynisch genug. Und doch übertrifft die Realität wieder einmal deine schlimmsten Erwartungen.*

»Dann weißt du also bereits von den Experimenten«, fasst sie zusammen.

»Ich habe die Menagerie gesehen«, bestätigt der Chor.

Wieder herrscht einen Moment lang Stille.

Ghost spürt, dass sie genau beobachtet, ihre Reaktion sorgfältig analysiert wird.

»Ist ja komisch«, sagt sie deshalb nach einer kurzen Pause.

»Komisch?«

»Komisch. Einfach, weil ich in der Erwartung hergekommen bin, dass du alle sieben Höllen in Bewegung setzen wirst, um den Laden dichtzumachen, wenn du erst davon erfährst.«

»Warum sollte ich den Laden dichtmachen wollen?«, wundern sich die Wylls.

Ghost spürt, wie brennender Zorn in ihr aufflackert. Immer noch besser als kalte Furcht.

»Ich habe heute noch Albträume von dem, was ich dort gesehen habe«, beginnt sie. »Die behandeln Menschen wie eine Ware. Eine Ware, die abgeklopft, ausgehungert, unter Drogen gesetzt und mit Stromschlägen traktiert wird, einfach nur um zu sehen, was dann passiert.«

»Jetzt nicht mehr«, behauptet der Chor. »Jetzt sind dort bessere Menschen am Drücker.«

»Bessere Menschen«, höhnt Ghost. »Wie wer zum Beispiel?«

»Wie ich.« Vivi deutet eine freche Verbeugung an.

In diesem Moment will Ghost einfach nur weglaufen. Vor ihrem geistigen Auge sieht sie, wie Glapissant draußen vor der Tür wartet, um sie wieder in diesen Tank zu schleifen …

»Sadist *und* Hirnvergewaltiger?« Voller Sarkasmus spendet sie Vivi Applaus. »Gute Wahl!«

Das Klatschen dröhnt wie ein Schuss durch den dunklen Raum. Die Wylls treten angespannt von einem Fuß auf den anderen, erheben sich halb von ihren Stühlen.

»Und du führst dich auf wie ein hysterisches Kleinkind«, erwidert Vivi. »Wer sollte deiner Meinung nach eher die Macht über unsere Kräfte haben – die oder wir? Was glaubst du denn, wie Kriege gewonnen werden? Doch immer von denjenigen mit den stärksten Waffen.«

»Jetzt auch noch Waffenhändler, ja?« Ghost dreht sich zum nächstbesten Wyll um. »Da hast du ja einen tollen Fang gemacht, gratuliere!«

Ebenfalls an Wyll gewandt, greint Vivi: »Bitte, ich will ihr wehtun!«

»Du bist erbärmlich«, faucht Ghost wütend. »Was hast du eigentlich davon? Bist du so ein Schoßhündchen, das sich von Natur aus jemandem zu Füßen wirft und dabei noch glücklich hechelt? Fühlst du dich dann erst richtig lebendig?«

Vivi neigt den Kopf, allerdings eher belustigt als zornig.

»Stimmt. Aber nur, wenn sich jemand mein Hecheln verdient hat. Wie verschaffst *du* dir denn das Gefühl, lebendig zu sein?«

Es fällt ihr nicht leicht, aber Ghost konzentriert sich nur

noch auf den Wyll, den sie eben schon angesprochen hat. Alles andere soll ihr egal sein.

»Ich habe schon viel von dir gehört, weißt du?«, beginnt sie noch einmal. »Und damit meine ich nicht den Hexenritter, sondern deine andere Persönlichkeit. Da gibt es die offizielle Seite, die massenhaft Geld an Wohnheime spendet und Dispute bezahlt, die sich Gottgleiche einfach nicht leisten können. Das lässt dich in den Augen mancher Leute wirklich gut dastehen, bei anderen wiederum eher schlecht. Aber Wohltätigkeit, egal welcher Art, nötigt den Menschen immer Respekt ab. Natürlich behaupten deine Feinde, diese Wohnheime wären in Wahrheit illegale Ausbildungsstätten und die Dispute von vornherein so abgesprochen, dass immer der Gottgleiche als Sieger daraus hervorgeht. Hast du tatsächlich eine so hohe Meinung von uns? Denn mir sind schon einige Gottgleiche begegnet, denen ich einfach nur ein Messer in den Bauch rammen möchte. Tatsächlich könnte ich da eine erstaunlich lange Liste erstellen.«

Auf der du jetzt auch stehst.

Der Wyll, den sie angesprochen hat, stößt sich von der Wand ab, an der er bis jetzt gelehnt hat.

»Die Menschen sind dumm, pedantisch, nachtragend, kleingeistig und gefährlich«, erklärt er. Nach dem summenden Chor nun eine einzige Stimme zu hören, ist so wohltuend wie ein Glas Wasser an einem glühend heißen Sommertag. »Das gilt für Gottgleiche ebenso wie für Gewöhnliche. Manchmal sogar mehr. Ein hartes Leben kann ein Monster hervorbringen oder einen Heiligen. Aber unsere Gesellschaft wurde zu lange von einem Machtungleichgewicht beherrscht. Man hat uns mit Lügen über unsere Kultur und unser Wesen gefüttert, um uns besser unter Kontrolle halten zu können. Seltene Anomalien seien wir, mutierte Schoßtiere, die man benutzen kann, wo man es für sinnvoll hält, und die ansonsten kleingehalten werden müssen.« Der Wyll beugt sich vor. Obwohl sie alles dazu drängt, weigert sich Ghost, vor ihm zurückzuweichen. »Aber diese Karte ist wahrscheinlich das großartigste und kostbarste Werkzeug, das uns seit hundert Jahren zur Verfügung steht. Durch sie wird sich alles verändern, das verspreche ich dir. Einfach alles. Deshalb empfehle ich dir nun: Entscheide dich für die Gewinnerseite.«

Auf den Gesichtern der anderen Wylls zeichnet sich wilde Vorfreude ab.

»Wie soll Moths Tochter denn alles verändern?«, fragt Ghost vorsichtig.

»Das wirst du selbst erleben.« Abschätzend neigt der Wyll den Kopf. »Falls du bleibst.«

»Bleiben?« Sie sieht sich fragend um. »Hier?«

»Mir gefällt dein Zorn«, gesteht er ihr. »Ich könnte dir dabei helfen, ihn in die richtigen Bahnen zu lenken.«

»Du willst mich also so ausbilden wie Red, ja?«

Damit landet sie endlich einen Treffer. Plötzlich liegt genügend Spannung in der Luft, um damit einen Projektor anzutreiben.

»War es deine Idee?«, bohrt Ghost weiter.

»Was?«

»Reds großartiger Plan, ihren eigenen Vater umzubringen.«

Hätte ich in diesem U-Bahn-Tunnel besser dich erledigen sollen?

»Nein, das war nicht meine Idee«, antwortet Wyll. »Und alle, die hinter diesem Plan steckten, sind jetzt tot.«

»Wer genau?«

»Zum einen die ehemaligen Betreiber der Menagerie. Sie durchliefen einen erstaunlichen Sinneswandel, als ich bei ihnen auftauchte. Einer tot, der andere vermutlich für immer in der

Menagerie. Bist du jetzt immer noch sauer, weil ich den Laden übernommen habe?«

»Gut, dann hast du also nicht dahintergesteckt«, gibt Ghost nach. »Aber eines musst du mir trotzdem verraten: Wusstest du, was Red vorhatte? Hast du ihr dabei geholfen?«

Stille. So lange hat er in diesem Gespräch noch nie geschwiegen. Gerade als Ghost beschließt, dass sie wohl keine Antwort von ihm bekommen wird, sagt er: »Möglicherweise.«

Nach kurzem Zögern fügt er hinzu: »Ich bin mir nicht sicher. Jetzt nicht mehr.«

Er hat den Verstand verloren, raunt die andere Ghost ihr zu.

»Sie hat Angst«, soufflíert Vivi leise. »Ich kann es regelrecht schmecken.«

»Bleib bei uns«, drängt Wyll nun ganz direkt. »Hilf uns dabei, uns die Macht zurückzuholen.«

Lauf, lauf! Lauf weg!

»Ich bin mir nicht sicher, ob dein Schoßhund besonders glücklich darüber wäre«, spottet Ghost.

»Oh, ich bin gut im Teilen.« Vivi fängt an, mit wiegenden Schritten auf und ab zu laufen.

»Mich gibt es sowieso schon zweimal, also danke.«

»Mhm.« Wyll bleibt unbeeindruckt. »Ich kann mich hundert Mal erschaffen.«

»Stimmt. Aber nur einer davon ist echt.«

»Und welcher? Kannst du das sagen?«

»Wenn ich bleibe, steckt ihr mich in einen Tank, um herauszufinden, wie ich ticke«, wehrt Ghost ab.

»Nein, sicher nicht. Wie ich bereits sagte, haben wir dieser Barbarei ein Ende gemacht. Wir brauchen lediglich ein paar Blutproben und etwas genetisches Material, das ist vollkommen schmerzfrei. Alle machen mit, sogar Vivi. Sogar ich selbst.

Und wir nehmen an Trainingsprogrammen teil, die genau auf unsere jeweiligen Gaben zugeschnitten sind.« Der Wyll neben ihr zittert beinahe vor Aufregung. »Überleg doch nur, worauf wir mit einem Mal zurückgreifen können: Mittel zur Leistungssteigerung, wissenschaftliche Forschung, medizinische Errungenschaften. Zum ersten Mal in deinem Leben könntest du völlig ungehindert herausfinden, wer du eigentlich bist. Du wärst *frei.*«

»Ich bin auch jetzt schon frei«, kontert Ghost. »Und ich kenne mich selbst ziemlich gut.«

Wyll lässt das nicht gelten. »Du hast doch keine Ahnung, wozu du in Wahrheit fähig bist. Man hat dich dein Leben lang im Dunkeln gelassen.«

Manchmal ist es besser, wenn man nicht zu weit vorausblicken kann.

»Was müsste ich denn dann tun?« Sie versucht, Zeit zu gewinnen, während sie im Stillen verzweifelt nach einem Ausweg sucht. »Wenn ich bleiben und für euch arbeiten würde?«

»Was dir gefällt. Vermutlich also etwas Brutales.«

»Großartig. Aber müsste ich dann hier in Cair Lleon leben?«

»Oh nein!«, schaltet sich Vivi in gespieltem Entsetzen ein. »Was passt dir denn nicht am größten, reichsten und schönsten Palast der Welt?«

»Na ja, zunächst einmal hätte ich gerne jemanden zum Spielen. Und Garad kann ich ja nicht mitbringen. Offenbar hat xier nach xiesem wütenden Abgang Hausverbot bekommen.«

»Aber nein«, versichert nun wieder der Wyll-Chor. »Ein solches Verbot verliert seine Gültigkeit, wenn derjenige, der es verhängt hat, nicht mehr im Amt ist.«

»Von einem Tank aus lässt sich so etwas wohl auch nur schwer steuern.«

»Sie ist nicht in einem Tank. Und sie ist freiwillig dort.«

Etwas in seinem Tonfall deutet darauf hin, dass es wohl eher nicht so ist.

»Schön für sie«, plappert Ghost weiter. »Ich hatte schon immer das Gefühl, dass sie ein Teamplayer ist. Also, ich fühle mich wirklich geschmeichelt und werde euer Angebot ernsthaft in Erwägung ziehen, aber jetzt habe ich noch einen Termin. Ich muss also gehen.«

»So früh schon?«, wundert sich Wyll. »Bleib doch wenigstens noch zum Essen.«

So viele Wylls und sie sind alle ständig in Bewegung.

»Garad wartet auf mich. Draußen vor dem Tor, schon vergessen? Und xier wird heutzutage immer schnell nervös. Schon wenn ich nur fünf Minuten zu spät komme, schlägt xier Alarm.«

Offenbar begreift Wyll die versteckte Warnung. Sieben seiner Abbilder schenken Ghost ein flüchtiges Lächeln. Sie wendet sich ab und marschiert möglichst forsch Richtung Tür. Bei jedem Schritt rechnet sie damit, aufgehalten zu werden. Vielleicht sogar durch eine Spritze im Arm.

»Wir werden euch bald mal wieder einladen«, verspricht der Wyll neben der Tür. »Garad und dich. Sehr bald.«

Auch Ghost kann versteckte Botschaften entschlüsseln.

»Da wird Garad sich bestimmt freuen.« Ihre Hand umschließt die Türklinke. »Xier hat das alles hier vermisst.«

*

Der Rückweg durch die Palastkorridore ist die reinste Qual.

Als sie schließlich draußen ist, zum Tor geht und dort Garad auf xiesem Motorrad entdeckt, möchte sie weinen vor Erleichterung.

Garad grüßt den Ritter, der xien während der Wartezeit bewacht hat; dieser erwidert den Gruß respektvoll, bevor er sich zurückzieht.

»Und?«, fragt Garad dann leise.

»Wir müssen hier weg«, antwortet Ghost ebenso verstohlen und fügt mit einem süßlichen Lächeln hinzu: »Und zwar sofort.«

Für einen Moment entgleist Garad das Gesicht, dann wendet xier das Bike und startet den Motor. Ghost rutscht hinter xien auf den Sozius und klammert sich mit aller Kraft an xiem fest.

Das kürzlich erlittene Trauma hat sie blind gemacht, aber Garad hatte recht. Cair Lleon ist von einer Krankheit befallen, die jeden infiziert, der auch nur einen Fuß hinter die Palastmauern setzt.

Würde es irgendetwas ändern, wenn die Welt von der Menagerie erfährt? Wäre das der Funke, der das Pulverfass explodieren lässt? Heutzutage fliegen überall Funken, da lässt sich das nur schwer sagen.

Vielleicht ist es auch schon zu spät. Vielleicht hat sich die Seuche bereits zu sehr ausgebreitet.

Ja, vielleicht ist es einfach schon zu spät.

KAPITEL 36

Privater Vorführraum, Cair Lleon

Jetzt

Die letzten Bilder verblassen, die Projektion lässt für einen Moment noch einen wolkigen Glanz zurück, bevor sich der Apparat abschaltet. Seltsam schön, beinahe lebendig.

Das erlesene Publikum schweigt, im unvermeidlichen Halbdunkel ist es schwer, die Mienen zu deuten.

Glapissant wendet sich mit hinter dem Rücken verschränkten Händen und breiter Brust den Zuschauern zu. Geduldig wartet er ab, drückt mit seinem Schweigen seinen Respekt für die Koryphäen aus, die hier versammelt sind. Gleichzeitig verströmt er Selbstsicherheit, schließlich kann er sich auf das stabile Fundament valider Fakten stützen.

Im Publikum hebt sich eine Hand.

»Wie viele Gottgleiche hat diese … Karte in dem Gebiet angezeigt, das Sie gerade vorgestellt haben?«

»Die Zählung läuft noch«, antwortet Glapissant. »Aber momentan liegen wir bei 14352. Rechnet man das hoch auf die verschiedenen Populationsdichten in den unterschiedlichen Regionen von Blackheart, ergäbe das – noch bevor wir die Gesamtzahl ermittelt haben – einen Schätzwert von knapp einer Million.«

Nach einer bewusst gesetzten Pause fügt er hinzu: »Und das gilt nur für Blackheart, den bei Weitem kleinsten Bezirk. Wenn wir das ausweiten …«

»Wie viele in ganz London?«, unterbricht ihn die Fragende.

»Laut unseren Berechnungen müsste sich eine Gesamtsumme von ungefähr 13 Millionen ergeben.«

Wütende und ungläubige Laute erfüllen den Raum. Wyll beobachtet das Publikum genau. Alle sind entweder auf Glapissant konzentriert, in ihre eigenen Überlegungen vertieft oder darauf erpicht, vor den anderen das Gesicht zu wahren. Nur eine von ihnen blickt in seine Richtung – Brune, die auch die Frage gestellt hat.

Dabei kann sie Wyll gar nicht richtig sehen – er steht ein ganzes Stück hinter Glapissant, sodass sein Gesicht im Dämmerlicht nicht zu erkennen ist. Trotzdem sieht sie ihn an.

»Sie nehmen also an, dass über die Hälfte der Bevölkerung Londons aus Gottgleichen besteht«, fasst sie zusammen. Ihre befehlsgewohnte Stimme durchdringt mühelos das empörte Getuschel ringsum.

»Annehmen? Nein«, wehrt Glapissant ab. »Das sind alles Berechnungen.«

Nun meldet sich ein weiteres Publikumsmitglied zu Wort: »Das ist einfach lächerlich, ausgeschlossen. Eine infame Lüge ist das!«

»Medizinische Daten«, entgegnet Glapissant ungerührt. »Sie haben alle die Berichte gelesen. Sie haben mit den Ärzten des Mädchens gesprochen. Haben die Aufnahmen ihrer Hirnströme gesehen. Waren Zeuge davon, wie sie bei mehreren Freiwilligentests mit unfehlbarer Präzision Gottgleiche von Gewöhnlichen unterschieden hat. Wie viele Beweise brauchen Sie noch? Wir sprechen hier nicht über von Heiligen gewirkte Wunder, Lords und Ladys. Wir sprechen über unwiderlegbare wissenschaftliche Tatsachen.« Er schweigt kurz, dann fügt er hinzu: »Wir sprechen hier über eine neue Weltordnung.«

Danach dauert es eine Weile, bis wieder einigermaßen Ruhe einkehrt. Glapissant und seine theatralische Ader.

Aber manchmal haben auch Monster ihren Nutzen.

*

»Tja.« Lucan lacht gezwungen. »Du sorgst jedenfalls immer für eine spektakuläre Show, Wyll, das muss man dir lassen.«

Wyll neigt schweigend den Kopf. Um sie herum ist die handverlesene Gruppe der einflussreichsten Persönlichkeiten Cair Lleons dabei, sich an den sündhaft teuren, winzigen Pasteten gütlich zu tun, die der Palast für den geselligen Ausklang des Treffens bereitgestellt hat. Er findet im Grünen Zimmer statt, tief im Inneren des Palasts. Ein verschwiegener, diskreter Raum, der sich perfekt für ein so verschwiegenes, diskretes Treffen eignet.

Lucan trägt seine freundlichste Miene zur Schau.

»Dein … Berater, dieser Glapissant«, fährt er nun fort. »Ist er ein Gewöhnlicher?«

»Ja«, antwortet Wyll. »Von der Karte bestätigt.«

Das gibt Lucan zu denken. Bislang gab es nie eine zuverlässige Methode, um Gottgleiche zu identifizieren. Auch jetzt hat er gewisse Zweifel, versteht aber trotzdem, was das bedeuten kann. Welches Potenzial sich darin verbirgt.

»Schon interessant, dass einem Gewöhnlichen so daran gelegen ist, diese Bombe platzen zu lassen«, stellt er fest.

»Eigentlich nicht. Er denkt absolut wissenschaftlich, frei von jeder politischen Ansicht.«

»Mhm.« Lucan scheint nicht überzeugt zu sein. »Meiner Erfahrung nach hat jeder Mensch irgendwelche politischen Ansichten. Sonst müssten sie ja in einem Loch unter der Erde hausen, oder nicht?« Er lacht laut auf.

»Im Grunde tut er das sogar«, gesteht Wyll. »Was hältst du von unserer Präsentation?«

»Wenn das wahr ist, hätte es natürlich verblüffende Konsequenzen. Mich würde interessieren, was ihr mit dieser Information zu tun gedenkt.« Mit einem ebenso lauten wie enervierenden Lachen schlägt er vor: »Vielleicht einen Bürgerkrieg entfachen?«

Ganz vorsichtig jetzt. Du hast das Pferd erschreckt, lass nicht zu, dass es dir durchgeht.

»Das ist nun wirklich das Letzte, was ich will«, versichert Wyll also mit Nachdruck. »London braucht Halt, keine weitere Aufspaltung. Deshalb wollte ich dich um Hilfe bitten.«

Damit hat Lucan offenbar nicht gerechnet. »Mich?«

»Du bist der Sprecher von Cair Lleon. Da liegt das doch auf der Hand, oder nicht? Warum sonst sollte ich mich an dich wenden? Ich habe diese Leute hier versammelt, weil ich der Meinung bin, dass es das Beste für London wäre, wenn wir mit den fähigsten und mächtigsten Führungsspitzen an einem Strang ziehen. Wie du bereits festgestellt hast, können die Auswirkungen dieser Information verheerend sein.« Wyll lässt das einen Moment sacken, bevor er fortfährt. »Oder aber sie könnten der Beginn einer Reise sein, die uns zu Versöhnung und Gleichstellung bringt.«

Lucans stattlicher Bauch schiebt sich noch weiter über seinen Gürtel. Auf älteren Bildern von ihm sieht man einen schlanken Mann mit strahlenden Augen und einem ansteckenden Lächeln. Alter und Wohlstand haben Lucan nicht gutgetan, stellt Wyll nun fest. Jetzt klopft Lucan ihm mit voller Wucht auf die Schulter.

»Ich habe schon immer gewusst, dass Arts Vertrauen in dich absolut gerechtfertigt war«, behauptet er. »Sieh dich nur an, wie tapfer du versuchst, sein Erbe aufrechtzuerhalten. Ich gratuliere zu einem außergewöhnlich gelungenen Spiel.«

»Welches Spiel?«

»Du wirst dir das Schwert holen, und warum auch nicht? Alle ernst zu nehmenden Konkurrenten sind vorerst aus dem Rennen. Und mit diesen Informationen in der Hinterhand … nun ja. London braucht schließlich einen Herrscher, der die Mehrheit der Bevölkerung und deren Interessen repräsentiert, oder etwa nicht?« Als Wyll darauf nichts erwidert, grinst Lucan breit. »Hier in diesen Mauern kannst du dir die Geheimniskrämerei sparen. Ich bin voll und ganz auf deiner Seite, Wyll. Die Zeit ist reif, das hast du uns deutlich gezeigt. Wenn du mich nimmst, wäre ich gerne einer deiner Saith, so wie ich es schon bei meinem besten Freund war, deinem Mentor. Du musst darauf jetzt nicht antworten, aber denk einmal darüber nach. Ich habe eine Menge Ideen, wie man das Thema am besten angehen könnte. Wie wäre es, wenn wir uns morgen darüber unterhalten? Hast du Zeit?«

Wyll nickt zustimmend. »Unbedingt, ja.«

»Großartig!«, freut sich Lucan. Dann neigt er respektvoll den Kopf. »Vom Si zum Sire in weniger als vier Jahren. Ausgezeichnete Arbeit. Wirklich herausragend. Man könnte meinen, du hättest das dein Leben lang geplant.«

*

Es ist vollbracht.

Es ist vollbracht, nun bleibt abzuwarten, welchen Preis das fordern wird.

Eine grauenvolle Art, zu leben – ohne zu wissen, wie etwas ausgehen wird. Zum Glück arbeiten inzwischen zwei der besten Hellseher für ihn. Hell trifft es hier genau, denn für die Karte strahlten sie so grell, dass das Mädchen erschrocken aufschrie und lautstark zu weinen anfing, als es die beiden entdeckte. Erst einen halben Tag und eine außergewöhnlich hohe Medikamentendosis später war sie wieder arbeitsfähig.

Das Publikum ist weg, allerdings musste vorher jeder Einzelne die üblichen Geheimhaltungsvereinbarungen des Palasts unterzeichnen. Jetzt ist er allein in seinen Gemächern. Endlich kann er es sich gestatten, aus den riskanten Höhen herabzusteigen.

Na ja, ganz allein ist er nicht. Aber inzwischen ist er nie mehr vollkommen allein.

Neben seinem Sessel ist lautlos eine Gestalt erschienen, die sich nun gelassen das lange dunkle Haar aus dem Gesicht schüttelt.

Wyll dreht sich um. Vor ihm steht das berüchtigte Rote Phantom höchstpersönlich: Mordred Dracones, auch Red genannt von jenen, die das Privileg hatten, so vertraulich werden zu dürfen. Ihre dunklen Augen schimmern im Licht der Lampen.

Im ersten Moment ist er wie betäubt von dem Schlag, den der Anblick ihres Gesichts und ihres Körpers ihm noch immer versetzt. Doch er erholt sich schnell davon.

»Und?«, fragt er knapp.

Red zuckt mit den Schultern. »Lucan hasst dich«, stellt sie fest. »Er hat während eures Gesprächs die ganze Zeit an Lillath gedacht. Für ihn steht fest, dass du sie hast umbringen lassen.«

»Dann werde ich wohl dafür sorgen müssen, dass er ihr in der Menagerie einen Besuch abstattet«, überlegt Wyll.

»Meinst du denn, sie wird sich in seinem Beisein benehmen?«

»Wenn wir den richtigen Anreiz schaffen, schon. Er weiß nichts von ihrer ›Partnerschaft‹ mit Orcade. Und sie möchte sicher nicht, dass er herausfindet, wie sie mit einer Welyen ins Bett gestiegen ist und aus reinem Egoismus all ihre großen Pläne zerstört hat.« Wyll denkt kurz nach. »Obwohl es vielleicht an der Zeit wäre, dass Lucan ein paar Dinge über seine letzte verbliebene Jugendfreundin erfährt.«

»Er wird bei der ersten sich bietenden Gelegenheit zum Schlag gegen dich ausholen«, warnt Red.

Wyll nickt. »Trotzdem müssen wir ihn dicht an unserer Seite halten. Zumindest vorerst. Was ist mit Brune?«

»Sie ist deutlich wachsamer«, erklärt Red. »Offenbar will sie abwarten und sich erst einmal ansehen, worauf du mit der ganzen Sache abzielst. Und sie führt sozusagen Buch über erkennbare Warnsignale.«

»Warnsignale?« Wyll lacht höhnisch auf. »So etwas wie hysterisches Gelächter oder Stimmungsschwankungen?«

»Du wirst der dritte König sein, unter dem sie dient«, führt ihm Red ruhig vor Augen. »Sie bringt gewisse … Erfahrungen mit.«

Etwas entspannter, lehnt sich Wyll in seinem Sessel zurück. »Sie ist wirklich schon lange dabei. Eine Diplomatin auf Lebenszeit. So etwas schafft man nicht ohne Besonnenheit. Ihretwegen werde ich mir wohl erst Gedanken machen müssen, wenn ich … sagen wir mal … anfange, aus reiner Langeweile die Dienstboten abzuschlachten.« Nach einer kurzen Pause fügt er hinzu: »Und vermutlich würde sie selbst das noch tolerieren, solange sie mit meiner Politik einverstanden wäre.«

Nackte Füße gleiten mit einem leisen Rascheln über den Teppich, dann spürt er warme, feste Hände in seinem Nacken. Sie streicheln sanft über die sensible Haut.

»Du bist müde«, stellt Red von ihrer neuen Position in seinem Rücken aus fest.

Für einen Moment zögert er. Ihr gegenüber kann er ehrlich sein, und nur ihr gegenüber. Offen und zärtlich ist sie, wie er es sich immer gewünscht hat. Das hier ist sein geheimes Laster. Seine Möglichkeit, loszulassen.

»Tue ich das Richtige?«, fragt er unbestimmt.

Das ist sie, seine schlimmste Angst. Nachdem er sie in Worte gefasst hat, hängt sie wabernd im Raum und wartet auf das Urteil.

»Wie kannst du daran zweifeln?«

Vor so viel Überzeugungskraft verblasst die Furcht, lässt sich beinahe erleichtert vertreiben.

»Wen gäbe es denn sonst noch?«, fährt Red fort, während sie sanft seine Nackenmuskeln massiert. »Du hast London davor bewahrt, von gierigen Technokraten und ihren unfähigen Marionettenherrschern übernommen zu werden. Diese Menschen hätten Drogen und Waffen aus uns gemacht. Es reicht. Du wurdest dein Leben lang missbraucht, Wyll. Wir alle wurden immer nur benutzt. Nun wird es Zeit, einmal sie zu benutzen.«

»Stimmt.« Er nickt, doch gleichzeitig ist es nie genug. Immer hungert er nach noch mehr Bestätigung. »Schon, aber vielleicht gäbe es ja einen humaneren Weg, einen weniger …« Hilflos verstummt er.

»Du befürchtest, dass man dich hassen könnte.«

»Nein.«

»Doch.« Red klingt beinahe belustigt. »Einerseits genießt du ihre Furcht und ihre Bewunderung, andererseits hasst du sie aber auch, weil du dich dadurch isoliert fühlst. Aber du bist jetzt nicht mehr allein, Wyll. Du hast mich. Und wir werden Cair Lleon mit Gottgleichen füllen, wie wir es besprochen haben.

Stell es dir doch nur einmal vor: Sie werden sich frei und offen ausdrücken können, es wird keine illegale Magie mehr geben. Es wird einfach so passieren, draußen auf der Straße, wann immer uns danach ist. Bei allen Heiligen, es wird wundervoll werden. Wahrhaftige Freiheit.«

»Trotzdem braucht es dafür Regeln«, schaltet sich Art ein. »Regeln bannen das Chaos.«

Der tote König steht einige Schritte entfernt, einen Ellbogen entspannt auf dem Kaminsims abgestützt.

»Chaos ist eine Notwendigkeit«, erwidert Red höhnisch. »Chaos schafft Bewegung. Ohne das Chaos bleiben wir stehen, wir verwelken und sterben. Da könntest du uns ebenso gut in einen von Glapissants Tanks stecken.«

»Auf das Gleichgewicht kommt es an«, erklärt ihr Art ruhig. »Alles muss im Gleichgewicht bleiben. Gibt man sich zu sehr der Ekstase und der Leidenschaft vollkommener Freiheit hin, ist man nicht besser als jeder andere Süchtige. Sie ist eine Droge, die uns zu wilden Tieren macht – ein Zustand, über den wir erhaben sein müssen. Unbedingt.«

Reds Hände lösen sich von Wylls Nacken. Sie kommt hinter dem Sessel hervor, wendet Art den Rücken zu und lässt sich vor Wyll auf die Knie sinken. Mit großen Augen blickt sie zu ihm auf.

»Gerechtigkeit wurde noch nie errungen, indem man sich an die Regeln hält«, erklärt sie ihm ernst, während sie anfängt, seinen Gürtel zu lösen. »Das hast du mir selbst einmal gesagt, vor langer Zeit.«

»Ich weiß.« Hilflos sieht sich Wyll seinem eigenen Verlangen ausgesetzt. »Ich weiß.«

»Das Allgemeinwohl steht über allem«, mahnt Art drüben am Kamin.

»Ja, das Allgemeinwohl steht über allem.«

»Er darf gerne zusehen«, gestattet Red, während sie sanft Wylls Hose herunterzieht. »Mir macht das nichts aus.«

Doch Wyll lässt den toten König mit einem Blinzeln verschwinden. Ohne Privatsphäre verliert der Akt die Intimität, nach der er sich so sehr sehnt.

Er spürt ihren warmen, weichen Mund, der ihn langsam in sich aufnimmt. Spürt ihren Körper an seinen Knien, den sanften Druck an der Innenseite seiner Schenkel. Schon das spendet so viel Trost, dass er sich ganz darin verlieren könnte. Ein Gefühl, das die Gedanken und das Selbst verschwinden lässt.

»Ich liebe dich«, erklärt er ihr. »Ich liebe dich.«

Red stöhnt leise, während sie seinen Schwanz in seiner ganzen Länge in sich hineinsaugt. Wenn sie ihm so nahe ist, bekommt die Illusion leichte Risse: Immer wieder blitzt hinter Reds glänzendem schwarzem Schopf Vivianes helleres Haar auf. Beim Sex wird es sowieso schwieriger, die Konzentration und damit das Bild aufrechtzuerhalten. Ein Balanceakt zwischen Kontrolle und Hingabe.

Red hält einen Moment inne und neigt den Kopf, um ihm ins Gesicht sehen zu können, ohne ihn freizugeben. Nun schimmern Vivianes weichere Züge durch, überlagern flackernd Reds schmales Gesicht. Vielleicht ist aber auch Red der Geist und Viviane real.

So oder so ist es gut genug für ihn.

Gut genug.

KAPITEL 37

Hügelgrab Hemstede, Rhyfentown

Jetzt

Ghost sitzt auf ihrer Maschine und lässt von einem der höchsten natürlichen Hügel Londons aus den Blick über die vertraute Skyline wandern.

Scharfe Kanten, kultivierte Türmchen, kauernde Flachdächer – funkelndes Glas trifft auf düsteren, gediegenen Prunk. Leise Trauer steigt in Ghost auf, die Sehnsucht nach einem festen Halt, den sie einst hatte und von dem sie sich nun ganz bewusst löst.

London war ihr stets Mutter und Vater in einem.

Wir könnten versuchen, sie umzubringen, raunt das andere Ich ihr zu, und unterbricht damit ihre wehmütigen und sehnsuchtsvollen Gedanken.

Wen?, fragt sie stumm zurück.

Einfach alle, von denen wir meinen, sie sollten besser nicht existieren und vor allem keinen Einfluss auf die Ordnung der Welt ausüben, antwortet das andere Ich. Wir könnten dieser Mission unser Leben widmen. Wir töten gerne. Wir könnten zum Bluthund der Rache werden. Wird vermutlich ein kurzes Leben, aber wir würden ihm mehr abgewinnen als irgendjemand sonst. Denk mal darüber nach. Wäre das nicht eine achtbare Art, unsere kostbare Zeit hier auf Erden zu verleben?

Ghosts Gedanken wandern zu Red, dem letzten Bluthund der Rache.

Nein, antwortet sie dann. Nicht wirklich.

»Bist du bereit, mein Herz?«

Garad sitzt neben ihr auf xieser eigenen Maschine. Der Wind lässt die silbernen Strähnen in xiesem Haar tanzen. Das blasse Frühlingslicht enthüllt die Spuren des Alters in xiesem Gesicht, das durch diese Verwundbarkeit verführerischer wirkt als jemals zuvor. Menschlicher. Lebendiger.

»London wird sich auch ohne dich weiterdrehen«, hat xier kürzlich einmal zu ihr gesagt. Eine schmerzhafte Wahrheit, die sie aber gleichzeitig auch glücklich macht.

Ghost will Liebe und sie will Abenteuer. Um beides zu bekommen, muss sie wieder einmal ein altes Ich hinter sich lassen. Doch dieses Opfer fällt einem wesentlich leichter, wenn man sich vor Augen führt, dass sich nur eines in diesem und jedem anderen Universum niemals ändern wird: die Unausweichlichkeit der Veränderung selbst.

Als ihr plötzlich Tränen in die Augen steigen, muss Ghost sich selbst ermahnen. *Bei allen Heiligen, so toll ist der Ausblick nun auch wieder nicht.*

Toll vielleicht nicht, aber vertraut, und gerade daraus erwächst seine Schönheit.

Entschlossen wischt sich Ghost die Tränen ab und zeigt der Skyline die Zähne. Schnell wird daraus ein ehrliches Lächeln, denn sie begreift, dass dieser Anblick und dieses Gefühl sie so lange begleiten werden, wie sie es will.

Während sie ihre Maschinen starten und sich gemeinsam auf den Weg machen, schickt sie für diese Erkenntnis ein Dankgebet an den heiligen Marvol. Dann wendet sie sich erwartungsvoll dem Unbekannten zu.

Sie wüsste gar nicht, wie sie anders leben sollte.

DANKSAGUNG

Dieses Buch würde nicht existieren ohne die Musik von:

Alice In Chains
Boy Harsher
Burial
Cold Cave
Makeup and Vanity Set
Public Memory

*

Ich danke all diesen Musikern von Herzen. Euer Kram lässt meinen Kram entstehen.

Außerdem danke ich Jo Fletcher und allen anderen bei JFB und Quercus, ohne die dieses Buch nicht mehr geworden wäre als ein verkrüppelter erster Entwurf. Eine Worddatei, die niemals jemand lesen würde.

Und zum Schluss möchte ich noch London danken. Zwölf Jahre habe ich in dir gelebt und du bist im Laufe der Zeit nur immer interessanter geworden.